社長たちの映画史

中川右介
Nakagawa Yusuke

映画に賭けた経営者の攻防と興亡

日本実業出版社

アバンタイトル

一九七一年――この年、四人の社長がその座を降りた。

東映社長・大川博は急死した。息子は後を継げなかった。

大映社長・永田雅一は経営危機に陥った会社を息子に押し付け雲隠れし、大映は倒産した。

日活社長・堀久作も経営危機の会社を息子に押し付け辞任、日活は一般映画の製作を止めてロマンポルノへと転じた。

松竹社長・城戸四郎は社長を退任し会長に退いた。しばらくは院政を敷く。

社長の座が安泰だったのは東宝の松岡辰郎だけだった。しかし東宝はこの年、撮影所ごと製作部門を切り離すという大改革を断行した。映画を製作しない映画会社になったのだ。

五大映画会社は同じ年に大転換を強いられた。それは、「黄金時代」と呼ばれた栄華の完全なる終焉だった。

映画人口（年間総入場者数）がピークに達したのは一九五八年で、日本全国に七〇六七の映画館があり、一一億二七四五万人が映画館へ行った。当時の人口は九一七七万人なので、単純計算でひとり十二回、映画館へ行っていたことになる。つまり、全ての日本人が毎月一回、映画を見に行っていたのだ。

しかし、一九六〇年代に入ると映画人口は激減していく。最大の要因はテレビである。一九五九年の「皇太子ご成婚」から六四年の東京オリンピックまでの五年間に、すさまじい勢いでテレビが普及した。ＮＨＫの受信契約数は放送開始の一九五三年は七六〇三件だったが、五八年には一五五万を越え、六四年には一六七一万になった。それに反比例して映画館へ行く人の数は激減し、六四年には四億三一四五万人と、ピークの五八年の約三分の一になってしまった。たった五年で三分の二の顧客を失ったのである。

映画界が激震に見舞われた一九七一年は、映画館・二九七四館、映画人口・二億一六七五万人にまで減っていた。顧客数だけで見た市場規模は五八年に対して一九・二パーセントに落ち込んでいた。十三年間で八割の顧客を喪ったのだ。

映画斜陽の原因はテレビだけではなかった。若者が集団就職などで地方から都会へ出たために、地方の映画館が観客を喪ったのも大きかった。その分、都市部の観客が増えたのかというと、そうでもなかったのだ。田舎では娯楽と言えば映画しかなかったが、都会にはさまざまな娯楽があったので、若者が映画館へ行く回数は減った。

映画会社のなかには、映画にこだわらず、観光事業へと多角経営化を試みたところもあったが失敗した。テレビ時代到来を見越して、テレビ局を開局したところもあった。各社ともテレビ用映画製作部門を立ち上げてはいたが、消極的な姿勢だったことは否めない。

テレビに本腰を入れれば、事態は改善したかもしれないが、映画人のプライドがそれを許さなかった。映画製作部門の赤字は増え、製作費削減、人員削減、さらには撮影所売却・縮小を迫られ、その結果、映画の質も低下した。映画ファンはハリウッド映画やフランス映画を好むようになり、日本映画は量的にも質的にも低迷していく。

映画会社各社がワンマン体制だったのも改革できなかった大きな要因だ。彼らは社内で絶大な権力を握り、反対意見を寄せ付けなかった。自らの成功体験に酔いしれ、時代の変化への対応を遅らせた。

会社が危機的状況にあるなか、大映・永田、日活・堀、東映・大川は自分の息子を役員にして、後を継がせようと画策し、反感と混乱を招いた。

すでに東宝は小林一三、松竹は大谷竹次郎の親族が世襲していた。

この物語は、戦後復興とともに「娯楽の王様」となり、一九五〇年代に全盛期・黄金時代を迎えた「映画会社」の攻防と興亡を、社長たちを主人公に描くものである。

映画製作・上映における最終決裁者である「社長」は、一九七〇年頃までは大きな存在だった。大映の映画を見に行けば、タイトルの次に「製作・永田雅一」と出るし、東映の映画にも「製作・大川博」とクレジットされていた。永田と大川、日活の堀久作らは「成功した社長」として財界でももてはやされ、映画界以外でも、その名と顔が知られていた。

しかしいま――そういう社長はいない。二〇一一年に亡くなった東映の岡田茂が最後の大物社長だろう。東映や東宝、松竹のいまの社長の名を即座に言える人は、映画関係者でも少ない。

そもそも、「映画会社」のあり方が変化した。

たしかに「映画会社」というものは、いまもある。しかし、いまの映画会社と半世紀前に存在していた映画会社とはまったく業態が異なるのだ。それは映画の製作・配給・上映のシステムそのものが変化したからである。

現在の映画は、出資企業を募って作品ごとの製作委員会が作られるところから始まる。映画は製作会社（プロダクション）が作るが、撮影所を自社で持つところはなく、借りて撮る。できた映画は配給会社が配給し、興行会社（映画館）が上映している。完全な分業制である。

しかし、明治が終わる一九一二年に日活が創業されてから一九七〇年代までは、広大なスタジオを持ち、スターから大部屋までの俳優も、監督も脚本家も、撮影、美術、録音、編集といったスタッフも全て社員として抱え製作し、配給部門があり、全国に支店、すなわち配給網を持ち、直営映画館も持つ、製造から販売までを一貫して行なう垂直統合型の「映画会社」が最盛期には六社あり、競い合っていた。

これは、そういう時代の物語である。

いつ・どこで・だれが・なにをした・なにを語ったという部分は、全て文献資料（巻末に一覧）に拠っている「事実」であり、筆者による創作はない。しかし、映画人は話を盛って面白くするので、彼らの証言や自伝は真実なのか疑問の残るものもある。できる限り複数の文献をあたったが、真実と言い切れないものもあることをお断りしておく。

社長たちの映画史

永田雅一……大映・二代社長
堀久作……日活・十代社長
大川博……東映・初代社長、東急・副社長
岡田茂……東映・二代社長
城戸四郎……松竹・四代、七代社長
藤本真澄……東宝・副社長、東宝映画・社長
大蔵貢……新東宝・五代社長、大蔵映画・社長
黒澤明……黒澤プロダクション・社長
三船敏郎……三船プロダクション・社長
石原裕次郎……石原プロモーション・社長
長谷川一夫……新演技座・社長、旧名・林長二郎
勝新太郎……勝プロダクション・社長
中村錦之助……中村プロダクション・社長
横田永之助……日活・創業者のひとり、五代社長
中谷貞頼……日活・六代社長
江守清樹郎……日活・常務
白井松次郎……松竹・創業者、二代社長
白井信太郎……松竹キネマ合名社・社長、蒲田撮影所・初代所長
小林冨佐雄……東宝・五代・七代社長、小林一三の長男
森岩雄……東宝・副社長

田中友幸……東宝映画・社長
佐生正三郎……新東宝・初代社長
五島慶太……東横映画、東映・創業者、東急総帥
五島昇……東急・社長、会長
マキノ光雄……東映・専務
根岸寛一……日活・多摩川撮影所長、満州映画協会理事
若槻繁……文芸プロダクションにんじんくらぶ・社長
円谷英二……円谷プロダクション・社長

石原慎太郎……作家
岸惠子……俳優、作家
鶴田浩二……俳優
三國連太郎……俳優
山本富士子……俳優
高倉みゆき……俳優
前田通子……俳優
田宮二郎……俳優
小林正樹……映画監督
熊井啓……映画監督
水の江瀧子……日活プロデューサー、俳優
池永浩久……日活・撮影所長
大澤善夫……東宝初代社長、JOスタヂオ創業者
植村泰二……東宝映画・初代社長、写真化学研究所（PCL）創業者・社長
吉岡重三郎……東京宝塚劇場・二代社長
田辺加太丸……東宝・二代社長、小林一三の異母弟
田辺宗英……新東宝・二代社長、小林一三の異母弟
渡辺銕蔵……東宝・三代社長
清水雅……東宝・八代、十代社長
松岡辰郎……東宝・九代社長、小林一三の二男
本木荘二郎……東宝のプロデューサー
菊田一夫……東宝・取締役、劇作家、演出家
黒川渉三……東横映画・社長
松尾國三……千土地興行・社長
大谷博……松竹・五代社長、竹次郎の婿養子
永田秀雅……大映・副社長、永田雅一の子
大川毅……東映・専務、大川博の子
堀雅彦……日活・十一代社長、堀久作の子

大谷竹次郎……松竹・創業者、初代、三代、六代社長
小林一三……東宝・創業者、六代社長、阪急・創業者

第二部
再興と新興 1945-1955

第三部

見えない脅威　1956-1964

第四部

五社体制崩壊 1965-1971

デザイン・志岐デザイン事務所（萩原睦）
DTP・一企画

■記述について

〈　〉は引用である。〈　〉内の／は原文での改行を示す。

引用にあたり、算用数字は漢数字に、正字は新字にした。

複数の名義を持つ人物については、林長二郎／長谷川一夫以外は統一した。

■カバー写真について

左上から時計回りに小林一三、大谷竹次郎、堀久作、大川博、永田雅一。『小林一三全集』第一巻（ダイヤモンド社）、『百人が語る巨人像　大谷竹次郎』（同刊行会）、『日活五十年史』、『東映十年史』、『大映十年史』（以上、非売品）に拠る。

第一部

群雄割拠から
三社統合

1897-1945

映画会社変遷図 1900-1945

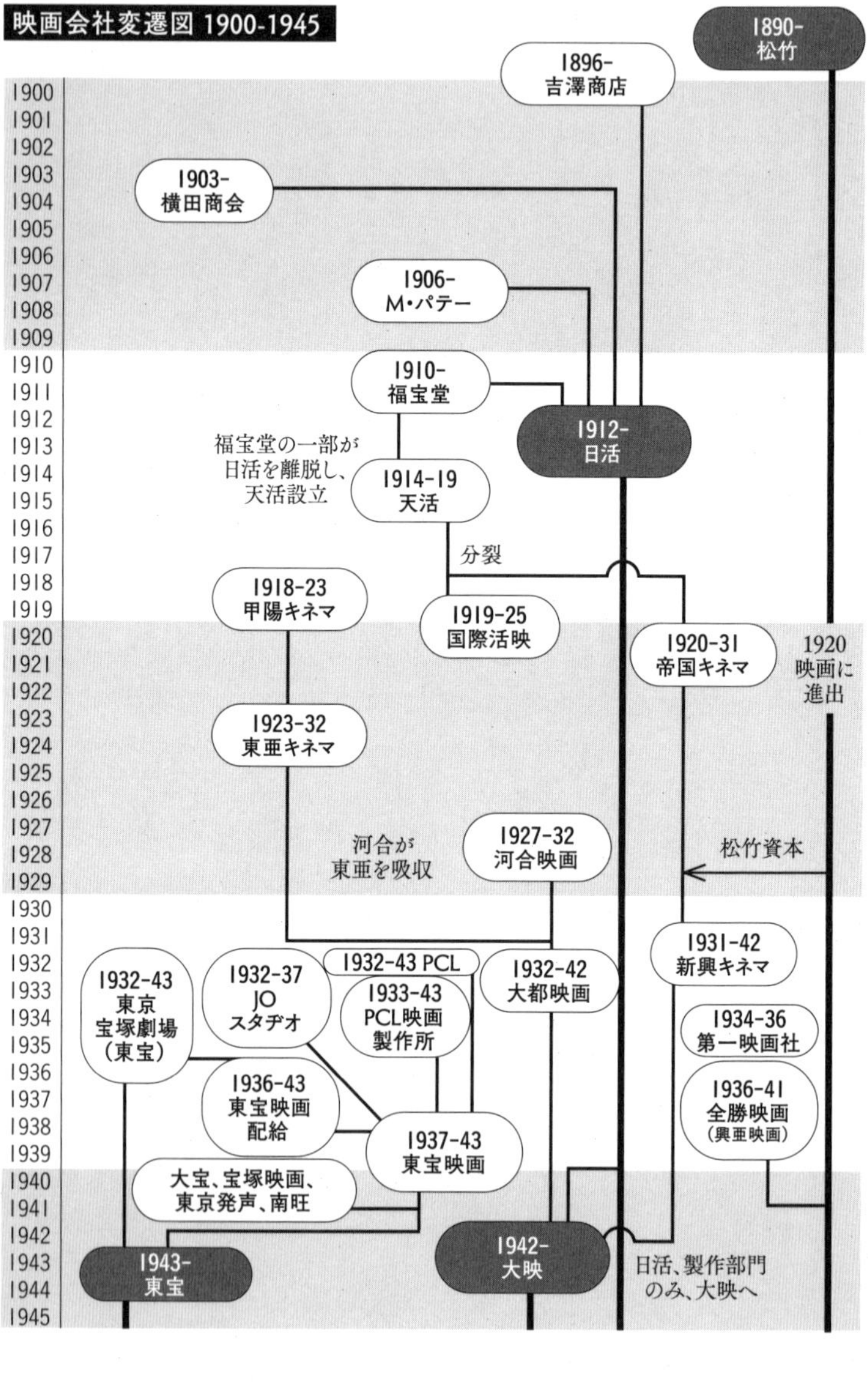

1890-
松竹
1896-
吉澤商店
1900
1901
1902
1903
1904
1905
1906
1907
1908
1909
1910
1911
1912
1913
1914
1915
1916
1917
1918
1919
1920
1921
1922
1923
1924
1925
1926
1927
1928
1929
1930
1931
1932
1933
1934
1935
1936
1937
1938
1939
1940
1941
1942
1943
1944
1945
1903-
横田商会
1906-
M・パテー
1910-
福宝堂
1912-
日活
福宝堂の一部が
日活を離脱し、
天活設立
1914-19
天活
分裂
1918-23
甲陽キネマ
1919-25
国際活映
1920-31
帝国キネマ
1920
映画に
進出
1923-32
東亜キネマ
河合が
東亜を吸収
1927-32
河合映画
松竹資本
1931-42
新興キネマ
1932-43
東京
宝塚劇場
(東宝)
1932-37
JO
スタヂオ
1932-43 PCL
1933-43
PCL映画
製作所
1932-42
大都映画
1934-36
第一映画社
1936-43
東宝映画
配給
1936-41
全勝映画
(興亜映画)
1937-43
東宝映画
大宝、宝塚映画、
東京発声、南旺
1942-
大映
1943-
東宝
日活、製作部門
のみ、大映へ

第一章　映画伝来

團十郎を見た三人の少年

一八八九年（明治二十二）、東京・木挽町《こびきちょう》に新しい劇場、歌舞伎座が開場した。

歌舞伎座の座頭となったのは、「劇聖」九代目市川團十郎（一八三八〜一九〇三）である。天保九年に生まれたこの名優は、幕末の動乱に青年期を過ごし、明治になると歌舞伎を新時代に相応しいものへと改革した。この年、五十一歳になる。

團十郎は歌舞伎座開場から十年後の一八九九年（明治三十二）に、『紅葉狩』を映画カメラの前で演じた。これがフイルムが現存する日本最古の映画とされる。團十郎の他に、五代目尾上菊五郎とその子の六代目菊五郎（当時は丑之助）も出演している。

日本映画史における團十郎の役割は、最古の映画に出演しただけではない。二つの映画会社の創業者に影響を与えた人物でもあるのだ。

歌舞伎座開場公演の客席には、十六歳の少年がいた。阪急創業者となる小林一三である。多感な少年は演劇に魅せられ、いつかは自分も作りたいと思った。鉄道会社で成功し財界の大物になってもその夢を忘れず、小林は演劇と映画の興行会社、東宝を創業する。

十二月十八日に歌舞伎座は千穐楽となった。團十郎の次の舞台は京都の新劇場・祇園館で、一八九〇年一月十二日に開場した。この劇場で売店を営む大谷家の双子の兄弟、松次郎と竹次郎は、学校へは行かず店を手伝っていた。

当時十二歳の二人は東京から来た名優を覗き見て、目を奪われた。そして、「いつかこんな役者を使って芝居興行を打ちたい」と思った。二人はその夢を実現し、日本最大の演劇・映画会社となる松竹を創業する。

小林一三と松竹兄弟の三人が映画の世界に登場するのは、まだ先だ。その前に、何人もの興行師が奮闘するところから長い物語は始まる。

映画伝来

日本で初めて「動く写真」が「スクリーンに投影」されるのは、一八九七年（明治三十）二月十五日とされる。フランスのリュミエール兄弟が開発した「シネマトグラフ」が、大阪・南地演舞場で上映された（前年のうちに上映されたとの説もある）。

シネマトグラフを日本へ持ち込んだのは、染色技師で稲畑産業創業者の稲畑勝太郎《いなばたかつたろう》（一八六二～一九四九）と、イタリアのブラチャリーという商人だった。

稲畑は十五歳になる一八七七年（明治十）に、京都府派遣留学生に選ばれてフランスへ渡り、リヨンの工業学校で染色を学んだ、そこで知り合ったのがオーギュスト・リュミエールだった。帰国後の一八九〇年（明治二十三）、稲畑は京都に稲畑染料店（九三年に「稲畑商店」、現「稲畑産業」）を創業し、九五年に毛斯綸《モスリン》紡織株式会社の設立にも加わった。

一八九六年、稲畑は紡織技術の研究と機械設備購入のためにフランスへ渡り、リュミエールと再会し、発明されたばかりのシネマトグラフを知った。稲畑はこの新発明に興味を持ち、日本へ輸入することにした。野外で実験的に上映した後、大阪の南地演舞場で最初の有料での興行が打たれた。

稲畑産業の社史はこう伝えている。

〈一八九七年二月十五日から二週間、稲畑商店は大阪難波の南地演舞場で、シネマトグラフという機械を用いて映画を上映しました。「観客は動く写真を見てびっくり仰天した」と当時の新聞が伝えています。〉

もうひとつ、別の方式の映画である、アメリカのエジソンが発明した「ヴァイタスコープ」も同年に輸入されている。輸入したのは大阪の西洋雑貨商・荒木和一と、東京の貿易商・荒居商会の荒居三郎の二人だ。

先行したのは荒木で、稲畑のシネマトグラフの一週間後の二月二十二日に大阪の新町演舞場でヴァイタスコープの興行を打った。東京の荒居商会は三月六日から、神田の貸席・錦輝館で興行した。

シネマトグラフを日本に持ち込んだイタリアのブラチャリーは、自ら興行はせず、機械とフイルムを東京・新橋の吉澤商店に売った。吉澤商店は東京・神田にある美術品の貿易商「吉澤商舗」が前身で、富山県出身の河浦謙一が継いで、一八九六年（明治二十九）に「吉澤商店」と改め、新事業として幻燈機の製造・販売も行なっていた。吉澤商店は横浜・港座で三月九日からシネマトグラフを興行した。

整理すると、

二月十五日、大阪・南地演舞場、稲畑商店、シネマトグラフ
二月二十二日、大阪・新町演舞場、荒木、ヴァイタスコープ
三月六日、東京神田・錦輝館、荒居商会、ヴァイタスコープ
三月九日、横浜・港座、吉澤商店、シネマトグラフ

このように、一八九七年二月から三月にかけて、大阪と東京・横浜で二種類の方式の映画が相次いで興行されたのだ。この時点で、「活動写真」という語が考案され定着した。

しかし、これをきっかけに瞬く間に活動写真が全国で興行されたわけではない。

稲畑によるシネマトグラフの興行は、関西、東京をはじめ、名古屋・横浜・仙台・下関・博多・小樽・札幌など各地で行なわれた。しかしそのたびに地元の興行師とその背後にいる任侠の人たちとの間でトラブルが起きた。この因習に辟易した稲畑は、東京での興行を手伝っていた横田永之助（一八七二〜一九四三）にシネマトグラフの権利を譲った。

横田永之助は日活創業者のひとりで社長にもなる人物で、京都で宮家・華頂宮《かちょうのみや》の旧臣の子とし

て生まれた。東京高等商業学校（現・一橋大学）予科に入り、十九歳で渡米して商業を学んだ。一八九三年（明治二十六）のシカゴ万国博を視察すると、出品されていたX線に興味を持ち、これを持ち帰って「見世物」として興行した。

その後、横田は貿易会社に勤めていたが、兄・横田萬壽之助に稲畑を紹介され、シネマトグラフの東京での興行を手伝うことになった。栄之助のX線興行の経験が役立つと思われたのだ。萬壽之助は、稲畑がフランス留学した際に同期生だった。

稲畑からシネマトグラフの権利を譲り受けた横田だったが、一年ほど興行して手を引いた。新しいフィルムが入ってこないためだった。当時は「劇映画」ではなく、風景や人物が動くだけだったので、一度見れば十分で、すぐに飽きられてしまう。新作なくしては、それ以上続けるのは無理だった。

シネマトグラフを輸入したもう一社である吉澤商店は積極的だった。幻燈機を扱っていたので、活動写真の将来性に気づいていたのだ。ロンドンに出張所を置いてフィルム（撮影された作品）を手に入れ、幻燈技師に映写機を作らせて、主要都市で興行した。

ヴァイタスコープ陣営では、西洋雑貨商の荒木和一は、すぐに名古屋の樋口虎澄なる人物に売り渡してしまったので、歴史から消える。

荒居商会も本業の薬品貿易があるので、活動写真の興行は数か月でやめて、機械一式を広告代理店の廣目屋に売却した。廣目屋は神田・錦輝館での興行の宣伝を受注し、同社の若い社員、当時十九歳の駒田好洋《こうよう》（一八七七〜一九三五）が担当していた。駒田はこの新技術というか新娯楽に興味を持った。駒田は廣目屋で「口上言い」をしていたので、活動写真上映に当たり、口上を述べ、そして解説もするようになった。「活動弁士」略して「カツベン」の始まりである。

廣目屋は活動写真については駒田に任せることにした。駒田は「日本率先活動大写真会」と称して巡業を始めた。初興行から二年後の一八九九年、駒田は小西写真機店（小西六兵衛店の写真部門で、小西六、コニカを経てコニカミノルタ）から映画撮影機を購入し、国産の新作の製作も始めた。最初に撮られたのが、芝の料亭「紅葉館」での三人の藝者の踊りだった。

駒田の作った藝者の活動写真は、歌舞伎座で六月二十日に開かれた「日本率先活動大写真会」で、アメリカとフランスの最新の活動写真とともに上映された。これが「日本製映画の初興行」とされる。同年には新派の俳優を使った「初の劇映画」として『ピストル強盗清水定吉』（『稲妻強盗捕縛の場』とも）が作られたが、フィルムは現存していない。

九代目市川團十郎の『紅葉狩』が撮影されたのもこの年で、十一月末に、歌舞伎座での公演が終わった後、その裏で野外撮影された。

團十郎の『紅葉狩』が撮られた一八九九年、「松竹」はすでに創業しているが、まだ京都・大阪がテリトリーで、東京には進出していない。

駒田が活動写真興行を軌道に乗せると、映画から離れていた横田永之助も再参入してくる。

一九〇〇年（明治三十三）、横田はパリでの万国博覧会へ京都府の出品委員のひとりとして行き、フランスでは映画が事業として発展しているのを知って、フランスのパテー社の映写機とフィルムを買って帰国し興行を始めた。まだ専門の映画館はないので、劇場・寄席・貸席などを借りながら巡業していった。

一九〇三年（明治三十六）十一月、浅草の電気を使った見世物小屋「電気館」が、経営に行き詰まり経営者が逃げた。同館の事務員が吉澤商店へ頼みこみ、フィルムの配給を受けて、映画興行専門館として再出発した。これが日本初の専門映画館で、二年後には吉澤商店直営となる。この頃に横田永之助は「横田商会」として興行するようになっている。

映画（活動写真）という新しい娯楽が興行として成り立つようになった一九〇三年、五代目尾上菊五郎と九代目市川團十郎という二大名優が相次いで亡くなった。

劇映画製作の始まり

一九〇四年に日露戦争が始まると、それを記録した映画が大ヒットした。人びとは初めて実際の「戦場」を動く写真として見ることになったのだ。横田商会も十一の巡業班を編成して日露戦争映画を興行し、その利益で一九〇七年（明治四十）に大阪の寄席を改造して常設映画館「千日前電気館」を開館した。

映画は興行として急成長した。さまざまな人物がそれぞれの野心と思惑で、この新しい産業へ参入してきた。

長崎の貿易商・梅屋庄吉は、フランスのパテー社の映画を輸入して香港やシンガポールで興行していた。この人は孫文と親友で、後に映画事業で得た資金を提供し辛亥革命（一九一一～一二）に貢献した。梅屋は日本に帰り、一九〇六年七月にパテー社に断りなしに「M・パテー活動写真商会」と名乗り、映画興行を始めた。梅屋は外国では「Mumeya」と称しており、その頭文字のMとパテーを合わせた社名だった。

M・パテー活動写真商会は一九〇八年になると劇映画の製作も始め、東京府豊多摩郡大久保百人町（現・新宿区百人町）に撮影所を建てた。同年には吉澤商店も東京・目黒の行人坂《ぎょうにんざか》（現・目黒区下目黒）に「目黒行人坂撮影所」を開設しており、こちらが「日本初の映画撮影所」だった。

横田商会も一九〇八年六月から自社製作を始めた。横田永之助は京都出身なので、京都が地盤となる。横田商会の映画を上演していた京都の映画館のひとつ、千本座の持ち主こそが「日本映画の父」こと牧野省三（一八七八～一九二九）である。

牧野省三は一八七八年（明治十一）に京都府北桑田郡山国村（現・京都市右京区）に生まれた。父は漢方医で、母・牧野彌奈は娘義太夫の演者だった。省三は父の非嫡出子で母の姓となる。牧野家は禁裏に出入りする左官屋で裕福だった。京都御所の前に家を構え、寄席と置屋を経営し、彌奈は西陣の旦那衆に義太夫を教えていた。省三は母の影響で幼少時から藝事に親しんでいた。

牧野家の地所内には約三〇〇坪の劇場があり、一九〇一年（明治三十四）に牧野母子はこれを買い取って「千本座」として開場し、彌奈が経営した。省三は劇場を手伝い、ときには舞台に出ることもあり、やがて母から任されるようになる。材木問屋「石橋屋」のひとり娘・多田ため（後・知世子）

と結婚もした。

牧野省三の運命と日本映画の歴史を変える出会いは一九〇四年のことだ。省三は母・彌奈と大阪へ芝居を見に行き、尾上松之助という若い役者を知ると、さっそく千本座に招聘した。

千本座は横田商会の映画も上映するようになり、一九〇八年（明治四十一）から、映画製作も頼まれるようになった。牧野は横田永之助からカメラやフィルムを借りて、歌舞伎役者を使って『本能寺合戦』を製作した。さらに五本作ったが、一本三〇円で請け負ったので利益が出ず、いったん、映画から撤退した。

撤退から五か月後、一九〇九年になってから、牧野は尾上松之助を起用して『碁盤忠信 源氏礎』を撮ると、これが大当たりした。第二作『石山軍記』で松之助は歌舞伎の「にらみ」をきかせ、見得を切ったので大評判となり、眼が大きいので「目玉の松ちゃん」の愛称で人気沸騰、日本初の映画スターになる。

当時は「旧劇」と呼ばれていたが、現在「時代劇」と呼ばれるジャンルの映画は、牧野省三・尾上松之助によって確立されたと言っていい。牧野は「編集」の技法を取り入れて、トリック撮影を編み出して松之助の忍術映画を作り、熱狂的な支持を得る。

一九一〇年、横田商会は京都・二条城近くに撮影所を開設し「横田商会二条城撮影所」とした。さらに一二年一月には御前通一条下ルに「横田商会法華堂撮影所」を新設し、二条城撮影所は閉鎖した。

一九一〇年（明治四十三）、東京には映画興行会社として福宝堂が創立された。創業者・田畑健造は東京製皮の経営者で、同社は〇七年に大倉財閥（総帥・大倉喜八郎）の大倉組皮革製造所などと合併して「日本皮革」となっていた（現・ニッピ）。田畑は資金があったので、隆盛へ向かっていた映画に目をつけて参入した。福宝堂は東京に八つの映画館を擁す興行会社となった。

福宝堂関係者で映画史に残るのは、営業本部長の小林喜三郎（一八八〇〜一九六一）である。一九一〇年に福宝堂に入り、フランスの探偵映画『探偵奇譚ジゴマ』（ヴィクトラン・ジャッセ監督）を買い付けて公開し、大ヒットさせたことで映画興行師として名を挙げた。もうひとりが大阪支店長だった山川吉太郎で、この二人は後に「天然活動写真」（天活）を設立する。

福宝堂は客の入る映画館を持っていたが、そこで上映する映画が足りなくなり、一九一〇年に自社で製作することにして、東京・日暮里に「日暮里花見寺撮影所」を建てた。

映画界に最初に登場したのは興行師だった。興行が軌道に乗ると常設の映画館が生まれ、映画が足りなくなったので、興行師は自ら製作に乗り出し、撮影所も建てる。そこで初めて、専門の監督（映画作家）が必要となり、俳優も必要となっていく。映画が藝術になるのは、さらに先の話だ。

作り手がいて作品があり、売る所があり、両者をつなぐ流通が必要となったのではなく、流通が先にあり、売る所が出来て、売る作品が必要となり、作家が生まれた。顧客は支配層でも富裕層でもなく、大衆だった。大富豪のパトロンがいたわけでもない。映画は大衆娯楽として出発した。

第二章 日活誕生

日活誕生

映画興行師が群雄割拠するなか、吉澤商店、横田商会、M・パテー活動写真商会、福宝堂の四社が大手と言えたが、どれも「会社」とは言うものの、実質的には個人商店に近い。各地の映画館も「劇場」というより「芝居小屋」「見世物小屋」に近い。

欧米各国の大都市にある立派な映画館に比べると、日本のは貧弱だった。そこで一九一一年（明治四十四）八月、理想的な映画館建設を目的とした「日本興行株式会社」が、二〇万円の株式を募集して設立され、同社は十二月に、浅草に高級映画館「富士館」を開業した。日本最初の「映画関連の株式会社」である。

これによって映画は産業への一歩を踏み出した。「資本家」が登場するのである。

一九一二年（明治四十五）一月、M・パテー活動写真商会の梅屋庄吉は、全国に一〇〇余りしかない常設映画館を四社が奪い合ったのでは互いに損だし、不合理だとして、資本金一〇〇〇万円の大映画会社設立を提唱した。これに横田商会、吉澤商店、福宝堂も賛同し、日活が生まれた――というこことになっているが、それは、あまりにも単純で美化された話である。結果としてはそうなるのだが、梅屋が映画事業トラスト（企業合同）を呼びかけたのは、自分のM・パテーが巨額の負債を抱えていたので、それを解決するための苦肉の策だった。

梅屋はまず、M・パテーを五〇万円の株式会社とした上で、他の三社とのトラストで大映画会社を設立しようと提唱した。他の三社も賛同するだろうと目論んでいたが、横田永之助や吉澤商店の河浦謙一は、経営困難に陥っている梅屋を警戒し、乗ってこなかった。

そこで梅屋はトラスト実現のため、内閣総理大臣・桂太郎や大臣を歴任した政治家・後藤象二郎、財界の郷誠之助《ごうせいのすけ》ら政財界の名士に協力を仰ぐことにした。

三月二十二日、「日本フィルム機械製造株式会社」の発起相談会が、郷誠之助の呼びかけで開かれ、一六〇名の発起人を得た。社名は「日本活動フィルム株式会社」と決まった。

資本金は一〇〇〇万円でその四分の一の二五〇万円を一株二円五〇銭で集める計画だった。一方、既存四社の買収交渉も始めた。梅屋は資本金五〇万円のM・パテー活動写真商会を六〇万円で新会社に売り、続いて、吉澤商店は七五万円、横田商会は四五万円で買収に応じた。難色を示していた福宝堂も、九七万六七〇〇円で応じた。合計二七七万六七〇〇円である。

七月三十日に明治天皇が亡くなり、明治から大正になった。九月十日、新会社は社名を「日本活動写真株式会社」として創立された。「日本活動フィルム」を略して「日フイ」と呼んでいたが、それだと、「フイになるみたいで縁起が悪い」という理由で「日本活動写真」へと改称したのだ。略称・日活である。大映画会社の歴史は、大正時代と同時に始まったのだ。

日活初代社長には後藤象二郎の次男・後藤猛太郎《たけたろう》（一八六三～一九一三）が就任した。猛太郎は南洋へ冒険したり、鉄道会社を創業したり、鉱山に投機して失敗したりと波瀾万丈の人生を送った人物だった。専務には鈴木要三郎、取締役には桂太郎の弟の桂二郎、吉澤商店の河浦謙一、横田商会の横田永之助、M・パテー活動写真商会の梅屋庄吉、福宝堂の田畑健造らが就任した。

本社は東京・日本橋に置いて、支店・出張所を大阪・京都・名古屋・福岡に置き、福宝堂のロンドン出張所も日活のものになった。

一方、財政面では苦戦した。当初は最初の払込みで二五〇万円が入り、そのうち一七〇万円前後で四社を買い取り、八〇万円を当座の運転資金とする予定だったが、買収に二七七万円もかかってしまった。さらに、払込みを予約しながらも破約する者が多く、その二五〇万円も集まらない。社長の後藤猛太郎は十二月に、梅屋庄吉は翌一三年二月に責任をとって辞任した。後藤は一三年十二月に五十歳で亡くなったので、映画での仕事は日活を作ったことだけだった。二代目社長には桂二郎が就任した。

四社の撮影所のうち、吉澤商店の目黒と横田商会の京都を残し、M・パテーの百人町と、福宝堂の日暮里の撮影所は閉鎖された。目黒撮影所はこの二社のスタッフも吸収したので混乱し、製作体制が整わない。そこで年が改まり一九一三年（大正二）になると、新しい撮影所を建てることになり、政界の黒幕、玄洋社創立者のひとり、杉山茂丸の別荘があった隅田川畔、当時の地名で東京府下南葛飾郡隅田村にグラス・ステージを持つ撮影所が、十月に落成した。「日活向島撮影所」と呼ばれる。

日活は四社が傘下にしていた映画館も引き継ぎ、外国映画の輸入もするなど、唯一の総合映画会社となり、日本最初の映画における製作から配給・興行までの垂直統合型ビジネスの企業となった。

しかし四社の寄せ集めなので内紛が噴出する。一九一三年九月に、監査役の横田永之助と重野謙次郎を除く全重役が辞任し、十二月に改めて社長は空席、鈴木要三郎が専務、横田が常務という布陣となった。この結果、すでに去っていた梅屋に加えて、福宝堂の田畑と吉澤商店の河浦も日活の歴史から消えた。元の四社の経営者で残ったのは横田永之助のみだ。またこの役員改選で、藤田謙一（一八七三～一九四六）が取締役となり主導権を握った。藤田は大蔵官僚から財界に転じ、煙草製造の岩谷商会の支配人をはじめ、東洋製塩取締役、鈴木商店顧問を務め、日活設立にも尽力したひとりだ。後に日活第四代社長となる。

派閥争いに加え、設立二か月後の一九一二年十二月に元福宝堂の小林喜三郎が退社し、浅草に常盤座を持つ根岸濱吉の支援で「常盤商会」を設立して映画製作を始める動きもあった。小林は説得に応じて日活に戻ったが、再び辞めて、福宝堂で大阪支店長だった山川吉太郎と組んで、「東洋商会」を設立した。同社は一九一四年（大正三）に発展的解消をして「天然色活動写真株式会社」、略称「天活」となる。社名が示すように当初はカラー映画の製作を目指し、それは頓挫するものの、日活に次ぐ映画会社となる。

日活は社長が空席の状態が一九一八年（大正七）まで続いたが、第一次世界大戦後の好景気で、業績もよくなっていった。一八年二月に第三代社長に飯田一馬が就任したが、一年で退任し、一九年二月、第四代社長に藤田謙一が就任した。

一九二三年九月の関東大震災で、日活向島撮影所は倒壊し、俳優とスタッフは京都へ移り、現代劇も京都で撮ることになった。ようするに京都撮影所に一元化された。京都撮影所はもともとは横田商会のものだから、横田の支配下にあり、牧野省三・尾上松之助の全盛期だ。

日活は藤田謙一が差配する東京の本社と、横田の支配下にある京都撮影所という二頭体制となり、両者の確執・対立が激化していく。

牧野省三と尾上松之助の全盛期は続き、京都撮影所の時代劇は好調だったが、現代劇は京都にはなじまないのか、いい作品ができず低調だった。

藤田と横田の確執が続くなか、藤田は一九二七年（昭和二）に社長を退き、第五代社長には横田永之助が就任した。

日活の前には新たな脅威があった。映画会社としては新興、だが演劇会社としては日本最大となっていた、松竹である。

第三章

松竹、映画へ進出

歌舞伎から始まる松竹

会社の成り立ちは、日活よりも松竹のほうが先である。この会社は演劇、とくに歌舞伎興行会社として創業された。

松竹の創業者は白井松次郎（一八七七〜一九五一）と大谷竹次郎（一八七七〜一九六九）という双子だ（松次郎は長男だったが、白井家の娘と恋愛関係になり、同家の婿養子となった）。二人は京都の劇場で売店を営む大谷家に生まれ、興行街で育った。裕福ではなかったので、学校へはろくに行かず、子どもの頃から家の仕事を手伝っていた。

そして一八九〇年（明治二十三）一月、九代目市川團十郎を見て、二人はこれに感銘し、芝居興行を仕事にしたいと思った――というのが、日本最大の演劇興行会社となる松竹の原点だった。

松次郎・竹次郎が芝居興行を初めて打ったのは一八九五年（明治二十八年）で、まだ十代だった。

父が蓄えていた資金で、竹次郎は阪井座を買収し興行主となった。松次郎も同年に、親しくなっていた役者・實川正若《じつかわしょうじゃく》（一八七〇～一九一一、五代目實川延三郎）の一座を率いて旅芝居（巡業）に出て、興行師としての人生を歩み始めた。二人は競うように京都・新京極の劇場を次々と手に入れていく。

二人の個人経営だったが、一九〇二年に松竹《まつたけ》合資会社として、企業としての歴史が始まった。同社はまもなく松竹合名会社となり、一一年には松竹合名社に改称した。「しょうちく」と読むようになるのは三七年に「松竹株式会社」としてからだ。

一九〇六年（明治三十九）には白井が大阪へ乗り込み道頓堀の中座を借りて興行を打ち、同年に二人は京都の南座を手に入れた。元和《げんな》年間（一六一五～一六二四）からある歴史ある劇場だ。中座をはじめ道頓堀にあった五つの劇場も、一九一九年（大正八）までにすべて松竹のものとなった。

一九一〇年（明治四十三）に松竹兄弟は新富座を買収し、東京進出の橋頭堡とした。この時点で、関西は白井松次郎、東京は大谷竹次郎が統括することになり、大谷は続いて一九一三年（大正四）に歌舞伎座も手に入れた。日活誕生と前後して、松竹は東征に成功し、首都の劇界を制圧したのだ。

京都・大阪・東京の主要な劇場を手に入れたことで、松竹は歌舞伎俳優も傘下にし、歌舞伎興行をほぼ独占する。さらに人形浄瑠璃（文楽）の興行も引き受け、新派、喜劇、家庭劇といった新たな演劇ジャンルも生み出していった。

日本最大の演劇興行会社となり、演劇では敵なしとなった松竹だったが、大正年間になって新たな娯楽である映画が伸びてくると、危機感を抱いた。

松竹は演劇では、競合する劇場があるとそれを買収する手法で拡大してきた。だが映画では、興行部門の整備よりも先に製作部門を作ることから始めた。

松竹が映画に進出したきっかけは、松次郎・竹次郎の末弟で、松次郎の養子になっていた白井信太郎（一八九七～一九六九）が、一九一九年にアメリカを視察し、これからは映画だと確信して帰国したことにある。信太郎は兄たちに、映画への進出を進言した。

松次郎・竹次郎は映画館が賑わっており、手をこまねいていたら、いずれ演劇は映画に押されるとの危機感を抱いていた。だが、日本の映画が欧米に比べてあまりにも幼稚であるとも認識し、こんなものに自分たちの芝居が負けるはずがないとの自負がある。松竹社史は当時の映画について〈見識のある人が少ないため、撮影法に少しの進歩もなく、俳優の中には、東京の舞台で使いものにならない落伍者が集まっていたから、要するに、まずい芝居以下のものだった〉と手厳しい。この当時、松竹の歌舞伎では芽が出ず、国際活映でエキストラをしていたのが、後の剣戟スター、阪東妻三郎である。松竹から見れば、阪妻は「使いものにならない落伍者」のひとりということだ。

松竹は、映画には世界市場があるだろうから、やるからには外国へ輸出できるものを作ろうと、万全の体制で取り組むことにした。海外の演劇や映画にも詳しい、新劇の小山内薫をキネマ俳優学校校長に招聘し、他に松居松葉、山森三九郎、岡鬼太郎、田口桜村などをブレーンにした。さらに最高の設備と技術を取り入れた撮影所を建て、アメリカから映画の専門家も招聘した。

一九二〇年（大正九）二月、映画製作を始めるため、「松竹キネマ合名社」が設立された。白井信太郎は関西の養父（実兄）松次郎のもとにいたが、映画のために東京に出て、松竹キネマ合名会社の社長と蒲田撮影所の初代所長になった。松竹には映画の人材がいないため、俳優、スタッフを公募した。抱えていた歌舞伎役者は使わないという方針だった。撮影所の敷地を探し、六月に東京・蒲田に、三万平方メートルの化学工場跡地を得て蒲田撮影所とした。

ところが信太郎のもとでは映画製作がなかなか進まない。業を煮やした大谷竹次郎は自ら陣頭指揮を執り、十一月に第一作『島の女』（ヘンリー・小谷、木村錦花監督）を完成させ、東京は歌舞伎座、大阪は角座で封切った。

松竹は歌舞伎などの演劇では劇場を買収して座付の役者や作家、演出家を傘下にしていく手法で成長したが、映画では製作が先行し興行は後手にまわった。映画は完成したものの、既存の映画館は日活などが押さえているので、上映してくれる所がない。松竹が持つ歌舞伎座などで演劇公演がない時期に上映していたが、それだけでは興行収益が上がらない。早急に映画館を手に入れなければならなかった。そこで十二月から映画館の買収を始めた。

動き出すと早い。一年も経たない一九二一年八月時点で、直営館十四を含む四十三の映画館で松竹キネマの映画が上演される体制を築いた。その中には天活や国際活映の小林喜三郎が二〇年十一月に設立した「帝国活動写真株式会社」が持つ映画館もあった。大谷は同社を二一年三月一日付けで買収し社長に就任し、四月十日に「松竹キネマ株式会社」と改称、さらに増資して資本金を五〇〇万円とした上で、五月十日に松竹キネマ合名社を買収した。

新会社の社長には大谷竹次郎が自ら就いて、白井松次郎が常務、白井信太郎は監査役で撮影所長となった。

「松竹キネマ」は松竹兄弟にとって初の株式会社だった（演劇興行の「松竹」は合名会社のまま）。二人は利益が出れば分け合い、損失を出しても二人で被っていた。外部の資金がないために苦労したが、好きなようにやれた。それなのにキネマを株式会社にしたのは、この時点で映画製作の負債が数十万円に達しており、外部の資本を必要としたからだった。綱渡りだったのである。

松竹兄弟は一九二一年に四十四歳になる。二人にとって映画は、物心ついた頃からいた芝居の世界と似てはいるが、まったく別のものだった。芝居と異なり、映画はいったん作れば複製し、多くの劇場で何度でも上映できる。ビジネスとして無限の可能性を感じていた。

十月に白井信太郎は「関西地方の市場拡充」を理由に撮影所長を退任し、製作の現場から離れた。あまりに製作が進まないので、大谷が業を煮やして更迭したと思われる。後任の所長には野村芳亭（一八八〇～一九三四）が就いた。

松竹キネマ株式会社がスタートした年の十月、木挽町の歌舞伎座が火事で消失した。新旧交代を象徴する出来事で、大谷は周囲から「歌舞伎座の土地を売ったほうが儲かる」と言われたが、歌舞伎座再建に執念を燃やす。松竹は一気に映画へ転換するのではなく、演劇（歌舞伎）との両立を選択したのである。

城戸四郎

松竹映画総帥となる城戸四郎が松竹へ入るのは、映画部門がスタートした直後だった。

城戸四郎（一八九四～一九七七）は出生時の名を「北村四郎」という。生家の北村家は西洋料理店の精養軒を営んでいた。四郎は勉強もスポーツも得意で、東京府立第一中学校（後、都立日比谷高等学校）

を出て第一高等学校（後、東京大学教養学部）、さらには東京帝国大学法学部という、いわゆる一中・一高・東京帝大というエリート中のエリートだった。

本人が望めば四郎は大蔵省にも法務省にも入れただろうし、大銀行への就職も可能だった。しかしこの男は負けん気な性格だった。官庁や大企業に入ってもトップになれる可能性は低い。それならば、小さなところでもいいのでトップになろうと考え、新聞社を目指していた。だが、いきなり新聞社に入るのでは面白くない。四郎は卒業すると、親戚が経営する染料品の貿易会社に入り、次に国際信託会社（後の第一信託銀行、現・みずほ銀行）で働いていた。それを知った大谷竹次郎が、松竹に入らないかと誘ったのである。

大谷は精養軒をよく利用していたので、北村家とは家族ぐるみの付き合いで、四郎のことも知っていた。松竹が企業として大きくなるには、幹部社員に帝大出がいたほうがいいとの思いもあったし、それとは別に妾ツルとの間の娘の婿を探してもいた。大谷は京都に本宅があり、東京に単身赴任していたので、身の回りの世話をする女性が必要になったらしい。詳細は不詳だが女性関係は複雑だったようだ。四郎なら四男なので、婿養子になってくれると考えた。ツルもそれを望んだ。

四郎が松竹に入社したのは一九二二年（大正十一）で、帝大を卒業して三年目のことだ。当時の松竹は、興行界では最大手となっていたが、帝国大学を卒業したエリートが勤めるような会社ではなかった。だが四郎は反骨精神があり、芝居の世界も面白いと思い、松竹へ入社したのだ。

四郎は三月に入社すると大谷の妾・城戸ツルの娘と結婚し、ツルの養子にもなり城戸四郎となった。十月にはできたばかりの松竹キネマの取締役に抜擢された。事実上の大谷竹次郎による後継者指名である。

城戸の妻となった大谷の娘（名は不詳）は一九二九年に亡くなるが、二八年に長女・君枝が生まれていた。その後、城戸は本庄琴と再婚する。

大谷には長男・栄次郎がいたが、一九一五年（大正四）に水難事故で十五歳の若さで亡くなっていた。二男の隆三（一九一九〜二〇〇〇）はまだ幼い。大谷は四十五歳になっており、後継者を求めていた。

関東大震災

一九二三年九月の関東大震災で蒲田撮影所が壊滅すると、松竹キネマは京都・下鴨宮崎町に借り入れていた一〇二九坪の土地に急遽、仮設の撮影所を建て、蒲田から移転させた。

大震災では東京の多くの劇場・映画館も焼失した。それらの復旧とともに蒲田撮影所の復旧も進め、二四年一月には再建され、現代劇部は蒲田に戻った。京都の撮影所は、一二万円の工費で二五八坪の本格的なスタジオを七月に竣工し、松竹下加茂撮影所とした。翌二五年六月にいったん閉鎖されるが、二六年に「松竹京都撮影所」として再開した。

こうして松竹は、東京と京都に二つの撮影所を持つようになった。京都は白井信太郎が責任者になる。一方、蒲田撮影所に監督として君臨していた野村芳亭は下加茂の撮影所長となり、城戸が蒲田撮影所の所長となった。

それまでの松竹は監督主導体制だったが、城戸はプロデューサー主導に改めた。つまり城戸が企画の全権を掌握し、作品ごとの製作は監督に任せた。従来の新派的な家庭の悲劇ではなく、母性愛をテーマとした女性映画を主軸に、メロドラマ、家庭劇、喜劇、青春ものへと路線を加えていく。

トーキーの導入は松竹が一番早く、一九三一年（昭和六）八月一日封切りの『マダムと女房』（五所平之助監督）がその第一作だ。トーキーが主流になると、町工場の中にある蒲田撮影所は騒音が大きく録音に不向きなので、松竹は三六年一月に大船に撮影所を移転させた。

大船撮影所の土地の購入や建設の資金、移転の経費は、ひとりのスターが生み出したものだった。林長二郎である。

林長二郎

林長二郎は本名が長谷川一夫（一九〇八〜八四）で、後に本名で活躍する。長谷川一夫は京都府紀伊郡堀内村字六地蔵（現・宇治市六地蔵）の何代も続く造り酒屋、長谷川家に生まれた。同家の娘が婿養子を取り、そこに生まれたのが一夫だ。しかし父はすぐに亡くなった。

一夫は幼少期から叔父が持つ大手座に出入りし、芝居を見て育った。一九一三年（大正二）、五歳の秋に、急な代役で舞台に立って、うまくやれた。

翌一九一四年（大正三）に一夫は中村福圓《ふくえん》一座に入り、「中村一夫」の名をもらうと、学校には行かずに全国を巡業し、嵐佳寿夫《かずお》を名乗るようになった。座長の福圓は大阪へ戻ると、一夫がこのまま自分の一座にいたのでは旅から旅となり、学校へも行けないし、美貌だし役者の才能もありそうなので、もっと上のクラスの役者に預けたほうがいいと考え、一座から解放した。

こうして長谷川一夫は京都の実家に戻った。母と叔父もこの子を役者として大成させようと考えていた。一九一八年（大正七）、叔父が劇場や映画館を経営していたので松竹への伝手《つて》があり、そのルートで長谷川一夫は大阪の名優、初代中村鴈治郎《がんじろう》（一八六〇～一九三五）の一門に入った。

明治から大正を経て昭和初期まで活躍した初代鴈治郎は絶大な人気があった――としか書きようがない。筆者自身、この時代に生きていないので文献でしか知ることができないが、読んだ範囲では、「いまの歌舞伎役者でいえば〇〇」というたとえができないくらい、とてつもない人気俳優だったようだ。屋号は成駒屋で中村歌右衛門家に属する。

長谷川一夫は関西随一の名門・鴈治郎一門に入ったが、面倒を見たのは鴈治郎の長男の林長三郎で、「林長丸《ちょうまる》」の名をもらい、女形として舞台に出ていた。「林」は鴈治郎家の本名の姓である。

松竹は多くの歌舞伎役者を抱えていたが、映画には歌舞伎役者を起用しないという方針を取っていた。劇映画の初期は女優が少なかったこともあり、女性の役も男性俳優が女形として演じていたが、松竹は映画では女形は使わず、女優を養成した。

大正末から昭和の初めにかけて、阪東妻三郎（一九〇一～五三）、嵐寛寿郎（一九〇二～八〇）、市川右太衛門（一九〇七～九九）、片岡千恵蔵（一九〇三～八三）といった剣戟スターが相次いでデビューし、瞬く間に大スターとなったが、彼らはみな歌舞伎出身だ。しかし、「歌舞伎の名優の子」ではなかったため、歌舞伎界に入っても端役しかまわってこず、世襲と門閥主義のはびこる世界では長くいても出世は見込めないと判断して、映画界へ入ったのだ。

松竹としては、歌舞伎で疎んじられていた阪妻たちが映画に入るとスターになったのを見て、うかうかしていられなくなった。そんなある日、関西松竹の総帥・白井松次郎は、舞台を見ていて、美貌の若い女形・林長丸に目を留めた。「この子は映画に出れば人気が出る」と見込んだ白井は鴈治郎に懇願し、長丸の映画入りを認めてもらった。

林長丸が松竹キネマへ入るよう告げられたのは大正天皇が亡くなった、一九二六年（大正十五）十二月二十五日のことだった。いずれ歌舞伎に戻すという口約束で、林長丸は松竹キネマに入り、「林長二郎」と改名した。

昭和元年は一週間で終わり、一九二七年（昭和二）年になると、林長二郎は下加茂撮影所に入った。すぐにデビュー作『稚児の剣法』の撮影が始まった。脚本を書いたのは一九二四年に脚本部に入った犬塚稔（一九〇一～二〇〇七）で、「明日までに書いてくれ」と言われたのを「三日なら」と言って、本当に三日で書き、犬塚自身が監督し、三月十九日に封切られた。

『稚児の剣法』は公開されると大ヒットし、林長二郎はたちまち松竹キネマの大スターとなった。二枚目で殺陣もできる剣戟スターの誕生だ。

長二郎は女性からの絶大な支持を受けた。出る映画は全てヒットし、毎年十作前後に出演し続けた。「歌舞伎に戻る」という約束は反故《ほご》にされたが、長二郎自身も映画が面白くなっていたので、あえて「戻りたい」とは言わなかった。

円谷英二

『稚児の剣法』でカメラマンとしてデビューしたのが、それまで撮影助手だった、後の「特撮の神様」円谷英二（一九〇一～七〇）である。

円谷英二は福島県に生まれ、子どもの頃から飛行機に憧れていた。飛行学校に入ったが、事故で唯一の教官が亡くなり閉鎖されてしまった。一九一九年（大正八）、神田電機学校の夜間部で学びながら、玩具製造会社に入り、玩具の開発をしていた。会社の職工と花見をしていてたら、隣にいたグループと喧嘩となり、円谷がその仲裁に入った。その喧嘩相手が天活の社員たちで、これがきっかけで、天活の映画監督・カメラマン枝正義郎《えだまさよしろう》（一八八八〜一九四四）と知り合った。円谷はもともと映画は好きで見ていたが、ストーリーに感動するというより、映写メカニズムに興味を持っていたので、天活に入った。

一九一九年に天活は国際活映となった。この経緯も複雑である。天活は一九一四年三月に元福宝堂で日活にいた小林喜三郎と山川吉太郎が組んで設立した会社だったが、九月には二人とも辞めてしまい、二人は興行会社としてそれぞれ「小林商会」と「山川興行部」を設立し、小林は東、山川は西とテリトリーを分けて、天活製作の映画を興行していた。小林は一九一六年に製作にも乗り出し、天活の俳優を大量に引き抜き、同年十月に第一作を公開した。しかし、無理をしたため一年後の一七年に倒産してしまった。

だが稀代の興行師たる小林喜三郎はこれで終わらない。一九年にハリウッドの超大作『イントレランス』（D・W・グリフィス監督）の日本興行権を得ると、通常二〇銭だった料金を一〇円という破格の値段にして公開した。いまは大人の料金が二〇〇〇円だから、一〇万円くらいの感覚だ。これが大当たりして、それで得た資金で小林は国際活映を一九年十二月に設立し、二〇年一月に古巣の天活の本社機構と巣鴨撮影所を買収した。

円谷英二は国際活映の巣鴨撮影所に入り、撮影助手となった。だが、二三年の関東大震災で撮影所は倒壊した。多くの映画人同様に円谷も京都へ向かい、最初は小笠原明峰（一九〇〇〜四六）という子爵が二三年に設立した「小笠原プロダクション」に入った。この時期、いくつもの「プロダクション」と名乗る製作会社が生まれ、牧野省三も「牧野教育映画製作所」「マキノ映画製作所」などを作った。しかし、どこも長続きせず、小笠原プロダクションも二六年に活動を停止している。

円谷は小笠原プロにも長くはいず、衣笠貞之助《きぬがさていのすけ》が一九二六年に作家の横光利一や川端康成と設立した「新感覚派映画連盟」の『狂った一頁』に撮影助手として参加した。この作品は松竹の下加茂撮影所を借りて撮られた。これをきっかけに、衣笠は松竹と提携し「衣笠映画連盟」を発足させ、円谷も参加した。

林長二郎（長谷川一夫）の『稚児の剣法』は衣笠映画連盟が松竹下加茂撮影所を使って製作し、松竹キネマが配給する形で作られた。衣笠映画連盟にいた円谷英二は、この映画で「撮影助手」から「撮影」に昇格し、その技術が認められて、正式に松竹下加茂撮影所に入った。

松竹の機構改革

映画も軌道に乗ると、白井松次郎と大谷竹次郎は、事業のさらなる拡大のために、これまでの合名会社としての松竹を株式会社にしようと決断した。

準備が進み、一九二八年十一月二十八日に資本金七〇〇万円の「松竹興業株式会社」の創立総会が開かれた。同時に、松竹合名社東京事務所の所有する全ての劇場と経営権の一切が松竹興業株式会社へ譲渡された。この時点では大阪事務所や松竹キネマはまだ併合されない。新会社は社長に大谷竹次郎、専務に城戸四郎、白井松次郎は取締役だった。

さらに一九二九年（昭和四）になると、東京事務所に続いて松竹合名社大阪事務所も四月に株式会社化され、松竹土地建物興業株式会社が発足した。資本金二〇〇〇万円で、白井松次郎が社長に、大谷竹次郎は副社長、白井信太郎が専務になった。

これで東京の松竹興業と大阪の松竹土地建物興業、松竹キネマの三社体制になる。

一九三〇年（昭和五）、松竹の大スター林長二郎は師である中村鴈治郎の二女たみ子と結婚した。たみ子は長二郎よりも一歳上で、日本女子大を卒業し、当時としては珍しい、劇作家志望という女性だった。この結婚には身分違いだとの批判も出た。長二郎は映画の世界では当代一の大スターだが、歌舞伎の世界では「部屋子あがりでドロ役者」でしかない。「ドロ役者」（「土役者」とも）とは、歌舞伎は板（舞台）の上で演じるが映画は地面の上で演じるという意味の映画俳優への蔑称である。「長二郎が成駒屋（鴈治郎の屋号）に取り入ろうとした政略結婚だ」との声もあったが、結婚を望んだのは成駒屋のほうだった。長二郎はこの縁談に当惑していたのだ。長二郎にとって、たみ子は師の娘であり、高嶺の花で、彼から話しかけたことすらなかったのだ。鴈治郎はこの結婚の意図、つまり長二郎を義理の息子にする理由を公の場では語っていないし、書き残したものも公にはなっていない。一説には、二人の息子、長三郎と扇雀（二代目鴈治郎）よりも長二郎のほうに役者としての才能、何よりも花があることを認め、鴈治郎の名跡を襲名させようと考えたとも伝えられる。後継者にするためには、義理の息子にしておいたほうがスムーズにいくと考えたのかもしれない。

松竹の白井松次郎はこの縁談に熱心で媒酌人となった。現代の感覚だと女性ファンが多い大スターの結婚は御法度だが、当時はそうではなかった。白井としては大スター長二郎を松竹に繋ぎ止めておくため、鴈治郎家の者にしたほうが都合がよいとの判断があった。

長二郎は名門・成駒屋の親戚となったが、歌舞伎に戻ることはなく、松竹映画に出続けた。

林長二郎のおかげで、下加茂撮影所は全盛期を迎えていたが、松竹全体は赤字に苦しんでいた。

この経営危機を乗り切るため、大谷たち経営陣は、一九三一年四月からまたも機構改革に乗り出した。大阪の松竹土地建物興業株式会社に、東京の松竹興業株式会社を合併し、さらに独立した株式会社となっている歌舞伎座、明治座、新富座の株式もまとめ、七月七日、資本金三一七〇万円の松竹興行株式会社としたのだ。これにより東西の松竹は再びひとつの会社にまとまった。

さらに、一九三七年になると、松竹興行と松竹キネマを一体化させて、四月六日に「松竹株式会社」とする登記が完了した。資本金は三七四〇万一二五〇円である。

松竹の社長には、大谷竹次郎、副社長には白井信太郎が就き、城戸四郎は専務（他二名）、常務のひとりに大谷博が就任した。博は一九一〇年（大正元）に子爵・水野直《なおし》の次男として生まれ、学習院から神戸商科大学へ進み、三六年三月に大谷竹次郎に請われて長女トシの婿養子となり、同時に松竹に入った。最初は社長秘書で、三七年二月に事業部長となり、松竹株式会社が設立されると常務になった。これで大谷竹次郎の女婿二人が松竹の役員になったのである。

第四章

永田雅一登場

任侠・左翼青年

後に大映の社長となる永田雅一《まさいち》が映画界へ入ったのは関東大震災の翌年、一九二四年（大正十三）の十二月だった。

永田雅一は一九〇六年（明治三十九）に、京都で染料と友禅の問屋を営む家に生まれた（染物屋という説もある）。しかし永田が幼い頃から家業は傾いていた。工場の火事や女中と小僧が店の金を持って駆け落ちするなどの事件が相次ぎ、さらに父は友人の借金の連帯保証人となったために破産した。

永田は小学校を出ると上京し、親戚を頼るが学歴がなければ仕事にもありつけない。そこで大倉商業（現・東京経済大学）に入り学んでいたが、父が亡くなったため、中退した。

一九二三年（大正十二）九月一日、関東大震災で東京は壊滅した。永田は青年団の一員として働き、避難民を地方へ送る船に便乗するのを許された。西へ向かう船を神戸で下りて故郷の京都へ帰った。

震災前年の一九二二年七月に日本共産党が結党されたように、この時代から、社会主義運動が本格化していた。震災直後の東京では大杉栄が惨殺され、多くの社会主義者が地下に潜った。そういう時代に京都へ帰った永田は、一種のヒロイズムから社会主義運動に加わった。詳細はわからないが、集会やデモに参加し、特高警察に尾行される日日となった。一方、京都の任侠団体「千本組」にも籍を置いていた。

左翼と任侠は「反体制」「反警察」という点で共通点がある。映画界は左翼と任侠に近い。映画の原作や脚本は左翼作家が書いたものが多いし、左翼の新劇からも俳優や演出家が映画界で仕事をしていた。一方、ロケをする場合は、その土地の実力者に話を通さなければ邪魔をされ、話を通せばロケの見物人が撮影の邪魔をしないよう警備し、その他、便宜を図ってくれる。興行なので映画館主の多くも任侠と関係が深い。映画と任侠との関係は切っても切れないものとして、戦後もずっと続く。

永田雅一が入った千本組は材木運送業を営んでいた。その親分・笹井三左衛門の三男・末三郎は同志社中学校（現・同志社高等学校）で学び、アナキズムに染まり左翼活動家になり、大杉栄とも親交があった。永田はアナキズム運動を通して笹井末三郎と知り合い、千本組の舎弟となっていた。

実家に落ち着いた永田は定職に就かず、デモや集会に行き、警察に尾行される日日だったので母は嘆き怒り、ついには勘当した。家を出た永田は市電の車庫のそばにある運転手や車掌専用のアパートの一室を借りた。このアパートを経営していたのが、日活の撮影所長だった池永浩久《こうきゆう》（一八七七〜一九五四）で、千本組の笹井三左衛門が池永と親しかったので、頼んでもらったのだ。

アパートに転がりこみ、ブラブラしていると、ある日池永から「いい若い者がブラブラしているとはなんというざまだ」と意見された。そこで永田は日活の撮影所を訪ねてみた。そこは活気に満ち溢れた世界だった。永田は映画作りの現場を見て感動し、自分はここで働くべきだと思った。

永田はその思いを池永に告げ、撮影所で庶務係として働くことになった。一九二四年（大正十三）の末のことだった――以上は永田の自伝『私の履歴書』『映画自我経』などにある経歴だ。かなり脚色されているようなのだが、反証する材料もないので、そのまま記す。

ともあれ――永田は日活に入った。しかし映画製作の現場で働くのではなく、庶務係に配属された。最初の三か月は見習いで、一九二五年二月に正社員として採用され、月給四十五円だった。永田の説明では当時の大卒初任給が六十円、中卒が三十円だったので、その中間だった。仕事の内容は「便利使いで、給仕の上役みたいなもの」だったそうだ。

永田が入社した一九二四年、日活は創立十三年目だった。当時の社長は第四代の藤田謙一だったが、二七年に横田永之助が第五代社長に就任した。

永田が入社して二年目の一九二六年（大正一五）九月十一日、日活の大スター尾上松之助が亡くなった。その葬儀には五万人が参列し、葬列を見送った京都市民の数は二〇万人と言われる。大スターを喪った日活は客を呼べる映画が作れなくなり、経営は不安定になっていた。

庶務係の仕事のひとつが、撮影所を見学に来た名士を案内することだった。この仕事に就いたことで永田の人生は開けていく。永田は名士たちに、映画というものがどのようにして製作されているかを懇切丁寧に、そしてわかりやすく、面白く、説明した。永田が案内した名士のひとりに、貴族院議員の藤村義朗（一八七一〜一九三三）男爵がいた。三井物産で取締役にまで出世した人でもあり、当時は京都の都《みやこ》ホテルの社長でもあった。

藤村男爵は永田の説明に感服し、日活の横田社長以下の重役を招いた席に永田も呼び、「日活には偉大な者がいる。偉大な宝物がある」と述べた。横田社長が「それは誰のことですか」と問うと、「そこにいる青年だ。永田君だ。大事にしてやりなさい。これは将来きっと大物になる」と言った。

これがきっかけで、横田は永田を認識し、その月から月給が十円上がり八十円になった。

藤村男爵は、「都ホテルの仕事で月に一週間ほど京都へ来るので、そのときは永田君にカバン持ちをしてもらえないか」と横田と池永所長に頼んだ。藤村はよほど永田が気に入ったのか、財界人・政界人との面談の場にも同席させた。永田は「経営」「政治」の世界をその裏側から知ることになった。戦後、永田は政治家に献金し政界のフィクサーとなるが、その原点がここにある。

永田を含め、これまでに登場した人びとは、幼少期から映画に親しんだ世代ではなく、映画が好きで映画を作りたくてこの世界へ入ったわけではなかった。

だが、この頃から子どもの頃に映画に見て、自分も作ってみたいと思うようになって、映画会社の扉を叩く者が出てくる。そんな映画少年第一世代と呼べるのが、後に東宝で常務、専務、副社長にまでなる森岩雄（一八九九〜一九七九）である。

森岩雄

森岩雄は一八九九年（明治三十二）に横浜で生まれた。父は「兜町の株屋」だったと、自伝『私の藝界遍歴』に記している。八歳になる一九〇七年から十一歳まで、日本橋浜町や兜町に住み、末広亭などの寄席が近かったので、毎晩のように連れて行かれ、落語に親しんだ。九歳になると、新派の真砂座へ通うようになり、さらには歌舞伎も見る。しかし歌舞伎座へはあまり行かず、六代目尾上菊五郎と初代中村吉右衛門が競い合っていた二長町《にちょうまち》の市村座や、一九一一年（明治四十四）に開場した帝国劇場によく行っていた。松竹の歌舞伎座へは行かず、後に東宝のものになる帝劇へ通っていたのである。新劇の築地小劇場も最初の公演から見ており、森は大正になってからの演劇史をそのまま体験していった。

森は映画も幼少期から見ていた。というよりも、日本映画発展の目撃者と言っていい。まだ横浜にいた一九〇四年（明治三十七）、五歳で初めて映画を見たという。その最初の映画が何かは忘れたが、團十郎と菊五郎の『紅葉狩』や、最初の国産劇映画とされる『ピストル強盗清水定吉』は覚えている。浜町へ引っ越してからは、浅草の映画館へ通った。

森家はよく引っ越した。浜町から本郷、そして目白の雑司が谷と移り、御茶ノ水にあった京華商業高等学校に進み、一九一七年（大正六）に卒業した。池袋にあった成蹊実業専門学校（現・成蹊大学）に学んでいたが、その夏に結核を患い、病院での療養生活となった。十八歳で、将来のことを考える年齢だった。森は父のように株の仕事に就くことも考えたが、映画の仕事をしてみたいとの結論に達した。自伝にはこうある。

〈映画の仕事をやってみたい、あまりにも西洋映画に較べて日本映画はおくれている。まず第一に日本映画は映画劇の形式さえ持つことは出来ないでいる。いつまでも旧派新派の芝居の模倣に明け暮れている。こんなことでは駄目だ。それには新しい映画の形式による脚本の書き方の勉強から始めなければならない。自分の仕事は映画脚本家になることだ。体の弱い自分でもその位のことは出来そうだ〉

森はアメリカで刊行された映画の脚本の書き方の本を丸善に注文して、その本で勉強し、シナリオを書いた。ちょうど東京日日新聞（現・毎日新聞）が子ども用映画の脚本を懸賞募集していたので二作送ると、二等の首席と佳作に入り、賞金をもらった。

さらに小林喜三郎の国活が脚本の公募をしていたので応募すると、これも当選した。日日新聞の当選作も国活のも映画にはならなかったが、自分に才能があることは試せた。そこで松竹キネマに入ろうと運動したが、相手にされなかった。森は松竹には縁がないのだ。

無理に就職する必要のない身分だったので、森は遊民となり、「キネマ旬報」に連載し、映画評論家として知られるようになっていく。

一九二一年、森は友人の紹介で小さな映画会社「活動写真資料研究会」に入社し、教育映画の助監督をし、俳優として出演もした。小さな会社だったので、脚本、監督のみならず、映写技師、活動弁士の見習い、宣伝など、撮影と現像以外のあらゆる仕事をした。ここは一年で辞めて、二二年に友人の友成用三と中曽根丈衛らと中央映画社を設立した。外国映画を輸入して松竹に売ったり、製作を請け負ったり、地方で興行をしたりと、映画に関することなら何でもやる会社だった。輸入してヒットしたのがドイツ映画『カリガリ博士』（ロベルト・ヴィーネ監督）だった。しかし関東大震災で中央映画社は解散した。友成は松竹の下加茂撮影所に入り、中曽根はスポンサーを見つけ、アメリカ映画を輸入する会社を設立し、中央映画社の名を復活させた。

森は中曽根の仕事を手伝い、また日本映画俳優学校の主事兼講師をした。

そんなころ、森は友人から東亜キネマにいた牧野省三を紹介され、脚本を書いた。だができた時には牧野は東亜を辞めていたので、映画にはならない。衣笠貞之助が森の脚本で二作撮ったが、検閲にひっかかり公開されなかった。森のシナリオはなかなか日の目を見ない。

だが、森のことを知った日活京都撮影所の監督、村田実から依頼があり、『街の手品師』を書いた。同作は一九二五年（大正十四）二月――永田雅一が正社員になった頃――に封切られた。森のシナリオによる初めての公開作品だ。『街の手品師』は興行的には成功したとは言えなかったが、村田は欧米に売り込むと決めた。森は父が前年に亡くなり、遺産は負債しかなかったので、とても行けそうもなかったが、中曽根の協力もあり、行くことができた。

かくして森は一九二五年十二月から二六年四月までの、一年五か月にわたる旅に出た。ベルリン、パリ、ロンドン、ニューヨーク、ハリウッドとまわる世界一周である。欧米の演劇、映画、レヴューなどを見て学んだ。

金曜会

世界一周から帰国後、森岩雄は中曽根の中央映画社を手伝っていたが、一九二六年（大正十五）春、日活本社に呼ばれ、現代劇の脚本を執筆してくれと依頼された。日活が京都の横田派と東京本社の藤田派との間で内部抗争していた時期で、東京本社としては、現代劇が松竹に押され気味で弱いので、その立て直しが急務となっており、テコ入れに森を招いたのである。

森は「シナリオの一本や二本では何も変わらない。一日も早く現代劇部門を京都から東京へ戻すべきだ」と進言した。しかし、「京都派（横田派）が認めない」と言う。そこで「日活現代劇復興のための企画部を本社にもうけ、企画から脚本提供までを担えばいい」と提案すると、「新たな部を設けると、京都との喧嘩のタネが増えるだけなので、避けたい」と言う。そして、会社の正式な組織ではない企画部を作ってくれと言う。

京都に対抗したいが、表立って事を荒立てたくないのだ。森は村田実と相談し、日活の監督や封切館の支配人、宣伝部員などを集め、非公式の企画本部を作ることにした。最初の会合が金曜日だったので、「金曜会」と名付けられる。そのメンバーには村田の他、山本嘉次郎、佐々木能理男、八田元夫、木村一衛、小林勝、岩崎昶《あきら》といった顔ぶれだった。

金曜会は脚本を提供するだけでなく、新聞小説で映画になりそうなものはないか調査したり、興行成績の調査・分析などもし、まさに企画部としての活動をしていた。京都撮影所の横田派の人びとは、よそ者である森を最初は無視し、あるいは敵視していたが、現代劇が森のおかげで充実してくると、金曜会を利用したがほうが得だと考えるようになった。

黄金時代を築いた日活時代劇は一九二六年に尾上松之助が亡くなり、転機を迎えていたのだ。横田派のはずの撮影所長の池永浩久は森の才能を認め、後押しした。森は時代劇にも関わるようになる。金曜会は新進作家である吉川英治や林不忘の新聞連載小説の映画化権を取り、時代劇に提供した。その代表が尾上松之助に替わる剣戟スターとなっていた大河内傳次郎（一八九八〜一九六二）主演、林不忘原作、伊藤大輔監督の「丹下左膳」シリーズだった。

一九二七年（昭和二）四月、日活は京都撮影所を大将軍から太秦《うずまさ》へと移転させた。引っ越しの指揮を執っていたのが永田雅一だ。現代劇の監督、村田実が企画部長・監督部長・脚本部長を兼任し、森岩雄が外部のブレーンとして村田を支える。村田は「現代劇計画部長兼社長秘書」と紹介されることもある。

やがて昭和恐慌の影響もあり、日活は経営危機へ陥っていく。社内の藤田派（東京）と横田派（京都）の対立も激化していった。森は一九三〇年七月に金曜会を解散した。

森岩雄にとって金曜会の活動での最大の収穫は、自分には脚本家の才能がないと分かったことだった。何本も彼の脚本による映画が製作されたが、その出来がよくないことは、自分がいちばん分かっていた。森は脚本家修業を続けることに懐疑的となり、自分は映画製作者のほうが向いていると思うようになっていた。

日活経営危機

日活は昭和恐慌の影響と松竹の快進撃、そして放漫経営によって経営危機に陥っていた。

一九三二年（昭和七）五月十一日、日活の監督、村田実、伊藤大輔、田坂具隆《ともたか》、内田吐夢《とむ》、芦田勝らが日活再生のための会議を持ち、「イロハ会」と称した。このイロハ会は、永田雅一の自伝では永田が主宰していたかのように書かれているが、ときどき呼ばれて出席していた程度のようだ。

日活は東京・向島の撮影所が関東大震災で壊滅した後は、京都で現代劇も撮っていたが、東京にも撮影所を持つべきだというのが監督たちの考えだった。その頃、松竹を脱退した鈴木傳明《でんめい》、岡田時彦、高田稔、渡辺篤らを中心にして、上森健一郎が一九三一年九月に創立した「不二映画社」が経営に行き詰まっていた。東京・豊島園に撮影所を持ち、作家・川口松太郎が企画部長となって製作していたが、配給部門も興行部門もない製作会社だったため、収益を上げられない。

イロハ会の監督たちは経営不振の不二映画の豊島園スタジオを買収して、日活の東京撮影所にして量産していこうと考え、この計画で盛り上がった。しかし、彼らに不二映画買収の力はなく、具体的には何も動かない。永田によれば、鈴木傳明と会って打診すると、「すべて任すから、助けてくれ」という回答だったというが、これも信憑性に乏しい。

イロハ会の五月十一日の会合では、現経営陣への不満が爆発し、誰か新たな社長を迎えようとなった。そこで永田が懇意にしてもらっている藤村男爵に社長就任を求めることになり、五月下旬、永田は東京へ向かった。藤村は貴族院議員という公人なので、「日活の社長にはなれないが、阪急の小林一三氏に頼んでみよう」と言った。

第五章

小林一三、映画に接近

鉄道ビジネスを変えた男

小林一三（一八七三〜一九五七）――言うまでもなく、阪急グループ創始者である。単に鉄道会社を経営しただけでなく、鉄道を軸にして沿線開発、観光と百貨店と、多くの関連会社を創立し一大企業グループを形成、鉄道の新しいビジネスモデルを築いた人物だ。関西財界のみならず東京でも活躍し、商工大臣まで務めた。さらに、宝塚歌劇団、映画・演劇の「東宝」の生みの親でもあった。

しかし小林一三は関西出身でもなければ、鉄道とも百貨店とも不動産とも演劇とも関係のない家に生まれた。

小林は明治の初めに山梨県巨摩《こま》郡河原部《かわらべ》村（現・韮崎《にらさき》市本町）で酒造業と質屋、さらには絹問屋を営む韮崎有数の裕福な商家の子として生まれた。一月三日生まれなので「一三」と名付けられた。演劇・映画興行で最大のライバルとなる松竹兄弟が貧困層からの叩き上げなのに対し、小林は富裕層出身で、経済的な苦労は、ほとんどしていない。高等小学校卒業後は成器舎という私塾で学んだ。一八八八年（明治二十一）、十五歳になった年に上京し、慶應義塾に入った。

小林は慶應義塾在学中に小説を書いて新聞に連載もし、学生作家としてそれなりに活躍した。演劇も好きで、前述したように歌舞伎座の開場公演で、市川團十郎や尾上菊五郎を見て、芝居の魅力に取り憑かれた。以後、歌舞伎座をはじめ、東京の劇場に通いまくる。家からの仕送りは潤沢にあった。

慶應義塾は政財界に出身者が多くいたので、その人脈で、小林は都《みやこ》新聞に就職が決まりかけたが、いろいろあり、一八九二年に三井銀行に入った。最初に東京本店秘書課に配属され、これはエリートコースだった。半年後に名門支店である大阪支店へ転勤となった。小林は近松門左衛門を生んだ大阪に憧れていたので、渡りに船の異動だった。京都まで足を延ばし、芝居見物に明け暮れた。

一八九五年（明治二十八）に大阪支店長として岩下清周《きよちか》が赴任すると、小林に目をかけてくれ、小林も岩下を慕った。しかし岩下は一年で失脚し三井銀行を辞めた。小林も辞めてついていくのではと周囲は思ったが、残った。その後、小林は名古屋支店、東京の箱崎倉庫（後、三井倉庫）、本社調査課と異動する。芝居見物は続け、さらに小説を書くなど、仕事熱心とは言えない銀行員だった。

小林は三井銀行を辞めようと転職を画策し、三井呉服店（後の三越）に決まりかけた。入るからには社内で発言力を持とうと、借金をして三井呉服店の株を買った。だが、素行の悪さが知られたのか、この話はなくなった。買った株を売ると、かなり値上がりしており、当面の生活には困らないほどだった。

一九〇七年（明治四十）に小林は三井銀行を辞めた。上司だった岩下清周が大阪で始める証券会社に入る予定だったが、大阪に着いた日に株価が暴落し、それどころではなくなり、岩下の紹介で鉄道会社の仕事をすることになった。

小林が関わるのは阪急電鉄の前身、箕面有馬電気軌道株式会社の創業だった。鉄道事業は都市と都市を結ぶか、大都市の市内をまわるものしか成功しないとされていた。だが、箕面有馬電気軌道が計画していたのは大阪の箕面から温泉のある有馬までの路線で、はたして成功するかどうか。

それまでの鉄道会社は鉄道そのもので利益を出そうとしていた。だが、小林は鉄道を通すことでの都市開発を思いついた。鉄道を敷く予定の土地を歩き、ほとんど人が住んでいないことに気付いた。普通なら、「こんなところに鉄道を敷いても客はいない」と思って手を引く。だが、小林は誰も住んでいない一面の田園風景を見て、「ここには人はいないが土地は山ほどある」と気付き、その「山ほどある」を「売るほどある」に脳内で変換した――眼の前にある土地を買い占めて、そこに分譲住宅を建てて売ろうと思いついたのである。

安い土地を買い、家を建てて付加価値を付けて売るのだから、まず土地の売買での差益が上がる。分譲住宅を購入した人は大阪中心部へ通う勤め人となるので、電車の客になる。電車の乗客を、鉄道会社が自ら作るのだ。需要の創出である。

一九〇七年（明治四〇）一〇月一九日、大阪商業会議所で箕面有馬電気軌道株式会社の設立総会が開かれ、岩下が社長となり、小林が専務取締役となった。実質的には小林が社長と言っていい。

箕面有馬電気軌道は一九一〇年（明治四十三）に、梅田―宝塚の二四・九キロと、支線の箕面―石橋の四キロを開業した。一方、沿線の土地の買収も進み、二五万坪を開業までに買収していた。そこに建売住宅を建て、頭金五〇円、残金は毎月二四円ずつ一〇年の割賦という、いまでいう住宅ローン方式で分譲した。

分譲住宅の新住民たちは、梅田への通勤に箕面有馬電気軌道を利用するが、それだけでは乗客は増えない。そこで箕面に動物園を開設し、さらに宝塚線の客を増やすために宝塚を観光開発した。

宝塚はもともと温泉場だったので、分譲住宅を買った沿線のサラリーマンが休日に家族連れで宝塚へ行きたくなる施設を作ろうと考えたのだ。一九一二年（明治四十五）七月、小林は宝塚に、大理石作りの大浴場と家族向きの温泉が備わった、いまでいうアミューズメント施設、「パラダイス」を建てた。

そのパラダイスの余興として結成されたのが宝塚少女唱歌隊だった。これが人気が出て、世界にも例を見ない女性だけの歌劇団「宝塚少女歌劇」へ発展し、一九年には専用劇場「宝塚歌劇場」（通称・公会堂劇場）が建てられた。宝塚歌劇は本拠地の宝塚だけでなく、関西の他の劇場でも公演し、さらに東京公演も成功していた。

温泉場のアトラクションとして始めた宝塚少女歌劇の成功で、小林の演劇好きの血が沸騰していく。一九一八年までに宝塚少女歌劇が上演した六十四作のうち、二十二作は小林が書いた。

一方――岩下清周が経営していた北浜銀行が、一九一四年（大正三）に休業に追い込まれ、箕面有馬電気軌道の経営にも影響が出た。岩下は社長を辞任し、三井銀行で小林の上司だった平賀敏が第二代社長となった。小林の奮闘で危機を乗り越えると、同社は一六年に「阪神急行電鉄株式会社」

へ改称した。略称「阪急」の誕生である。この経営危機の間も、小林は宝塚のために歌劇を書き続けた。生きるか死ぬかのビジネスで擦り切れた精神を安定させるために、小林は少女たちの歌劇を必要とした。

一九二〇年（大正九）十一月、阪急・梅田に阪急ビルディングが竣工した。五階建てで三階から五階がオフィス、二階が食堂、一階はデパート白木屋に貸した。それまでの百貨店はターミナル駅から離れた所にあった。呉服店を前身とする百貨店は、富裕層が顧客で、運転手付きの自動車で来店する。電車で来る客など相手にしていなかった。小林は阪急沿線のサラリーマン家庭のための百貨店を駅のそばに作ることを思いついた。しかし阪急には百貨店どころか小売業のノウハウがないので、白木屋をテナントとし、市場として成り立つかリサーチした。

一九二五年六月、阪急ビル改築にともない、二階の食堂は四階と五階へ移り、二階・三階を直営の「阪急マーケット」とし、日用品を販売した。白木屋との契約は更新しなかった。ノウハウはすでに学んでいたのだ。そして二九年（昭和四）三月、梅田駅の新ターミナルビル竣工に合わせて、「阪急百貨店」を開業した。鉄道会社が百貨店を経営するのは日本どころか、世界でも初めてだった。小林一三は、駅を単なる通過点として捉えるのではなく、商業地に転換したのである。

阪急・小林一三の成功は東京でも知られるようになり、一九二一年（大正十）に、渋澤栄一が作った田園都市株式会社から助言を求められた。これが東急になる。

一九二六年十二月に大正が終わり昭和になると、二七（昭和二）三月、小林一三はようやく阪急電鉄の社長となった。同年七月、経営危機に陥っていた東京電燈株式会社（東京電力の前身のひとつ）の再建を頼まれ、取締役に就任した。同社の経営危機は社長・若尾璋八の公私混同による乱脈経営に加えて、「電力の鬼」こと松永安左エ門が「東京電力」を設立して東京の電力市場へ乗り込み、安売りで顧客を奪ったのが原因だ。小林は社内の機構改革で若尾社長の権限縮小に成功すると、旧知の仲でもある松永と手を結び、二七年十二月に東京電燈と東京電力を合併させ、翌年四月に新会社が発足すると副社長となった。

小林一三は宝塚少女歌劇の成功で自信を得て、歌舞伎でも新劇でも新派でもない新たな国民演劇を構想するようになっていた。一方、すでに娯楽として定着していた映画にも触手を伸ばし、一九三〇年に「宝塚映画」を設立した。といっても撮影所を建てたわけではない。スタジオだけあっても映画は作れず、俳優とスタッフも必要だが、その手当てができそうもないため、製作には至らなかった。

そんなとき、放漫経営で倒産しそうな「東亜キネマ」から資金援助を求められた。

東亜キネマから大都映画へ

東亜キネマは、その前身が「甲陽キネマ撮影所」という。小林一三が阪急創業にあたり鉄道敷設予定地周辺の土地を買収していた時、本庄京三郎という実業家も「甲陽土地」を設立し、兵庫県西宮市の甲山《かぶとやま》南麓の約三三〇ヘクタールの土地を買収し、甲陽園と命名して高級住宅地とした。本庄は「東洋一の大公園」と称すレジャー施設「甲陽園」も建設し、遊園地、劇場、宿泊施設とともに撮影所も設けた。その撮影所を経営する会社として一九一八年に「甲陽キネマ」が設立された。

一九二三年の関東大震災後、八千代生命が映画事業に乗り出し、甲陽キネマを買収し、「東亜キネマ」とすると、東京から京都へ避難してきた映画人が流れ込んだ。なかでも、国際活映からの流入が多かった。

さらに、東亜キネマは日活から独立していた牧野省三のマキノ映画製作所も一九二四年八月に買収し、牧野は撮影所長となった。だが、牧野は二五年六月に東亜キネマを出てマキノ・プロダクションを設立した。この時期に牧野省三が見出してスターにしたのが、阪東妻三郎、嵐寛寿郎、片岡千恵蔵、市川右太衛門ら剣戟スターで、彼ら四人も牧野から独立して自分のプロダクションを設立したが、どこも短命に終わる。

東亜キネマの社長は八千代生命宣伝部長の小笹正人（一八八四〜一九六七）が就いていた。八千代生命は「大正バブル」を象徴する会社で、一九二九年に経営破綻し、映画事業の継続も危うくなった。そこで小林一三に資金援助を求めたのだ。小林は資金を投入したが、自分で経営できる時間的な余裕がなく、放漫経営ぶりに呆れ果て、一年で手を引いた。

東亜キネマはその後も続いていたが、一九三二年（昭和七）十一月、ついに映画製作を断念し、河合映画製作所に吸収された。

河合映画製作社は、尾張徳川家の家臣だった河合家の五男、河合徳三郎なる人物が興した映画会社だ。河合は一八七〇年（明治三）に生まれ、青年期に東京へ出ると土木業に従事し、やがて独立して河合組を興し、政治の世界にも足を踏み入れていた。

河合組は関東大震災で打撃を受けたが、すぐに復興時の建築ブームで立ち直った。それで得た資金で河合は一九二七（昭和二）四月に映画配給会社「河合商会」を興し、同年十二月に「河合プロダクション」も設立して製作にも乗り出した。このプロダクションは「河合映画製作所」に改称され、河合自身がプロデューサーとして娯楽大衆映画を作った。

河合映画は、東亜キネマを買収すると「大都映画」と改称し、河合が経営を続ける（一九三七年に没）。

日本劇場（日劇）

話を戻すと——永田雅一が小林一三に会い、日活の社長になってくれと懇願したのは、一九三二年、東亜キネマが危機に陥っていた頃だ。永田雅一は自分が小林と交渉したかのように書いているが、小林は一九五一年刊行の『大映十年史』に寄せた「任侠の人・永田君」で、永田との初対面は「十年前」（一九四一年ということか）に、東宝社長になった大澤善男の明治神宮近くの邸宅での晩餐会だとしている。三一年に会っていたとしても、印象に残っていないようだ。

小林は「日活の製作者（監督やプロデューサー）や従業員から、社長になってくれという話は、まことに嬉しいが、日本の映画会社はここ半年以内に行き詰まるのは目に見えており、現状では自分がやっても駄目だ。既成の会社が清算されるまでは時期尚早である」と返答し、社長就任を断った。

阪急という大資本を持ち、演劇・映画にも理解がある小林のもとには、さまざまな話が舞い込む。建設中の日本劇場（日劇）の経営に参画しないかとも打診された。

日本劇場（日劇）は一九二九年十二月に着工された映画館だ。もとは大正生命保険（現・プルデンシャルジブラルタルファイナンシャル生命保険）創業者で政友会の代議士でもある金光庸夫《かねみつつねお》が所有していた土地だった。日活営業部長だった西本〓造《いちぞう》と、子爵で鉄道院の官僚だった瀧脇宏光《たきわきひろみつ》らが金光を説得し、映画館のための土地取得の目処をつけ、日本映画劇場株式会社が創立された。中心となって出資したのは「製紙王」と称されていた実業家・大川平三郎である。

この時点で大川から小林一三に「いくらか出資して経営してみないか」との打診があった。二万株の引き受け手がないというので、小林が半分、残りは渋澤秀雄に頼み、実務は渋澤、小林が監督する形で取り組むことにした。

ところが小林が設計図を見ると、自分の思い描くイメージと異なった。そこで重役陣を集め、「私の考えとまったく違う。私にやれと言うのなら、私の思うようにやらせてほしい」と宣言した。その場では小林に任せることになったが、しばらくして大川から、「君に任せようと思ったが、二万株は我々で引き受ける」と断りの使者が来た。小林が主導することを嫌う者がいたのだろう。小林は「このままだと最後にはエライ目に遭うぞ」と予言して、手を引いた。

日劇は一九二九年に着工されたが、昭和恐慌の影響などで資金不足となり中止され、長く鉄骨のまま放置された。自動車で通りかかった昭和天皇がその残骸のような鉄骨を見て、「あれは何だ」と尋ね、天皇側近が日本映画劇場株式会社にそのことを伝えたので大騒ぎとなった。大川平三郎は責任を感じ、私財をさらに投じて三三年四月に工事を再開させた。こうして、同年十二月に落成した。

そこに至るまでも苦労したが、開場してからも赤字が続き、そこにつけこんだ日活と、小林の東宝と、松竹が争奪戦を繰り広げるのだが、それはもう少し後の話だ。

第六章

日活のお家騒動

永田雅一、頭角を現す

一九三二年（昭和七）春、日活の監督たちのイロハ会は、小林一三に日活の社長になってくれと直訴したが断られると、休眠状態となった。

その一方で、経営陣の間で動きがあった。横田永之助社長は、経営刷新のため衆議院議員で日活監査役もしていた中谷貞頼《さだより》（一八八七～一九五四）を専務に起用し、大規模な人員整理を始めた。八月に撮影所経費の削減のため、従業員八五〇名のうち一九七名の解雇と、残った従業員の給与一割カットを断行した。

横田は解雇通知に先立ち、撮影所長の池永浩久を退社させていた。日活を追われた池永は映画のフイルムの輸入をしていた大澤商会が建てたＪＯスタヂオの顧問となる。このＪＯスタヂオは東宝の前身のひとつだ。

外事係主任になっていた永田雅一は、日活に入れてくれた池永の左遷で後ろ楯を喪ったかに見えたが、池永に気兼ねなく暴れ回る自由を得た。

盆休みが終わると、撮影所の従業員は「日活従業員馘首減俸絶対反対期成同盟」を結成しストライキに入った。永田は恩ある池永もいないので会社側についても仕方ないと判断し、闘争委員長を引き受け、会社側の代表となっていた中谷専務と交渉した。この闘争で、弁が立ち、ハッタリをかませられるという永田の才能が発揮された。というよりも、永田自身がこの争議で自分の才能に気づいた。いつしかその大言壮語ぶりから「ラッパ」の異名をとる。

永田の勢いに負け、会社は整理案を撤回し、世間並みの退職金を条件に自主退職者を募ることで合意した。会社が用意した退職金は約一〇〇名分だったが、退職希望者は約二五〇名も出て、年長者から順に退職させた。

永田は争議を解決した手腕を評価されて、京都撮影所の企画部長となった（永田は自伝に、脚本部・製作部・総務部の部長だったと書いている）。永田の新たな後ろ楯となったのは専務の中谷だ。

労働争議が解決すると、新たな激震が日活を襲った。十一月に村田実・内田吐夢・田坂具隆・伊藤大輔の四人の監督と、脚本家の芦田勝、俳優の小杉勇・島耕二ら七人が日活を退社し、「新映画社」を立ち上げたのだ。この動きに永田は同調せず日活に残り、村田たちが抜けた穴を埋めるべく、不二映画社が倒産したので松竹へ行こうとしていた鈴木傳明、月田一郎らを引き抜いた。

さらに永田は、新興キネマから俳優の山路ふみ子、杉狂児《きようじ》、監督では松竹から犬塚稔を引き抜いた。蒲田撮影所の島津保次郎、五所平之助にも接触したが、失敗した。

横田社長辞任

日活専務となった中谷貞頼は社内で力を得ると、東京にも大規模な撮影所を建てようと考えた。調べると、代議士でもある中山貞雄（一八九〇〜一九七三）が、倒産したばかりの京都の東活映画社を母体にして、日本映画株式会社を設立し、京王電気軌道（現・京王電鉄）から調布の土地五千坪を無償で得て、撮影所を建てたばかりだと知った。そこで、このスタジオを買収して現代劇の撮影所にしようと言い出した。

しかし、日活にはカネがない。頭と度胸を使って、やるしかない。借金は覚悟だ——この中谷の無謀な計画には永田も驚いたくらいだったので、横田社長も当然、反対した。

横田は人員整理を断行したので豪腕なイメージだが、ようするに縮小均衡策を採っているわけで、消極的だ。一方の中谷は資金の裏付けのない積極策を採ろうとしている。中谷としては横田の消極姿勢が面白くない。

中谷は永田を呼び、「このまま、横田社長の消極策を続けていたのでは日活は潰れる、横田に代わって自分が社長になるしかない」と説明し、永田に「横田社長に勇退を勧告してくれ」と命じた——横田が一九三四年三月に社長を辞任して中谷が後継の社長となるのは事実だが、永田の暗躍があったのかどうかは、まさに暗躍なので、永田の自慢話以外には証拠となるものはない。

その永田の武勇伝によれば、こんな経緯となる——ある日、中谷から東京の自邸へ来るよう言われた永田は、食事をご馳走になり、「泊まっていけ」とも言われた。中谷は改めて「永田君、横田氏がおったのではこの日活はよくならぬ。君はそう思わぬか」と言った。永田が「そうですね。非常に消極的な方ですね」と同調すると、「横田を切ろうと思う」「どうするのです」となり、中谷は「これから自分が言うことを一言一句覚え、それを横田のもとへ言って伝えろ」と永田に命じた。

それはこんな話だった――織田信長が高野山を取り囲み使者を立てて、「三日以内に下山すればよし、下山しなければ焼き討ちする、三日間の猶予を与えるので、心を据えて返答しろ」と言った。高野山の坊主たちは喧喧囂囂の議論をしたが結論が出ない。そのとき末席の若い僧が「当山に重大事があった時は宝物殿の文箱にある遺言をあけろと、祖先からの掟にあった。いまこそそれを開けるべきでは」と言った。開けてみると、そこには「随時」とあるのみだった。「時に随う」とは、すなわち信長の権勢に立ち向かうなという意味だと解釈され、下山と決めた。この故事を述べた上で、「御勇退をお願いしたい」と言ってこい――という。つまり横田は高野山の僧で、中谷が信長だということだ。

永田は京都にいる横田のもとへ向かい、覚えた通りのことを言った。横田は経営において消極策を採るくらいだから、社長の地位にこだわってもいなかったのだろう。その場で、「辞めよう」と言い切った。

〈この重大な回答が、約十分間のことだ。中谷も偉いが、横田も偉い〉と永田は自伝に記している。書いてはいないが、伝令役となった自分も偉いと言いたいのが分かる。

東京へ戻り、中谷に「目的完遂です。横田さんは相談役になって、中谷専務を社長にすると言ってました」と伝えた。中谷は「ほんとうか君。君なればこそ、これだけのことができた」と労《ねぎら》うと、妻に鏡と櫛を持ってこさせ、鏡を見ながら頭髪を両方に分け、「いよいよ中谷の天下がきた」と芝居で見栄を切るように言った――永田の回想はこのように終始、芝居がかっている。かなりの脚色があるだろう。

はるか後、永田のライバルとなる堀久作が社長となっていた一九六二年に刊行される『日活五十年史』のこの時代の記述には「永田雅一」の名はどこにも出てこない。横田から中谷への社長交代劇は、『日活五十年史』にはこのように記されている。

〈昭和二年（一九二七）藤田鎌一（「謙一」の誤植と思われる）の後を襲った第五代社長横田永之助は昭和七年（一九三二）二月、藤田派の常務根岸耕一を、その放漫経営の故をもって辞任せしめ、女婿の原田庸雄を重用して改革を企てたが効なく、同七年上期には二二万円にのぼる創業以来初めての赤字を出し、つづく下期も八万円の欠損となったため、九年三月当時の専務中谷貞頼に後を譲った。〉

日劇争奪戦

調布に広大な撮影所を建てた日本映画株式会社は倒産していた。日活はこの撮影所を買収し「日活多摩川撮影所」として開設した。約五千坪の敷地で、社員のための社宅もあった。中谷は京都の太秦撮影所に併合されていた現代劇部を多摩川へ再移転させ、初代の撮影所長に自らが就任した。撮影所を手に入れる一方で、中谷は永田に「金をかけずに、東京の日劇と大阪の東洋劇場の二つを手に入れろ」と指示した。

日劇（日本劇場）は一九三三年十二月に開場して半年で早くも毎月赤字を出し、行き詰まりつつあった。経営母体の大川財閥には興行の専門家がいないため、打開策もない。中谷から見れば、やり方次第で黒字にできるはずだった。

日劇の社長は立憲政友会代議士の金光庸夫《かねみつつねお》だった。中谷も政友会の代議士なので、互いによく知っている。知っているがゆえに会社としての交渉事はやりにくいので、中谷は永田への委任状を書いて託すことにした。条件は「金はかけない」だった。同じように大阪の東洋劇場も行き詰まっている様子なので、中谷は永田に手に入れろと密命を下した。

永田が日劇の現況を調べると、フイルム代、人件費などを含めて、一か月に七万円の支出があり、月に二万円の損失を出していた。映画だけでなく舞台で俳優が演じる「実演」も上演していたが、これも赤字だった。

日劇に対し、永田はこう提案した。「実演は当分、上演しない。日劇を日活の封切館にする。ひと月に七万円の売上までは、日活はフイルム代を取らないし、宣伝費も負担する。七万円を越えたら、その分を折半しよう。さらに、日劇の上にネオンサインで『日活映画封切館』という看板をあげさせてくれ」。日劇はこれに乗ってきた。そこで十年契約、二十万円の違約金と決めた。

永田が話をまとめてくると、中谷は「七万円になるまで日活は一円も得られないのは、つまらないじゃないか」と難色を示した。だが永田が反論し説得して、この件はまとまり、一九三四年五月から日劇は日活の封切館となった。その第一回は『忠臣蔵』「刃傷篇」「復讐篇」（伊丹万作原作・脚本、伊藤大輔監督、伊丹万作・尾崎純応援監督）で、大河内傳次郎が大石内蔵助を演じた。

これを機に日活は日劇を吸収合併することになり、七月二十五日に仮契約を調印した。

一方、中谷が永田に命じたもうひとつのミッション、「大阪の東洋劇場もカネをかけずに手に入れる」は失敗した。永田が大阪へ交渉に出かけると、すでに松竹が東洋劇場を手にしていたのだ。関西松竹の総帥・白井松次郎は、東京の大谷竹次郎に対し、「日劇を何としても手に入れろ」と助言していたが、日活に持っていかれた。日活が東洋劇場も狙っていることは明白だったので、白井は先手を打って手に入れていたのだ。

同時期、新興キネマの撮影所長を任されていた白井信太郎も日活に脅威を抱いていた。俳優や監督を引き抜かれていたからだ。白井松次郎と信太郎は、日活で引き抜きを画策しているのが永田雅一という男だと知った。そこで撮影所の幹部を集めて、永田の魔手を防ぐ方法はないかと協議した。そのうち、「いっそのこと永田を引き抜いたらどうだろう」という結論になった。

田中純一郎著『永田雅一』には、田中が白井から聞いた話として、こうある。

〈それから彼（永田雅一）の行動を少し調べてみると、日本劇場と提携したり、東洋劇場に手を出したりしている。このままでおいたら何を仕出かすか分らんというので、表立って面会を申込むわけにも行かないから、日本演芸通信の京都支局長をしていた玉木潤一郎を仲に入れて、永田君と会見し「君を日本一の大プロデューサーにしようじゃないか」ということで、会談三時間余り、ついに彼を口説きおとした。しかし口説きおとしたといっても、直ぐそれで行動をおこすというのではなく、いずれ日活を出て、独立したときには、応援をしよう、という約束だった。〉

日活を退社する前に、白井信太郎と面談し、応援を約束されたことは、永田も『映画自我経』で認めている。田中純一郎は白井がこんな大胆なことを思いつくとは思えないので、助言したのは、渾大坊《こんだいぼう》五郎だろうと推測している。

永田と白井との間でそんな密約があることも知らず、中谷は永田を総合企画本部長に抜擢した。新しい東京の多摩川撮影所と京都・太秦の撮影所の両方の企画を一元化するために作られた部署で、日本劇場四階に事務所が置かれた。永田は日活映画の脚本の選定、予算の編成、封切り期日の決定など、全てを統括することになった。

短い期間ではあったが、この仕事をしたことで、永田は「映画プロデューサー」の仕事を会得した。後に大映社長となっても、永田は「プロデューサー」を名乗り続ける。

第一映画社設立

そして――運命の日、一九三四年八月二十一日を迎えた。日本劇場との仮契約がなり、直営が目前となったので、中谷社長は京都の料亭に重役や幹部社員を集めて慰労の宴会を持った。当然、功労者である永田も呼ばれた。

中谷は酒が入ると平気で無茶を言う人だった。このときは、「大河内傳次郎主演の『丹下左膳』の興行成績がいいので、続編を伊藤大輔の監督ですぐに撮れ、同時に山中貞雄に『荒木又右衛門』も大河内の主演で撮らせるんだ」と言った。

『映画自我経』によると、永田は「一人の俳優で、二つの映画を同時に撮影するのは無理です」と断った。中谷は「どうして俺の命令に従わない」と睨む。永田は「あなたの命令に従わないというのではない。できないことをできないという意思表示をしているのです」と応じた。すると、中谷はしつこく「やれ」と言い、いつしか、永田を罵倒した。

〈はずみというものはこわいもので、兄弟親子のように仲がよかった中谷さんとの間に、この時、さっと冷い溝が出来た。私も、なんといっても人生いまだ修業たらざる二十九歳の若輩だった。まだニキビが残っていようという年配だし、色気もあるし、席には岡惚れの芸者なんかが一しょにいようというところでやられたのだから、胸にグッとくるものがあった。いま考えてみれば、後日会見して話をつければよかったのだが、なにさまそこは若さの軽率で、これほど日活再建のために、家庭もかえりみずして努力しているのにもかかわらず、こんな物のいい方をする人は、いつの日かこのことをくり返すかも知れない。私とこの人とは所詮縁がないのではないか。ああ考えてみれば不幸だと思って、無念の涙がハラハラと落ちた。正直な話、明智光秀じゃないけれど、何糞ッという気になり、酒席のあいだに、私は便所に行くような顔をしてスッと抜けたわけだ。〉

当時の永田の住まいは、その料亭から五百メートルほどのところにあった。永田は家へ向かい歩きながら、「もうおれはよそう。中谷さんとはうまくいかない」と日活を辞める決意をした。家に着くと、その思いが顔に出ていたのか、妻・喜久子が「どうしたのですか」と心配そうに言った。そこで、中谷とのいきさつを説明し、「いますぐ料亭へ帰り謝るか、このまま日活を辞めるか悶々と考えていた」と言った。喜久子は「あなたの思ったとおりにやりなさい」と言う。

朝になった。永田は一晩考えた結論として、「日活を辞めてプロダクションを作ろうと思う」と喜久子に言った。すると「プロダクションを興すのにいくらいるのでしょう」と訊くので、「映画一本の製作費は三万円、十万円もあれば撮影所も建てられる、それを建てて、月に一本撮っていけばいいから、とりあえず十万から十二万円あればいい」と説明した。

当時の永田は二十九歳としては高給で、月に四百円の月給をもらっていた。家計は喜久子に任せていたので、貯金がいくらあるかは知らない。喜久子は同志社大学英文科を優秀な成績で卒業した人で、結婚後は家庭教師をしていた。そのため、三万円の貯金があるという。

永田は日活退職を決心し、撮影所へ向かった。中谷はすでに朝一番の汽車で東京へ帰っていた。だが永田は中谷が「改めて東京へ来い、おれも言い過ぎたから」と言っていたと伝えられた。永田は「ゆうべ一睡もせずに考えた結果、潔く退社することに決めました。辞表を出します」と言った。

永田はまず東京の中谷に「退社する」と電報を打った。そして、撮影所の各部をまわり、挨拶をした。〈泣いてとめてくれた人もたくさんいたが、すでに電報を社長あてに打ったのだし、腹は決まっていたからどうにもしようがない〉――このように、『映画自我経』などの永田の自伝には、日活退社の経緯が感動的に綴られている。

しかし、実は、松竹との間で独立の話がまとまっていたのである。

日活を八月二十二日に退社した永田は、九月一日に京都の四条河原町に映画製作会社「第一映画社」の事務所を設けた。わずか十日での旗揚げだ。その資金については妻が貯めた三万円の他、〈友人や先輩の出資を寄せて、合計十三万七千円ばかりできた〉と書かれているが、短期間にそんなに集まるだろうか。松竹の影が見え隠れする。

八月二十一日の中谷との口論はアクシデントだったとしても、永田は松竹からの資金が約束されており、独立の機会を窺っていたのであろう。

剣戟スター嵐寛寿郎は聞き書きの自伝『鞍馬天狗のおじさんは』でこう語っている。
〈永田雅一はん、日活にいてました。能率増進係ゆう役職でおます。これが従業員をひきさらって、会社に反旗をひるがえした、背後には松竹がついておる、新興キネマの白井信太郎はん、これと組んで打った大芝居ダ。永田雅一ゆうお方、昔からそんなことばっかりや、ゆうたら悪いが策略ばっかり、賢いお人どすわ。(笑)〉

永田ひとりが日活を辞めたのではなかった。監督の溝口健二、伊藤大輔、犬塚稔、森一生、脚本家の依田義賢、俳優の梅村容子、原駒子、歌川絹江、大蔵千代子、鈴木傳明、中野英治、月田一郎、夏川大二郎、羅門光三郎、浅香新八郎、カメラマン三人、製作部長、宣伝部長、関西支店長も辞めた。さらに作家・川口松太郎(一八九九〜一九八五)が東京から京都へ来て企画を担うことになった。

川口松太郎は翌一九三五年に第一回直木賞を受賞する、新進気鋭の作家である。三七年から三八年にかけて書いた『愛染かつら』は、映画にもなり大ヒットする。新派の脚本も書き演出もするが、映画人でもあり、戦後の大映で専務になり、永田を支えた。

永田は一国一城の主となり、多くのスタッフ、俳優を抱えた。

第一映画は嵯峨野にあった片岡千恵蔵プロダクションのステージを借りて製作を始め、第一作として伊藤が監督した『建設の人々』を十一月二十九日に封切った。しかし配給部門を持たないため自主配給したので興行面では苦戦した。

千恵蔵プロの撮影所が九月二十一日の室戸台風で壊滅したため、永田はその隣に新たに撮影所を建てることにし、翌一九三五年一月八日に、第一映画社嵯峨野撮影所が開設した。

しかし最初の作品を自主配給したところ、なかなか上映してくれる映画館がなく、苦戦した。そこで永田は松竹の白井信太郎と話し合い、二作目からは松竹が配給することになり、いきなり松竹が配給すると波紋が大きいので、新会社「日本映画配給株式会社」が設立された。第一映画は日本映画配給（実質的には松竹）から前金として一作三万円を借り受け、これで製作し、できた映画のフィルムを日本映画配給に渡すという形だ。だが、質の高い映画を作ったため、一本あたり四万円から四万五千円かかり、その差額は永田が被ることになった。

第一映画の作品は評判は良かった。なかでも三六年五月二十八日封切りの『浪華悲歌《なにわえれじい》』、十月十五日封切りの『祇園の姉妹《きょうだい》』（ともに溝口健二監督、山田五十鈴主演）は、溝口の代表作にもなる。

しかし第一映画の作品は観客があまり入らず、興行面では苦戦した。当初は第一映画の作品だけで配給したが映画館が買ってくれないので、千恵蔵プロダクション作品と一緒に流すことにしたが、これもうまくいかない。結局、松竹の系統を二本にして、一系統では新興キネマと千恵蔵プロ、もうひとつに松竹キネマと第一映画とした。

松竹は、永田を後押ししているかのように見えるが、それは表向きのことで、資本面では最低限のことしかしていない。松竹の目的は永田を日活から引き抜くことにあり、いい映画を作ることを期待していたわけではなかった。

第七章

東宝誕生

株式会社東京宝塚劇場

イロハ会からの日活社長への推挙を断った小林一三だが、その年（一九三二年）八月、宝塚少女歌劇団の東京への本拠地となる劇場を建設するため、「株式会社東京宝塚劇場」を設立した。これが「東宝」の始まりである。

一九三二年は阪急電鉄の創立二十五周年だった。一九〇七年（明治四十）の箕面有馬電気軌道創立を起点として数える。開業当時三十四歳だった小林は五十九歳になっていた。十月十九日に二十五周年祝賀会が開催され、社史も発行され、十一月には阪急梅田ビル第三期工事が竣工と、事業は順調だった。

株式会社東京宝塚劇場は、その名である「東京宝塚劇場」を建てるために作られた会社だ。当初から小林は「東宝」という略称を決めていた。「東方の宝」という意味も込めていたという。以下、劇場としては「東京宝塚劇場」、会社としては「東宝」とする。

小林が東京興行界への進出を具体的に考えたのは、前述した日本劇場の経営を打診されたのがきっかけのひとつだった。日劇を経営する話は流れたが、小林は大川平三郎から打診があった時点で自分ならばどういう劇場にするかを考えていた。当時の松竹の歌舞伎は観劇料が高く、一部の富裕層と花柳界に支えられていたので、小林は大劇場を建て観客数を増やすことで観劇料を安くし、広範な国民が楽しめるようにすべきだと考えていた。それによって、「国民のための演劇」が実現する。しかし、その「国民演劇」がどんなものなのかは、小林にもまだイメージできていない。その持論である大劇場は東京で成功してこそ意味がある。日劇が自分たちで勝手にやるというのなら、その構想を自分で実現してみようと思う。

小林には劇場の候補地があった。彼が経営再建を担っていた東京電燈は日比谷公園前に土地を所有していたが、空き地となっていたのだ。経営再建案としてこの土地を売却することになり、社団法人日本放送協会（ＮＨＫ）が坪七〇〇円で買うことになったが、契約時になって六五〇円に引き下げろと言ってきたので破談となっていた。

小林はこの土地に目をつけた――ここに劇場を作ろう。しかし安く買い叩いたのでは背任になるので、ＮＨＫに提示した坪七〇〇円で自分で買うことにした。

日比谷地区には、帝国劇場と帝国ホテルがあるだけで、周囲はオフィスである。当時の東京で最大の盛り場は浅草で、新宿、渋谷、池袋もまだ繁華街ではない。

「宝塚少女歌劇の小林一三」としては、東京に歌劇団の拠点劇場を建てるのならば浅草に土地を探せばいい。さらには「阪急の小林一三」としては、そもそも東京に劇場を建てる必要は何もない。宝塚少女歌劇を結成したのは、大阪や神戸から宝塚へ行く阪急の乗客を増やすためであり、鉄道事業の一環だった。しかし、東京に劇場を建てても阪急電鉄の乗客増員には何ら関係もない。一方で小林は「東京電燈副社長」として日比谷の空き地の処分を考える立場でもあった。

小林にはいくつもの顔があったが、日比谷に土地を買って劇場を建てようとしたのは、結局のところ、「演劇愛好家」としての顔だった。いまだに前近代的な面のある興行の世界を、近代的ビジネスに転換できるのは自分しかいないとの自負もあっただろう。松竹のやってきたことは、徳川政権時代の芝居興行と比べれば、近代的になっているが、小林の眼から見れば、まだまだ旧《ふる》い。

小林一三は誰に頼まれたわけでもなく、演劇興行の革命へと向かう。頼まれもしないのに旧体制を破壊し、新体制を構築するから革命家なのだ。

日比谷アミューズメントセンター構想

松竹の手法は、新京極でも道頓堀でも浅草でも、既存の劇場街に乗り込み、次々と買収していくものだったが、小林は、ひとつの劇場を建てるのではなく、新しい「劇場街」を作るという点が革命的だった。

小林は東京電燈のオフィスにいるとき、都心部にアミューズメントセンターを作るという構想を抱いた。丸の内のオフィス街、霞が関の官庁街にも近い日比谷地域であれば、勤め人が仕事を終えてから行きやすいという地の利がある。鉄道を使えば郊外からも客を呼べる。帝国劇場がうまくいっていないのは、ひとつしかないからだ。複数の劇場を一気に建てて「劇場街」を作れば、相乗効果となる。一九一一年（明治四十四）に財界人によって設立された帝劇は、歌舞伎座に対抗する大劇場として注目され、歌舞伎だけでなく、オペラや新劇も上演していたが、経営不振に陥り、一九三〇年（昭和五）に松竹の手に渡った（十年の賃貸契約）。松竹系列になっても最初は演劇を興行していたが、この頃は洋画上映の映画館となっていた。小林は帝劇の所有会社を買収し、四〇年に松竹との賃貸契約が切れると更新せず、東宝のものとするのだが、この時点でそこまで構想していたのかどうかは、分からない。

小林は着想すると、部下に命じて東京中の鉄道やバスの乗降客、沿線の人口、既存の劇場や映画館の入場者などのデータを集め、東京のどこに劇場街を作るべきか検討し、日比谷地区に劇場・映画館を中心とした娯楽街を作っても採算があるとの確証を得た。

一九三二年八月、小林は雑誌「文藝春秋」の座談会「小林一三氏に物をきく会」に出て日比谷地区を劇場街にする構想を語っている（同年十月号に掲載）。座談会には菊池寛以下、文藝春秋の社員で作家の佐佐木茂索、菅忠雄に加え社外の秦《はた》豊吉が参加した。

秦豊吉（一八九二〜一九五六）は七代目松本幸四郎の実家、秦家の出身で、幸四郎の甥にあたる。この年、四十一歳になる。東京帝国大学法科大学卒業後、三菱商事に勤めているエリートだ。三菱の人事異動でベルリン勤務の時期もあった。しかし秦には文学者としての顔もあった。マルキ・ド・サドをもじった筆名「丸木砂土」で小説やエッセイも書き、さらにドイツでベストセラーになったレマルクの『西部戦線異状なし』の翻訳もしている。

秦は三菱を辞めて演劇の世界へ入れないかと模索しており、学生時代からの友人の渋澤秀雄に相談していた。渋澤が小林一三と懇意だと知ってのことだ。渋澤はしかし、いきなり秦を小林に紹介することを逡巡した。初対面での印象が悪かったら、それでおしまいだ。そこで友人の菊池寛に紹介すると「文藝春秋」の座談会に小林に出てもらい、そこに秦を同席させようとなった。

そういう目的が秘められていることを小林が知っていたのかどうかは分からないが、この座談会で小林は明確にアミューズメントセンター構想を語っている。これまでは宝塚しか歌劇はなかったが、松竹が真似しており、いずれ松竹の歌劇も帝劇などの他の劇場にも進出するであろうから、宝塚少女歌劇と競争になる。そうなったとき、宝塚にこもっていたら遅れてしまうので、東京へ進出すると宣言した上で、

〈日本映画劇場をトーキーの本場にして、帝劇をレヴューの本拠にして、邦楽座を一劇場にして、我々のやっているものを宝塚の本拠にして、もう一つ元の大神宮あたりに、日比谷座というものの権利を持って居る人があります。それを建てさして日本もの映画の本拠地にする。あそこへ五つ位かためてしまうと非常によいと思う。〉

このようにかなり具体的に述べている。この時点では日劇はまだできていないし、帝劇は松竹傘下にある。東京宝塚劇場もまだ完成していない。それなのにかなり手の内を明かしている。大谷や白井がこの座談会を読んでいれば、もっと早くから東宝対策を立てられたのではないかと思うのだが、読んでいなかったのだろうか。小林はたいした障害もなく、一九三二年八月の座談会で述べたことを二年で実現してしまう。

小林は十月に日比谷の三信ビル（現・東京ミッドタウン日比谷の一角）に東宝の事務所を設け、秦たちが詰めて翌年一月に予定されている東京宝塚劇場の開場に向けた準備を始めた。

東宝の前身二社

小林一三が演劇・映画興行に参入しようとしていた頃、二つの映画製作会社が生まれようとしていた。ＪＯスタヂオとＰＣＬ映画製作所である。

ＪＯスタヂオは、京都にある商社、大澤商会（現・大沢商会）の大澤善夫（一九〇二〜六六）が設立した。大澤商会は一八九〇年（明治二十三）に創業され、大澤善夫はその三代目となる。父は貴族院議員だった。善夫は一九一九年（大正八）にアメリカに留学し、映画事業を視察して帰国した。大澤商会に入ると自動車部の主任となり、ゼネラル・モーターズの代理店業務をしていたが、映画用のアグファフイルムの直輸入も始め、映画会社に納入していた。

大澤善夫は一九二八年にアメリカへ行き、トーキー映画の反響を知ると、同年秋にトーキー撮影機材を輸入して日活に売り込もうとした。しかし、三二年の日活の内紛で太秦撮影所の池永浩久所長が辞めてしまったので、売り先がなくなってしまう。そこで自らトーキー・スタジオを建て、貸しスタジオとして運営することにし、大澤商会に映画部「ＪＯスタヂオ」を設けた。「Ｊ」はアメリカの録音システム「Jenkins」、「Ｏ」は「大澤」の意味である。

ＪＯスタヂオは京都・太秦の蚕《かいこ》ノ社《もり》前に二千坪の土地を買って、トーキー専門の撮影所を建設し、三三年三月に完成した。顧問に招聘されたのが、日活を辞めさせられた池永浩久である。しかし借りてくれる映画会社がない。そこで、撮影所を恒久的に使うための「太秦発声映画株式会社」が池永を中心に設立された。さらに付属の俳優養成所やアニメーション室も設けた。この太秦発声は大澤商会とは資本関係はないが、ＪＯスタヂオを優先的に使用する契約を結び、池永の人脈で日活との提携で映画の製作を始めた。一方、大澤商会映画部は、外国映画の日本語字幕や吹き替え版の製作で実績を上げ、三四年十二月に独立して「株式会社ゼー・オー・スタヂオ」（ＪＯスタヂオ）となった。

　ＰＣＬこと「匿名組合写真化学研究所」は現像とトーキーの光学録音機材の研究を目的として、一九三一年二月に設立された。英文での社名がPhoto Chemical Laboratory Co. Ltdで、略して「ＰＣＬ」という（正確には「P.C.L.」だが「ＰＣＬ」と略す）。

　写真化学研究所設立と前後して、日本無線の技師・門岡速雄がフイルム式発声映画の録音装置を考案し、ＰＣＬに協力を求めたので、六月に出資組合「国産トーキー社」を設立し、トーキー・スタジオを建てた。そして翌三二年六月に、匿名組合の写真化学研究所が国産トーキー社を吸収合併して、「株式会社写真化学研究所」が設立された。以下、この会社を「ＰＣＬ」とする。

　創業者のひとりで初代社長は植村泰二《やすじ》（一八九六〜一九七一）である。父は札幌麦酒・大日本麦酒の経営者の植村澄三郎《ちょうざぶろう》、兄は経団連会長を務める植村甲午郎《こうごろう》である。泰二は二男で、北海道大学農学部を卒業し、父・澄三郎がオリエンタル写真工業の創立に協力した関係で、同社に写真乳剤の研究者として入社した。同社は写真の印画紙を製造していた。

　ＰＣＬ設立にあたり、植村泰二は松竹キネマの現像技師で技術部長になっていた増谷麟《ますたにりん》（一八九二〜一九六七）を呼び、父の大日本麦酒などの出資をあおいだ。まだサイレント映画の全盛期だったが、植村と増谷はトーキーの時代が来ると予測していた。同社の相談役には、植村の父・澄三郎の要請で小林一三が就いた。

大澤家も植村家もエスタブリッシュメントである。これまでの映画界とは異質な人びとがこの世界に入ってくる時代になっていた。当然、彼らはこれまでの興行師、山師的とは異なる近代的アプローチで映画を製作・配給・興行することになる。

森岩雄、PCLへ

こうして録音と現像を請け負う会社としてPCLは設立され、一九三二年十月二十五日に東京府北多摩郡砧《きぬた》村（現・東京都世田谷区成城）に二つのステージを持つ貸しスタジオを建設した。それは「白亜の殿堂」と呼ばれる近代的な建物だった。さらに日活と録音契約を結び、ステージの増設をした。

ところが、日活で実権を握りつつあった中谷貞頼は、労働争議を乗り切ると、PCLに頼んでいた録音契約を一方的に破棄し、アメリカのウエスタン・エレクトリックと提携して自社でやると決め、京都・太秦の撮影所に録音スタジオを建てた。

PCLは唯一にして最大の顧客を喪った。スタジオは遊休施設となってしまう。

一方、村田実や伊藤大輔たち七人組が日活を辞めると、それに同調して技術スタッフ数十人も辞めてしまい、東京へ向かった。村田と植村泰二との間で、日活を辞めたら面倒を見るという話が、まとまっていたという。だが、よく詰めていた話ではなく、植村は数人だろうと思っていたのに数十人もの面倒を見てくれと言うので、話が違うとなった。困った村田は、森岩雄に相談した。森は植村泰二とは面識がなかったが、増谷麟とは懇意にしていたので、増谷を通じて植村と会った。

資金はありスタジオを持つＰＣＬにないのは仕事だった。村田たちは映画製作の人材が揃っているがスタジオも資金もない。この両者が手を結べばうまくいく。だが、植村泰二は父から、「興行は水ものだから映画製作に手を出してはいけない。あくまで請負仕事としてのみ、映画とは関われ」と厳命されていた。

そこで、植村、増谷、森で話し合い、ＰＣＬは村田たちと「提携」し、一作だけ映画を製作することで合意した。製作費はＰＣＬが貸すが、森が責任を持つ、つまり保証人となる条件だった。森としてはそれを呑むしかなかった。映画が当たれば興行収入が入り、利益が出る。一種の賭けである。森は株屋の息子だった。勝負に出るときは、出る。

かくして――村田実、伊藤大輔、内田吐夢たちは「新映画社」を設立し、ＰＣＬと提携することになった。第一回作品『昭和新撰組』（伊藤大輔原作・脚本、村田実、田阪具隆監督）は十二月二十九日に完成し、三十一日に封切られた。客は入ったが、製作費を上回る配給収入にはならず、差額は森の負債となった。森はその証《あかし》に手形を書かされ、その宛名がＰＣＬではなく、「植村澄三郎」だったことから、ＰＣＬに映画製作をさせないという方針を守るため、植村家が個人として出資したことを知った。

『東宝三十年史』では、『東京新撰組』は〈予想外の成績を挙げることができた〉とあり、そこで、ＰＣＬは一九三三年になると、森をプロデューサーとして二作を製作したとなっている。

第一作は徳川夢声主演のミュージカル『ほろよひ人生』（木村荘十二監督）で、八月十七日に封切られた。続いて十一月二十三日に、オリエンタル写真工業のフイルムを使用して国産フイルムによる初の映画となる『純情の都』（木村荘十二監督、森岩雄構成）も封切った。

この二作も成功したようで、植村泰二は映画製作に乗り出すことにした。だがPCLは映画製作会社にすることはできないので、一九三三年十二月、PCLのスタジオ設備一切を継続的に使用する「株式会社ピー・シー・エル映画製作所」（以下「PCL映画製作所」「PCL映画」）を設立した。代表取締役には植村泰二、取締役には増谷と森、山本留次、大橋武雄、阿南正茂らが就任した。森は製作部長となった。

PCLが製作した二作は東和商事映画部（現・東宝東和）によって配給されていたが、PCL映画製作所は配給部も持って、自社で配給する。脚本家・監督・撮影・照明・美術などのスタッフの契約制、予算制度の確立、プロデューサー制の採用などで、映画製作において先駆的な体制を採った。

この新会社は本格的に毎月何本も製作するには人材が足りない。日活や松竹から多くが移ってきた。日活から移ったひとりが、山本嘉次郎《かじろう》（一九〇二〜七四）だった。

一方——東京宝塚劇場はPCL映画製作所が設立された一九三三年暮れに完成し、三四年一月に開場する。続いて二月一日には日比谷映画劇場が開場し、当時としては破格の安さである五十銭均一料金で外国映画を上映した。

これで東宝は日比谷に二つの劇場を有した。松竹は既存の劇場を買収あるいは賃貸契約で手に入れていったが、資本のある東宝は何もないところに新たに建てていくのだ。

劇場は一から新しく作ったが、劇団の俳優はそうもいかなかった。宝塚少女歌劇は少女を集めて育てることから始めたが、東京宝塚劇場で上演する演劇の俳優は少年少女を育てていたのでは間に合わない。どこかから役者を引き抜くしかなく、その「どこか」は東京劇界を制覇している松竹しかなかった。

一月八日に小林は阪急電鉄の社長を辞任して会長となっていた。しかし後任の社長は置かず、上田寧が副社長、佐藤博夫が専務取締役となり経営にあたる。小林は経営者としては東京電燈と東宝に傾注していく。

日劇争奪戦第二幕

一九三三年十二月に開場した日劇は、外国映画の上映館となっていた。しかしすぐに経営は行き詰まっている。

一九三四年七月、永田雅一の奔走で、日活は日劇を吸収合併する仮契約を結んだが、永田が去った後、資金の手当ができず、この買収計画は破談になった。これにより中谷の社内での立場が弱体化した。都《みやこ》新聞社長で日活の相談役・福田英助が、中谷に社長辞任を迫り、社内抗争が再発した。

中谷はその気配を感じ、先手を打って、九月九日の株主総会で、自分以外の取締役の解任を強行し、息のかかった社員を後任に据えた。これに対し、解任された取締役たちは株主総会の決議無効の訴訟を起こし、泥沼化していく。

一方、松竹の大谷竹次郎は日活と日劇の合併が破談になったと知ると、すぐに動いた。日劇の大株主・大川平三郎は小唄が趣味で、その関係で大谷は知らない仲ではなかった。浜町の料亭に大川を呼び、日劇を所有する日本映画劇場株式会社の株を過半数譲渡してほしいと頼み、代金は半年の月賦とすることで合意した。これで日劇は松竹のものになったはずだった。だが、大谷は甘かった。正式な契約書を作成せず、口約束だったのだ。

松竹が日劇を買収するとの情報は小林一三の耳にすぐに入った。小林は前述したように、日劇の経営を打診されたことがあり、本来なら自分が経営するはずだったとの思いもあるので、この映画館を何としても手に入れたい。大川平三郎の息子と交渉すると、松竹とは口約束だという。そこで息子と一気に話をまとめると、小林は東宝を増資して資金を作り日劇を買収した。

大谷は芝居の世界に近代的経営を導入して松竹を大きくしていったが、現金取引しか考えられない点では徳川時代からの興行師と同じだった。松竹は株式会社組織になったものの、いまでいうM&Aの手法になじみがない。大谷は、現金を積んでそれと引き換えに株式の證券や土地の権利書をもらうことしか知らない。小林は慶應義塾を卒業すると三井銀行に勤務し、阪急を創立して大企業へと育てた、近代的経営者である。はじめから勝負にならない。

一九三四年十二月三十日、東宝が日劇との間に翌一九三五年一月一日から三年間の賃貸借契約を結んだと発表された。

大谷竹次郎は愕然とした。異質な、巨大な敵がこの興行師の行く手を阻もうとしている。

第八章　堀久作の奮闘

日活「中興の祖」堀久作

永田雅一が日活を出た翌年の一九三五年三月、入れ替わるようにして、堀久作（一九〇〇～七四）が日活の取締役となった。実際には前年（三四年）秋から、堀は日活に関わっていた。堀はその後、戦中戦後の激動期の日活の指揮を執り、日活黄金時代を築き、まさに中興の祖となる。

堀の自伝である「日本経済新聞」の「私の履歴書」は〈私は八歳のとき父を亡くしたが〉と始まる。その父がどんな仕事をしていたかの記述はない。その数行後に〈親はささやかな荒物屋を営んで私を学校へ通わせた〉とあるだけだ。日活取締役だった松本平の『日活昭和青春記』によると、堀は富山県出身で父が荒物屋を営んでいたという。

堀の「私の履歴書」には父の遺言も記されている。〈世の中に出て、もし食うのに事欠くことがあっても、決して物を質に入れてはならない。質に入れるほど困ることが起きたら着物を売ってしまえ。売ってしまってくやしかったら、それ以上のものをつくるように努力しろ。着物でも同じ着るならいいものを着ろ、悪いものは決して着るな。〉

この自伝は堀の日活が絶頂へ向かう一九五六年に書かれたものだ。その後、日活の経営は傾く。はたして堀は「質に入れるな」という父の遺言を守ることができるのか。

堀久作は苦学して大倉高等商業（現・東京経済大学）を卒業した。永田も通った学校だ。堀のほうが永田より六歳上なので、在学期間は重ならない。

卒業すると堀は東北の小さな炭鉱の会計として雇われた。事務所は日本橋茅場町にあったので、東北へ赴任したのではない。だが帳簿の貸借を逆につけてしまうという大失敗をしたため、恥ずかしくて会社にいられなくなり、辞表を出した――と堀は記している。慰留されたが、辞意は堅く退職した。弁護士になろうと勉強を始めたが、先輩から「実業家になれ」と言われたので諦めた。そんなとき、明治商業銀行の神田支店長から、「日本完全燃焼株式会社の営業をやらないか」と打診された。その支店長は堀が帳簿をあべこべにつけて退職したことを、なぜか知っていたのだという。

日本完全燃焼は風呂釜とストーブを製造している会社で、石炭を完全燃焼させる特許を持っていた。堀は営業マンに転じると、好成績をあげた。そこで独立して石炭小売販売店を始めたが、これは失敗した。そんなとき、松方正義首相の息子、松方乙彦（一八八〇～一九五二）を紹介され、その秘書になった。松方は東京瓦斯《ガス》など二十数社の取締役を務めていたが、その他に朝鮮で金山を経営しており、堀はその金山の東京事務所を任された。

ここまでの堀の人生は窮地に陥ると助けてくれる人が現れるという、幸運が続いている。こうして松方のもとで働くようになったおかけで、堀は政財界の要人たちとも知り合うことができた。大物のカバン持ちとなって政財界とのつながりができる点も永田と似ている。

しばらくして朝鮮の金山は松方の従兄弟に任せることになり、堀は松方個人の秘書となった。一九三二年（昭和七）になると、建設中の山王会館（後の山王ホテル）の経営を押し付けられるように頼まれ、ここでも奮闘する。だがなかなかうまくいかないので、ホテルは手放すことになった。

一方、一九三四年一月、松方乙彦は満洲事変についてルーズベルト大統領に説明するため渡米した。アメリカへ行って、映画が産業として発展しているのを知った松方は、帰国すると堀を呼んだ。

「私の履歴書」にはこうある。

〈すぐ来いというので出かけると「堀、私はひとつ日本で映画事業をやりたいと思う。米国へいってみると文化事業のうちでは新聞、ラジオ、映画が非常に発達している。日本では新聞とラジオはやや発達しているが映画はほとんど問題にならぬ。いま日活という会社がごたごたしているが、あれを引受けたらどうだろう」といわれた。〉

これが、まだ永田雅一が日活にいた頃の話である。日活は経営危機にありながら、いや、だからこそ、役員たちは壮絶な派閥抗争を展開していた。

日活の内紛

一九三四年（昭和九）三月、専務の中谷貞頼は永田雅一を使って横田を辞任させ後任の社長になると、拡大策を取った。しかし、永田が手掛けた日本劇場を吸収する話が資金を確保できずに頓挫すると、相談役の都新聞社長・福田英助が中谷に辞任を迫った。福田に同調する役員もいた。永田が日活を辞めるのはこの頃である。

振り返れば——中谷は先手を打って、九月の株主総会で自分以外の全役員を解任することで福田派を追放し、息のかかった社員を役員にした。これに反発した元役員らは、株主総会の決議は無効だという訴訟を起こし、社内は二分された。第四代社長の藤田謙一が仲裁役となって動いたが、結論が出ない。

松方は渡米して、映画会社が産業として急成長しており、「映画会社社長」の社会的なステイタスが高いことを知った。映画が好きで、作りたい映画があったわけではなく、「映画会社社長」になりたいというだけだった。松竹は、白井・大谷の個人会社なので、手に入れるのは不可能に近い。もうひとつの大会社である日活は、内部紛争に明け暮れている。そこでその機に乗じて日活を手に入れようと考えたのだ。

だが松方はそれほど日活の内部にも詳しいわけではない。むしろ堀のほうが知識はあった。堀は、日活元社長の藤田と松方が懇意なのを知っていたので、「藤田さんに話せば、うまくいくのではないか」と松方に進言した。松方は藤田に電話をかけ、「日活を俺に任せないか」と持ちかけた。藤田は「君がやってくれるなら、ありがたい」と言った。しかし藤田がすべての株を持っているわけでもない。

ここで堀の出番となる。日活の大株主のうち、都新聞の福田は売ってくれそうもない。もうひとりが日劇の大株主でもあった「製紙王」大川平三郎で、彼が持つ三万株を松方に譲ってもらうことにした。この株は一株二十八円だったが、松方は一円も払わずに買って、その株を大川が担保として預かり、松方は利息だけ払うことになった。

それ以外に、中谷たち役員への退職金も必要で、堀は松方の知人たちに頼み、工面した。こうして一九三四年十月に中谷は社長を辞任し相談役に退き、松方が社長、藤田は取締役のひとりとなった。そして翌三五年三月、堀は取締役となり、六月には常務となる。

ここから堀の資金繰りに明け暮れる日日が始まる。

堀は映画作りには何の関心もない。作りたい映画があるわけでもないし、そもそも映画を見るのが好きだったわけですらない。そして戦後の堀も「映画会社の経営」には熱心だったが、製作は他の者にすべて任せていた。

同じようにこの世界へ入るまで映画に無関心だったのが、永田や松竹の城戸四郎だが、彼らは映画の魅力に取り憑かれ、製作に直接関与していく。

堀久作、陰謀と闘う

当時の映画会社は、松竹もそうだったが、銀行は相手にしてくれない。そのため、個人金融（いまでいう街金）から運転資金を借りていた。当然、高利である。堀が経理を見るようになった時点で、日活には二〇〇万円の社債と、一五〇万円の高利の負債、その他多額の未払金があった。堀はこの高利問題を解決すべく奔走し、並行して事業拡大策を採り、積極的に映画館の増設や既存の映画館の取得を始めた。堀は日活を興行会社として再建しようとしていたのだ。

日活は、東京に多くの映画館を有している「日本興行株式会社」の発行済株式数の四分の一にあたる二万五〇〇〇株を所有していた。これをさらに買い足して過半数を得れば経営権を握れ、日本興行の映画館で日活作品を上映できる。ところがいつの間にか、松竹の監査役・田中貞二が日本興行の社長となり、松竹系の新興キネマと日本興行とを合併しようと動いていた。そうなれば、日本興行の映画館では新興キネマの作品が上映されることになる。堀としては、断固として阻止しなければならない。

堀は『日活五十年史』に書いた回想録「私が入社してから」に、こう記している。

〈日本興行の創立歴史から見ても、同社は当然日活と合併すべき性質のものであることは、万人の斉しく認めるところであるにもかかわらず、それが日活の競争相手である松竹の子会社新興キネマと合併を目論むなどとは、正しく為にせんとする陰謀に外ならない。〉

日本興行の重役のなかにも新興キネマとの合併に反対する者がいた。社内は日活派と新興キネマ（松竹）派とに二分されたが、日活派の二人が、所有していた日本興行の株を日活に譲渡したことで、すでに四分の一を持っていた日活は過半数の株を得てこの勝負に勝ち、日本興行は一九三五年十一月に日活に合併された。

こうして日活は日本興行が有していた都内の一等地にある映画館を手に入れた。

並行して製作面でも堀は拡大路線を走り、反対を押し切って、全作品をトーキーにすると決めた。それには新しい撮影所が必要なので、調布市にあった「日本映画株式会社」の撮影所を、同社が倒産したので買収し、「日活多摩川撮影所」とした。多摩川撮影所は二〇〇〇坪の敷地に、鉄骨鉄筋コンクリート建のトーキー・ステージ二棟、アフレコ・ステージ一棟、現像所一棟、電気室、フイルム倉庫、木造二階建ての俳優・監督・技術スタッフのための控室、食堂、理髪所なども新築され、一九三五年十二月に完成した。

一九三五年の日活は、十一月に京都の太秦撮影所が製作した『大菩薩峠』（中里介山原作、稲垣浩監督、大河内傳次郎主演）の「第一篇 甲源一刀流の巻」が封切られると大ヒットし、同年下期は一四万円の黒字となった。

だが、前述の高利の債務が経理の足を引っ張り、経営危機は続いた。

松方は経理・財務は堀に任せればよかったが、肝心の映画製作には堀はまったくの素人だったので、別の人材を必要とした。そこに登場するのが、根岸寛一だった。

根岸寛一と江守清樹郎

根岸寛一（一八九四～一九六二）は茨城県筑波郡小田村（現・つくば市）で文房具店主、立花家に生まれた（出生時は「立花寛一」）。早稲田大学の専門部政経学科を卒業し、読売新聞社の社会部記者となった。一九一八年（大正七）、叔父の勧めで、浅草にいくつもの劇場を持つ根岸興行部へ入社した。そして従妹にあたる根岸家の次女と結婚し、根岸姓となった。

一九二三年の関東大震災で浅草が壊滅すると、根岸興行部も大打撃を受けた。そこで根岸は映画に転じようと、新国劇の澤田正二郎をマキノ省三に紹介した。マキノが二五年に撮った『国定忠治』は大ヒットし、これで映画界とのつながりができ、作家・直木三十《さんじゅう》五《ご》が主宰する奈良の映画製作集団「連合映画藝術家協会」に参加した。

連合映画藝術家協会は二年で失敗し、根岸は浅草に戻り芝居興行を打つがこれも失敗、巨額の債務を抱えた。窮状を見かねた友人・古野伊之助が、自身が役員をしていた「新聞連合」（後の同盟通信社）の演藝部に入れてくれた。

日活社長となった松方は映画に詳しい者を探し、親戚で新聞連合社長の岩永裕吉に相談すると、根岸を紹介された。こうして根岸は一九三五年に日活に招聘され、多摩川撮影所を任された。根岸は人望があったようで、撮影所の従業員から慕われるようになる。

ここで、戦後の日活で製作部門の責任者となる江守清樹郎《えもりせいじゅろう》（一九〇〇〜八三）が登場する。

江守家は福井県吉田郡松岡村（現・永平寺町）で造り酒屋を営んでいたが、清樹郎の父の代で没落した。一家は追われるように日本を出て、韓国の京城府龍山区に落ち着いた。父は土建業を興し、今度は成功した。清樹郎は総督府京城中学校に入ったが退学処分となり、単身で日本へ戻り、福井県立中学に入るも、またも退学となった。放蕩していたのである。次は大陸へ渡り、親のコネで満洲の旅順中学に転入、しかしまたも退学となり、神奈川県の私立藤沢中学を八年かけて卒業した。

中学を卒業すると、江守は明治大学に入学した。満二十一歳での大学一年生だ。その学生時代も「飲む・打つ・買う」三昧で、学生運動にも関わった。放蕩の末の借金の整理を父に頼むと「結婚すれば払ってやる」との返事だったので、一九二三年（大正十二）四月に、岐阜の医者の娘で上京して佐藤美術学校（現・女子美術大学のこと）に通う喜久子と結婚した。学生結婚だった。この年の九月に関東大震災が襲う。父はその頃には日本本土で土木事業を営み成功していたが、震災ですべてを喪い、債鬼に追われる日日となった。

一九二七年（昭和二）、江守は明治大学を卒業したものの就職が決まらない。数え年で二十七で、すでに子供も二人いた。父の世話で溝の口から相模川まで砂利を運ぶ私鉄の創立事務所に就職したが、会社は一年で解散してしまった。困り果てていると、山叶《やまかのう》証券（みずほ証券の前身のひとつ）に勤める妻の伯父が、日活を紹介してくれた。

日活は震災で焼けた社屋を再建するために、山叶から借り入れしていたので、その紹介ならと江守は無試験で入社できた。京都の撮影所に永田雅一が入社して二年目にあたる時期だ。後の社長の堀は、まだ日活とは関係がない。日活は経営体質を改善させるために大卒者を採用すると決め、江守は最初の大卒組となった。

しかし江守はずっと日活にいたわけではない。中学を何度も退学・編入を繰り返したように、この男は就職した後も、映画・芸能・レコード会社を転々とする。日活では上野、神田、神楽坂の映画館で事務員として働き、一九三二年には新宿帝都座の支配人となった。ところが三四年に人員整理で解雇されてしまう。中谷貞頼が社長となったが内紛が起きた時期だ。

その頃、大阪の吉本興業が東京進出を計画し、人材を探していた。福井時代の友人が吉本にいた縁で、江守は吉本興業に入社した。一方、日活の内紛は松方乙彦が社長となり堀久作も役員として入ったことで次の段階に入った。映画についてよく知らない堀は人材を求め、江守は日活に復帰することになった。江守は吉本には一年もいなかったことになる。

一九三四年十二月、江守は日活に再入社し、営業部次長となり配給業務を担った。

新興キネマ

永田雅一は第一映画社で奮闘していたが、二年目の一九三五年になると個人名義の借金がいつの間にか十数万円となっていた。貸していたのは松竹である。松竹としては永田がよそへ行って暴れると困るので、身柄を確保するために求められるまでに貸し、借金漬けにしておいたのだ。それが分かっているだけに、永田としてはこの状態から抜け出したい。

第一映画にとどめを刺したのが看板女優である山田五十鈴が結婚し妊娠したことだった（このとき生まれたのが瑳峨三智子）。永田は、山田がしばらくカメラの前に立てないと知って、もはやこれまでと第一映画の解散を決めた。解散の口実がほしかったところに、山田の妊娠問題が起きたとも言える。

第一映画は二年間に『浪華悲歌』『祇園の姉妹』を含む二十本の映画を製作し、その短い歴史を終えた。同社にいたスタッフ、俳優を、永田は日活や松竹に引き取ってもらったが、それでも約七十人が残った。そこに松竹から、子会社の新興キネマの製作体制が疲弊しているので、京都撮影所を永田に預けるという話が来た。永田は、自分の一族郎党となっていた監督や俳優を引き連れて新興キネマに入り、京都撮影所の所長となった。

永田は『映画自我経』にこのように説明しているが、おそらくは話は逆だ。新興キネマに行くことが決まり、第一映画を解散し、伊藤大輔や溝口健二などをはじめとする有能なスタッフ、俳優を確保し、そこから外れた者を、日活や東宝、松竹に引き取ってもらったのであろう。伊藤大輔や溝口健二が引き取り手がなく残っていたとは考えにくい。

第一映画から新興キネマへ移籍したのは、伊藤、溝口の外、森一生、依田義賢らだった。山田五十鈴も出産すると永田に「新興キネマで恩返しする」と言って、入った（もっとも、山田五十鈴は一年で東宝へ移る）。

永田が入った新興キネマは、一九一四年（大正三）に設立された「天然色活動写真株式会社」（天活）にまで起源が遡る。福宝堂にいた小林喜三郎と山川吉太郎が創立した会社だ。二人は東西に分裂した。東京の小林は「国際活映」（国活）を設立して映画製作を続け、山川は大阪で相場師の松井伊助と組んで、一九二〇年（大正九）「帝国キネマ演藝株式会社」（帝国キネマ）を設立した。

帝国キネマは大阪の小阪（現・東大阪市）にあった天活の撮影所で映画製作を始め、一九二八年には東洋一と称された撮影所を長瀬に建てた。この他、二三年から二五年は兵庫県芦屋に、二五年から二八年は東京の巣鴨にも撮影所があった。関東大震災で松竹と日活の東京での映画製作が中断すると、帝国キネマは一人勝ちしていたが、二社が復興すると経営は傾いていった。そのため松竹と提携するようになり、一九三一年、松竹傘下の「新興キネマ株式会社」に改組され、山川は経営から手を引いた。松竹では白井信太郎が新興キネマの面倒を見ることになった。

以後、新興キネマは松竹第二会社として映画を製作・興行していた。そこに、第一映画を興したものの二年で解散に追い込まれた永田雅一が入ったのである。

一九三六年十一月、永田の新興キネマ時代が始まった。永田は『映画自我経』でこう振り返る。〈成績が頗《すこぶ》る悪く、二十円払込みの株券が事務所の壁の腰紙になっていたというほどの有様で、撮影所

の屋根はいたみ、雨は漏りっぱなしで幽霊が出そうなくらいだった。〉

新興キネマの製作予算は松竹から一本あたり二万五千円が出されていた。月に四本なので十万円ずつ入ってくる。第一映画では三万円の予算なのに四万円も使い、永田の借財が増えた。そこで永田は新興キネマでは、ひと月十万円の予算のうち二割の二万円を抜いて、ステージの修理、機材の購入に充てた。一本あたり二万円内で月に四本を製作しようというのだ。経費削減と無秩序な就業状態を改善するため夜間撮影の禁止、日曜の休業を徹底した。

低予算だから大スターを起用できないので、企画で勝負するしかない。そこで考えたのが「化猫映画」「浪曲映画」「狸御殿」など、他社がやりたがらない低俗な企画だった。これが当たり、新興キネマの業績は立ち直り、額面二十円の株が五十銭で取引されていたのが、額面より高い二十五円になる。

翻弄される日活

一方――日活社長となった松方乙彦は、「映画会社社長」という地位が欲しかっただけなので、経営は堀に委ねられた。堀は拡大・積極策を採り、多摩川撮影所でトーキー映画の製作を本格的に始め、日本興行を買収して直営映画館を増やした。この堀の積極策を支えたのが、千葉合同銀行（現・千葉銀行の前身のひとつ）だった。当時、映画会社に融資する銀行はなかったが、千葉合同銀行は融資してくれたのだ。

撮影所と映画館が整備されると、堀はさらに積極策に出て、一九三六年九月に、東宝と提携することにした。

一九三三年に設立されたＰＣＬ映画製作所とＪＯスタヂオはそれぞれ配給部門を持っていたが、両社の映画が上映されるのは、ほとんどが株式会社東京宝塚劇場（東宝）傘下の映画館だった。東宝は映画館・劇場チェーンを拡大していたが、映画製作部門は持たなかった。

そこで一九三六年六月、東宝と、ＰＣＬ映画製作所とその親会社の写真化学研究所（ＰＣＬ）、そしてＪＯスタヂオは提携を強化することになり、四社が出資して資本金五〇万円で「東宝映画配給会社」が設立され、同社にＰＣＬ映画製作所とＪＯの配給部門が吸収された。「東宝ブロック」の誕生である。

ＰＣＬ映画製作所とＪＯはそれぞれの撮影所で映画を製作していたが、森岩雄が両社の企画を統括することになり、二社の映画は「東宝映画」として配給・上映されていく。

東宝ブロックが配給する映画館は都市部が大半で地方が弱かった。一方、日活は直営映画館も多く、配給網も整っていたが、これを満たすためには一か月に時代劇四本、現代劇四本を製作しなければならず、無理が生じていた。そこで両者が提携し、互いの専属俳優も交互に出演させて、日活は月六本、東宝は月二本を製作して、それを双方の配給網で公開しようとなった。

ところがこの動きを知った松竹の城戸四郎が堀に「東宝との提携は日活のためによくない」と忠告してきた。松竹は京都と大船の二つの撮影所で時代劇と現代劇を作り、さらに新興キネマという子会社も擁している。ライバルである日活が混迷している間に、確固たる地盤を築いたはずだった。しかし、新興の東宝が登場した。松竹としては東宝がまだ基礎ができないうちに叩き潰す必要があった。そこで東宝と日活が提携するとの情報を得ると、破談にすべく大谷の命を受けて城戸が堀のもとへやって来たのだ。

城戸は、「東宝と組むのは危険だ。せっかく日活を建て直したのに、他人に取られるようなことはしないほうがいい」と言った。堀は「これが日活を活かす道だと考えているから、ご安心いただきたい」と答えた。

だが城戸は数日後にまた来て、「この際、日活と新興キネマを合併してはどうか」と言う。

堀は「日活はようやく快方に向かいかけた病人、失礼ながら新興キネマも健康とは言えない。病人同士が結婚してもうまくいかないと思う」と言って、またも断った。

堀久作逮捕

一九三六年六月に設立された東宝映画配給は、九月一日に資本金を一〇〇万円に増資した。

そして九月九日、東宝映画配給・ＰＣＬ映画製作所・ＪＯスタヂオの三社と日活は、製作・配給契約を正式に結んだ。日活の株価は上昇し、注目を集めた。

両社の提携を披露するパーティーが九月十六日に開かれることになり、約四百名の俳優、監督、スタッフが集まった。ところが、そのパーティーに主役たる堀久作の姿はなかった。日活本社を出たところで、堀は警視庁の刑事に「五分ですむ」と同行を求められ、警視庁へ行くと、そのまま帰ることはなかった。

堀は留置所に入れられた。何の取り調べもないまま三か月半が過ぎ、ようやく十二月二十六日になって検事の取り調べを受けた。その間の十月に日活専務を辞任した。

堀の容疑は「蛸《たこ》配当」だった。配当できる決算ではないのに、粉飾決算で利益があったようにみせかけて、株主へ過大な配当をしているのではないかという疑いだ。そして二十八日に東京拘置所に移されると、翌年十月十七日まで一年一か月も拘留される。

この事件は、堀に言わせるとまったくの無実だった。日活と東宝の提携を面白く思わない勢力による陰謀ではないか――これが堀の言い分である。実際、堀の逮捕によって、日活・東宝の提携は破談となる。これで得をするのは松竹だ。

さて――永田の第一映画が解散になるのが、堀が逮捕された九月である。そして永田は新興キネマの所長になる。松竹の城戸が堀へ提案した、日活と新興キネマとの合併が実現していたら、堀と永田は同じ会社に属することになった。だがそうならない。永田は堀が遣《や》り手だと知っていた。組めば主導権を奪われる。日活と新興キネマの合併は潰したい。城戸は日活と東宝の提携を潰したい。二人の利害は対立しているようでいて、一致している、堀さえいなくなればいいのだ。

永田が日活を出て堀が入り、永田が新興キネマに入ると堀は獄中へ――この二人は一度も同じ会社には属さず、一九七一年の日本映画崩壊の年まで、同業他社として競い合う。

九月に堀が囚われの身となると、十二月には松方も日活社長を辞任した。結局、松方は日活の社長としては何の業績も残していない。しいて言えば、「堀久作」を日活に入れたことが唯一の業績である。この一連の騒動で、重役のなかには俳優、監督などを引き連れて東宝へ移った者もいた。社長には大阪の興行師・森田佐吉が就任した。日活は製作も滞り、上映する映画がなく、十二月で二十二の直営館はいったん直営興行を中止する始末だった。

日活にいた江守清樹郎は自伝『俺は最後の活動屋』に、堀の逮捕についてこう書いている。

〈これから本腰を入れて、日活のため、堀さんのため、そして自分のため、命をかけてやろうと思った矢先に、この騒動だ、お先真暗になった。併《しか》しもう度胸がついていた。なるようにしかならぬ。がんばるだけ、がんばる決心をした。がんばり方も追随的でなく、戦闘的にやろうとした。〉

だが堀逮捕から四か月後の一九三七年一月、松方が社長を退任すると、江守は退職を勧告され、辞めた。二度目の日活退社である。

日活はテイチク専属の古賀政男と組んで「歌もの映画」を何本も作り、成功していた。江守もテイチクに人脈ができていたので、同社に入った。

テイチクでの江守は〈新人の養成と、新しい企画と、タレントの獲得に熱中した〉と自伝にある。だが社長の方針と合わず、一九四〇年九月にテイチクを辞めてしまう。

大蔵貢登場

一九三六年九月に堀久作が逮捕・拘引されると、千葉合同銀行が日活に対して不良貸し出しをしていると書きたてる新聞があり、同行預金者が預金の引き出しに走る取り付けが起こった。不良貸し出しの事実はないが、千葉合同銀行が窮地に陥ると、松竹の大谷竹次郎が救世主として登場した。同行は日活の債権を大谷に譲渡し、日活との関係を断つことになったのである。

これにより、日活の経営権は松竹が握ることになった。

だが独立路線を採りたい日活の森田社長はこれに対抗すべく、興行師・大蔵貢《おおくらみつぐ》と組んで、「合名会社弥生商会」を設立し、大谷の持つ日活の債権を譲り受けようとした。

ここで登場した大蔵貢（一八九九～一九七八）は元活動弁士にして、戦後の新東宝と大蔵映画の社長である。

大蔵は長野県西筑摩郡吾妻村に生まれた。父は深山で栃の木を切り、椀や盆を作る「木地師」だった。五代目尾上菊五郎が巡業で来たのを見た両親は、『伊勢音頭恋寝刃』の主人公・福岡貢に感動し、生まれてくる子が男子なら「貢」と名付けようと決め、この名になった。出生前から芝居に縁があるのだ。

大蔵の父は博打で借金を作り、貢が小学五年生の年に村にいられなくなり、一家は東京へ出た。貢は朝四時半に起きて納豆を売ったり、電線の切れ端を集めて屑屋に買ってもらうなどして家計を助けていた。卒業はできたが、上の学校へ進学できるはずもなく、電球工場、ガラス工場、材木屋、鍛冶屋、菓子屋などを転々とした。

美少年だったので、工場の先輩から「女形になったらどうか」と言われ、その気になって、歌舞伎の六代目尾上梅幸や新派の河合武雄の門を叩いて「役者になりたい」と頼んだが、取り次いでもくれなかった。次は浪曲師になろうと桃中軒雲右衛門の門を叩くが、ここも断られた。工場の先輩の職工が「活動写真の弁士はどうだ、知り合いが麻布の福宝堂にいる」と紹介してくれた。当時「子役弁士」も人気があったので、その場で採用された。

明治から大正になる頃、つまり日活が設立された頃に、大蔵貢は活動写真の世界に入った。福宝堂は四か月で解雇され、ドサ回りの弁士となり、ある程度稼ぐと東京へ帰り、日活系の赤坂の葵館の職を得た。初任給は五円だった。そのうち四円を家に入れ、残り一円のうち六〇銭を貯金した。「女を買わない、タバコを吸わない」と決めて蓄財に励んだ。

一九一六年（大正五）にチャールズ・チャップリンの映画が日本にも入り、人気が出てきた。大蔵は付け髭、山高帽、竹のステッキといったチャップリンそっくりのメイクと衣装で解説し、チャップリンそっくりに転んで見せると、人気が出た。映画の隆盛期だったので、大蔵はあちこちの映画館に呼ばれる人気弁士となった。

関東大震災の頃には、大蔵の月給は五〇〇円になっていた。平均的な勤労者の月給が一〇〇円前後の時代である。あまりに高給になると、雇ってくれる映画館が少なくなってしまう。大蔵は「独立興行者」へ転じることを決意し、浅草の千代田館を手に入れ、日本に初輸入された「発声活動大写真」の興行を打つと当たった。字幕のない時代なので、トーキー映画でも弁士が必要なのだ。チャップリンの『黄金狂時代』の封切り権を得ると、大ヒットして一か月のロングランとなった。

だが浅草のような激戦地で続けるのは困難と判断し、千代田館を手放し、渋谷近くの広尾キネマを三年契約で借りた。最初はハリウッドの高級な映画を上演していたが、当時の広尾は職工や店員という労働者が客層だったので、客が入らない。大衆的なマキノ映画に切り替えると当たった。映画館はその土地に合ったものを上映しないと成り立たないと知った。

大蔵の成功を知った松竹の大谷竹次郎から、低迷している麻布六本木の松竹館の立て直しを頼まれると、これも成功した。続いてシネマ銀座を買収し、銀座へ進出した。ここもヨーロッパ映画を上映していて不入りだったのでマキノ映画に変えると繁盛した。

大蔵のもとには不振の映画館を手放したいと相談が相次ぐ。「土地柄に合った番組編成と入場料の設定」が大蔵の方針で、たちまち三十館を擁する大蔵チェーンができた。

そんなころ、トーキーが本格化してくる。弁士だけでなく楽士も囃子方もいらなくなる。その整理をすると労働争議に発展した。それも解決したが、今度は不況で映画界全体が冷え込んでしまった。大蔵は、映画館チェーンだけでは先行きが不安になり、映画製作に乗り出すことを考えるようになった、そこへ日活の森田社長から、大谷が持つ債権を手に入れたいと相談されたのだ。

大蔵と森田が設立した弥生商会について、大蔵は自伝『わが芸と金と恋』には何も触れていない。この二年後の出来事について触れるのみだ。そこで、堀の回想を見るしかない。

堀によると、森田は大谷の所有する日活の債権を弥生商会に譲渡するよう交渉し、千葉合同銀行が森田・大蔵の味方をして、「日活は独立して発展すべきだ」と説得したこともあり、大谷は折れた。日活の取締役のうち三名を松竹が推す者にするという条件で、大谷が持つ日活の債権は弥生商会に譲渡された。

第九章

林長二郎の悲劇

佐生正三郎

一九三六年九月に日活の堀久作が逮捕されてから一か月が過ぎた十月十五日、東宝映画配給は「配給の神様」の異名を持つ佐生正三郎《さしょう》（一八九八〜一九七一）を常務取締役として招いた。戦後、新東宝の初代社長になる人物だ。

佐生は早稲田大学理工学部を卒業し東洋汽船に入った。同社の子会社である東洋フイルム商会が映画製作に乗り出していたため、佐生も映画に関わるようになる。一九一六年、ユニヴァーサル映画東京支社が創立されると転職し、さらに二二年にパラマウント映画極東支社の支配人となった。

パラマウント映画極東支社は単に配給するだけでなく、都内に五つの直営映画館も持つ興行会社でもあった。佐生は、一九三一年に松竹と配給チェーンを合併させ、「松竹パ社興行社」を設立させた。これにより、年間六十本のパラマウント映画が日本で公開されるようになり、佐生は「配給の神様」と呼ばれたのだ。

配給チェーンの構築を急ぐ東宝は、佐生といういわば松竹側の大物を引き抜いて、配給チェーンの構築を委ねたのである。

堀逮捕の影響は大きく、東宝系三社と日活との提携は破談となった。東宝としては自力で配給を強くしていかなければならない。東宝・日活の提携を壊そうとした勢力は、とりあえず成功したが、東宝はこれによってより強くなっていく。

藤本真澄

堀久作の突然の逮捕で映画界が揺れている一九三六年十二月、二十六歳の若者がＰＣＬ映画製作所に入った。藤本真澄《さねずみ》（一九一〇〜七九）である。戦後の東宝で副社長（東宝映画で初代社長）になる人物だ。

この世代になると映画が好きで映画界へ入る者が出てくる。藤本真澄は一九一〇年（明治四十三）に満洲の旅順で海軍軍医の子として生まれた。少年時代から映画が好きで、一九三〇年に慶應義塾大学高等部に入学し映画研究会に入ると、ますます映画にのめり込んだ。シナリオを書いて小型映画の雑誌の懸賞募集に応募して佳作になり、「キネマ旬報」に映画批評を投稿すると掲載された。映画好きの仲間と雑誌を創刊したが、これは四号で終わった。学生時代に、松竹の五所平之助《ごしょへいのすけ》や成《なる》瀬巳喜男《せみきお》と知り合っている。

藤本は一九三三年十二月に慶應高等部を繰上げ卒業すると、ヨーロッパ映画の輸入をしていた三映社に入った。しかし三か月で辞めてしまい、三四年九月半ば、五所平之助の紹介で明治製菓の宣伝部に入った。

明治製菓は当時、松竹蒲田の映画とのタイアップをしていた。映画のなかに明治製菓のチョコレートやキャラメルを食べるシーンを入れてもらう方法での宣伝である。さらに松竹蒲田では、明治製菓の宣伝映画も製作しており、二社の関係は深かった。加えて、明治製菓は会長の相馬半治がPCLに出資していたので、PCL映画ともタイアップするようになっていた。

PCL映画製作所は新興なので人材不足だった。そこで森岩雄は友人でもある明治製菓の宣伝課長・内田誠に、松竹の成瀬巳喜男（一九〇五〜六九）の引き抜きを頼んだ。

成瀬は家が貧しく手に職をつけようと工手学校（現・工学院大学）に入ったが父が亡くなり中退し、十五歳になる一九二〇年に松竹蒲田撮影所に小道具係として入社、やがて助監督になれた。しかし年齢は上だが後から入った小津安二郎が先に監督となり、十年も下積みが続いた。その間、五所平之助の下にいた。三〇年にようやく短篇の喜劇『チャンバラ夫婦』で監督デビューし、長篇も撮るようになり、高い評価を得ていたが、松竹蒲田では冷遇されていた。

すでに製作される映画の多くがトーキーになっていたが、成瀬はなかなか撮らせてもらえない。さらに、撮影所長の城戸四郎から「小津安二郎は二人いらない」と言われ、落ち込んでいた。そんなところに内田からPCL映画への誘いが来た。トーキー専門の会社なので、すぐに撮らせてもらえるという。松竹にいたのでは、永遠に「小津の次」のポジションだ。月給三〇〇円、脚本を書けば一本一〇〇円という条件も申し分ない。

成瀬は城戸に退職の意思を伝えた。城戸は引き留めなかった。成瀬は助監督をしていた山本薩夫も誘い、二人でＰＣＬ映画に入った。

その次に、森岩雄は内田を通じて、藤本真澄にもＰＣＬ映画に来ないかと打診した。映画が作りたかった藤本に異存はない。その場で快諾した。

こうして一九三六年十二月、藤本は明治製菓を辞めてＰＣＬ映画製作所に入ったのである。同年四月に黒澤明（一九一〇〜九八）も入社している。黒澤明は東京府荏原郡大井町（現・品川区東大井）に四男四女の末っ子として生まれた。父は荏原中学（後、日本体育大学）の理事をしていた。裕福な家で、私立の森村学園の南高輪幼稚園に通い、同小学校に入学した。ここまではよかったが、父が仕事で不正を働いたとして理事を辞めたため、家計も厳しくなり、小石川区（現・文京区）へ引っ越して黒田尋常小学校（文京区立音羽中学校の前身のひとつ）に入った。いちばん親しい兄・丙午は活動写真の弁士となり、その影響で外国映画をよく見ていた。二七年に私立の京華中学を卒業し、画家を志して美術学校（現・東京芸術大学美術学部）を受験したが失敗、川端画学校で勉強し、二八年には秋の二科展で入選した。二九年にプロレタリア美術家同盟に参加したが、ロマン主義的な画風がプロレタリア・リアリズムと合わず、次第に描かなくなる。「無産者新聞」の下部組織で政治活動をしていたが、それも長く続かず、兄・丙午のもとに転がり込んだ。しかし三三年に、その丙午が自死してしまう。画家としての将来に疑問を感じていたところ、ＰＣＬ映画製作所が公募しているのを知り、応募した。

藤本と黒澤は同年生まれで、同年に東宝の前身であるＰＣＬ映画製作所に入ったのだ。しかし二人が組んで一本の映画を撮るのは、はるか後、それも一回だけだった。そしてその一回が東宝と黒澤の運命を決める。

藤本はＰＣＬ映画製作所に入社すると製作部企画課に配属された。森岩雄が制作部長で総務部長を兼務していた。副部長は渾大防五郎、企画課長は滝村和男（一九四二年に山田五十鈴と結婚し一年で別れたことで知られる）だった。

ＰＣＬ映画は、俳優陣を拡充するため、藤本が入社した一九三六年暮れに、日活から入江たか子をプロダクションごと引き抜いた。三七年二月には新興キネマと提携していたプロダクションを解散した高田稔と契約した。提携関係にあるＪＯスタヂオも、三月に岡譲二、四月に黒川弥太郎、六月に大河内傳次郎と花井蘭子を日活から引き抜いた。そして八月には日活を辞めていた原節子もＪＯに入り、その義兄の映画監督・熊谷久虎はＰＣＬ映画に入った。

藤本も入社してすぐの一九三七年一月に、松竹の子役スター・高峰秀子（一九二四〜二〇一〇）の引き抜きに成功した。高峰は十三歳になろうとしており、もう子役という年齢ではなく、といって娘役にはまだ早いので、松竹は引き留めもしなかった。

高峰秀子の引き抜きに成功すると、藤本はその勢いで、松竹の高杉早苗や上原謙も誘ったが、この二人は動かなかった。

七月になると、藤本はＰＣＬ映画製作所から東宝映画配給へ異動となり、宣伝課に配属された。配給の神様・佐生正三郎は宣伝も担っていたので、その下で鍛えられることになる。

東宝映画設立

一九三七年、日活の混乱が続いている一方で、松竹は、映画会社の松竹キネマと、演劇の松竹興行とを合併させ、四月に「松竹株式会社」とした。それまでは「まつたけ」だったが、ここから「しょうちく」となる。

東宝ブロックは日活との提携が堀久作の逮捕で頓挫しても、さらなる拡張を続けた。ＰＣＬ映画とＪＯスタヂオはそれぞれ監督や俳優の引き抜きを始めるのと並行して、佐生正三郎率いる配給部門は契約映画館を増やしていった。

東宝は映画館の建設と買収も進めた。すでに日劇は手に入れていたが、さらに帝国劇場（帝劇）を買収し、江東楽天地《こうとうらくてんち》を建て、大阪にも梅田劇場・南街劇場・北野劇場を開場した。

一等地に近代的な大劇場を建てれば観客は集まる。したがって、映画会社の方から上映してくれと頼んでくる――小林は楽天的にそう考えていた。大谷は映画を作れば映画館が上映してくれると思い込んで始めており、この二人は正反対なのだが、楽観的見通しで映画に乗り出した点で共通する。だが、東宝を警戒する松竹は東宝系の映画館への配給を拒んだ。

そこで東宝は、製作部門を持たざるを得ず、ＰＣＬ映画製作所とＪＯスタヂオを合併したわけだが、この動きに対抗すべく、松竹は三月に、日活・新興キネマ・大都映画との四社で連盟を結び、「大日本活動写真協会」が結成された。俳優・監督などが他社に移るには移籍前の会社の了解が必要で、違反した場合は一〇万円という高額の違約金を払うという内容だった。戦後の五社協定の前身とも言える。

『東宝三十年史』はこの協定を〈全く個人の意思を無視した暗黒協定〉と断じている。

東宝ブロックは協定への参加を前提に改正を求め、四社とその協議を始めた。しかし協議がまとまる前に、日活の剣戟スター大河内傳次郎がＪＯに移籍し、改正協議どころではなくなった。

松竹ら四社連盟は態度を硬化させ、三月十三日、「ＰＣＬの大作『良人の貞操』(山本嘉次郎監督)が封切られる四月一日以降、四社と契約している映画館では東宝ブロックの作品を上演せず、もしこの取り決めに違反した映画館があったら、今後四社の作品を配給しない」と決議し、全国約一六〇〇の映画館に通達した。この時点で東宝ブロックの映画を他社作品と併映していた映画館は、日活系九七、松竹系七三、新興系五二、大都系二三、合計二五二館あったので、そこがすべて上映しなくなると、影響は大きい。

四社はさらに極東キネマと全勝キネマを加えて六社連盟を結成し、東宝包囲網を完成させた。一方、東宝ブロックも四月には東京発声と提携した。


五月になると小林一三は「興行界はレベルが低く、煩雑さに耐えきれない」と言って、東京宝塚劇場の社長を辞めて相談役となっていた。この相談役も四〇年七月に辞める。

この年(一九三七年)、小林一三は六十四歳だった。当時の感覚では隠居していい年齢だ。すでに阪急電鉄では三四年に社長を退任し会長となり、会長も三六年で辞めていた。一方、東京電力の前身のひとつである東京電燈でも、三三年に社長、三六年に会長になっていたが、四〇年に辞める。

小林一三が社長を辞めた後、東宝の社長は吉岡重三郎が四〇年十一月まで務める。

吉岡重三郎（一八八三〜一九六九）は阪急がまだ箕面有馬電気軌道だった一九〇九年に入社し、学生時代に野球部に入っていたことから、全国中等学校優勝野球大会（現・全国高等学校野球選手権大会、いわゆる夏の甲子園）を発案し、阪急が持つ豊中球場で開催させたことで知られる（その後、この大会はライバル阪神電鉄に奪われた）。阪急では小林の右腕と称された人物だ。

映画興行界が内紛をしている頃、日中関係は悪化し、一九三七年七月には日華事変が拡大、実質的な戦時体制となった。これにより臨時資金調整法ができ、会社の新設、増資などに制限が加えられることになり、なかでも映画や演劇など「娯楽及遊興に関する事業」は「不急の事業」と指定され、新設、拡張が抑制されることになった。

そこで東宝ブロック四社（東宝映画配給、写真化学研究所、ＰＣＬ映画製作所、ＪＯスタヂオ）は臨時資金調整法施行前の九月二十七日の前に合併することになり、小林一三の了解も取って、八月二十六日、東宝映画株式会社が資本金一〇〇〇万円で設立され、九月十日に、同社が四社を吸収合併した。

東宝映画の初代社長にはＰＣＬの植村泰二が就任した。取締役には博文館の大橋武雄やＪＯスタヂオの大澤善夫、監査役に阪急の吉岡重三郎が就いた。

ＰＣＬの撮影所は「東宝映画東京撮影所」、ＪＯの撮影所は「東宝映画京都撮影所」となったが、時代劇も東京に移転させたため、京都撮影所は補助的な存在になる。

「株式会社東京宝塚劇場」（東宝）は東宝映画とは別に演劇興行会社として存続している。

一方、松竹を中心にした六社連盟と東宝との対立は、解消の兆しのないまま一九三七年秋を迎えた。この全面戦争が生んだ悲劇が、大スター林長二郎襲撃事件だった。

林長二郎襲撃事件

歌舞伎から映画へと転じた林長二郎は毎年十数本の映画に出て、松竹映画を支えていた。

一九三五年（昭和十）二月一日、大阪の三大名物「城と御輿《おこし》とガンジロはん」とまで称えられた名優、中村鴈治郎が七十四歳で亡くなった。長二郎は師にして岳父、劇界での後ろ楯を喪った。

それでも映画スターとしての長二郎のポジションには何ら変化はなかった。この年は八作に出て、なかでも六月二十七日封切りの『雪之丞変化』（衣笠貞之助監督）は空前の大ヒットで三部まで作られた。

松竹の蒲田撮影所は周囲が町工場で騒音が激しく、サイレント映画ならば問題はなかったが、トーキーになると撮影に支障が出るようになっていた。そこで一九三六年一月に、松竹は蒲田撮影所を閉鎖し、神奈川県鎌倉郡大船町（現・鎌倉市大船）に撮影所を移転した。大船の土地の取得から撮影所の建設費、移転の費用などは、林長二郎主演『雪之丞変化』が生み出したと言われている。

松竹映画には、城戸四郎という名プロデューサー、小津安二郎などの名監督がいたが、稼いでいたのは、大スター林長二郎だった。

一九三七年（昭和十二）一月、大阪歌舞伎座は鴈治郎の三回忌追善興行となり、長二郎も一門のひとりとして出演し、六歳の長男（林成年）が初舞台の披露をした。鴈治郎の孫でもあるので、追善興行での初舞台は筋が通るものだった。

歌舞伎の初舞台や襲名は、役者当人が負担しなければならないものが多い。後援者に引き出物を配り、共演者にも付け届けをしなければならず、巨額の経費がかかり、出演料だけでは赤字となる。長二郎は金銭的な理由から息子の初舞台を辞退したが、松竹が「金を貸してやるからやってくれ」

と言い、妻・たみ子も乗り気だったので、この話を受けた。出費も嵩むが、贔屓客からはご祝儀が入るので、収支は合うケースも多いのだ。

だが幕が開くと長二郎には辛い日々が待っていた。彼を嫉妬する大部屋の役者たちが、「部屋子上がりが生意気だ」「誰かのおかけで場違いな客が多くてやりにくい」などと長二郎に聞こえるように大声で陰口を叩いた。「場違いな客」とは、長二郎目当てにくる、歌舞伎を知らない映画ファンのことだ。

その仕打ちに耐えながらも長二郎は舞台に出ていたが、公演が終わると、松竹が「初舞台にかかった費用二万円を返せ」と言ってきた。

長二郎は愕然とした。松竹には映画で大儲けさせているはずだ。それなのに彼の映画俳優としての給料は高くはなかった。阪東妻三郎が三千円、片岡千恵蔵が千五百円、大河内傳次郎が千円と言われるなか、長二郎は二百円とまさに桁がひとつ違った。

『雪之丞変化』三部作の大ヒットのおかげで大船撮影所ができたとまで言われているのに、関西松竹の演劇部のこの仕打ちはどういうことなのか。長二郎が「松竹には私の映画で儲けた金が貯まっているはずだ」と言うと、「歌舞伎と映画とは別会計だ」との返事だった。

松竹の言い分は嘘でもない。この会社は、歌舞伎を中心とした演劇部門と映画部門とに分かれており、この二部門は仲が悪い。映画部門は自分たちの儲けで歌舞伎の赤字を埋めているとの意識があるし、歌舞伎部門は、映画を「泥芝居」「土芝居」と見下している。それに加えて、大谷竹次郎が差配する東京と、白井松次郎が差配している関西とに分かれている。大谷と白井の仲は何ら問題はなく、二人は信頼し合っているのだが、周囲はそうでもない。

林長二郎の松竹での「本籍」は関西歌舞伎にある。しかし舞台に出る機会はほとんどなく、松竹の京都撮影所で活躍している。京都撮影所の時代劇は城戸四郎の直接の管轄下にはないが、その莫大な利益は東京に吸い上げられる。松竹社内の軋轢が、長二郎を苦しめていた。

長二郎の松竹への不信感が高まっていった。映画界は狭い世界なので、長二郎と松竹との間に確執があるとの噂はすぐに広まり、東宝が長二郎に移籍を持ちかけた。最初に接触したのは長二郎のデビュー作のキャメラを回した円谷英二だった。後の「特撮の神様」こと円谷英二は、一九三二年に松竹から日活へ、さらに三四年にＪＯスタヂオへ移っていたのだ。

移籍の話は極秘のうちに進んだ。最後は、阪急総帥・小林一三が長二郎と琵琶湖畔の大津紅葉館で密かに会い、条件が詰められた。かなり高額な契約金が約束されたとされる。長二郎の母へも東宝から数万円単位の金が渡され、松竹への負債となっている息子の初舞台の費用を払った。

九月十日に東宝映画がＰＣＬ映画とＪＯスタヂオを吸収合併した。

長二郎と松竹との契約は九月七日が満期だった。しかし松竹は契約更新を言ってこない。油断していた。長二郎は契約更新の話は持ち出さずに松竹京都で『番町皿屋敷』の撮影を続けていた。法的には未契約状態にある十月十三日夜、京都郊外の東宝京都撮影所の眼の前にある、東宝専務・大澤善夫の別邸で長二郎の東宝映画入社の契約書の調印がなされ、ただちに発表された。

東宝映画配給宣伝課で、林長二郎との契約を発表する広報を担っていたのが、藤本真澄だった。

この年の七月にＰＣＬ映画製作所から東宝映画配給へ移っていたのだ。

移籍について長二郎の妻たみ子は何も知らされていなかったので、驚き激怒した。「成駒屋（鴈治郎家）と松竹との関係を知らないのか、亡くなった父に会わせる顔がないではないか」と長二郎を責めた。そういう話になると分かっていたので、長二郎は妻には相談できなかったのだ。この夫婦関係は破綻へと向かう。

十一月八日付けで師・林長三郎名義で「鴈治郎一門から破門する。『林長二郎』の名の返上を求める」との通告が出された。マスコミは「育ててくれた松竹を出て、東宝へ移籍したことは忘恩の徒」だと書き立て、長二郎はバッシングされた。松竹はあらゆる手を使って、長二郎を攻撃した。長二郎が謝罪して戻ってくるのを狙っていたようだ。

それでも、林長二郎の東宝第一回作品『源九郎義経』の撮影が始まった。

十一月十二日夕刻、長二郎は撮影所を出たところを襲撃され、顔を斬りつけられた。傷は左頬を貫通し、十二センチにわたる傷跡が残る大怪我となった。主演スターが負傷したので撮影続行不能となり、製作は中止となった。

天下の二枚目スターが顔を斬られたので、京都のみならず日本中が騒然となった。この事件で、林長二郎への批判は一転して同情へと変わった。顔を斬られ傷を負ったので、天下の二枚目・林長二郎もこれで終わりかと思われた。しかしこの二枚目スターは復活した。メーキャップに工夫をして傷が分からないようにできたのだ。

林長二郎を襲撃したのは撮影所に出入りしていた増田三郎という一匹狼のヤクザで、実際に斬りつけたのはその子分の金成漢だと、後に判明する。だが増田と金が勝手に襲撃したとは誰も信じず、背後には映画界の大物がいるはずだと取り沙汰された。捜査段階で検挙されたなかには新興キネマ撮影所長だった永田雅一もいた。

この事件にはさまざまな噂、説が流布していて当事者が公の場で認めた「真相」はない。松竹の白井信太郎が永田雅一に千円を渡して、長二郎（長谷川一夫）引き留めを依頼し、永田が、増田かそれに近い者に何かを指示したという説が最も有力である。しかし、白井も「顔を傷つけろ」とは依頼していないだろう。そんなことをして役者生命を奪っても、松竹は一円も得をしない。松竹としては長二郎が松竹に戻ってくれればいいので、顔を切られて俳優として再起できなくなったら、元も子もないのだ。

「顔を傷つけろ」と命じられていないとしたら、実行犯はなぜ斬ったのか。「松竹に頼まれたと明かすぞ」と松竹を恐喝しようとしたのではないかとの説もある。

林長二郎はこの事件について、〈追及したところで私の傷が元へ戻るわけでもなく、背後関係の追及はしないように申し入れました〉と自伝に記している。そして〈私としては、この災難によって大きな試練を受けたのだから、これが他山の石となって、もう再び映画界にこのような事件は起こらないだろうから、それで満足だと思う一方、真犯人は当時の日本の前近代性それ自身で、だれかれということではないという考えに到達したわけです〉と優等生的に結んでいる。この自伝が書かれたのは一九七三年で永田とも和解しているのだから、こう書くしかない。『東宝三十年史』はこの事件について〈この不幸な事件は、誰の頭にも六社連盟の最後のあがきを連想させせました〉と記している。松竹や永田を名指しはしない。

もう一方の当事者である松竹の社史には、〈下加茂のピカ一スター林長二郎が、松竹を退社して、対抗会社の東宝へ入社すると発表した。長二郎の下加茂最後の作品は「番町皿屋敷」で、十一月一週に封切、話題の人とあって、皮肉にも興行は初日から大当たり。〉とあるだけで、襲撃事件については触れていない。

東宝との関係については〈この年は又、東宝映画の進出によって既成業者との間に市場争奪戦が演ぜられ、城戸は対東宝戦の矢面に立って敢闘した。〉とある。

社史というものが、どういう書き方をするものなのかよく分かる。

成駒屋（中村鴈治郎家）から、「林長二郎」の名を返せと言われていた問題は、当人がそうしたいと東宝に伝え、本名の「長谷川一夫」を名乗ることにした。東宝社内では「林長二郎でなければ客は来ない」と反対する声もあったが、小林一三が「契約書は（本名の）長谷川一夫として結んだのだから、これでいい」と認め、「映画俳優・長谷川一夫」が誕生した。

長谷川一夫の東宝第一作『藤十郎の恋』（山本嘉次郎監督）は一九三八年五月一日に封切られた。この映画で製作主任（助監督）をしていたのが、黒澤明だった。

チラシなどには「長谷川一夫」の横に「林長二郎改メ」と記されていた。松竹もこれには何も文句は言えない。

日活株の争奪戦

堀久作が釈放されたのは一九三七年十月十七日である。林長二郎の東宝移籍発表が十月十三日なので、その直後となる。

日活の千葉合同銀行への債務は松竹の大谷が肩代わりしていたが、堀の責任で借りていた巨額な一般債務が残っていた。日活の森田佐吉社長は堀が獄中にいる三六年十二月に支払いをすべて一時停止し、強制和議で解決すべく奔走していた。債権者のなかには抵抗して裁判に訴える者もいた。

そんなときに堀は釈放され、一般債務問題に対応した。債権者を訪問し、和議を目指したのだ。その結果、三八年九月に、債務総額を向こう十五年間で支払うことで和議が認可され、三九年八月に和議が成立した。

この渦中の一九三八年三月、多摩川撮影所の所長だった根岸寛一は、「松竹の走狗で、日活を乗っ取ろうとしている」との噂が立ち、罷免された。根岸がいた浅草の根岸興行部は震災後、松竹傘下に入った時期があったので、松竹との関係が疑われたのだ。

根岸を慕う撮影所の従業員は罷免撤回を求めるストライキを構えた。だが森田佐吉社長は強硬で、「根岸は左翼、無政府主義者崩れだ」と従業員の前で演説し動揺させた。

結局――五月に根岸の罷免は撤回された。だが根岸は日活に見切りをつけて六月に退社し、新天地・満洲へ向かった。戦後は、東映の創業期に礎を築くひとりとなる。

根岸に誘われて満洲へ行った者は多く、江守清樹郎もそのひとりだった。江守は一九三七年一月に日活を辞めた後、テイチクに移ったが、そこも四〇年に辞めていた。それを知った根岸が、満映の演藝部門にあたる満洲演藝協会を紹介したのだ。日本の藝人を満洲へ呼んで興行するのが主な仕事だ。

一方、二年前に日活乗っ取りに失敗した大蔵貢がここで再登場する。大蔵の自伝『わが芸とカネと恋』によると、大蔵は日活に二〇万円を貸しており、元社長の横田永之助から、さらに五〇万円の融資を頼まれた。さらに横田は「重役に就任してもらいたい。森田社長は京都で支店の仕事に専念する、東京にいる石井専務は老齢で仕事はできないから、君に任せる。二年か三年で社長にする」と言う。そこで、一九三八年（昭和十三）九月（社史では十月）、大蔵は日活の常務・代表取締役となった。

大蔵は叩き上げの映画館主として、新興の東宝が資金力にまかせて映画館を買収しているのは面白くない。そこで「敵の敵は味方」の法則によって、松竹の大谷竹次郎と手を組む。大谷と談判し、「日活は絶対に東宝に渡さない、松竹も日活を乗っ取る野心を持たない」で合意し、大谷は大蔵が日活の社長になるよう協力すると約束した。

この動きに、堀は「大蔵は日活を大谷に渡そうとしている」と思い込み、小林一三に「大谷が日活を乗っ取ろうとしている」と報告した。これを受けて小林が「日活を松竹に取られては一大事だから、大蔵を追い出すために日活株を買い集めろ」と号令を出した。それを知って、大蔵も日活株を買い集めた――というのが、大蔵の見解である。

しかし堀の回想録『私が入社してから』によると――一九三八年十一月に、堀は千葉合同銀行所有の日活株式三五〇〇株を譲り受けると（その理由や経緯は記されていない）、日活株を一万株買おうと思い、市場から買い集めていたら、大谷も買い始め、争奪戦になった。堀は資金がないので小林に援助を求めると、小林は日活の独立発展に理解を示し、援助してくれたとしている。

日活株は高騰していく。堀の回想録では、この段階になって小林一三に資金援助を求めたとある。小林は快諾し、潤沢な資金を得た堀は、日活株買収を進め、一九三九年四月から六月までに六万株を得た。

堀と大谷が競い合っていると知り空売りする者も出て、日活株は十五円前後だったのが九十三円にまで高騰し、株式取引所は日活株の取引を停止した。そのため市場ではなく、闇での取引が始まり、ついには百二十円を超える。

堀の資金が続くはずがないと見て、空売りを仕掛けた者は窮地に陥った。東京株式取引所の長期取引委員長と現物取引委員長が、堀に会いに来て、「現物がなく受け渡しができないので解け合ってくれ」と言った。金銭解決してくれという意味だ。しかし、堀としては投機目的で買っているのではなく、日活の経営権を得たいから買っているので、解け合いはできない。取引所はどうにか集めて、堀が買った日活株を揃えた。

それでも、発行済株式一六万株の過半数に至らなかった。そこで堀が眼をつけたのが、千葉合同銀行が持つ二万五〇〇〇株だった。同行は日活に融資する際に担保として二万五〇〇〇株を預かっていたのだ。その株は、大谷が日活債務を肩代わりした際に大谷のものとなったが、そのまま担保として預けてあった。さらに、大谷から弥生商会へ譲渡されたが、千葉合同銀行が担保にしていた。堀はこれを完全に譲渡してもらおうと考え、またも小林一三のもとへ行き、一四七万円の資金を得た。こうして堀は千葉銀行が担保にしていた二万五〇〇〇株を取得した。

　これに驚いた大谷・大蔵は、堀が得た二万五〇〇〇株の株主行使権禁止の仮処分を申請するなど、法廷闘争に出た。さらに弥生商会内部で紛争が起きた。森田は松竹嫌いの独立派だが、大蔵は大谷とも親しかったため、利害が必ずしもすべて一致しなかったのだ。弥生商会の大蔵派が堀を訴えると、別のメンバーが大蔵派を訴えるなど、訴訟合戦へと発展し、泥沼化した。

　裁判所は、法的解決を断念し、政治決着にして和解するよう動いた。ようするに、堀・東宝と、大蔵・松竹との日活の経営権をめぐる争いなのだから、東宝・松竹二社で共同統治しろというような内容で、東宝・松竹が日活株を均等に持ち、それ以上の株は将来にわたって所有しない、日活の経営者は東宝と松竹の両社より推挙することになった。

　一九三九年十二月、この和解案が成立し、新たな役員が選任された。紛争は解決したが、日活の経営の自主性は、もはや望めなかった。

　いったんは手を結んだ大谷と大蔵だったが、長続きしない。大谷は大蔵の合意のないまま、堀と手を結んでしまい、大蔵は大谷を契約不履行で訴えた（後、和解）。

第十章

映画界再編、大映誕生

戦時体制

映画における戦時体制は一九三四年（昭和九）に内閣総理大臣監督下に映画統制委員会が設立されたことで始まり、翌三五年に官民合同の国家協力機関「大日本映画協会」が設立され、本格化する。一九三九年（昭和十四）十月一日に「映画法」が施行されると、映画への管理・監督は厳しくなった。この法律により映画の製作と配給をするには政府の許可が必要となった。さらに監督・俳優・撮影者は試験を受けて合格し、政府に登録した者しか従事できなくなった。これだけでも映画を作る側には圧力となるが、事前検閲も始まった。それまでは完成した映画を内務省警保局が試写して上映許可を与えるという検閲システムだったが、シナリオ段階での審査も導入され、これを通過しないと撮影に入れなくなった。完成した映画の検閲も従来どおりなので、二重検閲制だ。

映画法にもとづく事業許可が与えられたのは日活・松竹・東宝・新興キネマ・大都映画の五社に

限られた。その他の会社は解散するかどこかに吸収されるしかない。

南旺映画・東京発声・大宝映画・宝塚映画の四社は大宝映画を中心としたブロックを形成したが、結局は東宝傘下になる。

南旺映画は前身を南旺商事会社といい、戦前の財閥のひとつ森コンツェルン創立者・森矗昶《のぶてる》の弟で、衆議院議員の岩瀬亮《あきら》が設立した。岩瀬はさらに大日本児童映画協会を設立して教育映画を製作したが利益が出ないので、一般映画を製作しようと南旺映画株式会社にし、東宝と配給契約を結び、東宝ブロックの一社となっていた。藤本真澄が出向の形で入ったのが、この南旺映画だった。

東京発声は映画監督の重宗務と脚本家の八田尚之が設立した製作会社だった。重宗は松竹蒲田撮影所にいたが日活多摩川撮影所に移り、そこにいた八田とともに、一九三五年三月に、日活から資金を得て設立した。その名の通り、トーキー映画に特化した会社だった。三六年には豊田四郎も参加する。しかし三六年九月で日活との提携が終わり、三七年五月から東宝映画配給が配給していた。その間に、世田谷トーキースタジオを設立している（後、東宝映画第三撮影所、新東宝第二撮影所）。

宝塚映画製作所（戦後、同名の社ができるが、直接の関係はない）は一九三八年に宝塚歌劇団の付帯事業として映画を制作するために設立され、宝塚運動場（宝塚球場）跡地にスタジオが建てられた。阪急の関連会社である。

大宝映画は前身が一九三五年設立の極東映画で、三七年に極東キネマと改称した。東亜キネマの後に甲陽園撮影所を使っていた。一九四〇年にこの極東キネマが東宝系の梅田劇場（梅田映画株式会社）に買収され、大宝映画となった。

　この大宝映画に一九四〇年に入ったのが、東宝で藤本真澄と並ぶ名プロデューサーとなり、戦後の東宝映画の社長・会長となる田中友幸（一九一〇〜九七）だった。

　田中は藤本と同年の明治四十三年に、大阪府中河内郡堅下村（現・柏原市）で生まれた。藤本の父は海軍軍医だったが、田中の父は陸軍中佐だった。田中も幼少期から活動写真に魅せられていたひとりだ。府立八尾中学校（現・八尾高等学校）に進むと休日には道頓堀まで出て活動写真を見ていた。関西大学の予科へ進学し、この時期に『幌馬車』（ジェイムズ・クルーズ監督）、『駅馬車』（ジョン・フォード監督）、『キング・コング』（メリアン・C・クーパー、アーネスト・B・シュトザック監督）などを見た。後に田中がプロデュースするのは男性的なアクション映画と特撮怪獣映画なのは、必然だった。

　田中は学生時代に映画を見るだけでなく、学生演劇にも関わった。卒業後は新劇の「協同劇団」に入り演出助手となった。小説を書いたこともある。一九三九年に教育召集で大阪四連隊に入り南支へ送られたが、馬に蹴られて負傷し、半年で除隊となった。帰ってきたときには新劇は一斉検挙などで壊滅状態にあった。だが映画は健在だった。知人の紹介で入ったのが、梅田劇場が極東キネマを買って設立したばかりの大宝映画だったのだ。

　大宝映画で田中は製作主任（助監督）となり、『喜望峰』（安達伸生監督）を担当した。

　もうひとりのプロデューサーも紹介しておかなければならない。黒澤映画の製作者として知られる本木荘二郎（一九一四〜七七）である。本木は一九一四年生まれなので、藤本・田中・黒澤の四歳下になる。東京・新橋の商家に生まれ、府立第一中学校（現・都立日比谷高等学校）から早稲田大学文学部仏文科へ進学し、学生運動に参加した。その同志に山本薩夫（一九一〇〜八三）がいる。

山本は三二年に学生大会を開いたため検挙され早稲田を中退し、松竹蒲田撮影所に入った。成瀬巳喜男の助監督をしていたが、三四年に成瀬がＰＣＬ映画製作所に移ったので同行した。

本木はアナウンサーとして日本放送協会に入ったが、一九三八年に山本の誘いで東宝映画に入った。東宝では製作課に配属され、砧撮影所近くに下宿していたが、やがて黒澤明と同居するようになった。製作課から演出部に移動し製作主任（助監督）の仕事をしていたが、森岩雄からプロデューサーに向いていると勧められて、企画担当となった。

森が東宝に導入したプロデューサーシステムは、藤本真澄、田中友幸、本木荘二郎といった若いプロデューサーが育つことで成り立っていく。

映画界再編

一九四〇年十二月、内閣情報部が内閣情報局へと昇格すると、それまで内務省警保局が担当していた検閲は、内閣情報局第五部第二課へ移管された。四一年八月、情報局が「映画用のフイルムは軍需品なので、民間にはまわせない」と通告すると、映画会社各社は動揺した。各社がフイルムを求めると、政府は「劇映画の製作は二社に限り、あわせて月に二本まで」許可すると言ってきた。

それに待ったをかけたのが、永田雅一だった。『映画自我経』にはこう書かれている。

「政府案には映画企業も資本も各会社の特徴も全く無視されている。随って業者としてこの案には絶対に反対である」と永田は述べた。これを受けて、映画界の真意を政府当局に理解させるために、映画新体制に対する対策委員会を構成し、十名の委員を選ぶことになった。永田はその委員となり、さらに互選で委員長となった。

永田が選ばれたのは、京都が本拠地なので東京には月に一回程度しか行かないため、政府や軍の担当者と接触がないからだった。顔見知りが相手では強い態度に出にくい。さらに、永田の日頃の言動から、「永田君ならバリバリやれるだろう」と見込まれたのだ。

委員長として永田は交渉に臨んだ。政府に対し、「娯楽映画を作るためのフイルムが本当に足りないのか、娯楽映画作りを止めてほしいのか」と質した。すると「二社が一か月に各二本、一本につき八〇〇〇フィート、NG十割分のフイルムは渡してやる」との回答だった。撮影にミスはつきものだからNGが出るので、その分を十割認める――一時間の映画なら、二時間分のフイルムを使っていいという意味だ。

永田は「娯楽映画を残そうという思想はあるのだな」と確認し、「ならば二社はやめてくれ」と言った。「二つしかないと、お互いに切磋琢磨しなくなり、妥協するのでいい映画が作れない。一社か三社がいい。二社はだめだ」という、理屈が通るような通らないような論だった。しかし、政府側の委員は丸め込まれて、娯楽映画は三社になることでまとまった。

当初の二社案は、「松竹も東宝もなく、映画界全体をガラガラポンと二社にしようというものだった」と永田は説明するが、いくつもの史料では、松竹と東宝の二社に整理統合し、松竹が新興キネマ、興亜の二社を吸収合併し、東宝に、日活、大都、東京発声、南旺、宝塚、大宝を合流させることになっていた。

この当初案だと、永田の新興キネマは松竹に吸収される。もともと松竹資本の会社なのだから、そうなるのが自然でもあった。しかし永田としては、新興キネマという城を渡したくない。それが本音であろう。必死で三社分割案を勝ち取ったのだ。

そこから再編劇の第二幕が始まる。永田はまず、「東宝を中心にその傍系会社である大宝、東京発声、宝塚、南旺をまとめて一社とする」、次に「松竹に興亜を付ける」、残った「新興キネマと大都映画と日活で一社にする」という案をまとめた。新興キネマは資本関係からすれば、松竹と一緒になるべきだが、なぜか大都映画と日活と一緒になるのだ。

これらの交渉、会議は八月中旬から始まり、九月十九日に結論が出た。当初は「第一製作社」「第二製作社」「第三製作社」という名称だったが、これも、「松竹」「東宝」として、永田の新興キネマと大都映画・日活による第三の会社は「大日本映画株式会社」、略称「大映」と決まった。松竹・東宝は比較的簡単にまとまったが、大映は永田の思うようにはいかなかった。

ここで堀久作が再登場する。

大映誕生

大映設立の経緯は永田・堀の二人が自伝・回想記で振り返っているが、永田の『映画自我経』をはじめとする自伝には堀の名は出てこない。同様に『日活五十年史』にある「堀社長回顧録」には永田の名はまったく出てこない。

まず堀の回顧録を開いてみよう。堀が小林一三の資金援助を得て日活株を買い集めたことによる松竹・大谷との買い占め合戦は裁判にまで発展し、一九三九年十二月、東宝・松竹がそれぞれ役員を出して、共同統治することで落着した。堀はこの時点では役員にはならなかった。

新体制のもと、日活は中止していた直営館・十八館の営業も再開し、さらに経営不振時に貸与していた映画館も返還してもらい、興行部門は好成績を挙げていた。

日活・大都・新興の三社対等合併案が決まったと知って堀は驚愕した。その内容もさることながら、日活経営陣が何も異議を唱えていないことに驚愕したのだ。堀は株主ではあったが経営には参画していないので、何も言えなかったが、これ以上は黙って見ていられない。東宝の了解を得た上で松竹の大谷竹次郎と会い、「このままでは日活が壊滅する。いまの役員には全員退陣してもらい、大谷さんが会長となり、東宝の吉岡重三郎氏を社長にして、事態を収拾してほしい」と訴えた。

大谷は堀の提案を了解し、十月三十日の株主総会で、松竹から三人、東宝から三人、中立の三人を役員とし、大谷が会長、森田佐吉に代わり、吉岡が社長となり、堀も平の取締役として日活に復帰した。この時まで常務だった大倉貢は退任した。

日活から情報局での再編問題を扱う会議に出席していたのは、常務の加賀二郎（一九〇〇〜六二）だったが松竹の人で、新興キネマの監査役でもあった。その弟・加賀四郎は大映のプロデューサーとなり、その娘が女優・加賀まりこだ。

堀は大谷に「加賀を情報局との交渉委員から外し、自分を推挙してくれ」と頼み、大谷は了解した。堀としては、合併するとしても三社対等などとんでもない。日活は歴史もあれば資産もある。新興キネマを二分の一に、大都を十分の一に減資した上でなければ合併はできないと考えていた。

永田が三社案をまとめあげた後の十一月下旬の情報局と、日活・大都・新興の代表者が集まる会議に、堀は初めて出席した。ここでまず、堀を日活側の委員として認めるかでひと悶着あった。堀が対等合併案に反対していることが知られていたからだ。反対したのは情報局の課長だったが、裏には永田がいる。しかし内務省から出席していた委員が、「差し支えない」と強く言ったので、この問題は決着した。

堀は「合併は、あくまで合併会社の資産によって比率合併とすべきである」と主張した。さらに、「日活はまだ和議法による和議会社なので、全債権者の同意なしには合併できない」とも言った。この日の会議では結論は出なかった。堀は〈この理詰めな日活の態度に、情報局案は一時暗礁に乗り上げ、新興、大都の焦燥ぶりは、大変なものであった〉と記している。「新興」とは永田のことだ。永田も〈法律論を日活側委員がいい出して、関係当局並びに関係委員もこの問題に対して頭を悩まし、全く暗礁に乗り上げた形となった〉と同じ表現をしている。永田は「日活側委員」と堀の名は明記せず、堀も永田の名は記さない。

堀は書く。〈遠大なる計画の下に、日活の製作部門を切離して、これを現物出資とし、その代償として新会社の株式を受取り、ひとまず新体制の枠内を切り抜けようと決心した。〉

堀はこの案をもって大谷と会い、二時間かけて説明し合意を得た。さらに東宝側の吉岡社長にも会い、重役会に諮った。そこで他の重役の合意も得て、堀の案を日活案として情報局に提案することで合意した。

二回目の会合は十二月八日に開かれた。日本帝国海軍が真珠湾を攻撃し、米英に宣戦布告したその日である。情報局も映画どころではなく、日活の提案をそのまま受け容れ、日活は製作部門のみが新会社へ行くことになった。

これを永田雅一は〈そこで私は日活の当時の責任者に、日活を興行と製作の二面に分離し、興行会社として日活を存続し、制作面を現物出資の形で新興、大都と合併するならば実行出来ると提言し〉と、自分のアイデアであるかのように記している。はたして永田と堀のどちらが正しいのか。

劇映画が、東宝・松竹と新会社の三社体制となり、新会社へは日活の製作部門だけが行き、現物出資することで合意できると、次の問題がその評価額だった。

撮影所とそれに付随する物件を堀は五五〇万円と見積もった。ところが、「それでは高い」と情報局が言う。新興キネマの資本金が四七五万円、大都映画が七〇万円、合計して五四五万円なので、日活を五五〇万円とすると、新会社の株式の過半数を日活が持つことになる。それは避けたいというのが情報局の意向だった。あるいは、永田の意向であろう。

そこで日活がこれまで製作してきた映画の原版は新会社へは提供せず日活に保留し、将来にわたっても日活が権利を持つことで、製作部門を三一五万円と評価し直した。

一九四二年一月十日、大日本映画製作株式会社が資本金一〇万円で設立された。通称・大映である。取締役は新興から永田ら三名、大都映画から河合龍齋ら三名、日活からは藤田平二ら三名と平等で、監査役は中立の三名だった。社長は置かず、取締役の互選で永田が専務となった。堀久作は日活に残った。この二人が同じ会社にいることは、一日もない。

二月二十五日に開催された臨時株主総会で、大映（資本金一〇万円）は新興キネマ（資本金四七五万円）と、大都映画（資本金七〇万円）を合併し、三社合わせた資本金は五五五万円となった。

三月二十六日の臨時株主総会で、日活の製作部門を三一五万円と評価し、そのうち二一五万円を現物出資で増資することが決定し、資本金七七〇万円と定款を改めた。六月三十日の臨時株主総会でこれらが承認され、七月十三日に新興・大都の大映への吸収合併と、日活の現物出資による増資で資本金七七〇万円にする登記も完了した。

一方で、新興の三〇〇万円、大都の五〇万円、日活の一〇〇万円、合計四五〇万円の負債も引き継いだ。さらに三社合わせて三五〇〇名の従業員となったのを二五〇〇名にするため、一〇〇〇人を整理しなければならず、その退職金なども合わせると、七〇〇万円の負債となる。

撮影所は日活が京都・太秦と東京多摩川、新興が太秦に二つ（ひとつは第一映画の嵯峨野撮影所）と東京・大泉、大都が東京・巣鴨に持っていた。新興の太秦のひとつと巣鴨は閉鎖し、東西二つずつの四つの撮影所で製作していくことになった。

合併や増資の株主総会での承認や登記手続きなどの作業が完了する前の四月一日に、大映は業務を開始していた。この日をもって新興キネマと大都映画は大映に経営が委任され、日活の製作部門も前日に解散して大映の一部門となった。

興行部門が残った日活だが、この再編時、十数館の映画館しか持っていなかった。戦時下なので事業拡大の自由もなく制限されていたが、それでも堀の奮闘で九十にまで増やすことができた。しかしその多くが空襲で焼失する。

大映の第一作は日活にいた剣戟四大スター、阪東妻三郎（一九〇一〜五三）、嵐寛寿郎（一九〇二〜八〇）、片岡千恵蔵（一九〇三～八三）、市川右太衛門（一九〇七～九九）が共演する『維新の曲』（牛原虚彦監督）と決まり、二月十九日に製作開始、五月十四日に封切られた。

この一連の再編劇で最も得をしたのは永田雅一だった。松竹の子会社である新興キネマの撮影所長という幹部社員に過ぎなかったのが、いきなり三大映画会社の専務となったのだ。「火事場泥棒」に近い。損をしたのは子会社の新興キネマを取られた松竹と、撮影所もろとも製作部門を失った日活であろう。東宝は無傷と言っていい。

当然、永田に対する嫉妬、やっかみは募り、その失脚を企てる者もいた。

十月、永田は大映設立にあたり情報局の官僚へ贈賄したとして逮捕された。永田は無実を主張したが、警視庁に四十五日間留置され、巣鴨刑務所に十日間拘留された。出所後、「逮捕されたのは不徳の致すところである。真に大映の第一線に立つべき社長を招聘したい」と述べ、作家で、文藝春秋社長の菊池寛に打診した。菊池に断られたのでしかたがないので自分がやる、と言うつもりだったらしいが、菊池は社長を引き受けた。

菊池寛は名前だけの社長ではなく、自ら企画を立てて映画製作に積極的に関与していった。この時期の永田は企画には口を出さず、専務として菊池を営業実務面で支えることになる。

戦争と映画

映画統制では映画の長さも制限され、劇映画は七十三分、文化映画は十七分、ニュースは十分と、上限が設定された。映画館では平日は三回、休日は四回の上演で、劇映画・文化映画・ニュース映画合わせて一回一時間四十分以内と決められた。劇映画以外の二百社あまりあった文化映画・記録映画の制作会社も、理研科学映画・朝日映画・電通映画の三社に統合された。

映画界再編によって、それまで各社が置いていた配給部門は一九四二年（昭和十七）に設立された「社団法人映画配給社」に統合された。全国に二三五〇あった映画館は「紅系統」「白系統」と二つに分類され、それぞれが二週間に一本ずつ新作を上映、新作は三社合わせて月に四本となる。

内容面では内閣情報局の検閲によって管理され、興行面でも一元化されるという、自由を喪ったなかで、映画人たちは、あるときは妥協し、あるときは屈服し、あるときは誤魔化しながら、映画を作っていた。

戦時体制で軍と密接な関係を持ったのが、東宝だった。

東宝が軍部と作った最初の映画は一九四〇年の『燃ゆる大地』（阿部豊監督）で、陸軍省後援、熊谷の陸軍戦闘部隊全面協力の航空映画で、それに続いたのが、一九四二年十二月三日に米英開戦一周年記念映画として封切られた『ハワイ・マレー沖海戦』だった。海軍省が企画し全面協力した。監督は山本嘉次郎だが、円谷英二の出世作として名高い、特撮映画史上に残る作品でもある。

山本嘉次郎（一九〇二〜七四）は裕福な家に生まれ、慶應義塾大学を卒業し、俳優として映画の世界に入った。監督デビューは一九二四年で、三三年にＰＣＬ映画製作所に移り、エノケンこと榎本健一主演映画をいくつも撮った。山本のもとで助監督として修業したのが、黒澤明、谷口千吉、本多猪四郎といった後の大監督たちだった。この三人は生涯にわたる親友となる。黒澤は監督デビュー作『姿三四郎』を撮っていたため、『ハワイ・マレー沖海戦』には関わっていない。

円谷英二は前述のように、松竹から日活に移り、一九三四年に大澤善夫がその技術に注目してJOスタヂオに招き、スクリーン・プロセス装置を完成させた。東宝映画が一九三七年に誕生すると、森岩雄は特殊技術課を設立し、円谷を課長待遇で迎えた。これは円谷が研究ばかりしていて、嫌われていたので他のスタッフから切り離すために設立された部署だった。三九年に特殊技術課に隣接する線画室に入社してきたのが、鷺巣富雄《さぎすとみお》（別名・うしおそうじ）で、円谷は動画技術を指導した。鷺巣は四三年に徴兵され、第八航空教育隊に写真工手として配属された。そこで写真に詳しい兵と親友になった。その名は三船敏郎という。

戦意高揚映画として製作された『ハワイ・マレー沖海戦』は興行的にも大成功した。しかしこの映画が封切られる半年前の一九四二年六月に、日本帝国海軍はミッドウェイ海戦で大敗していた。

東宝で藤本が最初に手掛けたのは、満洲と朝鮮の国境付近での国境警備隊の活躍を描くアクションもの『望楼の決死隊』（今井正監督）だった。戦後の共産党系映画人を代表する今井も戦中は戦意高揚映画を撮っていた。

藤本が一九四一年十一月に朝鮮へロケハンへ行って帰ってくると、十二月八日に太平洋戦争が始まった。四二年三月に朝鮮でのロケに出発したが、望楼のセットが倒れてしまい撮影中止となるなどトラブルがあり、製作は遅れ、公開は四三年四月十五日だった。その前月に黒澤明の監督第一作『姿三四郎』が封切られている。二人は同じ会社にいても、別のところで仕事をしていたのだ。

戦況は悪化していくが、戦意高揚映画は国策として製作されていく。以後も東宝は軍の意向に沿った映画を作ることで、それ以外の映画にもフイルムを分けてもらっていた。四四年には陸軍省後援の『加藤隼戦闘隊』と、海軍が協力した開戦三周年映画『雷撃隊出動』の二本を山本嘉次郎監督、円谷英二特殊撮影のコンビで作り、いずれも大ヒットした。

東宝映画と演劇興行会社の東宝（東京宝塚劇場）は一九四三年に合併し、「東宝株式会社」となった。資本金は一一四二万円。小林一三は役員にも加わらず、渋澤秀雄が会長、大澤善雄が社長となり、秦豊吉・大橋武雄・田辺加多丸（小林の異母弟）が副社長、増谷麟・那波光正・森岩雄・風間健治・中保正男・岡庄五が乗務という布陣だ。劇場としての東京宝塚劇場は東宝のものだが、宝塚歌劇団は阪急電鉄の一部署のままで、東宝の傘下にはならない。

東宝の生みの親である小林一三は一九三七年に東宝の経営から離れ、阪急や東京電燈の会長も辞めた後の四〇年七月、近衛文麿内閣で商工大臣となり、四一年四月まで務めた。このときの次官が戦後に首相となる岸信介だった。岸は革新官僚と呼ばれ、統制経済推進の立場で、小林は自由経済が持論である。当然のごとく岸とは激しく対立した。

しかし大臣の方が強い、岸は辞任した。ところが統制経済を進めたい軍部が東條英機を筆頭にして小林攻撃を始め、近衛首相も軍に押し切られる。小林は一九四一年四月に大臣を辞任した。太平洋戦争開戦時は大臣ではなかったが、戦後、公職追放の対象となる。

東宝は軍部と協力して戦争映画を製作しヒットさせ、大映は剣戟スターが忠君愛国の時代劇を撮っていた。だが、女性が主人公のメロドラマが中心の松竹映画は、戦時体制下、ヒット作は少ない。

興行不振が続き、城戸の責任を問う声が社内外で上がり、城戸は身を引こうとした。そんなとき、陸軍航空本部から各映画会社に二名ずつ南方視察に出すようにとの要請があり、城戸は自分が行くと申し出た。

城戸の南方視察の出発は一九四三年二月で、三か月の予定だった。城戸は帰国したら松竹を辞める覚悟でいた。その最後の仕事として、城戸は気にかけていた助監督の木下恵介を監督に昇進させた。出発直前に木下が菊田一夫の戯曲『花咲く港』を持ってきて、「これを映画にしたい」と言ってきたので城戸は了承し、旅立った。

南方視察で日本の敗色が濃厚だと察した城戸は、戦争を美化し戦意昂揚の映画を作り続けることに疑問を抱いて帰国した。社長の大谷に、帰国の報告をした際に辞意も伝えた。慰留はされなかった。城戸は一九四三年九月一日付けで辞任した。

城戸は映画製作の現場から離れたが、映画界からは離れない。大日本映画協会専務理事となった。同協会が敗戦直前の四五年六月に映画配給会社と統合して社団法人「映画公社」になると、専務理事に就いた。戦時体制下、映画界は、製作会社も配給会社も統廃合されていたが、末期になると、製作・配給・興行を一貫して統制する「映画公社」が設立されたのだ。社長には松竹の大谷竹次郎が就き、専務理事として城戸が招聘されたのである。

しかし城戸は映画公社ではとくに何をするでもなく、八月十五日を迎える。

第二部

再興と新興

1945-1955

映画会社変遷図 1945-1990

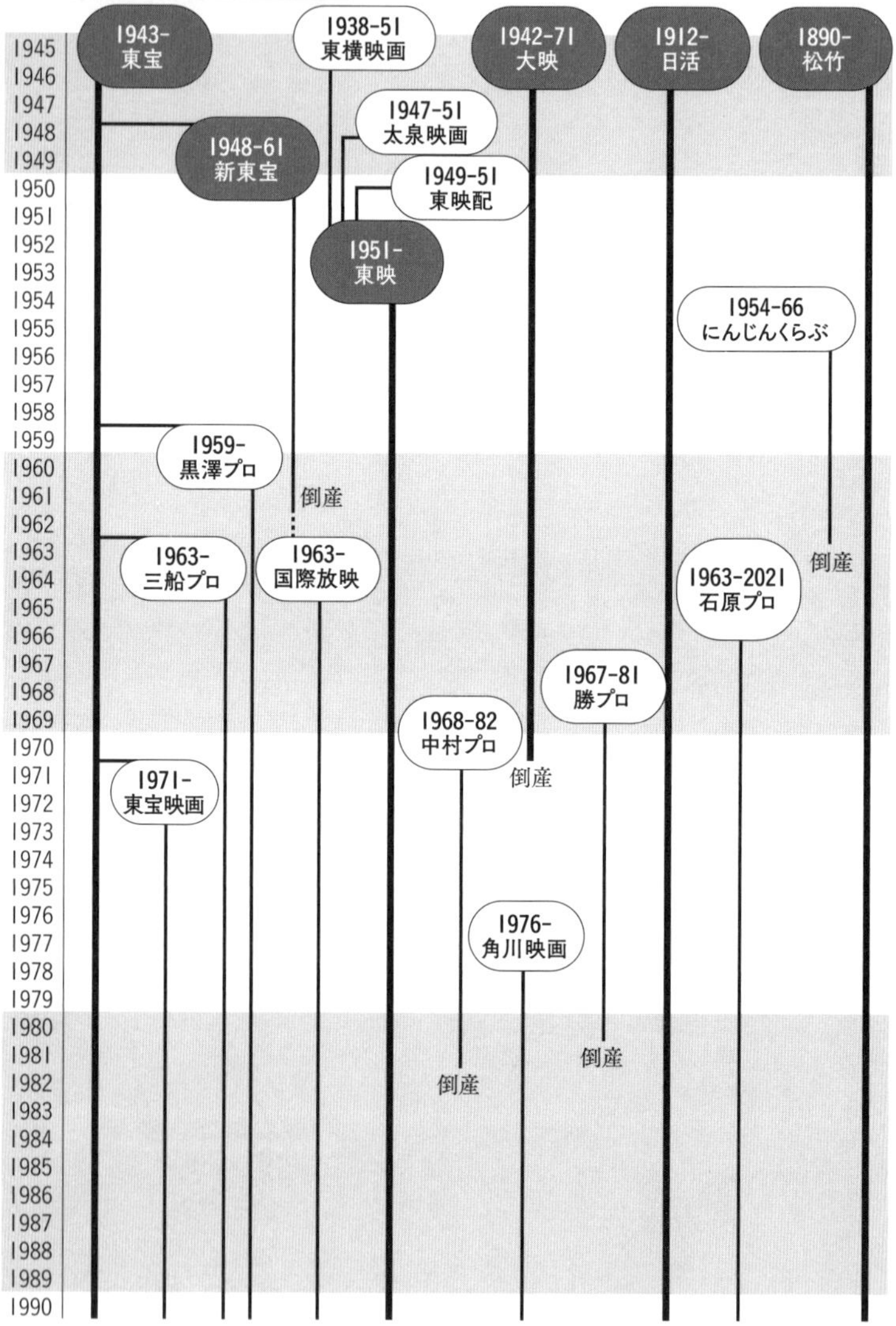
1943-
東宝
1938-51
東横映画
1942-71
大映
1912-
日活
1890-
松竹
1947-51
太泉映画
1948-61
新東宝
1949-51
東映配
1951-
東映
1954-66
にんじんくらぶ
1959-
黒澤プロ
倒産
1963-
三船プロ
1963-
国際放映
倒産
1963-2021
石原プロ
1967-81
勝プロ
1968-82
中村プロ
倒産
1971-
東宝映画
1976-
角川映画
倒産
倒産
1945
1946
1947
1948
1949
1950
1951
1952
1953
1954
1955
1956
1957
1958
1959
1960
1961
1962
1963
1964
1965
1966
1967
1968
1969
1970
1971
1972
1973
1974
1975
1976
1977
1978
1979
1980
1981
1982
1983
1984
1985
1986
1987
1988
1989
1990

第一章　それぞれの再出発

敗戦

一九四五年八月十五日、昭和天皇はラジオを通してポツダム宣言受諾を国民と世界へ告げた。数日前から映画会社幹部へは敗戦だと伝えられていた。

映画各社の撮影所では俳優や監督たちスタッフが正午からの放送を集まって聞いた。その日の撮影は中止になった。明日からどうなるのか、いま撮っている映画がどうなるのか、誰にも分からなかった。

撮影所は空襲の被害に遭わなかったが、全国で五一三の映画館が空襲で焼け落ちた。

全ての映画館は八月十五日から一週間の休館を決めたが、逆に言えば、一週間後には再開したい。しかし何を上映したらいいのか誰にも分からない。映画公社は組織として存在していたが、政府も軍も混乱の中にあった。

二十二日に映画館が営業を再開する前に、映画公社は「排外的愛国主義を描いた映画、戦闘場面を含む作品、すべての文化映画と時事映画」の上映を禁じる一方、上映時間の制限の撤廃と、閉鎖されている劇場の再開を指令した。まだ映画公社に禁止や指令を出す権限があった。

ＧＨＱの通達

八月三十日、マッカーサー元帥が厚木に降り立った。連合国軍による日本占領の始まりである。

その日、東宝は企画会議を開いたが、新作についての具体的な案は出なかった。映画公社は近い将来になくなり、それまでの紅白二系統の均等配給から自由競争になるだろうという話になった。競争に勝つには客の入る映画を作るしかない。それを考えなければならない――というのが会議の結論だった。

二十七日、撮影所では従業員全員を集めて、社長の大澤善夫と常務の森岩雄が演説した。森はこれからは「NEW FACE　NEW PLOT　NEW TREATMENT」が必要だと説いた。「新しい人材、新しい企画、新しい製作処理」である。

そのニューフェイスのひとりが三船敏郎なのだが、まだその名は誰も知らない。

九月二十日、連合国総司令部情報頒布部（ＩＤＳ、Information Dissemination Section）から各映画会社に、二日後に総司令部の会合に出席するよう指令が届いた。二十二日、ＩＤＳは民間教育情報部（ＣＩＥ、Civil Information and Educational Section）に改組されており、以後、ＣＩＥが映画・演劇などの文化政策を担うことになる。事務所は内幸町にある東京放送会館（ＮＨＫ）内に置かれた。

二十二日の会合には東宝・松竹・大映など映画会社各社の重役、製作者、監督、政府の役人約四十名が集まった。CIEから「日本政府による映画統制組織はすべて解散する」との方針が伝えられた。これにより映画公社などは解散されることになる。

そのうえでCIEは「日本映画界がポツダム宣言の主旨を受け入れ、その趣旨に基づいて映画を作り、日本の再建に積極的に努める意思があるのなら、占領軍は支持する」と伝えた。さらに、映画製作に対する占領軍の「希望」として、次の三原則が示された。

（一）日本の軍国主義および軍国的国家主義を撤廃すること。

（二）信教の自由、言論の自由、集会の自由のような基本的自由を含む日本の自由主義的傾向および活動を促進すること。

（三）日本がもはや再び世界の平和と安全に脅威を与えないことを保障するに十分な条件を設定すること。

次に、この目的の達成に協力する方法として、製作されるべき映画の内容が示唆された。

（一）生活の各分野で平和国家の建設に協力する日本人を描くもの。

（二）日本軍人の市民生活への復員を描くもの。

（三）連合軍の手中にあった日本人捕虜が復帰し、好意をもって社会に迎えられる姿を描くもの。

（四）工業、農業、その他国民生活の各分野における日本の戦後諸問題の解決に率先して当たる日本人の創意を描くもの。

（五）労働組合の平和的かつ建設的組織を助長するもの。

（六）従来の官僚政治から脱して、人民のあいだに政治的意識および責任感を高揚させるもの。
（七）政治問題に対する自由討論を奨励するもの。
（八）個人の人権尊重を育成するもの。
（九）あらゆる人種および階級間における寛容尊厳を増進せしむるもの。
（十）日本の歴史上、自由および議会政治のために尽力した人物を劇化すること。

これらを合わせて「九・二二通達」と呼ばれている。

この場にいたのは映画関係者だけだったが、演劇、落語、漫才、講談、浪花節なども同様だと説明された。東宝の森岩雄は自伝『私の藝界遍歴』にこう書いている。

〈「封建主義に基礎を置く忠誠、仇討を扱った歌舞伎劇は現代的世界とは相容れない。叛逆、殺人、詐欺等が公衆の面前で正当化され、個人的復讐が法律に取って代わる事が許される限り、日本国民は現代世界の国際関係を支配する行動の根源を了解することは出来ないであろう。その他、その他」こう真正面から出られたのでは、映画の時代劇などは作れるものではなく、時代劇を柱にしていた大映は一番打撃をうける。〉

その大映の代表として出席していたのは、社長で作家の菊池寛だった。菊池は英語で、「時代劇は大人の童話とも言うべき荒唐無稽のものであって、それを禁止するには当たらない」と反論した。これについてＧＨＱからは再反論はなかった。

ＣＩＥは民間企業である映画会社に対し法的には命令・禁止の権限はなく、「指導」という立場で勧告・助言するという建前だったが、映画会社はそれを拒否できる状況ではなかった。

大映は阪東妻三郎・嵐寛寿郎・市川右太衛門・片岡千恵蔵ら剣戟スターに背広を着せて、現代劇に出演させた。松竹は楽団を舞台にした『そよかぜ』（佐々木康監督）を作り、その主題歌『リンゴの唄』が大ヒットした。東宝は軍国主義を批判し、民主主義のすばらしさを描く映画を次々と作った。

そして各社には労働組合が結成され、労働争議が頻発する。大映、松竹の争議は大規模なものにはならなかったが、東宝の争議は激化し、経営の根幹を揺るがすまでになった。

松竹・大谷家の一族

松竹は連合国軍による空襲が本格化する前の一九四四年七月時点で、一一〇の直営館を擁していたが、終戦時には空襲などで三五に減っていた。しかし大船と京都の撮影所は無事だったので製作体制は維持できていた。自主配給が始まると、直営館の再建、契約館の整備に着手していく。

松竹の経営陣を確認しておく。創業者は白井松次郎・大谷竹次郎の双子の兄弟（松次郎が白井家の養子となったので別姓）で、一九四五年、二人とも六十八歳で健在だ。白井は関西を統括し、大谷は東京を統括していた。白井は実弟・信太郎を養子とし後継者とした。映画事業を始めたのは信太郎だったが、大谷に実権を奪われた。

大谷の妾腹の娘の婿養子が城戸四郎で一九二一年に松竹に入り、映画部門を統括していた。大谷にはもうひとり娘がおり、その婿養子となったのが水野子爵家の博で、一九三六年に大谷に乞われて松竹に入り、翌年に常務となった。さらに大谷には次男・隆三（一九一九〜二〇〇〇）もいて、一九四一年に慶應義塾大学経済学部を卒業して松竹に入っている。

松竹は巨大企業だが同族経営で、社長の座は大谷竹次郎・城戸四郎・大谷博が入れ替わり立ち替わり、就任する。

大谷竹次郎は歌舞伎に生涯を捧げた人で、映画はあくまで事業として考えている。城戸は「歌舞伎は素人」と自認していたので口は出さなかったが、映画部門では独裁者として君臨し、全ての企画書、シナリオを読んで決裁した。独自の映画論を持ち、自分でもシナリオを書くほどだった。城戸の理論は「城戸イズム」と呼ばれ、「松竹大船調」と呼ばれる家庭劇（ホームドラマ）や喜劇の基礎となる。映画は勧善懲悪でなければならず、善良な市民が報われなければならない——これが松竹映画だった。大谷博は経営者になっても製作には関わらず、管理者としての才能を発揮する。

大谷竹次郎とその二人の女婿、城戸四郎と大谷博は家族でありながら血のつながりはない。この微妙な人間関係が松竹の経営に影響し、浮き沈みを生む。

戦時体制になると、軍部と蜜接な関係を築き戦争映画を製作した東宝や、時代劇に強い大映は好調だったが、家庭劇やメロドラマなど女性向きの映画に強い松竹は低迷した。

戦争末期の一九四五年六月に映画公社が設立されると、大谷竹次郎と城戸四郎は社長と専務理事に就任するため松竹の役職を辞していた。松竹は白井松次郎が会長、社長は空席で、信太郎が副社長、大谷博他二名が専務という布陣で敗戦を迎えた。

敗戦で公社が解散となったので、十月に大谷が社長に復帰し、白井は会長に、城戸が副社長、博が専務となった。四六年二月に白井信太郎は辞任して、大坂の千日土地の社長に就任した。千日土地は大阪歌舞伎座などを持つ興行会社だ（後、千土地興行を経てドリーム観光）。松竹の映画部門の創始者だった白井信太郎だが、これで映画とは縁が切れる。
新体制では大谷博が映画製作を担当することになった。

堀久作、日活社長に

戦時体制で日活が製作部門を新会社・大映に移すと決まった後の、一九四一年十月の臨時株主総会で、日活は松竹の大谷竹次郎が会長に、東宝の吉岡重三郎が第九代社長となり、堀は「常勤取締役」となった。四三年八月に堀は専務となり、敗戦直前の四五年三月に三島良蔵とともに代表取締役になっていた（社長は空席）。

十一月に「日本活動写真株式会社」を「日活株式会社」に商号変更し、十二月五日に堀久作が第十代社長に就任した。

一九四六年九月、GHQから映画会社に対し、他社株式解放の司令が出された。日活は大映誕生時に撮影所などを現物出資したので、それに相当する大映株を持っていたが、それを手放すこととなり、大映に対する発言権を失った。その一方、松竹と東宝が持っていた日活株が解放され、二社から出ていた取締役がすべて退陣したので、経営の独立が実現した。堀は回想録に〈日活が名実ともに独立したのは、二二年一月二〇日であった〉と高らかに謳っている。

堀体制の日活は、まずは興行会社としての拡大戦略を取った。日活創立者のひとりで元社長でもある横田永之助は京都土地興業株式会社のオーナーで、同社は京都などに七館を所有していた。横田は戦中の一九四三年に亡くなっており、日活はこの京都土地興業を合併し、関西における基盤を確立した。東京でも新宿にあった帝都座を吸収合併した。

このように戦後の日活は映画製作の再開よりも映画館の吸収合併を優先させた。

一九四六年一月から外国映画の輸入が再開した。アメリカは映画を民主主義啓蒙の面だけでなく自国のビジネスとしても重視し、アメリカ映画の輸入を促進させた。戦前はメジャー各社が極東支店や日本支店を設けて日本で配給していたが、戦争が始まるとアメリカなど対戦国からの輸入は禁じられた。戦後は新たにセントラル・モーション・ピクチャ・エクスチェンジ（セントラル映画社、CMPE）が設立され、同社が全てのアメリカ映画の輸入元となった。さらに、イギリス、フランス、ソ連、イタリア各国の映画輸入会社が国ごとに一社ずつ設立された。

戦争中は敵国であるアメリカなどの外国映画の輸入・上映ができなくなっていたので、映画ファンにとっては待望の洋画だったが、松竹・東宝・大映にとってはライバルの出現であった。

松竹と東宝は自社の映画を自社の映画館で上映したいので洋画上映を断り、日活だけが外国映画の上映に応じた。日活は設立の経緯もあり、大映作品を上映していたが、外国映画の専門館も設けたのである。日活の映画館といえば時代劇が主流だったので、ハリウッド映画やフランス映画が上映されることに、最初は観客も戸惑ったが、やがて定着していく。

小林一三の見せかけの隠居

敗戦の一九四五年、小林一三は七十二歳だった。すでに阪急や東京電燈から退き、東宝とも創業者・大株主の立場があるだけで、経営には関与していなかった。

小林は「隠居」を口にしていたが、日本の惨状を見て黙っていられなくなる。玉音放送の二日後の八月十七日に発足した東久邇宮内閣が歴代最短の五十四日で倒れ、十月九日に幣原喜重郎内閣が発足すると、国務大臣兼戦災復興院総裁として入閣した。だが、近衛内閣で大臣であり貴族院議員でもあったことで、戦争協力者とみなされ、公職追放の対象となった。二回目の大臣も短く、四六年四月に辞任し、五月には貴族院議員も辞した。

阪急は一九四六年十二月の役員改選で、五十三歳の太田垣士郎が社長に就任した。小林は意見の相違もあったが、太田垣にすべてを任せた（後、小林が東京電燈社長になったように、太田垣は関西電力社長に転じる）。

東宝は会長・渋澤秀雄、社長・大澤善夫、常務・森岩雄という体制で戦中・戦後を乗り越えた。

東急と東横映画

東映が誕生するのは一九五一年だが、その前身のひとつである東横映画は戦前に興行会社として誕生していた。創立者は東急総帥の五島慶太（一八八二〜五九）である。

東急グループは、間接的ではあるが、阪急の小林一三が作ったと言っていい。東急総帥となった五島慶太は、小林の指導を受け、その真似をして東急を大企業にし、さらに映画にも進出した。

五島は長野県小県郡殿戸村（現・青木村）で、資産家の二男として生まれたが、父が事業に失敗した。成績はよかったが、家計が厳しく、尋常中学校は出たが、さらに上には進学できなかった。代用教員をしながら勉強し、東京帝国大学法科大学政治学科に入り、卒業したのは二十九歳の年だった。

卒業後、高等文官試験に合格し農商務省に入省したが、一九一三年（大正二）に鉄道院に移り、二〇年（大正九）に武蔵電気鉄道の常務になった。この鉄道会社は現在の東急東横線の母体となるもので、渋谷から横浜までの路線を計画していた。だが資金が集まらず行き詰まり、立て直しを請われた五島が常務に就任した。

一方、渋澤栄一が一九一八年（大正七）に設立した宅地開発を目的とした田園都市株式会社は、鉄道敷設のために子会社として荏原電気鉄道を設立したが、こちらも進まない。役員には大物財界人がずらりと名を連ねていたが、それぞれの本業もあるし、宅地開発も鉄道事業も経験のない者ばかりで行き詰まっていた。そこで一九二一年（大正十）、関西で宅地開発と鉄道で成功している小林一三に助けを求めることにした。

小林は多忙を理由に断ったが、結局はアドバイザーとして月に一度役員会に出席する形で、田園都市と荏原鉄道の経営に無報酬で参画することになった。だが小林がいくらアイデアを出し具体策を指示しても、月に一度しか東京へ行けないので、実務を担う人材が必要だった。そこで小林は鉄道院にいた面白い役人のことを思い出した。それが武蔵電気鉄道に移っていた五島慶太だった。

小林が五島と会うと、武蔵電気鉄道も難航しているという。そこで、「武蔵電気鉄道は後にして、先に荏原鉄道をやらないか」と持ちかけた。荏原で利益を出して、その資金で武蔵をやればいいと説得したのだ。こうして一九二二年（大正一一）、五島は武蔵電鉄常務のまま、荏原鉄道の専務にもなった。

荏原鉄道は目黒蒲田電鉄と改称し、二四年（大正一三）十一月に目黒—蒲田間が開通した。前年九月の関東大震災の後で、都心部の家を失った人々が沿線の郊外に住宅を求めたため業績は好転し、その利益で目黒蒲田電鉄は武蔵電鉄を買収した。小林の言う通りになったのだ。同年、武蔵電鉄は東京横浜電鉄と改称し、二七年（昭和二）に渋谷―横浜（駅名は「神奈川」）間が開通、三二年に桜木町まで延びた。現在の東急東横線である。

五島は基本的には小林の手法に倣った。渋谷駅に東横百貨店を建て、沿線に多摩川園、田園テニス倶楽部、田園コロシアムなどの娯楽施設も作っていった。さらに独自の経営戦略として学校を沿線に誘致した。蔵前にあった東京工業大学を大岡山に、慶應義塾大学を日吉台に、日本医科大学を武蔵小杉に、東京府立高等学校（現・東京都立大学）を八雲に、東京府青山師範学校（現・東京学芸大学）を世田谷の下馬《しもうま》に、それぞれ誘致したのである。通勤客だけでなく、通学客という新たな需要の創出だった。

鉄道の拡張も続けた。一九三四年（昭和九）、目黒蒲田電鉄は競合していた池上電気鉄道を一夜にして買収し、三六年には東京横浜電鉄も玉川電気鉄道を吸収合併した。

一九三九年一〇月一日、目黒蒲田電鉄は東京横浜電鉄を合併し、同月十六日に東京横浜電鉄と改称した。これにより、現在の東急の路線がほぼ完成している（東京急行電鉄、略称・東急となるのは一九四二年だが、以後「東急」とする）。

東急は事業拡張のひとつとして一九三四年に渋谷駅に東横百貨店（後、東急百貨店東横店）を開業するが、その前年、隣接地に百貨店の白木屋が支店を出そうと計画しているのを察知すると、強引にその土地も取得していた。

五島が映画を興行会社から始めるところも、小林一三と同じだった。しかし小林とは異なり、五島は演劇には乗り出さなかった。小林一三は文学青年で自分で小説や戯曲を書いていたが、五島にはそういう関心はない。

小林と五島の関係は微妙だ。基本的に、五島は小林に頭が上がらない。五島を鉄道事業に引き入れたのは小林だし、東急のビジネスモデルは阪急にある。二人は師弟関係にあるが、阪急・東急は企業としては同業他社で、ときに確執が生じる。鉄道では阪急が関西圏、東急が首都圏を拠点としているので激突することはなかったが、東急が百貨店事業を始めると、阪急も東京進出を狙い、渋谷に出店しようとした。

そこで阪急が出店しようとした予定地を東急が先に手に入れ、一九三六年に、現在のＴＯＨＯシネマズ渋谷のある場所に東横映画劇場が建てられた。

しかし、開場間際になって、小林一三が乗り込んで、五島に「映画は儲からないから手を出さないほうがいい。あの映画館は東宝で買ってやる」と言って、半ば強引に買い取ってしまった。名称は「東横」だが、東宝の直営館となる。

東横映画劇場は取られてしまったが、東急は渋谷駅周辺を繁華街とするために映画館経営に乗り出そうと、二年後の一九三八年六月八日に、五島慶太を社長にした東横映画株式会社が資本金三〇万円で設立された。

東横映画

東横映画の映画館は戦中に七館にまで増えたが、空襲ですべてが焼失した。しかしすぐに再建に取り掛かり、一九四五年十二月に十条に開場させ、四六年一月には渋谷の東横百貨店内に映画館三つと劇場三つ、五反田、新宿にも建てた。東横百貨店内の映画館は大映、松竹の映画を上映する。

東急で東横映画を任されたのは、五島の懐刀のひとり、黒川渉三（一九〇一〜七五）である。黒川は広島県賀茂郡西条町（現・東広島市）に生まれ、慶應義塾大学を卒業し、一九二六年に東急電鉄に入社した。管理能力はなかったが、交渉力はあり、開発部門で実績をあげた。慶應義塾の日吉キャンパスも黒川が誘致した仕事だった。

黒川と懇意にしていた映画人が根岸寛一だった。日活の多摩川撮影所の所長だったが、一九三八年に退社し満洲へ渡った人物である。根岸と黒川の付き合いは長い。根岸は日活に入る前、一九二九年に同盟通信社にいたが、同社が東急の広告を一手に引き受けており、その関係で、黒川と根岸は親しくなった。

日活を退社した根岸は一九三八年六月に満洲映画協会理事となり、その翌年に甘粕《あまかす》正彦が理事長となると、その下で働いた。根岸は読売新聞社時代に、日本共産党員だった青野季吉《あおのすえきち》や市川正一《しょういち》とも親しかったが、その対極にある甘粕ともうまくやっていた。だが結核となり、それを知った旧友で同盟通信社社長の古野伊之助が日本に呼び戻した。

敗戦直前の一九四五年六月、根岸は日本に戻り、古野が社長を務めていたニュース映画製作会社「社団法人日本映画社」の専務理事となり、敗戦後に株式会社になると社長に就任した。同社は広島へ撮影班を出し、原爆被害を記録した映画を製作するが、占領軍がフイルムを没収した。日本に返還されるのは六七年で、六八年に一部がカットされて『広島・長崎における原子爆弾の影響』として公開された。その後、完全版が公開され、ＤＶＤにもなっている。

日本映画社は人員整理が必要となり社内で労働争議が起き、財政的にも厳しくなる。根岸は四六年八月に同社を東宝と業務提携させると、九月に辞任した。

その頃、黒川は東横映画を興行だけではなく製作もできる映画会社にしたいと考えるようになり、根岸を五島慶太に引き合わせた。五島は渋谷を開発するには映画の力が必要と考えていたので、製作に乗り出すことを認めた。根岸には映画の仕事をしたいだけでなく、満洲に置いてきた映画人たちの再就職先を世話してやりたい気持ちがあった。黒川、五島、根岸の利害は一致し、東横映画は製作に乗り出すことになった。

東横映画は一九四六年七月から十一月にかけて大映の株式五万四〇〇〇株を買収し、大株主になると、大映と提携する（黒川が戦時中に根岸の斡旋で大映株を持っていたとの説もある）。

一九四七年三月、東横の映画を大映が配給する委託配給契約が結ばれた。東横は大井町線沿線の二子玉川に撮影所を建てようとしたが、大映が京都に持つ二つの撮影所のひとつ、太秦にある第二撮影所を借りることになり、二月に「東横映画京都撮影所」とし、七月から撮影を始めた。

根岸の人脈で満洲から引き揚げてきた映画人が東横映画に結集した。そのひとりが、マキノ光雄（一九〇九〜五七）だった。

マキノは「日本映画の父」と称された牧野省三の二男で、本名は光次郎という。母の実家である多田家の籍に入ったので、東映の役員リストには本名「多田光次郎」として載っている。このひとはいくつもの名義で仕事をしているが、本書では「マキノ光雄」とする。

マキノは父のマキノ・プロダクションで映画の仕事を始めたが、一九二九年七月に牧野省三が五十歳で亡くなると、兄・マキノ雅弘と後を継いで奮闘するも、スターの大量流出や撮影所が火事で焼け落ちるなどで継続は困難となり、兄弟は日活に入った。兄の雅弘は後、松竹の太秦撮影所長になる。

マキノ光雄は日活では現代劇の製作に携わり、製作部次長を経て多摩川撮影所に移った。そこに所長として着任したのが根岸で、二人の盟友関係が始まったのだ。根岸が日活を追われるようにして退社すると、マキノも辞めて、根岸のいる満洲へ渡り、満映の製作部長となった。マキノは戦争末期に日本へ戻り、満映の東京支社から松竹の京都撮影所に移っていた。

根岸が東横映画のブレーンとなると、マキノ光雄は松竹を辞めて、東横映画撮影所長に就任し、ここに満映時代のスタッフが結集した。しかし根岸・マキノ人脈の江守清樹郎は日活へ入っており、東横映画には参加しなかった。

東横映画の第一作は九月十六日公開の上原謙主演の現代劇『こころ月のごとく』（稲垣浩監督）で、十二月九日には横溝正史の『本陣殺人事件』の映画化『三本指の男』（松田定次監督）が封切られた。金田一耕助には片岡千恵蔵が扮し、原節子、杉村春子らが共演した。

大映と東横が提携していたので、片岡千恵蔵の出演が可能だった。また、監督の松田定次は牧野省三の最初の妻との子で、マキノ光雄の異母兄にあたる。

東横映画は、根岸・マキノ体制でスタートした。

大映の戦後

戦後最初に黄金時代を築いたのは大映だった。興行成績で松竹、東宝をおさえて首位を独走した。

創業時の大映は四十余りの直営館を擁していたが、戦争末期の一九四五年五月に日活に二十一館を、松竹にも三館を経営譲渡し、残る七館は休館にした。こうして身軽になったところで敗戦となった。

一九四五年十一月、「大日本映画製作株式会社」は「大映株式会社」と改称することを決め、四六年三月の株主総会で承認された。永田雅一は専務から副社長になった。社長は菊池寛のままだが、実質的には永田が社長だった。

十一月までは映画公社が一元的に全社の映画を配給していたが、公社は廃され、自主配給となった。そうなると、直営館を持ち、戦前は配給網を持っていた松竹や東宝が強い。大映は配給部門を設立し、営業マンを全国に派遣し契約館の獲得から始めなければならなかったが、予想外の成功となった。

配給面では直営館がないことを逆手にとり、松竹、東宝は直営館を優遇するが、大映は「直営館がないから契約館を差別しない」とアピールして、専門館への契約を獲得していった。次章に記すが、東宝が争議で機能不全になっていたこともプラスに作用した。

作品面でも、ＧＨＱの方針で大映が得意とする時代劇が作れなくなったのは痛手だったが、片岡千恵蔵ら時代劇俳優による現代を舞台にしたチャンバラとも言える探偵ものやスリラーもの、さらに三益愛子主演の「母もの」と通俗娯楽路線を開拓した。それはあまりにも通俗にして荒唐無稽で、東宝や松竹には恥ずかしくて作れないものだった。大映の専門館となったのは地方の映画館が多いので、これが、当たった。泥臭い映画が好まれたのだ。

永田は「いい映画を作れば、映画館は上映してくれるものだ」と確信した。この成功体験が後に大映の道を誤らせるのだが、このときは、見事な成功談となった。

永田雅一、社長に

一九四七年三月、菊池寛が文筆に専念したいという理由で勇退し、副社長だった永田雅一が第二代の社長に就任した。菊池寛は四年にわたり、この映画会社を率いたことになる。

一九四七年の大映は、東横映画との提携——京都に二つある撮影所のひとつを東横映画に貸し、東横映画が製作した映画を大映が配給し、さらに東横が持つ映画館チェーンに大映製作の映画を配給する——によって業績が安定した。大映から見れば、撮影所の賃料が入り、さらに東横がそこで製作した十二本の映画の配給権を得て、さらに労せずに東横の映画館に大映作品を配給できたのである。

一九四八年一月七日、公職追放の該当者が発表されると、永田雅一の名もそこにあった。その三日後に、永田は日本職業野球連盟を訪ね、プロ野球への参入を求めた。

永田の公職追放は予想されていたことでもあったので、大映は万一の場合は取締役の真鍋八千代が社長になると決めてあった。永田は異議申請をし、裏では猛烈な工作をして、五月に追放解除を勝ち取った。異例のスピードでの解除だった。大映は六月に臨時株主総会を開き、永田を改めて社長に選任し、二〇〇〇万円の資本金を五〇〇〇万円に増資した。

永田が追放されていた間の三月六日、菊池寛が亡くなった。一方、企画面の責任者として作家・川口松太郎が一九四七年十二月に専務取締役に就任していた。大映は菊池寛、川口松太郎という作家を経営中枢に置く会社だった。

大映は全国二四〇〇の映画館のうち、九〇〇館と契約していた。戦中の一九四二年の創業から毎年、配給収入では首位だった。直営館を持たなくても、強かった。

一九四五年の敗戦前後から、四八年までの各社の状況は以上の通りだった。以下、各社ごとに数年ずつをまとめて記していく。

第二章 東宝争議と新東宝誕生

東宝の労働争議

一九四五年十一月から十二月に、大映、松竹、東宝の各社に労働組合が結成された。ＧＨＱが日本の民主化のひとつとして奨励したものだった。戦後のインフレは深刻化していたので、待遇改善、賃上げなどが組合の要求だった。この時点では各社とも、円満に解決した。

東宝の組合は一九四五年十二月に「東宝撮影所従業員組合」が結成され、以後、本社（営業部門）や支社・営業所でも組合が結成され、一本化されて「東宝従業員組合」となった。

一方、一九四六年二月、日本共産党は第五回党大会において、文化宣伝政策を決議し、文化戦線の統一強化を党の方針とした。

三月二十三日、東宝の砧撮影所では賃上げ闘争が始まり、組合は生産管理を断行し、撮影所は機能しなくなった。この闘争を指導していたのが、日本共産党だった。

東宝は設立当初から人材難だったので、学生運動や労働運動、社会主義運動経験者でも雇い入れていた。新劇やプロレタリア映画が弾圧され、行き場を喪った左翼演劇人・映画人のたまり場となっていたのだ。監督では山本薩夫や今井正がその代表だ。

民主化によって再建された共産党にとって、東宝には操縦しやすい環境ができていた。さらに、撮影所がある世田谷区は、日本共産党書記長・徳田球一が一九四六年四月の衆議院総選挙に立候補し当選したときの選挙区で、従業員が多い大工場が他になく、『東宝三十年史』によれば、〈東宝撮影所が映画界赤化の橋頭堡として狙われたのも当然でした。〉となる。

共産党の指導で一九四六年三月の争議は組合が勝利した。四月になると、共産党の指導で日本映画演劇労働組合（日映演）が結成され、東宝従業員組合も加盟した。この日映演は八月に結成された共産党系の全日本産業別労働組合会議（産別会議、産別）にも加盟した。

日映演には松竹や大映の組合も加盟していたが、『東宝三十年史』によれば、〈東宝は東宝撮影所を中心にして日本共産党の直接の支配をうけ、映画界赤化の前衛部隊とされたのでありまして、東宝撮影所は、文字どおり、日映演の中心地となり、メッカと化したのであります。〉ということになる。

同時期、読売新聞でも共産党系の労組が勝利して、会社に「経営協議会方式」を認めさせた。組合の代表者も加わる経営協議会を設立し、人事を含めた会社運営の全てを組合との協議、組合の承認を得た上で行なう方式である。これを認めれば、事実上の組合管理となるので、当然、東宝・松竹・大映の経営者は拒否した。

三船敏郎デビュー

この争議の最中の一九四六年六月、東宝はニューフェイス（新人俳優）を公募した。それに応募したひとりが、三船敏郎（一九二〇～九八）だった。後に三船プロダクションを設立し、スター・プロダクション時代を牽引する。

三船は一九二〇年（大正九）四月一日、中国・山東省の青島で生まれた。父・徳蔵は写真師で、ひと旗揚げようと中国大陸へ向かった人だった。写真だけでは食べていけないので、貿易業も始めると成功し、青島に本店を置き、大連・奉天などに支店があった。長男の敏郎が五歳になる一九二五年に、妻と子どもたちも大連へ転居し、二九年には日本人を相手にした肖像写真を撮る「スター写真館」を開業した。

敏郎は一九三四年（昭和九）に旧制大連中学に入学し、三八年に卒業する。その頃には父が病気がちとなったので、写真館の仕事を手伝うようになっていた。戦前のフランスやドイツの名作である『会議は踊る』『我等の仲間』『望郷』『ミモザ館』などの映画を、この頃に見た。

一九四一年、三船は応召し、本土の滋賀県八日市にある第八航空教育隊に写真工手として配属された。ここに四三年に東宝の技術部特殊技術課線画係の鷺巣富雄が入ってきた。鷺巣は戦後、「うしおそうじ」の名でマンガ家・アニメーターとなり、ピー・プロダクションを創立する。東宝では円谷英二の下で働いていた。三船の一歳下で、二人とも写真に詳しいこともあり意気投合し生涯の友となるが、この時点での三船は自分が映画の世界へ入るとは考えてもいない。

三船は「写真」という技術を持っていたので前線で闘うことなく、熊本県上益城郡（現・熊本市南区城南町隈庄）にあった特攻隊基地、隈庄飛行場で敗戦を迎えた。特攻作戦に向かう少年航空兵たちを教育する任務に就いており、少年兵が出陣する前には記念写真を撮っていた。その写真が遺影となることを、三船も、撮られる少年兵たちも知っていた。

多くの日本人がそうだったが、三船も戦争で全てを喪った。両親は一九四三年に亡くなっており、弟も妹も行方不明で、大連にあった写真館も焼失していた。横浜で肉体労働をして日銭を稼ぎ、その日暮しをしていたが、いつまでもそんな生活を続けるわけにはいかない。どうしようかと考えた時、航空教育隊で先輩兵だった大山年治を思い出した。

東宝は軍部と関係が深かったので技術スタッフを軍に派遣しており、大山は東宝撮影部に籍を置いたまま軍に入っていた。三船の写真の腕が確かなので、大山は「除隊したら、東宝の砧撮影所へ来い。助手に雇ってやる」と言ってくれた。その話が今も有効なのかは分からない。大山が東宝にいるのかも分からない。だが他に当てがなかった。三船は復員服姿で横浜の磯子から世田谷の砧撮影所へ歩いて向かった——敗戦から一年弱となる、一九四六年五月のことだった。それは、東宝の労働争議（第一次）が解決して間もない時期だった。

軍で一緒だった大山に会えたが、「いまはカメラマンの募集はしていない。撮影部は定員がいっぱいで空きがない」と言われた。しかし、俳優の「ニューフェイス」を募集しているから、「そちらに応募してみたらどうか」と大山は言う。三船は持参した履歴書を預けた。しばらくして面接試験に来るようにとの連絡があり、六月三日に撮影所へ向かった。

三船は撮影部の面接と思って出かけたが、俳優のニューフェイスの面接だった。しかし、帰ることはなく、試験を受けた。何でもいいので職を得たかったのだ。演技テストでは破天荒さが物議を醸したが、監督・山本嘉次郎が責任を持つことで三船は合格になった。その試験を見た黒澤明はその野性味あふれる個性に惹かれた。

三船敏郎のデビュー作は一九四七年八月五日封切りの『銀嶺の果て』である。監督の谷口千吉（一九一二〜二〇〇七）は早稲田大学文学部英文科に入り、在学中は新劇の演劇活動をしていたが、新劇弾圧後、大学を中退してＰＣＬ映画製作所に入社した。黒澤の入社は三六年なので三年早い。谷口が入社した翌年に日本大学藝術学部映画科を卒業した本多猪四郎（一九一一〜九三）も入社し、黒澤を含めた三人は山本嘉次郎の助監督となり、生涯の親友にもなった。

谷口が監督として劇映画を撮ってよいと決まると、黒澤が脚本を書いた。それが『銀嶺の果て』だった。この映画には三人の銀行強盗団が登場するが、そのうちの二人はすでに志村喬と小杉義男に決まっており、いちばん若い強盗の役が決まらなかった。

そんなある日、谷口は撮影所へ向かうため、プロデューサーの藤本真澄と小田急線に乗っていた。車中で三船を見かけ、「ああいう男がこの役に欲しい」と言うと、藤本から「あれはうちのニューフェイスだ」と教えられた。三船は固辞したが、谷口が口説いて出演が決まった。

三船の出演が決まる頃、東宝争議は第二段階に入っていた。

東宝第二次争議

日映演は一九四六年十月十五日未明をもって、全社一斉ストライキを断行した。戦後初のゼネストだった。東宝では最初の一九四六年三月の短期に解決した争議を「第一次争議」、十月のゼネストを「第二次争議」と呼ぶ。経営側は、日映演の産別会議からの脱退と、闘争第一主義の放棄を求めたが、日映演はこれを認めず、交渉は平行線のままだった。

大映の永田雅一は日活時代は組合の闘士で、労働運動の裏もオモテも知り尽くしており、組合の篭絡に成功した。永田は組合の背後にある日本共産党の方針と、一般組合員の経済的要求とを分断し、日映演との労働協約の締結は拒否し、あくまで大映労組とのみ協約を結ぶという方針だった。そのために、大映労組の要求を千数百円上回る賃上げを回答した。大映労組は日映演との労働協約よりも、賃上げを選んだ。

第二次争議のさなか、東宝では十月七日に配給部門と営業部門の二十数名が脱退し、第二組合「東宝従業員組合結成同志会」を結成した。この組合は日映演からも脱退した。さらに大河内傳次郎が、ストライキには反対だが会社側にもつかないという中立的な立場を表明し、これに、長谷川一夫・藤田進・黒川弥太郎・入江たか子・原節子・山田五十鈴・山根寿子・高峰秀子・花井蘭子らが賛同し、「十人の旗の会」を結成し、日映演を脱退した。彼らを追って百数十人の俳優や製作者・監督も日映演を脱退し、十二月二十二日に第三組合として「東宝撮影所従業員組合」を結成した。

こうした動きを受けて、日映演は二十五日に突如、交渉打ち切りを表明し、各社と個別折衝に入ると通告した。東宝経営陣はこれに安心して十一月十八日から組合との交渉に入り、三十日に労働協約を結び、賃上げなどの経済的要求も含めて十二月三日に調印した。ここに大きな落とし穴があった。経営側に詳しい者がいなかったのか、労働協約には生産管理委員会や経営協議会制度が盛り込まれており、人事はもちろん、映画の企画や製作までも組合の承認が必要となっていたのだ。

東宝を支配下に置いた日本共産党は、砧撮影所や各事業所に公然と入党申込所を設営し、党員を増やしていった。東宝の約一二〇〇〇名の従業員のうち四分の一が党員となった。

第一組合と会社との妥結項目のなかには、第三組合の従業員は第一組合と大同団結するまで撮影所で就業させないことも含まれていた。しかし第三組合は「共産党主導の第一組合と団結することは絶対にできない」と反発、結果として、撮影所から締め出されてしまった。

そこで会社は、第三組合など日映演（第一組合）を脱退した従業員を、第二撮影所に異動させ、これを「第二製作部」とし、第三撮影所も併用して月に一・五本を製作すると決めた。第一組合の支配下にある砧の東宝撮影所は「第一撮影所」となり、月に二本を製作することになった。

第二製作部は一九四七年一月八日から就業開始し、『東宝千一夜』が第一回作品として二月二十六日に封切られた。この映画には「十人の旗の会」の八人が出演し、市川崑が「中村福」名義で「演出」としてクレジットされている。

相次ぐ社長交代

組合主導の企業になることで小康状態となった一九四七年三月、渋澤秀雄会長、大澤善夫社長、植村泰二、森岩雄が公職追放該当者となり、辞任した。

後任の社長には小林一三の異母弟、田辺加多丸が就任した。小林の父は婿養子だったが、母が一三を産んですぐに亡くなったため、離縁して実家に戻り、次は田辺家の婿養子となり、そこに生まれたのが加多丸と、後に新東宝社長になる宗英だった。

田辺の就任は小林が親族で固めようとしたからだが、この状況下、社長を引き受けてくれる人がなく、身内に頼むしかなかったからでもある。実際、田辺の東宝社長としての仕事のほとんどは、組合との団体交渉に臨むことだった。

一方――三月八日、争議で映画製作が困難になっていたので、東宝は子会社「東映商事株式会社」（「東映」とは関係ない）を、東宝全額出資の「株式会社新東宝映画製作所」とした。この新会社に組合を離脱した約四七〇名が入社した。

新東宝の第一作は、会社が正式に設立される前の一九四七年二月二十五日に封切られた『東宝千一夜』だが、その次の三月二十五日封切りの長谷川一夫主演、渡辺邦男監督の『さくら音頭　今日は踊って』が正式な第一作となる。

新東宝は、一九四七年に十三本を製作した。後にこの会社はエログロ映画を量産するが、当初は文藝作品や喜劇など、東宝映画と同じテイストのものを製作していた。

東宝は、一九四七年二月から四八年一月までに二十四本を製作する計画だったが組合の抵抗で、十三本しか製作できなかった。このため業績は悪化し、決算は七〇〇〇万円を超える赤字となった。阪急が背後にいるとしても銀行も融資を渋るようになった。

『東宝三十年史』はこう記している。

〈田辺社長時代には、組合横暴はもはや尋常の手段では防ぐことのできない状態に立ちいたっていました。田辺社長は昭和二十二年十二月まで社長の職にありましたが、この八ヵ月の期間、田辺社長は経営協議会に名をかりて組合の吊し上げに会うこと八十三回、ほとんど連日連夜、組合との折衝に憂身をやつし、ついに病にたおれて、経営の指揮をとるいとまが与えられなかったのであります。〉

この事態に公職追放で公の場には出ることのできない小林一三は、密かに動かざるを得ない。幣原喜重郎の側近で、ＧＨＱ民政局とも通じているとされた、楢橋渡《ならはしわたる》（一九〇二〜七三）に社長就任を打診した。ところがこれが組合側に発覚し、公職追放の身でありながら東宝の経営に関与したとして小林は告発された。楢橋が否定したので起訴は免れたが、これで楢橋の社長就任はなくなった。そこで渡辺銕蔵《てつぞう》が四七年十二月二十六日に第三代東宝社長となった。

渡辺銕蔵（一八八五〜一九八〇）は東京帝国大学法科大学を卒業し、同大教授になった法学者である。ロシア革命後、学内に社会主義に影響された教授や学生が多くなると、それに反発して辞めて、東京商業会議所の書記長に就任した。一九三六年には衆議院議員に当選するなど、政財界で活躍し、反共の姿勢を明確にしていた。東宝争議は日本共産党の影響力が強かったことから、反共で知られる渡辺に白羽の矢が立ったのである。渡辺の社長就任に組合は猛反発し、争議は泥沼化していく。

新東宝

新東宝映画製作所は当初は東宝の製作会社という位置づけだったので、東宝は第二撮影所とその付属機器類を無償提供し、さらに一九四八年一月三十日付で、それらを四七七万円に評価した上で譲渡した。また二四万円を貸し付けてもいる。

一九四七年十二月に東宝社長となった渡辺は四八年四月八日、合理化して企業再建を図るため約一二〇〇名の解雇を通告した。全従業員が約六五〇〇名だったので二割ほどになる。当然、四月十五日の労使間の交渉は決裂し、組合側は砧撮影所を占拠して十七日にストライキに突入した。

その渦中、東宝経営陣はこのままでは映画製作は不可能と判断し、四月二十六日に資本金一〇〇万円、東宝全額出資の「株式会社新東宝」を新たに設立し、この会社に新東宝映画製作所の事業と債権債務を継承させた。五月には二五万円の評価額で、第三撮影所と付属機器類を譲渡し、代金は貸付金とした。

新東宝の初代社長となったのは、佐生正三郎だった。戦前にパラマウント極東支配人となり「配給の神様」と称され、東宝映画が設立されると取締役として招かれ、配給部門を構築した人物だ。

戦時統制で社団法人映画配給社が設立され、全ての映画は同社が配給することになると、佐生はその理事に就任したが、敗戦後は東宝へ復帰し、さらに東宝と日活、吉本興業、東急とその子会社の東横映画などが出資した、東京・練馬の貸しスタジオ、太泉スタヂオ（東映の前身のひとつ）の専務取締役にもなっていた。

その大物に東宝は新東宝を託したのだが、これが裏目に出る。

新東宝との軋轢

争議が続く一九四八年四月二十七日、黒澤明が三船敏郎を初めて起用した『酔いどれ天使』が公開され、この年の「キネ旬ベストテン」の第一位となる。日本映画史上最高・最強のコンビの誕生だった。以後、六五年の『赤ひげ』まで、『生きる』以外の全ての黒澤映画で三船は主演する。

『酔いどれ天使』が封切られると黒澤は東宝を退社し、山本嘉次郎らと映画藝術協会を設立し、他社で撮ることになった。その最初が大映で撮った四九年三月公開の『静かなる決闘』で、続いて、新東宝で『野良犬』(四九年十月公開)、松竹で『醜聞』(五〇年四月公開)、大映で『羅生門』(五〇年八月公開)、松竹で『白痴』(五一年五月公開)と続く。

東宝の争議は、八月に会社が申請していた東宝組合に対する砧撮影所の明け渡しの仮処分を東京地裁が命令し、十三日に執行された。しかし組合は従わず、裁判所の執達吏に抵抗した。そこで十九日、命令執行のため、武装警官約二五〇〇名、さらには米軍の戦闘機・戦車・第一騎兵師団一個中隊が撮影所を包囲した。「軍艦だけが来なかった」という伝説が生まれた。さすがに組合も退去せざるをえなかった。

十月十九日、組合幹部二十名が退社することで、一九五日に及んだ第三次東宝争議は解決した。

東宝本体が争議で混迷しているのを横目に、新東宝は順調に製作を続け、七月には資本金五〇〇〇万円に増資できるまでになった。これで東宝以外の株主もできたわけだが、依然として東宝は大株主であり取締役に東宝の元重役や社員が就いていた。

八月に東宝と新東宝は改めて協定を結び、東宝が新東宝へ製作費を前渡しすることと、新東宝の映画の配給収入は、宣伝費とプリント費を天引きした上で、七五パーセントを新東宝、二五パーセントを東宝が得ることになった。前渡し金は一か月六〇〇〇万円を上限とした。

東宝は、撮影所が組合に占拠されたので製作部門はガタガタになっていたが、映画館は無事だったので興行部門は健在だった。新会社の新東宝は資金繰りの心配なく映画を製作し、すべて東宝が配給するので営業努力をせずに一流の映画館で公開でき、配給収入を得ることができた。

ここまで東宝が新東宝を優遇したのは、『東宝三十年史』によれば〈新東宝の経営者を深く信じ、信義にもとづく新東宝の協力を背景にして、当面の敵共産党員を一掃し、これによって日本映画界に巣食う「赤」の禍根の絶滅に全力を傾けたかったから〉だった。

東宝と新東宝

一九四八年十月に労働争議が解決すると、東宝は製作再開を決めた。そうなると、新東宝との関係の調整が必要になる。すると新東宝は、「映画製作はすべて新東宝に任せる」「製作のため砧撮影所を新東宝に貸しスタジオとして一か月一〇〇〇万円で提供する」などを提案してきた。

これを受けて東宝内部では意見が割れた。「新東宝の提案では東宝は興行会社になってしまう。製作・配給・興行の一貫経営こそが東宝の経営方針だ」というのが反対の意見だ。一方、新東宝は、「東宝社内にはまだ共産党員が残っているのでここで再開したら、元の木阿彌である」と、渡辺社長を説得した。渡辺は反共だけが目的の人で、自分で作りたい映画があるわけではない。社長に就任したのは共産党を根絶するためなので、この新東宝の提案に乗った。

一九四九年三月、社内に反対意見があったが、東宝は今後は製作を全面的に新東宝に委譲する方針を決めた。

これを受けて新東宝は六月二十五日に七〇〇〇万円を増資して資本金一億二〇〇〇万円とし、製作体制の強化を始めた。東宝からの製作費月額六〇〇〇万円の無利子での前渡しも続いている。東宝の資金繰りが厳しくなり、前渡金が遅れそうになると、新東宝は「自主配給するぞ」と脅した。『東宝三十年史』には〈どんなに恫喝されても、映画製作を一手に握った新東宝にたいして、東宝はどうすることもできなかった〉と泣き言が綴られている。

さすがに東宝内部で自主製作再開の声が高まった。だが渡辺は方針転換に応じない。九月の定例株主総会を前にしても、方針は変わりそうにないので、自主製作派の馬淵威雄《まぶちたけお》副社長が二十六日に臨時重役会を招集し、渡辺社長以下、新東宝派の役員を辞任させた。渡辺は会長に祭り上げられ、米本卯吉（一八八七～一九七四）が社長になった。一種のクーデタである。

米本も映画・演劇とは縁が薄い。静岡相互銀行社長を経て、一九四七年十一月に東宝の取締役となり、四八年三月に財団法人日本体育会理事長となっていたが、四九年九月に東宝社長となった。

東宝は新体制のもと、新東宝に対し配給協定の改訂を求めて交渉を始めたが、十一月十三日に、新東宝の佐生社長は「十二月一日以降、新東宝の映画は東宝へは渡さず自主配給する」と一方的に通告した。

新東宝としては、東宝が製作できないので新東宝で全作品を作ろうとなり、その体制を作ってきたところで梯子を外された――ということになる。社内では、東宝への敵意が燃え立つ。十月十七日に封切られた映画藝術協会と新東宝の提携作品、黒澤明監督・三船敏郎主演の『野良犬』がヒットしていたこともあり、新東宝は自主配給でやっていけると強気になっていた。

東宝も黙っていない。前金を渡してある八本を東宝に渡すよう仮処分を申請し、裁判所がこれを認めた。さらに年が明けてからも八本の仮処分を申請し、認められる。いずれも東宝が製作費を前金で払っているので、配給権が認められたのだ。これで一九五〇年一月までは新東宝の新作を東宝が配給できるようになった。

一〇〇館主義

一九五〇年が明けると、東宝は一月十四日に撮影所で自主製作再開式を挙行した。一方、新東宝は東宝の配給部員約一四〇名を引き抜いて、一月十六日に「新東宝配給株式会社」を設立した。一月二十二日封切りの『石中先生行状記』（成瀬巳喜男監督）が最後の新東宝製作・東宝配給作品で、三月七日封切りの『白昼の決闘』（佐伯清監督）から、新東宝の自主配給となった。

東宝の自主製作再開第一作は二月二十七日封切りの『女の四季』（豊田四郎監督）で、三月二十一日に『また逢う日まで』（今井正監督）が封切られ、この年の「キネ旬ベストテン」で一位に輝く。岡田英次と久我美子の「ガラス越しのキス」で有名な映画だ。

この間にも東宝は撮影所の返還を新東宝に求め訴訟合戦となっていたが、三月二十日に、東宝の米本社長と新東宝の佐生社長が会談し、和解が成立した。東宝の新東宝への債権は、新東宝が代物弁済することになり、一九四八年八月から四九年十二月までに封切った新東宝映画四十三本と、仮処分の対象となった十六本の半数の八本の配給権を、各作品の封切りから一年間、東宝に無償で提供することなどが条件だった。

かくして、新東宝は完全に東宝から離れ、ライバル企業となった。

新東宝問題が決着したが、この間に東宝の累積債務は一三億円を超えていた。東宝はさらなる人員整理に迫られ、五月十七日に、経営再建のために一二〇〇名の人員整理を発表したため、第四次争議の勃発となった。これには、シナリオ作家協会、日本映画監督協会なども組合を支援し、「東宝の映画製作に協力しない」と表明した。この第四次争議は六月に妥結し、十二月に裁判所で妥結の覚書が作られて終結するが、それまでの間、東宝の製作態勢はまたも不安定となり、七月後半の二週間は封切る作品がない事態に陥った。

九月二十八日、小林一三の長男・冨佐雄（一九〇一〜五七）が東宝社長に就任した。

冨佐雄が生まれた一九〇一年、小林一三はまだ三井銀行に勤務していた。生まれた時から阪急の御曹司だったわけではない。東京外国語学校（現・東京外国語大学）を卒業し、二九年に東洋製罐に入社し、常務を経て四六年に社長に就任した。一方、四一年に東京宝塚劇場取締役となり、阪急・東宝グループにも関係するようになり、阪急電鉄取締役、帝国劇場代表取締役社長に就いていた。

小林冨佐雄は五代目社長に就くと、「興行重点主義による企業再建、社内刷新、経営健全化、不良社員の淘汰」の方針を発表した。具体的には、阪急の財政的支援によって再建を図る、全国に一〇〇の有力映画館を獲得して配給と興行の一元化を図る、直営館を中心とする地区別の独立興行会社を設けて合理化を図る、製作は拙速主義を廃し優秀大作主義の本道へ帰る、社内刷新・不良社員の淘汰といった五項目を掲げた。

第三章

東横映画から東映へ

岡田茂登場

後に東映社長となる岡田茂（一九二三～二〇一一）が東横映画に入社するのは、第一作『こころ月のごとく』が公開された直後、一九四七年十月のことだった。東宝で渡辺銕蔵が社長になった頃だ。

岡田は一九二三年（大正十二）三月に広島県で生まれた。四軒隣が東横映画社長の黒川渉三の実家で、同じ小学校には後に東映アニメーション社長になる今田智憲《ちあき》がいる。

岡田家は酒問屋が本業だが、他の事業もしており映画館も持っていた。裕福な家だったので、岡田は広島第一中学校、広島高等学校を経て、一九四四年に東京帝国大学経済学部に入学した。四五年一月、学徒出陣で仙台の岩沼陸軍航空隊に特別幹部候補生として配属されるも、七月に航空隊は宮城県古川市に疎開し、同地で八月十五日を迎えた。

岡田は東大に復学し、一九四七年九月に卒業することが決まった。春頃、就職先を決めかねていたとき、同級生だった今田に会った。今田は東京商科大学（現・一橋大学）を卒業すると、東急電鉄に入ったが、同郷の黒川から東横映画に誘われ移籍していた。

今田から、「これから黒川さんの家に行くから来ないか」と誘われたので行ってみると、そこには根岸寛一とマキノ光雄もいた。黒川は岡田に「東横映画に入らないか」と誘った。

岡田は映画好きで日本映画も外国映画もよく見ていたが、そんな映画会社は知らない。訊くと、できたばかりの会社だという。

「入ったとして監督になりたいか」と訊かれたので、岡田は「プロデューサーになりたい」と答えた。するとマキノは「プロデューサーは俺ひとりで充分だ」と言った。

冗談でもあり本音でもあったろう。この一言で岡田はマキノや根岸に気に入られ、一度、京都撮影所を見学することになった。

黒川は岡田の気質を見抜いたのか「鶏口となるも牛後となるなかれ、だ」と言った。この一言で、岡田はいまはまだ小さい東横映画でやってみようと決めた。夏休みに広島へ帰省するとき京都で途中下車し、太秦へ行ってみた。撮影中で、面白そうだなと思っているとマキノに見つかり、「卒業はいつだ」「九月三十日が卒業式です」「終わったら、すぐ来い。配属を決めておく」と一方的に言われ、入社が正式に決まった。

こうして岡田茂は一九四七年十月に東横映画に入社し、京都撮影所製作部に配属され、進行係となり、翌四八年三月に製作部進行主任に昇格した。小さな会社だから出世が早いのだ。この青年は、後に本当に「鶏口となる」。

岡田茂は、入社二年目で自分が立てた企画を実現しようと動き出した。一九五〇年六月十五日封切りの『きけ、わだつみの声』である。

岡田が東大在学中に、学生自治会が戦没学生の遺稿集を刊行する計画があり、一九四七年十一月に、東京大学協同組合出版部から『はるかなる山河に』として刊行された。岡田はこれを手に入れ、「なかなかいい」と思った。

『はるかなる山河に』が評判になったので、東大に限らず他の大学の戦没学生の遺稿集を作ろうという計画になり、一九四九年十月、日本戦没学生手記編集委員会編『きけ　わだつみのこえ　日本戰歿學生の手記』が東大協同組合出版部から刊行され、ベストセラーになった。岡田が東横映画に入り二年が過ぎた頃だ。岡田の自伝『波瀾万丈の映画人生』にはこうある。

〈早速、映画化権を買った。僕のほかにも関心をもった人たちが多かった。山本薩夫監督でやろうという話が動き出したが、僕が映画化権をもっているとわかって、譲ってくれという。「いや、これはオレがやると決めたのだから」と断って、マキノ光雄所長に話して映画化を決めた。〉

ところが、片岡千恵蔵、月形龍之介といった大スターと、松田定次監督らが、東横映画がつぶれかかっているときにこんなバクチみたいな企画はやるべきではないと言い出した。これで暗礁に乗り上げたとき、黒川社長が京都へ来たので、岡田は直訴した。

黒川は岡田の熱にほだされ、マキノに「もう一回、検討してみてはどうか」と言った。マキノは乗り気になり、黒川の前で、「一二〇〇万円の予算でやれ」と岡田に命じた。片岡千恵蔵らの映画が一五〇〇万円前後だったので、それよりも安い。岡田はそんな予算では無理だと思ったが、マキノが目くばせしているので、これは芝居だと理解し、一二〇〇万円で製作することになった。足りなくなればどこかから持ってくればいいという考えだ。

このようなマキノのどんぶり勘定体質と、経営者でありながら黒川も経理に無頓着なところが、東横映画が倒産の危機に瀕する原因なのだが、そういういい加減さのおかげで、映画『きけ、わだつみの声』は実現した。もっとも、舞台はビルマだが、現地ロケなどできるはずがなく、奈良に似たような風景の場所を見つけ、宿泊費を浮かすために寺に泊めてもらうなど。経費を切り詰めての製作となる。

シナリオ段階で東大の学生自治会から「天皇制批判」がないなどのクレームがつき、岡田は東大のわだつみ会の代表で、日本共産党員の氏家《うじいえ》齊一郎と交渉し、話をつけた。氏家はこの後、共産党を離党し読売新聞社に入り、日本テレビの社長になる。この時期の東大の日本共産党細胞には、読売新聞社長になる渡邉恒雄や西武セゾングループ総帥となる堤清二らもいた。

さまざまなトラブルが発生しながらも、『日本戦没学生の手記　きけ、わだつみの声』（関川秀雄監督）は完成した。京都撮影所での試写会にはオーナーである五島慶太も来た。そして「感動した」と言って、岡田に報奨金として五万円をくれた。当時としては大金だ。

『きけわだつみの声』は一九五〇年六月十五日に封切られると、大ヒットした。封切り日に岡田は観客の入りを確かめようと、東京都内の映画館をまわってみた。

〈浅草の常磐座では、客が映画館を十重二十重に取り巻いていた。大当たりである。ほかの映画館も大入りであった。そのとき、僕は映画製作の醍醐味《だいごみ》を知り、成功の恍惚《こうこつ》感にひたったのである。〉と、自伝に誇らしげに記してている。これが、岡田のプロデューサーとしての第一作だった。

東映誕生

『きけ、わだつみの声』はヒットしたものの、東横映画の経営は苦しい。

東横映画が赤字体質から脱却できない最大の原因は自社で配給できないことにあった。提携した大映が配給していたが、そのため東横にとっては利益率が低くなっていた。そこで一九四九年十月、東横映画と太泉映画、さらに東急本社も出資して、「東京映画配給」（東映配）が設立され、大映との提携を打ち切った。

太泉映画は、東京の練馬区大泉に一九三四年に開設された、新興キネマ東京撮影所に歴史が始まる。同社が大映になってからは大映の東京第一撮影所となり現代劇を製作していたが、戦中の一九四三年に軍需工場に買収され、戦後は閉鎖されていた。東宝争議のさなかの四七年十月、東宝と日活、東横映画と東急、そして吉本興業が発起人となり、「株式会社太泉スタヂオ」が設立され、この撮影所を買い取り、最初は他社に貸すレンタルスタジオとして稼働していた。

大泉にあるのでこの社名なのだが、「太」となったのは、社長となった吉本興業の林弘高が「水に流されることのないよう、大の字に点を付けて、止めるようにした」からとされている。東宝と吉本の提携作品に貸していたが、東京映画配給が設立されると自主製作を開始し、社名も「太泉映画株式会社」とした。

東映配の契約館は四五四を数えた。ヒット作も出て最初は順調だったが、五〇年になると、東映配だけでなく、東横・太泉の三社の業績は一気に悪化した。外国映画が急激に進出したことと、新東宝が東宝と完全に分離して自主配給を開始し、配給系統が五つになったことがその要因だった。

当時の映画館は映画会社との関係において大きく三種類あった。ひとつは東宝や松竹などの直営館で、当然、そこでは自社の作品しか上映しない。次が専門館で映画館としての経営は独立しているが、契約した映画会社の作品のみを上映する。

最も多いのが契約館で、経営として独立しているのはもちろん、どの映画を上映するかも館主が決める。松竹と契約していれば松竹映画が配給されるが、東宝の映画と二本立てで上映してもかまわない。地方の映画館は契約館が多い。町に一館しかなくても、そこが四社と契約していれば、四社の映画を見ることができた。比較的大きな町には二館・三館あり、専門館になっても経営が成り立つ。さらに、封切館・二番館・三番館という区別もある。封切館は最初に上映される映画館で直営館・専門館が多い。そこで一週間上映された後、二番館、三番館とまわっていく。

映画会社としては、専門館を増やすことが収益の増加につながる。全国に支社・支店を置いて、営業担当が映画館をまわり、館主にアプローチしていた。歴史のある松竹、東宝が強く、後発の東映配や新東宝は苦戦する。

日活は多くの映画館を擁す興行会社として戦争をくぐりぬけたところだ。製作に乗りだすとしたら、同時に配給部門の整備も必要だった。

東宝との提携

一九五〇年九月、東宝で小林冨佐雄が社長に就任した翌日、東宝と東京映画配給との間で映画製作・映画配給の提携が成立した。

東宝は新東宝が完全に分離したため、全プログラム編成が困難になっていた。当時は毎週、新作を公開するのが原則なので、年に五二本、月に四・三本を製作しなければならない。だが東宝は月に二作がやっとで、外部の作品の買い付け、旧作を新版とするなどして数合わせをしていた。そこで東横映画・東京映画配給との提携が持ち上がった。東宝が東横の映画を配給し、東映配が東宝の映画を配給するという提携だ。

東宝は配給網と映画館はあるのに作品が足りない、東横は作品を作っても上映してくれる映画館が少ない。両者が提携すれば、それぞれの足りないものを補うことができるという計算だった。これは小林一三から五島慶太へ持ちかけられた話だった。黒川やマキノは東宝と東横とでは映画のカラーも異なるし、映画館の客層も違うので、提携してもうまくいかないとの思いもあったが、五島の命令には逆らえない。

協議の結果、一九五一年一月から、東宝が月に二本、東横が月に二・三本（三か月で七本）製作し、東宝と東映配の契約館に配給することになった。これで日本映画の配給系統は、東宝・東映配、松竹、大映、新東宝の四つになる。

提携が決まった時点で、東横映画の累積赤字は一〇億円を超えようとしていた。金融機関からの借り入れもあるが、東急が貸した額も多い。このままでは東急本体の財務にも影響するので抜本的な解決が必要だった。

五島が黒川にいくら言っても、事態は改善しない。黒川も彼なりに管理監督しようとするが、京都撮影所はマキノ王国となっていて、ドンブリ勘定での製作が続いていた。給料の遅配、税金の滞納、当座の運転資金として高利貸から借りたためのとんでもない利息で、負債は一一億円を超えた。いまの二〇〇億円くらいであろう。

五島慶太は東急専務の大川博（一八九六〜一九七一）に再建を指示した。

大川博登場

大川博は新潟県の庄屋の家に生まれた。一九一六年（大正五）に鉄道員を目指し、岩倉鉄道学校に入った。卒業後は、鉄道会社への就職も考えたが、経営も学ぼうと中央大学法科へ進み、一九一九年に卒業して、鉄道院（国土交通省、ＪＲの前身）に入った。戦中の一九四二年に鉄道院の先輩でもある五島慶太に引き抜かれて東急に入り、五島の右腕として辣腕をふるっていた。

大川は鉄道省事務官時代から経理知識に長けていた、根っからの「経理マン」である。映画には何の関心もなく、ほとんど見たこともなかった。東急専務の立場で関連会社である東横映画と東京映画配給の帳簿のチェックをし、指摘すべき点は指摘していたが、いくら指摘しても改善されないのを知っていた。

東横、太泉、東映配の三社合わせての負債が一一億円を超え、その半分以上を東急が出していることを知った東急の株主のなかには「なぜそんなボロ会社に資金をつぎ込むのか」と、特別背任罪で大川を訴える者まで出てきた。

大川は「三社をひとつに合併し三社外から新しい経営者を見つけて、任せるしかない」と五島に報告した。五島は了解し、新会社の経営者を探したが、巨額の借金を背負う会社の経営を引き受けようという者はいない。五島の相談相手のひとり、藤田観光社長の小川栄一が「大川しかいないだろう」と言うので、五島は大川を呼び、「君にも責任の一端があるのだから、社長になってくれ」と言った。大川は固辞したが、彼なりに映画会社の経営構造を調べ、東横映画と東京映画配給の財務状況も精査し、経理さえしっかりしていれば映画は利益が出ると判断し、引き受けた。

一説には、このとき五島慶太が大川に、「東映がうまくいったらいずれは東急の社長に」と約束したという。これが後の東映独立の伏線のひとつとなる。

映画界は義理と人情と貸し借りと恫喝と懐柔が渦巻き、そこに女と酒がからむ世界だった。映画界に何の人脈もなく、過去のしがらみが何もない人間にしか、大鉈《なた》を振るえない。その意味では大川は適任だった。

大川は東急専務と兼任で、一九五一年二月に東京映画配給の社長となった。そして三月に同社が東横映画と太泉映画を吸収合併する形で「東映株式会社」が設立された。東横にいた片岡千恵蔵と市川右太衛門も参加し取締役となる。世に言う「重役スター」である。東西の撮影所を統括する製作部長には京都撮影所長だったマキノ光雄が就いた。東横映画社長だった黒川渉三は社長の座を追われ、東映には関わらない。だが黒川派である岡田は残った。

マキノの製作部長就任は一見、出世のようだが、そうではなかった。京都撮影所はマキノ王国となっており、予算などあってないような状態で製作され、それが赤字体質の元凶だったので、大川はマキノの力を削ぐために東京本社に呼んだのである。

しかし京都撮影所がそれでは収まらない。岡田を先頭にマキノの復帰を求める運動が起きた。一種のクーデタだった。大川はマキノを京都へ戻さざるをえなかった。この騒動で名を上げた岡田はマキノの信頼も厚く、十一月に二十七歳で製作課長となった。他社では五十歳を超えなければ就けないポストだった。

さらに大川は岡田に「予算を含めて全責任を負え」と命じた。会社そのものが若かったとはいえ、異例の人事であり、異例の権限だった。岡田は自伝でこう振り返る。〈製作課長なのに実質的なゼネラル・プロデューサーである。ハチの巣をつついたような騒ぎになった。〉

岡田は撮影所の年上の部下たちを前にしてこう言った。

「今の東映は大ピンチです。私が上司になってこの野郎と思う人もあるかもしれませんが、みんなの力が必要です。いやな人は今すぐ言って下さい。すぐに部署を変えてもらいます。ただし、製作は私の方針でやらせてもらいます」

配転を申し出た者はひとりも出ず、岡田は京都撮影所の現場実務の一切を掌握した。

大川博の英断

一方、社長に就任した大川の目の前には処理しなければならない一二三枚の約束手形があった。自伝『この一番』にこうある。〈一枚一枚を詳細にしらべ上げてみると、そのほとんどが大小幾多

の高利貸しに攻めつけられているもので、（略）ベラボウな高利のかさんだ手形ばかりであった。〉

東映の発足時の総負債額は約一一億円で、そのうち、東急からの融資が五億、東急の手形保証や株券担保提供によるものが二億、銀行からの借り入れが一億九〇〇〇万、さらに滞納している税金が七六七五万円、そして高利貸しからの約八〇〇〇万円という内訳だ。

まず、高利貸しからの八〇〇〇万円をどうにかしなければならない。利息だけで月に九〇〇万円前後が消えていく。これを優先的に返済し減らした上で、五〇〇〇万円を住友銀行から借り入れて高利貸しの借金を片付けた。これでだいぶ身軽になる。住友には約六〇〇〇万円の負債があったので合計一億一〇〇〇万円となったが、これも一九五四年三月までに返済する。

財務だけではない。大川は東宝との提携をどうするかの判断を迫られた。

東宝と東映配との提携は東映にも引き継がれていた。東映からみれば、一社で全プロ編成しなくていいので総製作費は減少し、一方、東宝系統の映画館でも公開されるので、一本あたりの収入は増大するはずだった。しかし全体としては、支出は減るが収入も従来よりは減る、いわゆる縮小再生産である。利益率は上がったとしても、はたして固定費を賄えるのか。さらには莫大な負債の返済が可能なのか――大川は疑問を抱くようになった。

しばらくしてマイナス面がはっきりしてきた。製作本数が減れば月額トータルの製作費は少なくなるが、一本あたりの製作費は割高になった。撮影所には製作本数にかかわらず出ていく固定費がある。さらに都会的な東宝と庶民的な東映との作品カラーの違いから、思ったほど観客動員が伸びなかった。さらに系統映画館で東宝のほうが数も多く一等地にあることから、配給収入で東映は歩合を低くされ、収入減になっていく。

五月になると、日劇、名古屋東宝、梅田劇場という東宝の大映画館が東映作品を上映するかどうかは作品ごとに決めるなど、東宝は東映に不利な条件をゴリ押ししてくる。

六月にはオーナー五島慶太が弱気になり、「いままでの投資の回収を諦め、経営持続を断念する」と東映幹部に告げた。大川以下、経営陣は五島を説得し、経営断念を撤回させた。

公職追放の解除が始まり、八月六日に五島慶太と小林一三が同日に解除されると、五島は東急会長に復帰すると同時に東映相談役に就いた。小林は阪急は後継者に任せていたので役職には就かず、唯一、東宝の相談役となり、この後、社長に就く。

小林と五島の間で東宝と東映の提携についても話し合われていた。どこまで二人がつっこんだ話をしていたかは分からないが、九月四日、五島は東映本社で社員の前での訓示で、「毎月少しずつ黒字になっていると大川社長から報告を受けている。しかしまだ高利を含めて三億もの借金がある。仮に、月に二本を製作し東宝と配給する方針がベストだというのなら、百人もいる配給部門を廃止し、京都撮影所も東京と一本化すれば、月に一千万円ほど浮くと考えられる」という趣旨を述べた。

またも五島の爆弾発言だった。一一億円あった借金のうち東急からの分と東急が保証している分を除けば約三億円だった。五島はこれを返せるのか確証が持てないのだ。五島の発言通りになれば、遅かれ早かれ、東映は東宝に吸収合併されてしまう。五島と小林の間ではそこまで話がついていたのかもしれない。

五島発言が社員の間にも広まると社内は動揺した。東急が東映から手を引くという噂も流れた。

だが大川は五島とは逆の結論を出していた。「東宝との提携を打ち切り、全プロを東映で製作し配給するしか東映が発展する道はない」。

十月になり、大川は五島に呼ばれ東急本社の会長室に出向いた。そこには小林一三もいて、「東映作品の配給をうちに任せませんか」と言った。当然、五島もそれを了解しており、「小林さんがああ言っててくれているから、考えてみてはどうか」と言った。二人とも「提案」の形を取っているが、命令に近い。大川は所詮雇われの身である。従うしかない。しかし、東宝と縁を切るしか東映発展の道はないと考えていたので、財界巨頭二人の申し出をその場で断った。

ここで大蔵貢が登場する。大蔵は戦前には三十六の映画館を擁していたが空襲や強制疎開で喪い、敗戦時には三館しか残っていなかった。これを、六年で戦前と同じ三十六館にまで増やしていた。そのなかの三館は日活から譲られたものだった。戦前は日活株の買い集めで堀久作とは対立したが、戦後、大蔵が多くを喪い、さらに公職追放にもなると、堀は同情し、映画館を譲ってくれるほど親しくなっていたのだ。

映画館主として再起した大蔵が映画製作に踏み込むきっかけが、東急の五島慶太から、東映について意見を求められたことだった。五島は小林一三から、「日本では映画会社は三社しか成り立たないから、この際、東映を東宝に任せろ」と言われて、その気になっていた。そこで小林と会う前日に、大川も同席させて大蔵と会い、「どう思うか」と訊いた。

大蔵は、「戦前は七社もあったが、今は五社、一方で劇場数は戦前より増えたので、映画館は写真が不足している。応援するから、東宝に譲るのはやめなさい。七億や八億の借金くらい、私なら三年でキレイにしてみせる」という趣旨のことを言った。

大川が五島と小林の前で、東宝と縁を切ると宣言したのには、大蔵の影響もあるようだ。

大川は大蔵を東映の取締役にしようと根回しし、臨時取締役会まで準備していたが、大蔵が「いまさらサラリーマン重役になるつもりはない。社長か副社長なら」と言うので、この話はなくなった。それでも大蔵は、五島の依頼で、東急百貨店平塚店を一九五二年に買い取るなど、東急・東映に資金面で協力していた。

こうして大川は退路を断った。十月八日に支社長と部長を集めた会議で、東急が東映から手を引くとの噂はデマに過ぎないと安心させ、さらに翌九日の支社長会議では、十二月二十八日封切りの正月興行から、全プロ配給にすると宣言した。そのためには毎週一本、月に四・三本を東西の撮影所をフル回転させて製作しなければならない。大川は十一月・十二月・翌年一月の三か月を「会社再建総蹶起運動」とすると宣言し、全社に号令をかけた。

社員は必死で働いた。大川はそれに報いるために、東映の株券を担保にしてどこかから五〇〇万円を借りて総額五三〇万円の賞与を出した。社員の士気は高まり不可能と思われた全プロ配給を実現していく。

九月、サンフランシスコ講和会議が開かれ、日本はソ連以外の戦勝国と平和条約を調印した。この条約は翌五二年四月二十八日に発効し、GHQは解体され、日本の占領時代は終わった。これにより映画へのGHQの検閲もなくなり、仇討ちもの、忠君ものを含め全面解禁となった。知恵蔵・右太衛門の二大スターを擁す東映にとって、幸先がいい。大川は京都撮影所では千恵蔵・右太衛門を主軸にした時代劇、東京撮影所では現代劇に戦争ものをおりまぜる方針を決めた。

東映快進撃

一九五二年となった。東映にとって追い風となるのが、時代劇の解禁だった。片岡千恵蔵と市川右太衛門の両御大もフル稼働した。

しかし片岡千恵蔵は前年九月の五島慶太の爆弾発言の頃、出演料の支払いが遅れているため「新東宝に移籍する」と言い出した。辞意は固かったが、最後は大川が説得して翻意していた。千恵蔵はその後は東映のために大車輪で働いた。このように千恵蔵の慰留に成功したことを含めて、大川にはひとを動かす力があったようだ。権謀術数を弄するのではなく馬鹿正直にさらけだして、相手を説得する——それが大川のやり方だった。

一月の東映は一億六〇〇〇万円の配給収入を上げて、目標をクリアした。しかし五系統のなかでは最下位だった。この正月は大映がトップで、松竹、新東宝、東宝、東映の順だった。大映の正月映画は十二月二十八日封切りの長谷川一夫主演『銭形平次捕物控　恋文道中』（冬島泰三監督）、京マチ子主演『浅草紅団』（久松静児監督）、三益愛子主演『瞼の母』（佐伯幸三監督）などが続いた。この状況で、下位の東宝と東映が合併すれば三位にはなれたが、弱者連合がうまくいく例は少ない。

東映は一月は全社一丸となったおかげで全プロを自社製作できたが、以後は困難だった。そこで月に一本は外部製作の作品を買い取るか委託配給していくことで乗り切っていく。

映画興行の年間の第二の山がゴールデンウィークだった。この言葉そのものが映画界による造語で、前年の一九五一年に生まれた。

東映は連合国軍による占領が終わるタイミングを狙ったかのように、片岡千恵蔵が浅野内匠頭と大石内蔵助の二役を演じる『赤穂城　第一部』（萩原遼監督）を四月二十四日に封切り、五月一日からは『黎明八月一五日』（関川秀雄監督）で挑んだ。

映画倫理規定（一九四九年六月制定）では「忠臣蔵」は禁止されていたが、「主君の仇討ち、吉良への怨恨の復讐の物語」ではなく、「幕府の失政と賄賂横行に対する赤穂浪士の批判と反抗の物語」として映倫の審査を通過し、「戦後初の忠臣蔵映画」として封切った。

『黎明八月一五日』はタイトルが示すように、敗戦前後を描いたもので、『きけ、わだつみのこえ』に次ぐ「戦争もの」だった。この二作が成功し、五月は約一億二五〇〇万円の配給収入となり、東宝・新東宝を抜いて松竹、大映に次ぐ三位となった。

勢いは六月以降も持続し、「東映の映画は当たる」と映画館主たちに伝わり、契約館が増えていった。当然、配給収入はさらに増えていく。とくに客層が重なる新東宝から東映へ乗り換える映画館が多く、月額の配給収入で四位を新東宝と競うようになった。

十月の配給収入で新東宝を抜いて四位となると、十二月までその順位を守った。

十月三十日の株主総会では、一八〇〇万円の利益を出し、一割配当すると決定した。東映設立から一年半での快挙だった。同期決算では、大映が景気がよく六割配当、松竹は二割五分だったので、それに次ぐ。東映を呑み込もうとした東宝と、新東宝は無配だった。

東宝と袂を分かち、背水の陣で臨んだ大川・東映は、とりあえず勝利した。

1951年　会社別配給収入 ○は順位、単位：万円		興行ランキング（51年4月〜52年3月）
松竹	21億8461①	①源氏物語（大）◎1億4105
東宝	10億0911④	②大江戸五人男（松）◎1億2569
大映	20億3611②	③馬喰一代（大）◎9005
新東宝	11億7580③	④陽気な渡り鳥（松）◎8347
東映	7億7334⑤	⑤恋文道中（大）◎7999
		⑥麦秋（松）◎7597
		⑦呼子屋（大）◎7400
		⑧続・佐々木小次郎（宝）◎7200
		⑨完結・佐々木小次郎（宝）◎7053
		⑩本日休診（松）◎6978

1952年　会社別配給収入 ○は順位、単位：万円		興行ランキング（52年4月〜53年3月）
松竹	29億8618①	①ひめゆりの塔（東）◎1億7659
東宝	16億7865③	②お茶漬の味（松）◎1億0992
大映	27億3376②	③ひばり姫初夢道中（松）◎1億0881
新東宝	15億6157⑤	④夏子の冒険（松）◎1億0718
東映	15億9906④	⑤波（松）◎1億0492
		⑥学生社長（松）◎9953
		⑦銭形平次・からくり屋敷（大）◎9379
		⑧ハワイの夜（新）◎8772
		⑨現代人（松）◎8491
		⑩千羽鶴（大）◎7905

第四章　大映・永田雅一の絶頂

永田、アメリカへ

一九四九年一月、京橋に大映本社ビルが落成した。永田雅一は自分の城を持った。我が世の春だった。

八月十二日、永田は映画人として戦後初の渡米をした。映画界の視察が目的で、ウォルト・ディズニー・プロダクションとサミュエル・ゴールドウィン・プロダクションと協議し、二社の作品の日本での配給権を得た。

この時期は、セントラル・モーション・ピクチャ・エクスチェンジ社しかアメリカ映画の輸入はできないはずだったが、ディズニーとゴールドウィンはパラマウントなどのメジャーではなく、映画製作会社だったので、自由に単独契約ができるという解釈も可能だった。

ドイツでも戦後は一国一社制だったが、すでに自由化されていたことも永田は知った。そこで永田は九月十日に帰国すると、ＧＨＱに乗り込み、「もうこの制度は意味がない。解消すべきだ」とまくし立てた。永田ラッパの効果があったのか、外国映画の輸入制度は改められた。

剣戟スターたちの離反

一方、帰国した永田を待っていたのは東横映画の離反だった。前章に記したように、大映に配給を握られていたのでは東横映画が赤字体質から脱却できないと、東急は東京映画配給株式会社を設立した。これで提携関係はなくなるが、大映は京都の撮影所を引き続き東横が使うことは認めた。

十月末の株主総会で永田は舌禍事件を起こした。「(片岡千恵蔵主演の) 多羅尾伴内ものなど幕間のつなぎであって、わが社は今後、もっと芸術性の高いものを製作してゆく所存である」と発言したのである。これを聞いた千恵蔵は「自分は好き好んで荒唐無稽な映画に出ているのではない。大映の経営のためにと思って出ているのに、幕間のつなぎとは何事だ」と激怒し、「契約期間が終わったら再契約しない」と宣言し、十二月三十日封切りの『三十三の足跡』を最後に大映との専属契約を解消し、東横映画に入る。

前後して阪東妻三郎は四八年十月封切りの『王将』を最後に大映を退社し、四十九年に松竹に入った。嵐寛寿郎は四九年四月十一日封切りの『白髪鬼』を最後に退社してフリーになり、市川右太衛門も四九年七月十日封切りの『大江戸七変化』を最後に退社して、東横映画へ移籍した。

こうして日活から引き継いだ四大剣戟スター全員が大映を出ていった。永田の問題発言は、ギャラの高いスターたちがお荷物になったため、彼らが辞めるのを見越してのものとも言われるが、それは結果論かもしれない。

たしかに、大映は現代劇が好調だったので、いつ製作が再開できるか分からない時代劇のスターは不要だったとも言える。四人とも戦前からのスターで全盛期を過ぎていた。客が呼べなくなっても出演料は下げられない。永田雅一は彼らを切った。

長谷川一夫、大映へ

一九四九年、剣戟スター四人が去った大映に、その穴をひとりで埋める大スターが移籍してきた。長谷川一夫である。

歌舞伎から映画へ移り大成功した剣戟スターのなかで、長谷川一夫だけが舞台にも立つようになっていた。戦争が始まり東宝での製作本数が減ってくると、「劇団を作り舞台公演をしてはどうか」と小林一三から勧められ、劇団「新演伎座」を結成したのだ。

当時の東宝・演劇部門は、松竹歌舞伎から脱退した俳優たちを中心にして東宝劇団を旗揚げしたものの失敗に終わっていたので、劇場を埋めるために新劇団が必要だった。長谷川も劇団結成に異存はなく、一九四二年に「新演技座」が結成され、山田五十鈴も参加した。新演伎座は戦争が激化した後も地方への巡業をしていたが、敗戦時、とりあえず解散した。

敗戦から一年後の一九四六年九月、新演伎座は復活公演を打った。以後も長谷川一夫は映画と舞台を両立させていたが、東宝の労働争議が激化したので四八年四月に退社し、改めて株式会社新演伎座を設立した。長谷川一夫は「社長」になり、新演伎座は映画製作にも乗り出し、新東宝、松竹などと提携して、長谷川一夫主演作品を製作した。

ところがインフレの影響もあって資金繰りが苦しくなり、高利な金を借りたため、たちまち負債が雪だるま式に増え、一億二〇〇〇万円に達した。現在の二〇億円くらいだろうか。

永田雅一は闇の世界とも通じているので、長谷川一夫が借金まみれになっている情報を得ていた。そこで、「一刻も早く高利貸しと手を切らないと大変なことになる。この際、大映に来ないか」と救いの手を差し伸べたのである。

長谷川と永田は、すでに述べたように、松竹から東宝へ移籍したときの刃傷事件で因縁浅からぬ関係だ。その贖罪で永田は長谷川を助けようとしたとも言えるし、四大スターがいなくなり、大スターが欲しかったという事情もある。

一九四九年秋、長谷川はまず新演伎座として大映と提携することを決め、十一月二七日封切り『甲賀屋敷』（衣笠貞之助監督）がその第一作となった。続いて五〇年の正月映画『蛇姫道中』『続蛇姫道中』（木村恵吾・丸根賛太郎監督）二作に長谷川は出た。その後、新演技座は東宝や松竹が配給する作品もあったが、四月に大映と専属契約を締結し、二年間に十本を大映で製作することになった。永田は長谷川と新演伎座に弁護士を付け債権者と協議し、不当な高利を適正なものにし、大映がすべて肩代わりして長谷川を身軽にした。

グランプリ

長谷川一夫主演作は当初は新演伎座と大映の提携として製作されたが、やがて大映製作となっていく。二年目の一九五一年四月二十八日封切りの『銭形平次』は大ヒットし、以後、正月やお盆に公開される大映のドル箱シリーズとなり、六一年まで十七作、製作される。この人気シリーズを含め、長谷川一夫は年に十作前後に出演し、大映の看板スターとなり、その出演料で新演伎座の負債を十年で完済した。

一九四九年の配給収入で大映は首位を東宝に奪われた。四大スターの離反が響いたのだ。しかし、上半期で一八五〇万円、下半期で三八六〇万円の利益を計上し、ともに二割配当を実現した。

永田雅一はアメリカ視察で、ハリウッドではプロデューサーシステムが確立されているのを知り、大映の機構改革をした。企画決定の最高機関として企画審議会を設置し、さらに東西の撮影所に企画本部を置いた。以後も大映は機構改革をするのだが、名称や構成メンバーは変わっても、トップは常に永田雅一であり、企画を最終的に決めるのは常に永田雅一だった。

大映の映画は専属の監督が撮るのが原則だったが、その例外が一九四九年三月封切りの黒澤明監督作品『静かなる決闘』だった。映画藝術協会との提携だった。作品的にも興行的にも成功したとは言い難いが、大映は五〇年四月に映画藝術協会と製作契約を締結した。

これを機に、フリーの監督を招聘して大映の撮影所とスタッフ、俳優を使って撮ってもらう製作方式が生まれた。伊藤大輔、市川崑、山本薩夫らが、フリーとして大映映画を撮り、名作を残していく。このことは大映に名誉と収益をもたらすが、一方で専属監督たちが不満を募らすことにもなる。

一九五〇年八月二十六日に映画藝術協会と提携した黒澤明監督、三船敏郎・京マチ子主演の『羅生門』が封切られた。永田はこの映画の製作には関与しておらず、試写で見て「なんかよう解らんけど、高尚なシャシンやな」と漏らした。

ところが『羅生門』はヒットし、通常は一週間だが二週間にわたり上映された。

七月には永田が訪米した際に決めてきた、ウォルト・ディズニー・プロダクションと、サミュエル・ゴールドウィン・プロダクションの映画を大映が輸入・配給する契約が正式に締結された。大映は九月に洋画部を設立し、ディズニーの『白雪姫』を公開した。

長谷川一夫と黒澤明、そしてディズニーを得て、一九五〇年の大映は配給収入トップの座を奪還した。この年も二割配当を達成した。五一年から五三年は驚異の六割配当となる。

一九五一年になると、前述のように長谷川一夫主演の『銭形平次』シリーズが始まった。

さらに九月十日、前年製作の『羅生門』が第十二回ヴェネツィア国際映画祭グランプリを獲得した。日本映画として史上初の快挙だった。『羅生門』は五二年三月二十日にアメリカのアカデミー賞の外国語映画賞も受賞し、「世界のクロサワ」となる。興行的にも作品的にも大映は好調だった。

大映の社史『十年史』には『羅生門』について、〈演出家としての黒澤監督のすぐれた才能は讃えられるべきであるが、この創意を生かし、この大胆な企画を取上げ、然も最も危険性のある作品を映画界稀に見る巨費を投じて製作する決意をした我が社の態度これ大映精神の発露であると云える。〉と自画自賛している。

興行的にも作品の評価でも永田率いる大映は絶頂にあった。だが態勢を立て直した松竹と東宝が迫り、さらに新興の東映も追撃してくるなど、映画界の勢力争いは激化する。

第五章

東宝へ復帰する人びと

復帰した三人のプロデューサー

東宝は一九五〇年十二月になると、小林冨佐雄社長のもと、本社に企画本部が設置され、企画本部長には文藝春秋の佐佐木茂索《もさく》社長が就任した。

製作部門の再建は急務だった。公職追放で東宝を離れていた森岩雄も二月に最高顧問として復帰し、製作部門の立て直しを担う。森は三月に、専属プロデューサーとして、東宝を離れていた藤本真澄、田中友幸、本木荘二郎らと契約した。

さらに森は五月にアメリカへ視察旅行に出て、帰国後の七月に新たに製作本部を設置し、自ら本部長に就き、藤本、田中、本木ら九人のプロデューサーで製作していくことを決めた。同じ時期、公職追放が解除された円谷英二も東宝に復帰している。また三月十三日には争議時の社長・田辺加多丸が亡くなった。

藤本真澄は戦争末期の一九四五年七月に召集され、九州の久留米の部隊に工兵として入り、その地で敗戦を迎えた。玉音放送の一か月後の九月十五日に東京へ帰り、翌日、東宝の撮影所へ復帰した。敗戦直後は撮影所の所長補佐のような立場の仕事をしていた。

一九四六年四月一日付の人事で、藤本が企画室幹事・芸文担当となったところに、大争議が勃発した。藤本は会社側の立場だった。争議解決後も自主製作はせず、撮影所を貸しスタジオにして独立プロダクションに製作を請け負わせる方針を打ち立てたので、映画製作者として生きたい藤本は、東宝に残る理由がなくなった。

藤本は争議の混乱の責任を取る形で東宝を退社し、藤本プロダクションを立ち上げ、銀座に事務所を設けた。以後は東宝と一作ごとに製作契約を結んで映画を製作していく。プロダクション創業にあたっては、作家の石坂洋次郎も役員となってくれた。争議前に仕掛けながら製作が中断されていた『女の一生』（亀井文夫監督）を完成させ、一九四九年一月二十五日に封切られた。

もう一作、藤本が東宝で準備しながら争議のため中断していたのが、石坂洋次郎原作『青い山脈』だった。一九四七年六月に朝日新聞で『青い山脈』の連載が始まると、すぐに映画化を申し込み、松竹と競争になったが、東宝が権利を得た。しかし脚本ができ、原節子、池部良といった配役まで決めたところで、四八年四月に、争議のため中止になっていた。それを東宝と協議して、藤本プロダクションが請け負って製作することになった。監督は盟友の今井正で、四九年一月から撮影を始め三月に撮影終了、七月十九日に封切られると、大ヒットした。これでプロデューサーとしての藤本真澄の名声は確立した。

藤本プロは独立プロダクションなのでどの映画会社と組んでもいいが、東宝・新東宝との提携が大半だ。その新東宝は資金繰りが悪化していたので、契約した製作費をなかなか払ってもらえず苦労したこともあった。

そして一九五一年三月、東宝から専属プロデューサーとして契約してほしいと打診され、これを受けたのだった。

田中友幸は戦中からプロデューサーとして製作していた。戦後最初のヒット作が一九四七年八月五日封切りの『銀嶺の果て』（谷口千吉監督）だ。

田中も労働争議のさなかに東宝を退社し、映画藝術協会に参加した。さらに田中と本木荘二郎は一九四九年に「49年プロダクション」を設立し、『ジャコ萬と鉄』『暁の脱走』（ともに谷口千吉監督、黒澤明脚本）を製作した。東宝が製作を再開し、森が復帰すると、田中も東宝に戻った。

本木荘二郎は一九四四年に東宝映画のプロデューサーになったが、敗戦直前の一九四五年四月に召集された。しかし八月には無傷で生還した。四六年二月に「協同製作者」というポストとなり、『民衆の敵』（今井正監督）などを製作し、四七年七月封切りの『素晴らしき日曜日』で初めて親友の黒澤明の作品を製作、以後の黒澤作品をずっと製作していく。

一九四八年四月、労働争議のさなかに黒澤の『酔いどれ天使』が封切られると本木は東宝を退社し、映画藝術協会の設立に参加し幹事長となった。この時期に製作したのが黒澤の『野良犬』（新東宝と提携）、『醜聞』（松竹と提携）、『羅生門』（大映と提携）だった。

小林一三、追放解除

小林一三の公職追放が解除されたのは、一九五一年八月六日だった。その翌日に東宝相談役に就き、三日後には宝塚音楽学校校長に就任した。

すでに述べたように、小林一三は戦前に阪急や東京電燈などの役職をすべて退任し、後継者に任せていたが、東宝だけは自分の手で再建したいと考えていた。九月二十八日、小林一三は一年前に社長に就任したばかりの長男・冨佐雄を退任させ、自ら東宝の第六代社長に就任した。「お前には任せておけん」と言うに等しい強引な人事である。親子でなければできない。一三はこの年、七十八歳である。小林が東宝の社長だったのは東京宝塚劇場時代なので、東宝株式会社となってからは初の社長就任だった。

小林は『東宝二十年史抄』（一九五四年十一月刊）の巻頭に寄せた「東宝創立二十周年に際して」で、社長就任についてこう記している。

〈昭和二十六年八月追放が解けましたので、当社の相談役に就任して指図することに決意しましたが、どうも私のような気短かな老人は、まだるこくて見ていられない、そこで、自ら進んで取締役になり、ただちに社長を引受けました。〉

小林一三が社長になった一九五一年、東宝の年間製作本数は五十八になり、これは一九四〇年の四十九本を抜いて過去最高となった。五二年は六十本になる。

東宝は小林冨佐雄社長時代に、「一〇〇館計画」を打ち立て、興行網の拡充に全力を注いだ。小林一三もその路線を踏襲し、より積極的に映画館の拡充に取り組んだ。

その結果、一九六二年には東宝が直営で持つ映画館は五三、地域ブロックごとの傍系会社が持つ映画館が八二、合計一三五の映画館を擁するようになる。その多くは現在は存在しないが、これらの不動産資産があったため、後の大不況を東宝は乗り越えていくのだった。

黒澤明復帰

東宝再建の作品面での再建の命運を握っていたのが、黒澤明の復帰がなるかだった。

黒澤が松竹で撮る『白痴』は一九五〇年に撮影準備が始まった。五一年二月に北海道で撮影開始となり、三月下旬に松竹大船撮影所でのセット撮影、五月中旬に撮影終了した。黒澤が編集して完成させたのは四時間二五分の大長編だった。

しかし松竹が「そんな長いのは上映できない」と再編集を求め、三時間二分版となり、五月二十三日から三日間だけ、東京劇場（東劇）で公開された。松竹はそれでも長いとして二時間四六分版にさせ、六月一日から一般公開された。

黒澤が松竹で『白痴』と格闘している間に東宝は新体制を構築し、砧の撮影所も二月二十六日に「東宝撮影所」と正式名称が変わった。公職追放で離れていた森岩雄も最高顧問として復帰した。

一九五一年五月公開の『白痴』の後、黒澤明は東宝へ戻った。次の『生きる』までの間に、三船が主演した森一生監督の『荒木又右衛門』と稲垣浩監督の『戦国無頼』のシナリオを書いている（『戦国無頼』は稲垣と共作）。

『生きる』のシナリオは黒澤と橋本忍、小國英雄の共作で、一九五二年から二月に書かれ、三月十四日に撮影開始、九月中旬までかかり、十月九日に封切られた。

次の『七人の侍』は一九五三年一月に橋本忍・小国英雄との合宿でシナリオが書かれ、三月に製作開始となり、五月二十七日から撮影が始まった。当初は撮影期間九十日で、九月十七日に完成し十月封切りのスケジュールだった。通常の映画は一か月で撮影するので、九〇日は破格の扱いである。ところが、九月になっても全体の三分の一しか撮影されず、当初予算も使い果たしていた。

東宝首脳は、いままでかかった経費を無駄にして中止するか、さらに資本を投下して完成させるかの選択を迫られた。その結論が出るまでに一か月かかり、十一月に撮影再開したが、年を越しても完成しなかった。

一九五四年が明けると、東宝首脳は「撮り終えたところを編集して見せろ」と求めた。多少、足りない点があっても、ストーリーが通っていれば強引に公開してみようと考えたのだ。編集のため、再び撮影は中断し、黒澤は粗編集し、首脳陣に見せた。その未完成版『七人の侍』は、野武士たちが村を襲撃し、三船扮する菊千代が「ウアー、来やがった、来やがった！」と叫ぶところで切れた。「この続きは」と役員が問うと、黒澤は平然と「まだ撮っていません」と答えた。

この状態で公開したら、観客は激怒する。またしても、いままでの経費を捨てて中止するか、さらに資本を投下して完成させるかの選択を迫られたが、ここまで来ていたら、続行しかなかった。

『七人の侍』の撮影は三月十九日に終わり、四月二十六日に封切られた。

世界で最も有名な日本映画である『七人の侍』は興行的にも藝術的にも成功した。「キネ旬ベストテン」では三位、配給収入は二億六八二三万円で三位だった。

しかし、「キネ旬ベストテン」の一位は『二十四の瞳』、二位は『女の園』（ともに木下恵介監督）であり、興行ランキングでも一位は『君の名は　第三部』（大庭秀雄監督）、二位は『忠臣蔵　花の巻　雪の巻』（大曾根辰夫監督）だった。四作とも松竹作品で、松竹が全盛期であることが分かる。

この一九五四年には黒澤の親友、本多猪四郎が監督した『ゴジラ』も十一月三日に封切られ、配給収入一億五二一四万円と大ヒットした（ランキングでは八位）。特撮を担ったのは、言うまでもなく円谷英二である。

新東宝、新体制へ

一方、一九五〇年に東宝と袂を分かち、自主製作・自主配給を始めた新東宝は苦戦していた。新東宝は新興なので人材がいない。そこで佐生正三郎社長はハリウッドにならいプロデューサーシステムを導入した。映画製作の主導権というか、主軸がどこにあるかは、会社によって異なる。松竹はディレクター・システムを採り、小津安二郎、木下恵介、吉村公三郎などの監督たちが実権を握っていた。彼らが撮りたい企画を考え、それを会社が承認する。城戸四郎は松竹映画の総帥というポジションにあるが、城戸から小津や木下に「これを撮れ」と指示することはない。

一方、大映と東映はスター・システムである。永田雅一と大川博はワンマン社長で、監督たちに企画の主導権はなく、会社が「次はこれを撮れ」と命じるが、その企画は、最初にスターありきだ。大映は長谷川一夫、市川雷蔵、勝新太郎ら、東映は片岡千恵蔵、市川右太衛門、中村錦之助、大川橋蔵といったスターがおり、彼らが主演する前提で企画が考えられ、それが決まると監督が決まる。

監督から企画が提案されることは、ほとんどない。

東宝は設立当初から、森岩雄のもとでプロデューサー・システムを確立していた。監督が企画を提案することもあるが、決定権はプロデューサーにあり、予算管理、日程管理、配役まで、すべてプロデューサーが責任を持つ。

新東宝は、もとは東宝だったし、スターも大監督もいないところからのスタートとなるので、プロデューサー・システムを採用するしかない。しかも、社員プロデューサーはいないので、独立系プロデューサーと提携する。佐生が集めたプロデューサーは、児井英生、藤本真澄、佐藤一郎、伊藤元彦、星野和平、松本常保、永島一朗、筈見恒夫、岸松雄、野口久光、青柳信雄といった人たちだった。彼らが一作ごとに契約して、俳優とスタッフを集めて撮っていく。

製作体制は整備されていったが、契約館が少ないこともあり、新東宝の経営は楽ではなかった。

幻の日活と新東宝の提携

一九五二年四月三日、新東宝が製作した溝口健二監督、田中絹代主演の大作『西鶴一代女』が、日活系直営館で封切られた。名匠と名女優の組み合わせで作品としての評価は高かったが、興行的には惨敗した。新東宝はこの一作にまさに社運を賭けていたので、たちまち経営危機に陥り、運転資金の底がついた。窮地の新東宝は堀久作に泣きつき、堀は新東宝の経営陣に加わり、九月の株主総会で会長に就任することになった。

日活としても洋画興行が厳しくなっていたので、新東宝と提携して同社の映画を直営館で上演するのは良策と思われた。製作部門を持たない日活と、映画館が弱い新東宝との提携は互いに持たないものを補える。

日活と新東宝の提携が伝わると、松竹の城戸社長、大映の永田社長が取り止めるよう申し入れてきた。さらに八月二十二日には東宝から新東宝撮影所返還訴訟が起こされた。新東宝の株主のなかにも猛烈な提携反対論があった。堀はこれに動揺した。九月五日、丸の内工業倶楽部で新東宝の株主総会は流会となり、堀の新東宝会長就任は絶望的となった。

江守は自伝で〈新東宝は、誕生の時以来、人的構成も東宝のものだった。ただ戦後東宝の混乱時代にできた仮の宿だ。この会社が東宝以外の会社と提携することは、徳義上も歴史的にも資本関係においても、言語道断だった。また堀社長自身も、戦時中に宝塚の小林一三さんから受けた特別の情義からして、今度のことは道理にはずれると思っていた。世の中のことは、最後は筋の通らぬことに、輿論がついてこない。〉と記している。

後任の社長には、後楽園スタヂアム（現・東京ドーム）社長の田辺宗英（一八八一〜一九五七）が就任した。田辺は小林一三の異母弟で、争議時の東宝社長・田辺加多丸の兄にあたる。

後楽園スタヂアムは日本職業野球連盟が結成されプロ野球が始まった一九三六年の十二月に設立された会社で、その名の通り、後楽園球場を建てて運営していた。この球場は読売巨人軍の本拠地として知られているが、読売との直接の資本関係はない。設立時には読売新聞社主の正力松太郎も出資したが、小林一三や東急の五島慶太、松竹の大谷竹次郎も設立時の株主で、その後も、小林・田辺兄弟が資本を持ち経営していた。その意味では阪急・東宝系の会社だった。そこが、新東宝の株も持っていたのだ。

田辺宗英は帝国拳闘協会会長をしていたが、一九三六年にプロ野球が始まると、同年十二月に設立された後楽園スタヂアムの大株主となり、四二年に社長に就任していた。その他、川崎競馬倶楽部（現・株式会社よみうりランド）や、日本ボクシングコミッションの初代コミッショナーにも就任していた。したがって映画は本業ではない。日活と新東宝の合併計画で堀が増資に応じた資金を、この計画が頓挫したので、小林一三の依頼もあり田辺が引き受けたことから、新東宝の社長になった。

小林には、新東宝を再び東宝と合併させようという思いがあった。田辺もその意向に沿い、東宝との合併を図ったが、社内で同意が得られない。映画館主からも反対されたので断念し、社長就任から七か月後の一九五三年九月二十五日に社長を退任し、会長となった。

第三代社長には副社長の服部知祥が就任した。服部は名古屋方面で観光開発をしている実業家でもあった。

一九五三年は、まだ田辺が社長だった六月十五日に封切った戦争大作『戦艦大和』（阿部豊監督）が記録的大ヒットとなり、経営は楽になるかと思われたが、直営館が少なく契約館も立地のよくない映画館が多く、経営危機は慢性化していった。

第六章

城戸四郎、松竹復帰

松竹の新体制

一九四七年十二月、公職追放者が発表され、松竹は城戸と大谷博を含めて五名が該当者とされた。大谷竹次郎は松竹社長だが映画担当ではなかったとして公職追放を免れた。これは城戸が松竹映画の責任は全て自分にあるとして、大谷に累が及ぶのを避けたためだった。

城戸と大谷博ら五人の対象者は十二月に松竹役員を辞任した。戦時体制下、戦意昂揚映画を作ることに最も消極的だった城戸が、戦争責任を問われて映画作りから追放されてしまったのだ。

新体制では大谷竹次郎社長のもと、一九四八年四月から高村潔常務が映画製作担当となり、製作本部を東京本社内に置いて、東西の撮影所がそれぞれ持っていた企画や人事の決定権を本社に一元化させた。高村潔（一九〇二〜六七）は東京帝国大学経済学部を卒業して松竹に入り、最初は演劇部にいて歌舞伎座支配人となり、その後に大船撮影所の所長になった。城戸の八歳下になる。

この体制で溝口健二、小津安二郎に加え、戦争末期にデビューした木下惠介や吉村公三郎が第一線に躍り出て活躍した。しかし配給収入は不振だった。そこで高村は一九四八年十二月に「生産復興会議」を開催し、四九年は大船で二十八本、京都で二十四本の合計五十二本、つまり週に一本を製作し、一本あたり四十五日以内に撮影、製作費は一か月五五六〇万円とするなどの方針を示し、大号令をかけた。

その結果、一九四九年から興行成績も上昇していく。この年は一月に長谷川一夫が『遊侠の群れ』（大曽根辰夫監督）で十三年ぶりに松竹のスクリーンに登場した。九月には低迷していた小津安二郎が原節子を得て撮った『晩春』で完全復活して文部大臣賞他多くの賞に輝いた。十二月には大映から松竹に移っていた阪東妻三郎主演、木下惠介が監督した『破れ太鼓』も封切られた。

城戸四郎、復帰

一九五〇年、松竹は思春期の少女の性を題材にした『乙女の性典』（大庭秀雄監督）がヒットし、長谷川一夫の新演技座と提携した『お富と与三郎』（冬島泰三監督）、黒澤明監督『醜聞』なども話題となった。大庭秀雄は大佛次郎の新聞小説『帰郷』を映画化し、十一月に封切るとヒットした。

この上昇機運にあるとき、城戸四郎は公職追放が解除されて十月に松竹に復帰し、まずは相談役に就いた。この役員改選では、大谷竹次郎の次男・隆三が役員となり、同時に京都撮影所長に就任した。大谷博は公職追放で松竹をいったん去ったが、一九五二年十月に設立された下加茂撮影所を運営する京都映画の社長を経て、五四年十月に松竹本社の監査役として復帰する。

この人事で、松竹は大谷竹次郎の二人の女婿・城戸と大谷博、そして息子・隆三の三人が後継を競うことが明確になった。一九五〇年の満年齢は竹次郎が七十三、城戸が五十六、博が三十九、隆三が三十一歳である。東宝でもこの一九五〇年九月に小林一三の長男・冨佐雄が社長に就任しており、二世たちの時代になりつつあった。

一九五一年一月、空襲で焼失した歌舞伎座が再建されて再開場すると、それを見届けたかのように、同月二十三日、もうひとりの創業者、白井松次郎が会長在任のまま亡くなった。

この正月の興行では松竹が直営館だけで一億五七〇〇万円の収入をあげて、創立以来の記録となった。上半期の配給収入も一〇億一八〇〇万円で戦後初めて首位となった。

三月二十一日には日本初のカラー作品として木下惠介監督『カルメン故郷に帰る』が封切られた。日本初のトーキー映画も松竹だったので、これで映画の新技術二分野において先駆者となった。

四月の役員改選で城戸は副社長に昇格し、以後、大谷竹次郎社長・城戸四郎副社長の体制が一九五四年まで続く。城戸は副社長になると、好調だった映画部門は引き続き高村潔に任せ、映画製作本部長にした。自分は演劇を含めた全体を見る立場としたのだ。それでも、全ての企画書とシナリオを読み、試写も必ず見て、松竹映画のすべてを掌握していた。

城戸の映画観は戦争を挟んでも変わらない。彼にとって良い映画とは「明るく、人生を希望的に描いているもの」「ヒューマニズムが込められているもの」だった。これを「城戸イズム」ともいう。ジャンルとしては家庭劇（ホームドラマ）とメロドラマ、喜劇であり、それが城戸が築いた「大船調映画」の根幹だった。

一九五一年から、四月二十九日の天皇誕生日、五月三日の憲法記念日、五日の子供の日まで祝日が集中することになり、映画界はこれを「ゴールデンウィーク」と名付け、正月と夏休みの間の第三の書き入れ時とする。映画黄金時代の始まりでもあった。

この最初のゴールデンウィークは松竹と大映が、獅子文六が朝日新聞に連載していた『自由学校』を映画化し競った。松竹は渋谷實監督、淡島千景・佐田啓二・高峰三枝子・佐分利信らが出て、大映は松竹から移った吉村公三郎監督で、主役は公募し、木暮実千代・京マチ子らが出て、配給収入は松竹が五八二三万円、大映が八〇〇〇万円だった。

六月には黒澤明がドストエフスキーの名作を映画化した『白痴』が封切られた。三船敏郎、原節子というスターが共演したが、三時間という大作だったこともあり興行成績は振るわない。黒澤・三船の前作『醜聞』も興行成績はよくなかったので、松竹での黒澤は二連敗である。『晩春』で復活した小津は、この年は『麦秋』でまたも文部大臣賞を受賞した。

九月にサンフランシスコ講和条約が成立し、占領政策が終わりへ向かう年だった。時代劇は月に一本という制約も解除されたので、松竹は太秦の撮影所に時代劇製作本部を置き、大谷隆三が指揮を執っていく。

十一月に松竹三十周年記念の大作『大江戸五人男』（伊藤大輔監督）が封切られた。阪東妻三郎が幡随院長兵衛で、市川右太衛門・高橋貞二・月形龍之介・高田浩吉・山田五十鈴・高峰三枝子らオールスターキャストで、配給収入一億二五六九万円と空前のヒットとなった。

『君の名は』空前のヒット

一九五二年も松竹映画は好調だった。その勢いで新人監督と新人俳優を試験的に起用する四五分前後の作品を「シスター映画」と命名して製作し二本立て興行を始めた。

二番館以降では、二社の作品を合わせた二本立てが流行しており、それに対応して松竹作品だけでも二本立てが可能なようにしようという営業政策と、新人を試験的に起用する撮影所の養成政策とが合致した。このシスター映画から、西河克己、小林正樹らが育っていく。

小津安二郎は『お茶漬けの味』を発表し、封切り時だけで配給収入三〇〇〇万円を突破し、この年最高の興行成績となった。小津作品は評論家に絶賛され、賞はもらっても客が入らなかったと言われるが、集客力はあったのだ。

九月に京都の下加茂撮影所は系列の京都映画株式会社へ売却され、時代劇は太秦撮影所にステージを増設して一本化した。

一九五三年、松竹は歴史的大ヒットを放つ。九月十五日封切りの佐田啓二・岸惠子主演『君の名は』（大庭秀雄監督）である。菊田一夫作のＮＨＫのラジオドラマの映画化だった。戦争末期、銀座の数寄屋橋で偶然に出会い、名前も知らないまま別れた男女のすれ違いのメロドラマで、「放送される時間になると銭湯の女湯がカラになる」という伝説が生まれるほど大ヒットした。その映画化だったので、ある程度のヒットは予測できたが、それを上回り、二億五〇四七万円という空前の配給収入となった。十二月には第二部が封切られると配給収入は三億円を突破し、翌五四年のゴールデンウィーク封切りの第三部は三億三〇一五万円と、三作合わせて九億円を超えた。

八月には阪東妻三郎主演の『あばれ獅子』（大曾根辰夫監督）が封切られたが、その撮影中の七月七日に、不世出の剣戟スター阪妻は五十二歳で急死していた。

大曽根辰夫監督は続いて、舟橋聖一原作、幕末の大老・井伊直弼を描く『花の生涯　彦根篇・江戸篇』二部作を撮り、十月に封切られた。歌舞伎役者・松本幸四郎（八代目、後・初代白鸚）と淡島千景、高田浩吉らが出て、三時間の大作だったが、配給収入一億三九九〇万円をあげた。製作は太秦撮影所長の大谷隆三だが、製作総指揮として大谷竹次郎社長もクレジットされている。

大谷としては息子に大作の製作をさせたく、歌舞伎役者の幸四郎を出演させた。松竹は歌舞伎と映画とが仲が悪いので、歌舞伎幹部クラスが映画に出演するのはまれだった。大谷でなければ、幸四郎を出演させることはできなかった。

五三年の小津安二郎作品は『東京物語』で、十一月三日に封切られると、当然のように文部大臣賞を受賞、興行成績もよく配給収入一億三一六五万円となった。そして十二月一日に前述の『君の名は』第二部が封切られた。

松竹の「我が世の春」

一九五四年、松竹は『君の名は』の第三部や木下惠介が高峰秀子・岸惠子・久我美子・高峰三枝子の出演で撮った『女の園』、野村芳太郎が美空ひばりと石浜朗で撮った『伊豆の踊り子』、木下惠介の『二十四の瞳』、そして大谷竹次郎総指揮のオールスターキャストの『忠臣蔵』などの大ヒットで、社史に〈我が世の春を謳歌した〉と記すほどの好景気に沸いた。

1953年　会社別配給収入　興行ランキング（53年4月〜54年3月）
○は順位、単位：万円

松竹	36億7464①	①君の名は 第二部（松）◎3億0002
東宝	23億5702④	②君の名は 第一部（松）◎2億5047
大映	30億2955②	③太平洋の鷲（宝）◎1億6318
新東宝	21億9819⑤	④地獄門（大）◎1億5176
東映	26億3878③	⑤金色夜叉（大）◎1億4669
		⑥花の生涯（松）◎1億3990
		⑦戦艦大和（新）◎1億3601
		⑧東京物語（松）◎1億3165
		⑨叛乱（新）◎1億2642
		⑩家族会議（松）◎1億2554

十月三十日の取締役会で、大谷竹次郎は社長から会長になり、副社長の城戸四郎が社長に就任した。これで世代交代かと思われたが、そうは簡単にいかない。

大谷が会長になったのは歌舞伎に専念するためで、隠居を意味しない。城戸が任されたのはあくまで映画部門に過ぎない。それでいて、全体の責任は問われる。

かつて林長二郎（長谷川一夫）の『雪之丞変化』で松竹は大船撮影所を建てたが、『君の名は』の大ヒットで建てたのが、松竹会館だった（落成は一九五六年九月）。戦前の一九三六年（昭和十一）に買っていた一八〇〇坪の土地に、十一階（地階含む）のビルを建て、そこに本社を置き、松竹セントラル、松竹中央劇場、築地東宝映画劇場、松竹名画座と四つの映画館も併設されていた（その後、二〇〇二年に地上二十三階・地下二階の「銀座松竹スクエア」に建て替えられた）。

『君の名は』は、いかにも大船調のメロドラマなので、その大ヒットは城戸イズムの勝利と言えた。この成功が城戸に油断させた。まず、松竹はテレビの脅威を認識していない。かつて大谷は映画を演劇の脅威と認識して、自ら映画に進出したが、城戸はテレビ対策で東映に出遅れた。さらに製作を再開した日活に多くの人材を好きなように引き抜かれてしまう。一九五四年の松竹はそんな脅威に気づかないほど春を謳歌していたのだ。

かつて林長二郎（長谷川一夫）にはどんなにヒットしても出演料を上げなかった松竹は、『君の名は』の主演女優・岸惠子にも冷淡だった。二〇一四年に岸はインタビューで、〈松竹はビルを建てました（笑）。でも私は、オメガの時計と、小さいですが、真鍮の首飾りを頂きまして、あとはギャラが五万円。〉と語っている。

松竹会館は、松竹の「我が世の春」の象徴だった。

第七章

東映の快進撃

大川社長の欧米視察

東映の大川博社長は勝利しても、手綱を締めない。徹底した予算管理と原価管理を遂行した。一本あたりの予算を厳格に決め、片岡千恵蔵・市川右太衛門はそれまで撮影所に黒塗りのタクシーで通っていたが、バスを利用させた。

さらに占領が終わり、時代劇が全面解禁されたことも追い風となった。千恵蔵・右太衛門の二人の重役スターが競い合う。

東京の大泉撮影所では戦争物も得意とし、一九五三年一月九日封切りの『ひめゆりの塔』（今井正監督）が大ヒットし、直営映画館も増えていった。

『ひめゆりの塔』は沖縄戦で前線に立ったひめゆり学徒隊の悲劇を描いたもので、東映の戦争ものとしては『きけ、わだつみの声』の女性版として企画された。大川は一本あたりの直接製作費を一一〇〇万円と定め厳格に守らせていたが、マキノは「大作なので、どう削っても一七〇〇万円かかるが、絶対に当たります」と言って、この予算を認めさせた。しかしこの時点でマキノは二五〇〇万円はかかると試算していた。通してから、足りない分は捻出していこうという肚だったのだ。

数字の読める大川も、この規模の映画が一七〇〇万円で収まるはずがないとわかっていたが、マキノの熱意に賭けてみようという気になった――ということになっているが、大ヒットしたからそう言えるので、本当はどうだったのか。

監督には共産党員の今井正が起用された。これには反対の声があったが、マキノは「俺は、右でも左でもない。大日本映画党だ」と言って押し切った。後に大映の永田雅一も共産党員の山本薩夫を起用し、市川雷蔵主演の娯楽時代劇『忍びの者』を撮らせて大成功するように、この時代の映画会社トップは思想としての共産主義は忌み嫌うが、党員であっても、当たる映画を撮れそうだとなれば起用する。

『ひめゆりの塔』は九月二十七日にクランクインし、当初は十一月二十五日に完成、十二月四日封切りの予定だったが、今井正が粘るので遅々として進まず、年内の完成もおぼつかなくなった。撮影日数が増えればそれだけ製作費は嵩んでいく。大川に提示した一七〇〇万はとうに突破し、マキノの試算の二五〇〇万も超えた。最終的に直接費だけで四〇六四万円、間接費含めれば五二六七万円かかった。

スケジュールを組み直して一月九日が封切り日となったが、それも怪しくなる。十二月三十一日の夜まで撮影し、スタッフたちはいったん家に帰って年を越すと、元日午後から撮影を再開した。

三日に撮り終え、編集・録音も徹夜で行ない、六日未明に完成、プリントして九日に封切られた。

封切られると、『ひめゆりの塔』は爆発的なヒットとなった。その週だけで五五五一万円の配給収入で、最終的には一億七六五九万円となった。このヒットで東映の一月の配給収入は三億四九八二円となり、前年五位から東映は東宝・新東宝を抜いて三位になった。一月の一位は松竹で四億八四四七万円、大映が四億一三四七円と続く。

『ひめゆりの塔』の大ヒットで東映の経営は安定し、三月には増資して資本金四億円となった。

そこでこの機会にアメリカの映画の状況を知るため、大川と常務のマキノは四月十五日に羽田を飛び立った。ヨーロッパもまわり、帰国したのは六月十五日だった。

大川の視察は東映社長と東急副社長としてのものだったので、映画以外にもアメリカの交通事情、百貨店事情、さらにはプロ野球事業も視察したが、ここでは映画に絞って記そう。

アメリカ映画界の年間総収入は二二億ドル（当時のレートで七九二〇億円）だった。そのうち輸出が九億〇五〇〇万ドル（三二五八億円）と、四一・五パーセントを外国へ売ることで得ていた。一方、日本は一九五二年度の総収入が一〇八億円で、輸出は三億円しかない。

大川は日本映画も外国へ輸出する前提で企画しなければならないと考える。その結果、東映が得意とする時代劇は外国では理解されないだろうから、言葉の壁を乗り越えられるアニメーションに着目し、東映動画（現・東映アニメーション）の設立につながるのだが、これはもう少し先の話だ。

日本とは桁違いのビジネスを展開しているハリウッドだが、テレビの影響も顕著になっていた。

大川が調べたところでは、テレビによって全盛期と比べて観客が三割減った。四、五年前まではアメリカ人は年間二十九回映画館へ行っていたが、テレビによって二十三回になったというデータを教えられた。それにともない映画館の廃業が相次いでいた。

日本では大川が渡米する直前の一九五三年二月一日にNHKがテレビ放送を開始した。当時の受像機は二五万円前後と、サラリーマンの給与二年分くらいだったので、ごくわずかの富裕層しか買えず、受信契約したのは八六六件だった。

民間放送では、読売新聞社主の正力松太郎が一九五一年にテレビ放送免許を申請し、五二年十月に「日本テレビ放送網株式会社」（以下「日本テレビ」と略す）を資本金二億五〇〇〇万円で設立していた。放送開始はNHKの半年後の一九五三年八月二十八日だった。

民間放送は広告収入によって経営される。しかしテレビが一〇〇〇台に満たないのではスポンサーも付かない。

新聞はそれを読むのに機械は不要だが、テレビ番組を見てもらうにはテレビ受像機を買ってもらわなければならない。だが高価で買えない。日本テレビはメーカーに対し、価格を下げろと命じる立場でもない。そんなとき、大量のテレビ受像機を抱えて困っている会社があるとの情報を得た。自動車輸入会社の簗瀬自動車（現・ヤナセ）の子会社、「日本テレビジョン株式会社」である。正力が設立した「日本テレビ」とは資本的にも人脈的にも関係なく、英文での社名が「Television Corporation of Japan」なので「TCJ」と呼ばれる。

TCJは簗瀬自動車の二代目社長・簗瀬次郎が、これからはテレビの時代だと考えて設立した会社だった。当時二十六歳の若き社長である簗瀬は、アメリカから中古のテレビを輸入して安く売り、同時にテレビ用のスタジオを作り番組制作をしようと、一九五二年十月にＴＣＪを設立した。その翌年にテレビ放送が開始されたが、ＴＣＪが輸入したアメリカ製テレビは関税引き上げの影響もあり、中古でも日本製よりも高額で、ほとんど売れなかった。これを聞きつけた日本テレビが在庫を買い取り、「街頭テレビ」としたのである。これによってテレビを持たない庶民も日本テレビの番組を見ることができるようになる。

大川はテレビの脅威を認識しつつも、それが日本映画界を襲うのはまだ先だと考えた。しかし、いずれはやってくるので対策を練らなければならない。

アメリカ映画界はテレビに対抗すべく、スクリーンの大型化に着手しており、シネラマ方式、シネマスコープ方式、スリーディメンション方式が実用化されていた。大川はそれぞれを見て、東映が導入するのはシネマスコープがいいだろうと考えた。これならば映画館の改造費もそんなにはからない。

さらに興行面では二本立てが定着していることを実感した。

輸出できる映画、シネマスコープ化、二本立て――大川は視察の結果、この三つを早急に進めようと決断した。

東映娯楽版

東映は大川博社長がアメリカ視察をして知った二本立て興行を、一九五四年一月から始めることになっていた。二本立てと呼ぶが実質的には一・五本で、従来の九十分前後の作品と四十五分前後のものを組み合わせるのだ。同じ料金で二本見ることができるのでお得感がある。四十五分前後の短いものは「娯楽版」と呼ばれた。

中篇映画を一本付けて二本立てとすることは、松竹も「シスター映画」と名付けて始めていた。だが東映は単なる四十五分ものではなく連続ものとした。一篇では完結せず、三部作や五部作となるのだ。その結果、続きが見たい客は翌週も東映系の映画館へ行くことになる。

「東映娯楽版」第一作は『真田十勇士』三部作（河野寿一監督）で、一九五四年一月二十一日に封切られると当たった。

この娯楽版から生まれた最初のスターが東千代之介で三月に『雪之丞変化』三部作（河野寿一監督）でデビューした。続いて五月に封切られた『新諸国物語　笛吹童子』では、東千代之介が演じる主人公の「萩丸」の弟の「菊丸」の役で、中村錦之助が東映にデビューした（錦之助は前年に映画デビューはしていた）。二人とも松竹歌舞伎の出身である。歌舞伎ではいい役がまわってこないため、映画へ転じたのだ。

錦之助と千代之介コンビは六月に第二作『里見八犬伝』五部作を封切った。

錦之助は東映の若きスターとなり、デビューの一九五四年に十八作に出演した。短い娯楽版が多いとはいえ、驚異的な数だ。

一九五五年にはやはり歌舞伎から大川橋蔵が東映に入り、『笛吹若武者』（佐々木康監督）でデビューした。大映でも歌舞伎から転じた市川雷蔵と、歌舞伎の長唄三味線を弾いていた勝新太郎が一九五四年八月にデビューしていた。

1954年　会社別配給収入　興行ランキング（54年4月～55年3月）
○は順位、単位：万円

松竹	46億6079①	①君の名は 第三部（松）◎3億3015
東宝	30億9764④	②忠臣蔵（松）◎2億9064
大映	39億0219②	③七人の侍（宝）◎2億6823
新東宝	21億9041⑤	④紅孔雀（東）◎2億4182
東映	37億2034③	⑤二十四の瞳（松）◎2億3287
日活	4億2562⑥	⑥月よりの使者（大）◎1億6491
		⑦宮本武蔵（宝）◎1億6341
		⑧ゴジラ（宝）◎1億5214
		⑨ハワイ珍道中（新）◎1億5017
		⑩哀愁日記（松）◎1億4641

一九五四年は、日本映画界にとって、最高の年と言っていい。

日本映画興行の歴史において観客動員数が最も多かったのは一九五八年だが、五四年はそこへ向けて上昇している時期にあたる。『七人の侍』『ゴジラ』『君の名は』の年だ。

映画の総観客数は八億一八五一万人だった。

一九五三年に放送が始まったテレビは二年目である。まだＮＨＫと日本テレビしかない。一九五四年度のＮＨＫの受信契約数は三万九八二七件で、まだ映画の敵ではない。翌五五年のテレビの受信契約数は一気に一〇万を越えて一三万〇四〇〇件になるが、五三年に五社にとって気がかりなのはテレビではなく、製作再開した日活のほうだった。

第八章

五社協定と日活の製作再開

日活国際会館竣工

日活の映画興行は好調だった。その勢いで堀久作社長は芝公園内にある屋内競技施設を持つ日本スポーツ株式会社も合併し、アイススケート場として営業するなど、多角経営にも乗り出す。堀はたまたま映画会社と関わっただけで、映画への思い入れはない。儲かるからやっているだけで、儲かるなら他の事業もやりたい。

堀時代の日活の象徴となる「日活国際会館」が竣工したのは一九五二年三月だった。日比谷公園のはす向かい、現在はザ・ペニンシュラ東京のある土地に建てた。この土地は日本航空の前身が持っていたが、占領下では日本の民間航空会社は活動を禁止され、この土地もＧＨＱが接収して駐車場にしていた。そのため一三〇〇坪で四五〇〇万円、坪当たり三四〇〇〇円と当時としても格安だった。

堀は占領が終われば自由に使えるようになるはずだと判断して、その土地を四八年十二月に手に入れた。

だが、東京都の都市計画で緑地帯になっていることが分かった。堀はＧＨＱと交渉して、国際的な施設を作ると言って賛同させた。ＧＨＱのお墨付きを得て、堀は東京都と交渉した。さらに建築資材の割当をＧＨＱとも交渉した。

土地を買わないかとの話があったのが一九四八年十二月三十日で、着工が五〇年一月なので、交渉や設計に一年かかったことになる。

日活国際会館は地上九階、地下四階、延べ一万四六〇〇坪で、日活本社もここに移した。一階には宝石店やレストラン、六階から九階は「日活ホテル」で、このホテルは外国人客専用で、一九五四年にはマリリン・モンローとジョー・ディマジオが宿泊したことで知られる。

以後も堀は各地にホテルを建て、日活は映画会社ではあるがホテル会社としての一面も持つようになっていく。

その一方で、日活は製作再開へ向けても動き出していた。

江守、日活に復帰

日活で製作部門を率いるのは、江守清樹郎である。

一九三六年に堀が逮捕された後、江守も日活を辞めて、根岸寛一の誘いもあって満洲へ渡ったことまではすでに記した。満洲での江守の仕事は映画ではなく演劇や演藝の興行だった。一九四一年四月に満洲演藝協会常務取締役となり、四二年六月には、六代目尾上菊五郎の満洲公演を実現させた。菊五郎は満洲国建国十周年記念藝能使節として一座約六十名を引き連れて渡満した。この菊五郎一座には松竹の大谷竹次郎も同行し、江守の仕事ぶりを見て「使える」と思ったらしい。

一九四二年暮れ、江守は大谷から電報をもらい、年が明けると東京へ戻った。大谷は「松竹に来て欲しい」と言う。当時の松竹映画は女性を主人公にした家庭劇が不入りで、興行不振に陥っていたので、立て直しを江守に委ねたいという話だった。

江守は「堀に相談したい」と即答は避けた。映画界再編で日活が興行会社となると決まった頃である。堀が「日活に入れ」と勧めるので江守は日活に復帰し、営業部長に就いた。

江守が日活に復帰した時期の映画興行は、東宝・松竹・大映の各社が製作した映画、月に八本か十本を、映画配給社が全国の映画館を紅系統・白系統に流す体制なので、上映する映画館側に映画の選択権がなかった。配給社と興行組合の幹部には東宝と松竹から出向しているので、日活の持つ映画館は二番館に格下げられていた。江守はこれを押しの一手で封切館へと格上げていった。

敗戦後、江守は空襲で焼失した映画館の再建や、新設、既存館買収などで劇場網の再建に尽力した。一方、一九四七年三月に日活にも労働組合が結成された。堀はこれに動揺し、弾圧しようとしたので、江守が組合との折衝に乗り出し、円満に解決した。以後も役員のなかで江守が労務を担当する。

前述のように、一九五三年に日活は新東宝と提携しようとしたが、失敗した。そこで映画製作再開が真剣に日活社内で検討されることになった。堀は江守に撮影所として使えそうな広大な土地を探すよう指示した。

一九五三年一月、東映が封切った大作『ひめゆりの塔』（今井正監督）が空前のヒットとなった。これで東映は赤字体質からも脱却でき、絶頂へと向かう。新興の東映が大ヒットを飛ばし好調なのも、堀に製作再開を決断させる材料となった。

江守は堀の密命を受けて、半年ほどかけて撮影所の土地を探し、かつての日活多摩川撮影所（当時は大映東京撮影所）の近く、多摩川原堤防脇（調布市下布田）に一万五千坪の農地を取得した。建設は竹中工務店が受注し、一九五四年三月十日、撮影所が竣工した。

引き抜き合戦

撮影所ができ、カメラや照明などの機材を揃えても映画は作れない。脚本、監督をはじめとするスタッフと俳優が必要だった。しかし日活には一九四二年に撮影所を手放してから映画製作の人材がいない。その人集めもしなければならなかった。

日活が製作を再開すると報じられると、フリーランスの映画人が続々と日活にやってきた。それだけでは足りないので日活は引き抜きも始めた。これを受けて既存五社、松竹・東宝・大映・東映・新東宝は、「日活に出演した俳優やスタッフは、一切五社では使用しない」旨を申し合わせた。いわゆる「五社協定」である——というのがよく知られる歴史だが、それは日活側の視点での歴史である。事実はそう単純なものではない。

日活が製作再開する前から、五社間での引き抜きが相次いでおり、問題となっていたのだ。

最初の大きな事件が、新人時代の三國連太郎をめぐる松竹と東宝の確執である。

三國連太郎（一九二三〜二〇一三）は一九五一年二月十九日公開の松竹映画、岸田國士原作・木下惠介監督の『善魔』でデビューした。二十八歳だった。新聞記者「三國連太郎」の役で、この役名を藝名とした。松竹でデビューすると、その年のうちに木下惠介監督の『善魔』『少年期』『海の花火』と大庭秀雄監督の『命美し』に出た。美男子だったので木下に気に入られたのである。

続いて、十二月三十日封切りの稲垣浩監督・阪東妻三郎主演の『稲妻草紙』にも三國は出た。この映画は阪妻の最後から四本目の作品で、『無法松の一生』など数多くの名作を生んだ稲垣・阪妻コンビの最後の作品でもある。映画のタイトルはこの二人の名前から付けたものだった。稲垣は東宝の監督だが、盟友・阪妻の映画なので、松竹で撮った。

『稲妻草紙』撮影中、三國は稲垣が東宝で準備している『戦国無頼』を知ると、出たいと申し出た。『戦国無頼』は稲垣と黒澤明が脚本を書き、稲垣が撮る時代劇大作だった。稲垣は東宝と話した上で、三國の出演を松竹に申し入れた。しかし松竹は「三國は当社の演技研究生で社員だから、他社への出演はできない」と言う。ところが三國に確認してみると、研究生ではあるが、正式な専属契約を結んだ覚えはなかった。

いまでこそ名優としての評価が定まっているので、三國の移籍劇は「俳優としていい作品に出るチャンスがあるのなら、それを選ぶのは当然だ」「三國は自分を貫き通した」と美談のように語られるが、当時は批判された。

三國を発見し、演技の勉強をさせ、デビューさせ、スターにさせたのは松竹なのに、その恩を返すこともなく、一年と少しで東宝へ移ったことは「義理を欠く」とか、当時の流行語の「アプレゲール（「戦後派」から転じて「従来の思想・道徳に拘束されずに行動する若い人」）をもじり、「アプレ・スター」と批判された。

話がこじれてきたのは、一九五二年一月末に、三國が東宝から『戦国無頼』の出演料五〇万円の前金として二〇万円を受け取ったと報じられてからだった。松竹の研究生としての月給は五〇〇〇円（五三〇〇円説も）で、一本ごとの出演料が四万円だった。まさに桁違いである。

三國は東宝へ入りたいわけではなく『戦国無頼』に出たいだけだったので、撮影が終われば松竹に戻るつもりで、二月十二日に『戦国無頼』への出演契約を東宝と結んだ。これを受けて松竹は二十日に三國の解雇を決定した。すると三國は東宝に出演契約の破棄を申し出て、松竹に謝罪し解雇の取り消しを求めた。しかし東宝は諦めない。三國を箱根の旅館に隠し、松竹の追っ手から守るという映画さながらの争奪戦が展開された。

東宝は「三國が松竹に退社届けを出した」と発表し、三月十三日、『戦国無頼』がクランクインすると三國も参加した。松竹は十九日に正式に三國を解雇した。

新東宝対松竹

一方、松竹と新東宝の間で、高橋貞二をめぐるトラブルが起きていた。

高橋貞二（一九二六〜五九）は十九歳になる一九四五年に松竹に入り、最初は通行人など端役だったが、四六年十一月十二日封切りの『物交交響曲《ぶっこう》』（長島豊次郎監督）で主演した。これがデビュー作で、当時は本名の「高橋貞次」で出ていた。四七年十月十四日封切りの『若き日の血は燃えて』(家城巳代治監督)から「高橋貞二」と改めた。一本気な若者の役が多く、四六年の入社の佐田啓二、四八年入社の鶴田浩二とともに「松竹青春三羽烏」と称されていた。

高橋の俳優としての転機は一九五一年の松竹三十周年記念の大作映画『大江戸五人男』(伊藤大輔監督)だった。五人の男のひとり白井権八を演じ、アプレゲールだと評判になり、二枚目俳優としての新境地を開いた。高橋は演技開眼させてくれた伊藤大輔を敬愛していた。

一九五三年になると、新東宝のプロデューサー・柴田万三が、監督・伊藤大輔、高橋貞二と津島恵子の主演で『白井権八』を撮ろうと企画した。高橋と津島は松竹専属で、伊藤もこの時期は大映専属だった。高橋は「伊藤先生の映画ならぜひ出たい」と出演を望んだが、松竹は認めない。伊藤のいる大映は、松竹と新東宝の紛争に巻き込まれるのを避けるため、高橋出演に関して松竹が承諾しない限り伊藤を貸さないとの立場をとった。新東宝は、伊藤・高橋・津島が揃わないのならば意味がないと、この企画を却下した。

新東宝は「松竹は狭量だ」と憤慨し、次の一手として関西歌舞伎の若手で人気のあった坂東鶴之助(後、五代目中村富十郎)を狙った。歌舞伎役者の場合、松竹との関係は曖昧で、明文化された契約書を交わしているわけではない。ほとんどの役者が親の代から「松竹のお世話になっている」というだけだ。しかし歌舞伎興行は松竹が寡占しているので、松竹に逆うと、どの劇場にも出演できなくなるリスクがあった。

新東宝のプロデューサー伊藤基彦と関西支社長の井本彊は、鶴之助と年に三本出演する仮調印を五三年六月に結び、契約金を支払った。鶴之助はかねてから映画出演に興味を持ち、松竹の大作『大江戸五人男』に出る話もあったのだが、なぜか流れた。松竹は東京と関西とに分かれ、さらに演劇（歌舞伎）と映画とは仲が悪い。関西歌舞伎に属する鶴之助は、松竹映画にすら、簡単には出演できなかった。そこに新東宝から話があったので、鶴之助は乗った。新東宝での鶴之助主演第一回作は『若さま侍捕物帖』と発表された。

それを知って、松竹社長の大谷竹次郎はあわてて関西へ向かい、鶴之助とその父・四代目中村富十郎を説得した。結局、本業である歌舞伎へ支障が出るのを避けるため、鶴之助は今後の映画出演については大谷に一任することになった。これを受けて松竹京都撮影所は「鶴之助主演映画を準備している」と発表した。

今度は新東宝が承知しない。鶴之助がすでに調印し契約金を受け取っていると主張した。松竹が歩み寄り、新東宝が契約した三本については認めることで落着した。最初に新芸プロ製作・松竹配給の『次郎長一家罷り通る』（堀内真直監督）が九月一日に封切られ、新東宝の『若さま侍捕物帖　江戸姿一番手柄』（青柳信雄監督）が同月七日に封切られた。これを含め、鶴之助は新東宝に三本だけ出演した。

新東宝は手を緩めない。一九五〇年代の関西歌舞伎は低迷していたので、俳優の間には松竹への不満が鬱積しており、鶴之助とともに若手のスターだった中村扇雀（三代目中村鴈治郎を経て、坂田藤十郎）も、新東宝と一年契約を結んだ。扇雀は一九五四年三月十七日封切りの『春色お伝の方　江戸城炎上』（阿部豊監督）で新東宝にデビューした。

前述したが、この前後に歌舞伎からは、中村錦之助（一九五四年二月に新芸プロ作品でデビュー、後、東映専属）、東千代之介（一九五四年三月に東映デビュー）、市川雷蔵（五四年八月、大映デビュー）、勝新太郎（五四年八月、大映デビュー）、大川橋蔵（五五年十二月、東映デビュー）らが映画界へ入った（勝は役者ではなく歌舞伎の長唄三味線を弾いていた）。松竹大歌舞伎は世襲と門閥主義によって配役が固定化されており、才能はあっても主役になれない若い役者たちは不満を抱き、映画という新天地を目指したのだ。

歌舞伎役者については、松竹の映画部門は黙認していたが、松竹映画の俳優の引き抜きに対しては、常務・大船撮影所所長の高村潔は「断固闘う」と宣言した。

具体策として松竹は、演技研究生や社員待遇の新人俳優を契約者へと転属させ、未契約の間隙に乗じる引き抜き防止策を講じた。さらに映画出演の多い松竹歌劇団の団員にも同様の契約を結んだ。

これを受けて東宝も本数契約による専属契約者を改め、契約期間中は他社出演を一切禁ずるという強硬な通達を出した。

しかし、結果として高村の宣言は火に油を注ぐ結果となった。新東宝は松竹の佐野周二と年二本、大映の三浦光子と年四本以上の契約を結んでいった。さらに大阪松竹歌劇（ＯＳＫ）のスターだった安西郷子とも契約した。

こうした情勢を受けて、大映社長の永田雅一と松竹副社長の城戸四郎（五四年十月に社長）は、スター引き抜き防止策として、「俳優の交換は会社同志の話し合いで行ない、引き抜きに類する行為は一切中止する」「東映と新東宝が話し合いでフリー俳優と専属契約を結び、五社の俳優陣を均等化する」という提案を投じた。

五社間でこの提案をもとに数次にわたる協議がなされ、一九五三年七月二十九日夜、東京・築地の料亭「新喜楽」で開かれた五社首脳会議（城戸・松竹副社長、永田・大映社長、森・東宝製作本部長、大川・東映社長、服部・新東宝副社長）において、森から「引き抜き防止協定案」が提出された。これを「森私案」という。その骨子は「専属制度を確立し、製作五社が相互に契約を尊重する」というものだった。他の四社代表も原則としてこの提案を承認し、具体策についてはそれぞれが再検討することになった。

森私案には「契約違反者は五社が五年間使用しない、他社が契約する場合は相手会社の確認を得て行なう、五社で協議会を設け問題が起った場合は、当事社を除く他社が裁定する」とあったが、これに対し、独占禁止法に抵触する可能性がある、違反した場合の具体的実質的な罰則がないという問題点が指摘された。

そこで、新東宝の服部が森私案をもとにして四章十三条からなる「引き抜き防止協定」を創案し、八月十七日に新橋クラブで開かれた諮問委員会に提出した。

その一方で、東映は東宝の新人で、五二年七月にデビューしたばかりの田代百合子を引き抜いた。東宝は抗議し、法的手段に訴えようとした。また噂レベルの話だが、東宝も松竹の桂木洋子、大映の長谷川一夫と京マチ子を引き抜こうと画策していたともいう。

五社は、首脳が集まる正式な場では「スター引き抜き防止」で一致し、それに向けて合意しようとしていたが、裏では引き抜きの手を緩めていなかった。新東宝は俳優の絶対数が少なく、東映は女優が少ないという事情があった。

だが、五社は九月十日に新橋クラブで開催された五社社長拡大会議・製作専門委員会の合同会議で、「引き抜き防止協定」を正式に調印した。世に言う「五社協定」である。

協定発効は調印当日（九月十日）からで有効期間は二年だった。その全文は巻末に記載する。

永田雅一の主張

『日活五十年史』は五社協定についてこう記す。

〈日活の跳梁にまかせた五社側は翌三〇年に芸術家及び技術家の奪回を策したが、日活は神経戦でこれに対抗して引抜きの手を緩めず世論もまた日活に組した。かくして有名無実化した五社協定はさらに一年間延長され、日活はこれを無視しながらも、製作陣の編成にはかなりの辛酸を嘗《な》めざるを得なかった。〉

後に三船敏郎と石原裕次郎が『黒部の太陽』を製作するとき、五社協定があるとして潰そうとした日活だが、この協定の始まりは、日活の製作再開を潰すためのものだというのが、日活の主張である。『日活五十年史』の堀の回想録にも〈既設の映画製作会社五社（松竹・東宝・大映・東映・新東宝）が日活を目標に五社協定をなるものを作り、俳優、監督の日活への出演を一切禁止したのである〉とある。

だが日活の江守清樹郎は少し異なる見方をしている。自伝にはこう書いているのだ。

〈五社協定というのは、邦画五社が、自分のところの俳優を抜かれたり、俳優が勝手気ままにふるまうのを防止するためにできたものだ。だから一面非常に正しいことで出発したのかもわからないが、一般社会では日活が製作を始めたときに五社対日活のためにできたような感じを持った。五社もまたそんな考えでなかっただろうと思う。しかし結果は対日活ということになってしまった。〉

さて――時系列を確認する。

一九五二年暮れから五三年一月（東映『ひめゆりの塔』大ヒット）、堀は製作再開を決意し、江守に撮影所の土地を探すよう指示。

一九五三年九月、日活撮影所、着工。

一九五三年九月、五社協定調印。

一九五四年三月十日、日活撮影所、竣工。

五社が日活の動きをどれだけ知っていたかだが、狭い業界なので、製作再開の動きは知られていただろう。したがって、五社協定が日活に対する防衛策だったという見方もできるが、それだけではなく、五社間の引き抜き合戦に疲弊したというのが本質ではなかろうか。

五社のなかでこの協定を推し進めた大映の永田雅一は『映画自我経』で十二ページにわたり説明している。長くなるので要約する。

まず協定の目的は〈五社間の不公正な競争を防止する〉ことにあり、その〈精神〉は、〈個々の映画製作に携る芸術家、技術家の契約を尊重〉することと、〈新人を養成していくことによって、絶えず映画界に新しい魅力を注入〉することだった。

当時の映画界では、俳優や監督は「専属契約」か「本数契約」の二種類で映画会社と契約していた。「専属」はその会社の映画にしか出ない、「本数」は年間に何本の映画に出ると決めるもので、そのノルマを果たせば他社に出てもいい。ところがなかには、専属契約なのに本数契約であると言って他社に売り込む者がいて、会社側も相互に確認しないため、配役してしまう。すると、専属契約を結んでいる会社がその俳優で撮ろうとした時期、他社に出ており、出演できなくなるというようなことが起きる。本数契約者の場合、同時期に二社掛け持ちになってしまうこともあり、互いに製作上、好ましくない。

こんなことをしていたら、映画会社は社会的地位から没落し、金融機関も不安になり融資しない。だからこういう不公正な競争は止めようと、永田は提案した。かつて日活時代に松竹などから引き抜いていた永田が提案するのだから、説得力があると言えばある。

永田の提案は、こういうものだった。〈まずお互いの個々の会社に専属している芸術家との契約を尊重し、また年間責任本数契約をとっている者に対し、同一時期にかけ持ちしないような方法にしなければならない、それは当事者が注意したらできることだ。だから不公平なことはしないということを申し合わせよう、と話合ったところ、確かにそうだ、それには、事故を未然に防止する方法として、専属契約をしている者の氏名を各会社から提出して、本数契約をしている者も同様に、これを五社一つにまとめて印刷にし、保管してお互いの会社が何か変った配役がいるとか、変った芸術家が欲しいというときは、フリーであるとか、専属であるとか、責任本数契約であるか見て、どうしてもそれが必要だと思ったら契約している相手会社に頼みに行って、交渉が成立したらいいじゃないか。〉

また新人俳優についてもこう記している。〈三年から五年間くらいで俳優らしい形になる。当初の三年間、ニューフェースということで会社がどんどん宣伝して、名前だけは売れるが、まだ演技はできていない。しかるに、仕事の性質上、会社の宣伝で売り出した新人を、その養成期間中であるにも拘らず、これを他社に引抜かれるというようなことでは、次の新人を養成していく情熱がなくなる。だから新人は養成年限中お互が手をつけない。各社は、道徳上こういう約束を守ろうじゃないかというので、これも五社協定の中に加えた〉。

〈ところが、ときあたかも、五社協定を調印したのが昭和二十八年九月で、調印まで半年かかった。そのとき、たまたま第六番目の日活が撮影を再開するとか、せぬとかいっていたときだったので、あたかも世間では、日活を圧迫するために、こういう協定を結んだ如く伝えられ、日活もまたこれを信じて、五社を向うに廻して映画界の英雄的存在として花々しく出発したわけだ。だから、デマからデマが飛んで、世間に誤解を招いてしまったというのが真相だ。〉

事実関係においては、永田の説明はほぼ正しい。

ともあれ、一九五三年九月に五社協定が結ばれた。

五社協定違反第一号

協定が結ばれれば、それに違反する者が出るのが世の常である。

一九五二年から五四年にかけて、五社協定違反第一号と指定されたのが三國連太郎だった。

五社協定が結ばれる直前に、東宝は三國と年間四本の出演契約を結んだ。すると東映から『人生劇場』（佐分利新監督、「第一部　青春愛欲篇」が五二年十一月、「第二部　残侠風雲篇」が五三年二月公開）への出演を求められ、三國は引き受けて衣装合わせまでしたが、これは東宝が強引に止めた。一説には東映が提示した出演料は一〇〇万円だったという。東宝は三國の他社出演を阻むため、本数契約ではなく完全専属再契約を求めるが、三國は拒否し、関係が悪化していった。

緊張関係が続きながらも、三國は月一本のペースで東宝映画に出ていたが、一九五四年六月、稲垣浩監督・三船敏郎主演の『宮本武蔵』撮影中、日活の『泥だらけの青春』（菅井一郎監督）に出演すると発表した。東宝は止めようとするが、三國の意思は固く、七月には東宝も折れた。『泥だらけの青春』は九月二十一日に『宮本武蔵』は九月二十六日に相次いで封切られた。

三國が五社協定違反第一号に指定されるのはこの時だった。これにより東宝・松竹・東映・大映・新東宝の映画には出られなくなる。三國は五社協定に加盟していない日活と専属契約を結ぶ。その結果、翌一九五五年七月公開の稲垣・三船の『続宮本武蔵』に三國は出演できなくなった。

三國は一年後の一九五六年九月に契約が切れるとフリーとなり、五九年九月に、他社作品にも出ていいとの条件で東映と契約する（一九六五年まで）。

日活製作再開

五社協定を横目に、日活は製作再開へ向けて、一九五三年九月に東京・調布に撮影所を着工した。二万六〇〇〇平方メートルの敷地を一億四〇〇〇万円で手に入れ、六億六〇〇〇万円の予算で着工した。

半年後の五四年三月十五日に第一期工事として、本館、ステージ一棟、大道具作業所一棟、事務所他三棟が完成した。

日活の製作再開を知ると、フリーランスの俳優、監督、プロデューサーなどが集まってきた。それだけでは足りないので、既存五社からの引き抜きも遠慮なく断行した。『日活五十年史』には〈積極的な引抜き工作を行ない、その華やかな攻防をめぐって業界のみならず社会全般の耳目を聳立たしめるものとなった〉とある。

さらに五社協定に対しては対決姿勢を隠さない。

〈日活はこれを仮借するところなく五社側に引抜きの手を伸ばし、技術、製作、演出から俳優にわたって有力者をつぎつぎと拉し去った。なかでも新東宝からは技術者数十名を一挙に引抜き、同社の製作が危惧される状態となったが、監督陣には、西川克巳、堀池清、川島雄三ら松竹の中堅クラスを狙い打ちする一方、俳優には三國連太郎（東宝）、南田洋子（大映）、新珠三千代（宝塚少女歌劇）らを迎え、そのつど五社側と紛争を生じた。〉

新興企業や事業拡大をする時は、同業他社から人材を引き抜くしかない。永田雅一がいた頃の日活は松竹から引き抜き、創業期の東宝も松竹から引き抜いた。そして新東宝も東映も、引き抜いた。同じことを日活はやっただけだ。

製作陣の編成は難航したので、完全なプロデューサーシステムを導入した。当時は独立系のプロダクションも多く、またフリーのプロデューサーもいたのである。児井英生《こいえいせい》・藤本真澄・初田敬・星野和平といったプロデューサーと契約していった。そのなかには松竹歌劇団（ＳＫＤ）出身の水の江瀧子もいた。プロデューサーたちは企画を立てると監督を決め、脚本を用意し、俳優を手配して撮影所に乗り込んで製作する。

製作体制の整備と並行して、映画館への営業部門の拡充も急いだ。これまでの日活は映画館を持ち、他社の映画を選んで上映する立場だったが、今度は他社である映画館へ自社の映画を売り込まなければならない。さらに映画館の新設が全国で続いており、日活は都市部に直営館も建てていく。

本社映画部内に配給調整課が置かれたのは一九五四年十一月だったが、それに先立って、六月に第一回作品が封切られている。見切り発車と言っていい。

製作再開第一回作品は一九五四年六月二十七日封切りの『国定忠治』（滝沢英輔監督）と『かくて夢あり』（千葉泰樹監督）の二本だった。『国定忠治』は新国劇との提携で星野がプロデュースした。『かくて夢あり』は初田がプロデューサーで、藤本も手伝って作った、ラジオドラマが原作のメロドラマだった。

この二本立てでスタートし、年内に十一本を製作・公開した。しかし興行的には振るわなかった。それでも一九五五年は正月から全プロ体制を確立した。

さらに一九五五年六月時点で一五三一の契約館を擁し、年間配給収入では新東宝を抜いた。七月に第二期工事、十二月に第三期工事も完成して、一九五六年正月からは、月産八本、全プロ二本立てが可能となった。「映画会社」としての日活はこうして再生した。

その一方で、日活は観光・レジャー部門も拡大して一九五四年七月には、江ノ島水族館と博多日活ホテルが開館、営業開始した。江ノ島にはさらにマリンランドを建設する。

堀久作は映画製作は江守清樹郎に任せ、自らは観光・レジャーに没入していくのだ。

この社長は、最初に日活に入ったときから経理・財務を担い、一度も映画製作そのものに携わったことがない。その点では東映の大川博も同じだった。それゆえ、東映も観光・レジャーへと拡大していく。そこが永田雅一との違いだった。永田はプロ野球には参入するが、大映を多角経営化しようとは考えない。

にんじんくらぶ

日活が製作を再開した一九五四年六月、出版人・若槻繁（一九一四〜不詳）は「文芸プロダクションにんじんくらぶ」を設立した。当初は、三人の女優、岸惠子（一九三二〜）・久我美子（一九三一〜）・有馬稲子（一九三二〜）のマネージメント会社として発足した。

若槻は戦前に改造社で編集者をしており、一九四四年一月に、言論弾圧事件「横浜事件」に連座して特高に逮捕された。敗戦によってようやく出獄でき、戦後は鎌倉文庫編集部長、雄鶏通信社編集顧問を経て、中原淳一が少女雑誌「ひまわり」を出すために設立したひまわり社の編集局長をしていた。この出版人が映画と関わるようになったのは、妻の従妹が岸惠子だったからだ。

岸惠子は横浜市に生まれ、神奈川県立横浜第一高等女学校に入学し、その一年生の夏に敗戦を迎えた。父は公務員で映画とは関係のない家で育った。同級生の叔父が松竹大船撮影所長・高村潔の友人で、撮影所を見学に行ったのがきっかけで、松竹の研究生になった。その同級生が小園蓉子（一九三二〜）である。

岸は一九五〇年、二年生から三年生の間の春休みに小説を書いて、それを読んだ父はよくできていると思ったらしく、「親戚の編集者」である若槻繁にも読んでもらった。若槻も感心し、「女優より作家になったほうがいい」と言い出して、懇意にしていた川端康成のもとへ連れて行った。このときはそれだけで終わり、岸惠子が小説家としてデビューすることはなかった。若槻の編集者としての才能は確かで、岸が後に小説家・随筆家となるのは、ご存知のとおりだ。

岸は高校を卒業すると松竹の研究生から専属女優となり、五一年だけで八本に出演していた。当然だが、全て会社が決めた役で本人の意向など、確認もされない。岸惠子は出たくもない映画に出なければならず、出たい映画には出られない。

一九五二年九月に東映の大作、今井正監督の『ひめゆりの塔』の撮影が始まるが、製作が発表されると、各社の若手女優たちが主人公の先生役を熱望した。松竹でも岸惠子と津島恵子が出たいと他社出演を望み、津島がこの役を摑んだ。岸はこれに落胆していた。

次に岸惠子が出演を望んだのが、松竹を一応は円満退社した鶴田浩二の「新生プロダクション」が、新東宝と提携して製作する子母沢寛原作『弥太郎笠』（マキノ雅弘監督）だった。岸は鶴田と何作か共演しており、この妻子ある俳優と恋に落ちていた。

鶴田は五月に松竹を退社し、専属契約ではなく本数契約、ただし大映と東映には出ないという条件で改めて松竹と契約していた。そして松竹歌劇団の宣伝部にいた兼松廉吉《かねまつれんきち》と組んで、新生プロダクションを立ち上げたのだ。

兼松は松竹歌劇団のスター・水の江瀧子のマネージャーでもあり、妻がいたが愛人関係にもあった。新生プロは何作か製作するものの利益を出せず、兼松は鶴田の個人的な負債まで背負い、一九五四年二月に自殺してしまう。新聞社幹部や映画会社幹部への遺言に「水の江を頼む」とあり、日活が水の江瀧子をプロデューサーとして雇う。

新生プロはこのように破局を迎えるが、一九五三年時点では前途洋々であった。『弥太郎笠』に続いて、当時としては珍しいハワイロケをした『ハワイの夜』（マキノ雅弘監督、一九五三年一月公開）の二本を製作し、いずれも、鶴田浩二と岸惠子が出演した。

この他社出演にあたって岸は、松竹に辞表を出し、「スターの夢と松竹の恩は別個のものだと思う」とのコメントを残して、撮影のため京都へ向かっている。一方、フリーのプロデューサー・星野和平が松竹と交渉し岸の出演を認めさせ、『ハワイの夜』に出演できるようになった──若槻の『スターと日本映画界』などによると以上の経緯だが、岸惠子自身は『女優　岸惠子』（二〇一四年刊行）収録のインタビューで、

〈別に会社（松竹）ともめ事があったかどうかは知りませんでした。それは兼松さんが直接、高村さんと話されたんだと思います。高村さんの真意はどうだったのか今となっては知るすべもありません〉〈私は他社出演なんて感覚は丸っきりなかった。契約もしてない。松竹の専属女優だという意識もなかったわね。それと、女優というしっかりとした意識も。〉

と語っている。その後も岸は松竹映画に出ているので、真相は別にあるとして、一応は円満な他社への出演となったのか。松竹としては、本当に岸が辞めてしまうことのほうを恐れたということか。

一九五三年五月になると、今度は大映から大作『地獄門』（衣笠貞之助監督）への出演依頼が、岸のもとへ届いた。岸の家に大映の企画部長と俳優部長が依頼に来ることになり、岸は若槻に同席を求めた。大映は「岸本人の気持ちを確かめた上で、松竹に正式に依頼したい」と言う。岸はもちろん出る意欲があった。だが、父と若槻は「『弥太郎笠』『ハワイの夜』の後、松竹が再契約してくれたので、今回は諦めるべきではないか」と言った。

若槻によると、岸は何も言わなかったという。言えなかったのだろう。

結局、岸は『地獄門』に出ることはできず、京マチ子がその役を演じて、カンヌ映画祭でグランプリを撮った。大映にとって『羅生門』に次ぐグランプリであり、どちらも京マチ子が出演したので京は「グランプリ女優」と称される。

『地獄門』出演を潰した松竹が岸に用意したのは『君の名は』だった。前述したように、このメロドラマは九月に封切られると空前の大ヒットとなり、松竹はビルを建てた。大ヒットし、岸惠子の代表作のよう語られるが、本人はこの映画を気に入らず、映画での役も自分には向いていなかったと、折に触れて語っている。

若槻は岸と大映の交渉の場に同席し、松竹に対しても出演料値上げ交渉をしたことから、岸の代理人と目されるようになった。その頃、若槻はひまわり社を辞めて、新興の桃園書房に移っていたが、その職場に映画関係者が次々とやってくる。たとえば日活は、「高額の契約金と、岸が望む企画は全て実現させる」と言ってきた。今井正監督の『ここに泉あり』のプロデューサーも岸に出てほしいと言ってきた。岸の代理人と出版の両立は不可能だと判断し、若槻は桃園書房を辞めた。

そして、この際だから、映画界に乗り込んでみようと思い立つ。ちょうど五社協定が結ばれた頃である。『スターと日本映画界』によると、〈嵐の中での戦いは、私の性分に合っていた〉ので、〈五社協定をめぐる乱戦の中で、何か、一本筋を通した仕事はできないものか。〉〈契約という法律行為と拮抗《きっこう》する俳優の力という不可解なバランス、また、俳優が出演したい企画がそのまま生かされずに発生するトラブル〉〈何か、新しい力の結集を考えてみたらどうだろう。〉──若槻はこう考えて、映画界へ乗り込むことを決意した。

旧知の作家・高見順と偶然会った時に、「出版社を辞めて映画の仕事をする」と伝えると、高見は「何もそこまで身を落とすことはないよ」と言った。その言葉に、若槻は愕然とした。出版も映画も同じ文化産業ではないか──高見への反発が、若槻を奮起させた。

以上のように、若槻の回想録では、岸から頼まれたのではなく、自分の方から岸のマネージメントをしようと決めたとなっている。若槻は岸ひとりのマネージメントではなく、何人かの俳優を集めるべきだと考え、その上で岸に相談すると、即座に「久我（美子）さんはどうかしら」と提案された。さらに有馬稲子も誘って、一九五四年六月に「文芸プロダクションにんじくらぶ」が設立された。

当初は三人のマネージメントをしていたが、若槻繁には「マネージャーは男子一生の仕事ではない」という思いがあった。回想録には〈私は、愛するが故に、俳優に依存することを忌み嫌った〉と書いている。そこで映画製作をして利益が出たら、マネージメントの手数料を減らし、最終的にはゼロにしようという思いから、製作に乗り出した。岸や有馬たちが出たい映画を作るには自分で作るしかないとの思いもあったろう。

こうして戦後十年が過ぎていく。

小林一三や大谷竹次郎という大御所たちも健在なら、永田雅一、堀久作、大川博、大蔵貢という戦後に「社長」になったワンマン社長たちは五十代だ。彼らが競い合うことで、映画界全体も拡大の一途を辿っていた。

そこに新たな脅威が近づいていることを認識している者は、まだ少ない。

第三部

見えない脅威

1956-1964

年別映画興行集計

「日本映画製作者連盟」発表の資料より

年	映画館	入場者（千人）	平均入場料	配給収入（百万円）		配給本数	
				邦画	洋画	邦画	洋画
1955	5,184	868,912	63	20,993	10,923	423	193
1956	6,123	993,875	62	23,520	11,317	514	177
1957	6,865	1,098,882	62	25,988	11,600	443	194
1958	7,067	1,127,452	64	29,971	9,435	504	169
1959	7,400	1,088,111	65	30,258	8,865	493	210
1960	7,457	1,014,364	72	31,125	8,606	547	216
1961	7,231	863,430	85	30,020	8,849	535	229
1962	6,742	662,279	115	27,834	10,262	375	228
1963	5,696	511,121	152	25,259	11,456	357	267
1964	4,927	431,454	178	22,771	11,553	344	259
1965	4,649	372,676	203	22,528	11,230	487	264
1966	4,296	345,811	219	20,221	11,771	442	250
1967	4,119	335,067	236	19,812	12,500	410	239
1968	3,814	313,398	262	21,232	11,731	494	249
1969	3,602	283,980	295	21,409	12,014	494	253
1970	3,246	254,799	324	18,496	12,616	423	236
1971	2,974	216,754	366	15,613	14,800	421	243
1972	2,673	187,391	411	14,882	13,837	400	283
1973	2,530	185,324	500	19,711	15,501	405	252
1974	2,468	185,738	631	22,832	21,652	344	241
1975	2,443	174,020	751	22,871	28,665	333	225
1976	2,453	171,020	852	27,533	29,274	356	245
1977	2,420	165,172	923	30,841	29,928	337	221
1978	2,392	166,042	967	32,144	33,996	326	179
1979	2,374	165,088	958	32,943	28,670	331	196
1980	2,364	164,422	1,009	34,897	28,557	320	209
1981	2,298	149,450	1,093	33,690	28,130	332	223
略							
1991	1,804	138,330	1,181	27,847	38,687	230	467
略							
2001	2,585	163,280	1,226	78,144	122,010	281	349
略							
2011	3,339	144,726	1,252	99,531	81,666	441	358
略							
2019	3,583	194,910	1,340	142,192	118,988	689	589
2020	3,616	106,137	1,350	109,276	34,009	506	511
2021	3,648	114,818	1,410	128,339	33,554	490	469

注・2001年以降の映画館はシネコンを含むスクリーン数。2001年以降は配給収入ではなく興行収入。

2020、2021年はコロナ感染症の影響で激減している。

第一章

新東宝、大蔵の手に――1955

一九五五年からの年間入場者数などのデータ（一般社団法人日本映画製作者連盟）を前ページに掲載した。五五年の映画人口（年間入場者数）は八億六八九一万人、映画館は五一八四館である。ＮＨＫの受信契約数は前年の三万九八二七件から一三万〇四〇〇件と、三倍以上になった。四月には第二の民放として東京放送（ＴＢＳ）も開局した。

一九五三年九月に調印された「五社協定」は、二年後の五五年八月に、一年の延長が決まった。

藤本真澄、東宝取締役に

東宝は八月三十日に決算役員会を開き、小林一三が社長を退任し、長男の冨佐雄が社長に返り咲くことになった。この新体制では劇作家・演出家の菊田一夫と、藤本真澄を取締役に招聘した。

藤本は一年前の一九五四年四月に東宝の専属プロデューサーを辞めて独立プロデューサーに戻り、

東宝以外の東映や日活でも映画製作をしていたが、小林一三から直接、取締役になってくれと言われた。一三としては自分が退いた後の、息子・冨佐雄体制を支えてくれる人材として、菊田と藤本を必要としたのだろう。

藤本は悩んだ。というのも、東映のマキノ光雄からも「時代劇は自分が作るから現代劇の責任者になってほしい」と頼まれていたからだ。しかし藤本がマキノに相談すると、「小林さんからの話なら、ぜひ東宝へ行け」と言われたので、行くことにした。

こうして東宝の前身ＰＣＬ映画製作所に入り、東宝映画創業期から携わっていた藤本は、紆余曲折の後、一九五五年に東宝の取締役となった。四十五歳である。

東宝の役員兼プロデューサーとなった藤本は、一九五六年の正月映画として森繁久彌と小林桂樹の『へそくり社長』（千葉泰樹監督）を作り、これがヒットしたので七〇年まで続く「社長シリーズ」が始まった。以後も、役員として映画製作全般を指揮するだけでなく、プロデューサーとして多くの作品を直接製作していく。

長谷川一夫の東宝歌舞伎

東宝の全ての始まりである東京宝塚劇場は、敗戦後、占領軍に接収され、「アニー・パイル劇場」という占領軍兵士のための劇場となっていたが、一九五五年一月に東宝へ返還され、四月に再開場した。当然、宝塚歌劇を上演するのだが、年間全てを埋めることはできない。何か他のだしものが必要だった。敗戦直後、米軍に接収される前の短い期間に東京宝塚劇場で公演していたのは、長谷川一夫だ。

長谷川は歌舞伎出身で、戦後には自分の劇団「新演技座」を旗揚げしたように舞台への思いが強い。大映で年に十本前後に出て、負債も完済すると、舞台への思いが募ってきたところだった。大映専属となっていたが、大映は東宝・松竹とは異なり、舞台演劇は事業にしていない。小林一三は長谷川に舞台に復帰しないかと持ちかけた。

長谷川一夫と東宝は喧嘩別れをしたわけではなかったので、東宝の劇場への復帰に問題はなかった。あとは大映がどう言うかだ。長谷川は新演技座での失敗に懲りて、自分で公演を主催する気はなく、東宝と大映とに全てを委ねた。

二社間で協議し、長谷川は年に二回、東京宝塚劇場に出ることになった。春は東宝の主催で東宝が長谷川の出演料を払う。秋は興行収入の何パーセントかを大映が得て、大映から長谷川に出演料が支払われる。公演名は「東宝歌舞伎」として、東宝はこの名称を長谷川一夫の公演以外では使用しないことも決められた。

松竹歌舞伎には何人もの幹部役者がいるが、「東宝歌舞伎」は長谷川一夫だけだ。この後に松竹歌舞伎から松本幸四郎（八代目、初代白鸚）一門が東宝へ移籍すると、その公演は「東宝歌舞伎」ではなく「東宝劇団」となる。松竹の「歌舞伎」を出た長谷川一夫は「東宝歌舞伎」を確立したのだ。

こうして――七月、米軍から返還された東京宝塚劇場で、長谷川一夫の東宝歌舞伎第一回公演の幕が開いたのである。六代目中村歌右衛門と十七代目中村勘三郎という松竹歌舞伎の大看板役者も客演した。

小林一三が思い描いていた「国民劇」がようやくその姿を現したのであった。長谷川一夫の人気はまだまだ絶大なものがあり、以後、東宝歌舞伎は一九八三年の第五十四回まで続く。東宝歌舞伎の成功を得て、小林一三の演劇への情熱が再び燃え上がる。

大蔵貢、新東宝社長に

新東宝の経営状態は、一九五三年に服部知祥が第三代社長に就任しても、改善されないままだった。服部は観光事業が専門で映画製作には素人なので、一九五五年二月、製作本部長に映画監督の渡辺邦男、撮影所長に独立系プロデューサーの星野和平を招聘した。

二人の就任披露会に館主代表として招かれた大倉貢は「赤字の新東宝に後楽園はいつまで金を注ぎ込むのですか」という、祝辞を述べた。

大蔵と新東宝との関わりは、大蔵の自伝『わが芸と金と恋』によると以下の経緯となる。一九五三年、新東宝社長・佐生正三郎と日活の堀久作は提携で合意しものの、新東宝の後楽園・東宝系の株主が反対してまとまらず、佐生は社長を辞任した。その後、堀と佐生は富士映画を設立したのだがうまくいかず、困った堀が大蔵に頼もうと考えた。佐生はすでに富士映画を離れ、「日米映画」を設立し、日本テレビのためのテレビ用映画を製作することになっていた。

堀は「富士映画は私が面倒を見るのが本来なのだが、日活の製作再開で手が回らない。作品は日活で配給するから、社長になってほしい」と言った。大蔵は、製作部門だけで配給網を持っていない富士映画に魅力を感じなかったが、堀のたっての頼みなので引き受けた。

その第一作は、大蔵が原案を作り、古川緑波が監督し、大蔵の実弟の歌手・近江俊郎がプロデューサーで主演という『陽気な天国』で、日活が製作再開して最初の正月映画として五五年一月に封切られヒットした。製作会社は「近江プロ」となっている。

そして二月に新東宝の渡辺と星野の就任披露があり、大蔵は問題発言をしたのである、夏になって、大蔵は服部社長から新東宝に入ってくれと頼まれた。何度か条件などで服部と話し合うが進まない。ついに、服部の背後にいる後楽園の真鍋八千代副社長サイドから、「新東宝を全て任したい」と言ってきた。

当時、後楽園社長で新東宝の前の社長でもある田辺宗英は病床にあり、後楽園としては新東宝が重荷になっていた。そこで、大蔵に売ってしまおうとの結論に達したのだ。

そこまで言われたので、大蔵は引き受けた。自伝には、「東映を三年で再建する」と五島慶太に言った時と同様に、〈計数的な根拠があって新東宝を引き受けたわけではない。長年一つの道を歩んできた興行のカンをもってすれば『必ずもうかる、必ず再建できる』と直感したからである〉とある。

新東宝は渡辺・星野の新体制になると、作品面では充実してきたが、観客は増えず経営は安定しない。配給収入の目標は月額一億八〇〇〇万円だったが、一億五〇〇〇万円しか上がらず、毎月三〇〇〇万円の赤字を出し、累積で五億円に達していた。

一九五五年十二月二十九日、大蔵は佐生から数えて五代目の新東宝社長となった。

富士映画は、大蔵の実弟で歌手の近江俊郎（一九一八〜九二）が副社長になった。富士映画はその後も存続し、同社が製作して新東宝が配給する形が取られた。近江は監督として多くの映画を撮る。

大蔵の経営手法はかつて映画館を買収したとき、一等地の一流館ではなく、場末の三流の映画館を買っていったのと同じだった。一流映画ではなく三流映画を作った。ギャラの高いスターは使わず、一流の監督も切り、撮影日数も短くして、フィルムの使用量も制限し、安く仕上げることを徹底した。一本あたりの制作費は他社が二〇〇〇万円から三〇〇〇万円のところ、その半分の一〇〇〇万から一五〇〇万円に減らされた。

東宝と離れてからも、新東宝の映画は「東宝カラー」、つまり都会的でハイセンスなところがあった。インテリ・都会人・中流サラリーマンを客層と想定して製作していたからだ。しかしそれは、東宝のように大都市の一等地に映画館があればこそ成り立つが、新東宝の直営館も契約館も、場末に近いところにある。大蔵は労働者、地方に住む人をターゲットとし、エログロ・怪談・毒婦もの・伝奇ものなどに路線変更させた。社員としては戸惑いもあったが、新東宝の契約館にはそのほうが合っていたことから、この路線変更は成功する。

映画館主という興行の最前線にいたことから、大蔵は客が何を求めているかを察知する能力には長けていたのだ。

『太陽の季節』新人賞

日活は前年に十一本しか製作できなかったが、五五年は他社作品を含めて五十本以上を配給した。しかし配給収入は増えたものの、赤字だった。

当時の日活は製作再開にあたっての撮影所などへの設備投資と、俳優や監督の引き抜きにかかった経費が、総額で一〇億七四〇〇万円に達し、一本あたりの製作費は他社より割高となり三〇〇〇万円を上回っていた。さらに五社が映画館を抱え込んだこともあり、興行面でも苦戦した。『日活五十年史』はその苦境をこう記している。

〈資金面の涸渇は甚だしく、社員の給料遅配と俳優に対するギャラの延べ払い、さらには支払金の一時停止を行なうなど最悪の危機に直面した。〉

日活の苦境を救う兄弟は、まだ姿を見せない。いや、兄はすでに世に出ていた。六月に発売された文藝春秋社の雑誌「文學界」七月号に、「文學界新人賞」候補作として、一橋大学の学生、石原慎太郎の『太陽の季節』が掲載されていた。同作は十一月に受賞が決まる。

大映の栄誉

大映の戦後の絶頂は「母もの」などの通俗映画路線によるが、それだけではなかった。黒澤明の『羅生門』に続いて、五三年に溝口健二の『雨月物語』がヴェネツィア国際映画祭銀獅子賞、五四年に衣笠貞之助の『地獄門』がカンヌ国際映画祭でグランプリ、溝口健二の『山椒大夫』がヴェネツィア国際映画祭で銀獅子賞、五五年に『地獄門』がアメリカのアカデミー賞外国語映画賞と衣装デザイン賞を受賞し、国際的にも評価の高い映画も生み、大映に利益と栄誉をもたらしていた。

一九五四年には六〇年代の大映を支える市川雷蔵と勝新太郎が歌舞伎の世界から入った。勝はなかなか芽が出ないが、雷蔵は二年目の五五年に溝口健二監督『新・平家物語』で若き日の平清盛を

1955年　会社別配給収入　興行ランキング（55年4月〜56年3月）
○は順位、単位：万円

松竹	47億6165①	①赤穂浪士（東）◎3億1305
東宝	32億2034④	②修善寺物語（松）◎1億8368
大映	40億7645③	③ジャンケン娘（宝）◎1億7600
新東宝	18億6848⑥	④新・平家物語（大）◎1億7303
東映	45億2952②	⑤亡命記（松）◎1億7228
日活	23億6512⑤	⑥宮本武蔵・一乗寺の決闘（宝）◎1億6800
		⑦楊貴妃（大）◎1億5781
		⑧宮本武蔵・決闘巌流島（宝）◎1億5500
		⑨力道山・怒濤の男（日）◎1億5000
		⑩夫婦善哉（宝）◎1億4800

演じ、若手スターとして不動の地位を得る。

　後に勝新太郎は自分の時代を「黄金時代」と呼ばれることについて、「本当の黄金時代は俺が入る前だ」と語るが、それは正しい。


　一九五五年の会社別の配給収入は、この年も松竹が一位を維持していたが、東映が大映を抜いて二位に躍り出ていた。娯楽版がその原動力となっていた。松竹・大映・東宝が前年数パーセントのプラスなのに対し、東映は一二一・七パーセントと躍進している。

　東映の完全二本立て興行の成功を見て、各社とも追随せざるを得ない。製作部門からは粗製乱造になると反対の声が上がり、経営陣のなかにも慎重な意見はあったが、映画館主からの要望を無視するわけにはいかなかった。

第二章 嵐を呼ぶ裕次郎──1956

一九五六年の映画人口は九億九三八七万人で、前年から一億二四九六万人増えて、一〇億人に迫ろうとしていた。NHKの受信契約数は前年から約三倍の三二万七九五六件になった。初期のテレビ局は全番組を自前で製作できなかったので、映画会社から既存の映画の放映権を買って放送していたが、五社は申し合わせで、テレビへの提供を止める。ようやく「敵」として認識してきたのである。

石原裕次郎登場

日活は製作再開したものの資金繰りに苦しみ給料の遅配まで起きる状態で、三年目を迎えた。

しかしこの年の一本の映画が日活を救った。

五月十七日に封切られた『太陽の季節』（古川卓巳監督）である。前年に一橋大学在学中の石原慎太郎（一九三二〜二〇二二）が書いた小説が、文藝春秋の「文學界」新人賞に続いて、芥川賞も受賞した。日活は前年秋、つまり芥川賞受賞前に映画化権を取得していたが、なかなか製作に踏み切らないでいた。この「幻の企画」を日活のプロデューサーになっていた水の江瀧子が製作することになった。

映画『太陽の季節』は封切られると、日活再開以来の大ヒットとなった。旗艦劇場である浅草日活では一週間に約三・五万人、新宿日活では約四万人を動員、配給収入一億八五六四万円でこの年の興行ランキングで第七位となった。

日活で取締役まで務めた板持隆の回想録『日活映画　興亡の80年』は『太陽の季節』を〈神風の襲来のよう〉と記している。

一本の映画がその映画会社の運命を変えることがあるが、『太陽の季節』は紛れもなく、そのひとつだ。そして、日本映画そのものも変えていく。

『太陽の季節』で主人公の若者を演じたのは長門裕之で、相手役は南田洋子だった。二人はこの共演がきっかけで結婚する。この映画には原作者・石原慎太郎の弟、石原裕次郎（一九三四〜八七）も端役で出演していた。慎太郎は裕次郎主演にしたかったのだが、演技経験ゼロの新人の起用は受け入れられなかった。しかし、プロデューサーの水の江瀧子は裕次郎に会うと気に入り、試しにワンシーンだけでも出させてみようとなった。

石原慎太郎・裕次郎兄弟の父は山下汽船の幹部社員で、二人は兵庫県神戸市で生まれたが、裕次郎が三歳になる一九三七年に父の転勤で北海道小樽市へ移り、同地で育った。四三年二月にまたも転勤で神奈川県逗子市へ移り、裕次郎は逗子中学校を卒業した。慶應義塾高等学校を目指したが受験に失敗し、前年に創設された、埼玉県志木市にある慶應義塾農業高等学校に進学し、五一年に慶應義塾高校に編入学した。

裕次郎が高校二年の年に父が五十二歳で急死した。過労による脳溢血で、会社での会議中に倒れた。裕次郎はバスケット選手を目指し、オリンピック出場も視野に入っていたが、スケートリンクで転倒して骨折し、断念せざるを得なかった。スポーツでの挫折と父の死が重なり、慶應義塾大学法学部政治学科に内部進学したものの、遊蕩三昧となる。兄・慎太郎の『太陽の季節』は、その裕次郎の周囲の遊蕩に明け暮れる若者をモデルにして書かれた。

芥川賞を得た石原慎太郎は毎月のように短篇小説を雑誌に書いていた。その一篇、中間小説誌「オール讀物」七月号（五月下旬発売）に掲載された『狂った果実』は、まだ書いてもいなければ、タイトルも決まっていない段階で、日活が映画化権を買った。慎太郎は「裕次郎主演」を条件とした（契約書には記されなかった）。

一方、「新潮」三月号（二月発売）に掲載された『処刑の部屋』は大映が映画化権を買っており、『太陽の季節』の成功で急いで作られ、市川崑監督、川口浩の初主演作として、六月二十八日に封切られた。

『狂った果実』も水の江がプロデュースすることになり、前作『太陽の季節』の出来に斬新さが感じられなかったので、水の江は『狂った果実』では若い中平康（一九二六〜七八）を監督に起用した。『狂った果実』は七月十二日に封切られ、『太陽の季節』には及ばなかったがヒットし、石原裕次郎は一気にスターへの階段を駆け上っていく。

五月の『太陽の季節』、六月の大映の『処刑の部屋』、七月の『狂った果実』と三か月連続して石原慎太郎原作の映画が封切られ、これらは「太陽族映画」と称された。

『日活五十年史』は太陽族映画についてこう記している。

〈この「太陽の季節」によって、企画方針の一大転換が行なわれ、たて続けに「狂った果実」、「逆光線」、「夏の嵐」等のいわゆる太陽族映画が公開された。その倫理性をめぐって社会的に大きな問題を投げかけ、批難の声が激しさを加わるにつれて興行成績は逆に向上するという現象さえみうけられた。それはともかくとして太陽族映画のヒットが日活に齎した利益は大きい。第一に、その製作が日活生え抜きの若手スタッフ及びタレントによって行われたことで、石原裕次郎、長門裕之らをスターに育て上げる端緒を摑む一方、興行力が安定すると共に、行きづまっていた配給市場の開拓にも突破口が開かれたのである。〉

同書によると、一九五六年四月の日活の契約館は一四八〇館だったが、六月に一七〇〇館に急増した。五八年は一八六〇、五九年は一九三五、六〇年は二〇三八と増えていく。

石原裕次郎なくして日活の隆盛はなかった。

だが日活は、裕次郎を不良路線だけで売るのは得策ではないと判断し、「太陽族映画」を早々と打ち切った。裕次郎の第三作には文藝大作として石坂洋次郎原作・田坂具隆《ともたか》監督『乳母車』を用意し、十一月十四日に封切られた。

デビュー一年目、一九五六年の石原裕次郎は、五月以降だけで七本に出演した。しかしいずれもポスターでの序列ではまだトップではない。

東映動画設立

勢いのある東映は、アニメーションへも進出した。一九五六年七月、経営危機に陥っていたアニメーション製作会社の日動映画株式会社を買収し、東映動画株式会社とした。大泉の東京撮影所の隣に、アニメ専用のスタジオを建て、五七年一月からそこでのアニメーション製作が始まる。当初はテレビコマーシャルの製作請負の仕事ばかりだったが、東映の劇場用長編アニメ第一作は『白蛇伝』で一九五八年に封切られる。

小林一三最後の仕事

東宝社長を辞めた後も、小林一三の演劇への情熱は消えなかった。

長谷川一夫を得て、東京宝塚劇場で始めた「国民演劇」をさらに拡充すべく、新宿と梅田にコマ劇場を建てることを決め、株式会社新宿コマ・スタジアムと株式会社梅田コマ・スタジアムを設立し社長になった。

この二社が小林の作った最後の会社となる。舞台全体がコマのように回転してせり上がる機構が売り物となるが、出演者、演出家にとっては、どうやって見せたらいいのか悩ましい劇場だった。

十一月月十六日が梅田コマ、十二月二十八日が新宿コマの開場式だった。小林はそれらに出席し、元気な姿を見せた。さらに二十九日の東宝の忘年会に顔を出してスピーチをした――小林一三が公

1956年　会社別配給収入　興行ランキング（56年4月～57年3月）
○は順位、単位：万円

松竹	47億7304②	①任侠清水港（東）◎3億5319
東宝	40億9396④	②蜘蛛巣城（宝）◎1億9800
大映	45億9931③	③恐怖の空中殺人（東）◎1億9291
新東宝	16億1703⑥	④曽我兄弟 富士の夜襲（東）◎1億9009
東映	50億8683①	⑤謎の幽霊船（東）◎1億8678
日活	32億3753⑤	⑥銭形平次捕物控・まだら蛇（大）◎1億8676
		⑦太陽の季節（日）◎1億8564
		⑧月形半平太（大）◎1億8543
		⑨米（東）◎1億7511
		⑩歌う弥次喜多 黄金道中（松）◎1億7456

の場で話した最後だった。

会社別年間配給収入では創立五年目にして東映が五〇億八六八三万円で首位を勝ち取った。東映飛躍の要因は二本立て興行にあった。年間製作本数は一〇四本、そのうちの三一本は短い娯楽版だったが、毎週二本の新作を製作・公開できたのは東映だけだった。

東映の一〇四本の内訳は、時代劇が七〇本・現代劇が三四本、撮影所別では京都が六五本・東京が三九本と、圧倒的に京都撮影所の時代劇が多い。東映時代劇黄金時代の到来である。

前年まで一位で「我が世の春を謳歌していた」松竹は二位になり、以下、大映・東宝・日活・新東宝の順だ。伸び率がいいのが日活で前年比一三六・九パーセント、東宝も一一七・一パーセントと勢いが出ていた。

第三章
日映事件——1957

一九五七年、ついに年間総入場者は一〇億人を突破し、一〇億九八八八万人を記録した。映画館は七四二二館増えて六八六五館となった。当時の人口は九〇九三万人なので、平均すれば日本人は年間に一二・一回、映画館へ行ったことになる。ＮＨＫ受信契約数は前年から倍の七四万七五六九件になっていた。

日本社会全体も「神武景気」と呼ばれる好景気にあった。しかし、それは映画界にとっては、必ずしも好材料ではなかった。松竹の社史にはこうある。

〈この好景気は生活の安定や経済的余裕が、旅行その他の享楽に向けられ、映画娯楽から遠のく現象を見せはじめたことが指摘できる。しかも、映画製作費は、従来の白黒よりカラーに、順次切かえの傾向にあり、製作費の増加は必至であるから、収支の差がせばまり、企業バランスの上から大きな曲り角にきていることを感ぜしめる。〉

小林父子の退場

一月二十五日、小林一三が八十四歳で亡くなった。三十一日、宝塚大劇場で、小林の宝塚音楽学校葬が営まれた。

一三の死は高齢でもあったので半ば予期されていたが、同年三月から病床にあったとはいえ、十月に社長の小林冨佐雄までもが五十六歳で社長在任のまま亡くなったことは、衝撃を与えた。

後任の東宝第八代社長には阪急電鉄の「大番頭」と称される清水雅《まさし》（一九〇一～九四）が就いた。清水は映画・演劇の専門家ではない。冨佐雄と同年の一九〇一年生まれで、二八年に阪急電鉄に入り、四七年に阪急百貨店が分社すると、その初代社長となっていた。五五年の一三から冨佐雄へ交代した人事で東宝の取締役となり、冨佐雄が病床に就くと五七年三月に社長代行になっていた。

阪急電鉄・百貨店を柱とする阪急グループはすでに集団指導体制に入っていたが、小林一三の二男・松岡辰郎（一九〇四～七四）が総帥の後継者候補と目されていた。

松岡辰郎は慶應義塾大学を卒業と同時に松岡汽船創業者・松岡潤吉の娘・節子と結婚し、松岡家の養子となった。戦前は二男・三男は家督を継げないので養子に出されるものだった。辰郎は一九五一年に義父の死を受けて松岡汽船社長に就任していたが、阪急百貨店の取締役にもなっていた。阪急電鉄と阪急百貨店では会長となり、阪急グループの総帥というポジションに就く。東宝では、先に帝国劇場や梅田コマ・スタジアム、新宿コマ・スタジアムの社長に就き、六二年に東宝会長となった後、六六年に社長に就く。

その間は清水が社長として経営を担うが、演劇は菊田一夫、映画製作は森岩雄と藤本真澄が指揮を執っていた。

六社協定へ

石原裕次郎を得た日活は一九五七年に五社協定に参加し、「六社協定」となった。

まず四月に六社長会議が開かれ、日活が日本映画連合会（映連）に加盟することが決まり、五月の臨時総会で、映連は「日本映画製作者連盟」と改称した。調整の後、七月に「六社申合書」が調印された。独立プロダクションと関係の深い社会党が「協定」阻止を訴えていたこともあり、「申合書」としたのである。だが、便宜的に「六社協定」と呼ばれる。

『日活五十年史』はこう書いている。〈三二年五月、日活の製作体制確立に伴い、五社側では過去の経緯を清算の上、新たに六社間の協定を結成せんものと日活に申し入れがあった。日活もこれを了として従前の五社協定を基調とする六社協定が締結された。〉

その内容は〈①主演級スターの貸借を行わない、②専属制を強化する、③新人養成に力を注ぐという主旨に沿って、貸さない、借りない、引き抜かないの基本精神が強調された。〉とある。かつてさんざん引き抜いていた日活も、石原裕次郎をはじめ新人スターが現れたことで引き抜かれる立場となり、協定に加わったのである。

ところが、日活を加えての六社協定の交渉中に、東宝系の東京映画が日活の三橋達也と川島雄三監督を引き抜いた。一時は交渉決裂かと思われた。しかし日活と東宝が話し合い、この問題を解決して、八月十四日に六社協定が締結された。

日活側からだと、〈製作再開以降の日活対五社の確執はここにおいて氷解点に達し、対等の条件で映画事業を競い合う段階を迎えた。〉ということになる。

　この時点で映画各社が和解したのはテレビという共通の敵が台頭していたからだった。

映画会社とテレビ局

　テレビの状況を改めてまとめよう。一九五三年二月にNHK、八月に日本テレビが開局し、五五年四月にラジオ東京テレビ（現・TBS）がテレビ放送を開始し、東京には三局となった（以下、煩雑になるのでテレビ局については東京キー局のみを記す）。局が増えるにつれテレビの台数も増え、五五年十月には一〇〇万台を超えた。

　この事態に一九五六年七月十一日、五社長会はテレビ局に対する劇映画の提供を打ち切ることと、専属俳優のテレビ出演を制限することで合意し、日活も六社協定に加わると、これに従った。

　その一方で、五六年六月に東映が「国際テレビ放送」、五七年二月二十五日には東宝・松竹・大映の三社が合同でテレビ会社設立を申請し、さらに三月四日には日活が「日活国際テレビ」、新東宝が「富士テレビ」の設立を申請している。

　先行した東映の「国際テレビ放送」は五七年七月に、旺文社が設立した「日本教育放送」と、日本経済新聞社が中心になって設立した「日本短波放送」と合流し、教育専門のテレビ局、「株式会社東京教育テレビ」を設立した。放送免許には枠があり、総合局の枠がなくなり、教育専門局ならば免許が下りる状況にあったのだ。

予備免許が下りると、十月十日に「株式会社日本教育テレビ」（ＮＥＴ）と変更し、放送開始へ向けた準備に入った。大川は代表取締役会長となり、旺文社の赤尾好夫が代表取締役社長となった。東急の五島昇も取締役のひとりだった。また同局には日活と新東宝も資本参加し、堀久作は取締役、大蔵貢は監査役になった。開局は一九五九年二月である。

一方、東宝・松竹・大映の三社は、財界が設立した文化放送とニッポン放送、産経新聞を主体とした「株式会社富士テレビジョン」に参加することになった。同社は五七年十一月に設立され、東宝社長の清水雅、松竹社長の城戸四郎、大映相談役の大澤善夫の三氏が相談役となる。

これで六社はテレビにおいては二陣営に分かれたことになるが、代表権を持ち経営に直接関与するのは東映の大川博だけだった。

新東宝の大ヒット

新東宝は年間の配給収入では六社のなかで最下位が定位置だったが、一九五七年の作品別の配給収入ランキングでは、四月二十九日の天皇誕生日に封切った『明治天皇と日露大戦争』（渡辺邦男監督）が五億四二九一万円という空前の大ヒットとなった。この時点の日本新記録である。

大蔵貢が社長に就任したのは一九五五年十二月二十九日だったので、二年目にしての快挙である。

大蔵時代の新東宝は、エログロ、怪談、毒婦、伝奇などが主流だったが、戦争ものも主軸となった。その最初が一九五六年十月三十一日公開の『軍神山本元帥と連合艦隊』（志村敏夫監督）で、佐分利信が山本五十六を演じた。これがヒットしたので、続いて『明治天皇と日露大戦争』を製作した。

『明治天皇と日露大戦争』は天皇を主人公にした点で画期的だった。明治天皇を演じたのは嵐寛寿郎である。これまでの日本映画では歴史ものでも天皇が登場する場合は、後ろ姿とか御簾の向こうにいるなど、その顔がスクリーンにはっきりと映ることはなかった。それを嵐寛寿郎という「鞍馬天狗」でおなじみのスターが演じる。製作が発表されると同時に賛否両論の大騒動となった。嵐寛寿郎が演じることに対し、「不敬だ、不謹慎だ」との批判もあった。敗戦からまだ十二年なのに、勝った戦争を美化する内容の映画を作ることへの批判もあった。

新東宝社内でも従業員組合が企画の意外性と製作資金が二億円と莫大であることから猛反対した。しかし大蔵は興行的に失敗した場合は、その損失は大蔵個人で被ると宣言し、製作を強行した。『明治天皇と日露大戦争』は公開前から話題となり、観客動員約二〇〇〇万人と大ヒットした（この数字は、かなり盛っていると思われる）。東宝や松竹と違い、新東宝の契約館は都市部の大きな映画館ではないのに、これだけの客が入ったのは驚異的だった。その収益で、新東宝は負債の大半を返済できた。

大蔵は賭けに勝った。興行師としてのカンが冴えていた。この実績の前に従業員組合を含め、社内では大蔵に異議を唱える者がいなくなる。

大映・永田雅一、日活・堀久作、東映・大川博に次ぐ、ワンマン社長の誕生である。

協定の犠牲者、前田通子

三國連太郎や岸惠子たちは五社協定に反発した俳優であり、その犠牲者とはいえない。仕事は絶えることはなく、映画界から追放されはしなかった。

だが新東宝の女優・前田通子は六社協定の犠牲者と言っていい。

前田は一九三四年（昭和九）に大阪に生まれた。女学校を中退して三越に入ったが、五五年に喫茶店で友人とお茶を飲んでいたところを、新東宝にスカウトされて入社した。それくらい美貌だったのだ。研修、端役でのテスト的な出演という新人が通る過程を飛ばし、同年八月十八日封切りの『三等社員と女秘書』（野村浩将監督）で、いきなり準主役でデビューした。美貌であるだけでなく、プロポーションも抜群で、大胆なベッドシーンも厭わなかったことで、「グラマー女優」として人気が出た。

一九五六年七月五日封切りの『女真珠王の復讐』（志村敏夫監督）ではヌードになった。女優が裸を見せたのは日本映画史上初とされる。監督の志村との信頼関係があったので脱ぐことに「別にためらいはございませんでした」と前田は語っている（『新東宝　1947-1961』収録のインタビュー）。

これで前田は新東宝を支えるスター女優となり、主演作が続いた。一年後の五七年七月二十三日封切りの『海女の戦慄』（志村敏夫監督）では全裸での後ろ姿となり、大ヒットした。だが志村と前田の間では、裸を売り物にしたものはこれで最後にしようと話していた。

『海女の戦慄』の次に前田が出演したのが、九月封切り予定の時代劇『続若君漫遊記・金比羅利生剣』（加戸野五郎監督）で、おきゃんな町娘の役だった。前田はこの役を断ったが、専務に「前田通子というと娼婦とかストリッパーのイメージだから、それを払拭するためにも出なさい」と言われたこともあり、引き受けた。

ところが撮影が始まって二日目に、監督から「二階の階段の上で裾をまくってタンカを切れ」と指示が出た。前田はそれに難色を示したので、その日の撮影は中止となり、前田はこの役を降ろされた。さらに監督の指示に逆らったのは契約違反だとして解雇され、損害賠償一〇〇万円の支払いまで命じられた。映画は宇治みさ子が代役となって完成し九月八日に封切られた。

これが、当時報じられた事件の概要である。だが、前田通子は、「監督の指示に逆らった覚えはない」と言う。前田なりに演技プランを立てて撮影に臨んでいたので、それとは異なる「裾をまくれ」という指示に、一瞬戸惑った。

〈でもわたくしは「嫌だ」とは申していないんです。一言も「これは嫌だ」とも「これはやりたくない」とも、何も申し上げてないんですけど、一瞬戸惑ったのは事実です。それで「うっ」となった時に、十一時半ごろでしたかしら「じゃ早飯にしょう。午前中はここまでで、午後一番に入るから」ということで。それで「前田くんも役柄を考えておくように」と加戸野先生が。それで部屋に戻りまして昼食を摂って、午後撮影の開始で現場に行きましたら、どなたもいらっしゃらなくて撮影中止になってたんです。〉（『新東宝1947-1961』より）

前田が昼食を摂っている間に、監督の加戸野とプロデューサーが社長の大蔵のもとへ行き、「前田通子が現場でゴネている」と訴えた。

シナリオの段階では前田の役は裾をまくるシーンはなかった。だが撮影開始の時点で『海女の戦慄』での全裸シーンが話題になりヒットしていたため、『金比羅利生剣』でもセクシーなシーンを入れようとなったのだろう。だが、前田はそういう役はもう止めたいと考えていたし、そういう役ではないからと説得されて出たのだ。それなのに現場では、「裾をまくれ」と指示されたので、一瞬戸惑った。しかし、これが大騒動に発展した。

前田への処分は最初は謹慎六か月だったが、解雇になる。前田はこれを不当だと、人権擁護局に訴えた。その主張が認められて、新東宝は謝罪し三〇万円の慰謝料を払った。

前田は新東宝には戻らず、志村が松竹系列の歌舞伎座プロダクションで撮る『無鉄砲一代』に出演することになり、新聞発表された。だが出演できなくなった。さらに国際劇場への出演、東宝への出演、テレビへの出演と、あらゆる仕事が、いったんは決まりながらも、潰れていく。志村と親しかった日活の川島雄三が「預かろう」と言ってくれたが、これも潰された。すべて新東宝の大蔵貢社長が六社協定を楯にして、「前田を出すなら、今後はうちの役者は貸さない」と各社に言って、潰していったのだ。

前田は映画を諦め、歌えたのでキャバレーをまわり、自衛隊や刑務所への慰問もして、生きていく。ようやく一九六三年に志村監督による『女真珠王の挑戦』『愁風愁雨割心腸』を撮ったが、これは台湾映画だった。六社協定も台湾では通用しなかったのだ。この時点では新東宝は倒産していたが、日本国内で前田を起用する映画会社はなかった。

その後、一九七二年に日本テレビの『渓流の女』に主演して、ようやく日本でカムバックした。しかしその頃には大映も倒産し、日活はロマンポルノへ転じていたので、映画界全体がどん底にあり、前田の出る幕もなかった。日本のスクリーンに復帰するのは、五七年に去ってから四十二年後の一九九九年の『地獄』まで待たねばならない。監督は新東宝にいた石井輝男だった。

志村は前田が解雇されると、自ら新東宝を去り、以後はフリーランスでテレビ映画を撮っていたが一九八〇年に亡くなっている。この人も六社協定の犠牲者だった。

日映事件

一九五七年三月に、第七の映画会社が設立される動きが発覚した。「日映事件」という。

中心になったのは、大映専務の曽我正史（一九〇六～八七）と、京王帝都電鉄社長の三宮四郎（一八九七～一九七三）、そして松竹と関係の深い興行会社・千土地興行社長の松尾國三（一八九九～一九八四）である。大映から見れば、永田雅一に対して曽我が叛乱を起こしたことになり、また東急・五島慶太に対する三宮の造反劇の側面も持っていた。

京王帝都電鉄は戦時統合で東急に合併されていたが、一九四八年に分離独立し、東急専務だった三宮が初代の社長となり事業を拡大していた。五六年には東急にならって京王映画株式会社を設立し、映画館・新宿京王を開業し、映画興行に進出した。三宮は五島慶太の側近で、東急の大番頭と称されていた。東映を任された大川博の一歳下で、二人は東急内でライバル関係にある。

大映の曽我は戦前の日活で製作部長をしており、戦時統合で大映に移り、戦後も取締役製作局長から常務取締役を経て専務取締役になっていた。大映は永田の独裁体制であるかのように見えるが、永田の新興キネマと大都映画と日活の寄せ集めでスタートしたので、社内にはそれぞれの派閥があり、曽我は日活派のトップだった。

松尾は旅芸人から興行師となり、劇場や目黒の雅叙園を持つまでになっていた演劇界の大物で、一九五四年には松竹系列だった千土地興行を買収し、社長になっていた。

この三者がそれぞれの思惑から、第七の映画会社を作ろうと一九五六年秋から秘密裡に準備を進めていたが、五七年三月二十五日に、毎日新聞によってこの新会社設立の動きがスクープされた。

資本金は約八億円で、松尾の千土地興行と京王帝都電鉄がそれぞれ四億円出資し、聖蹟桜ヶ丘駅付近に撮影所を建て、映画製作と配給に必要な人材は曽我が大映から引き連れて行くという計画だった。松尾が「五島慶太の了解は取れているのか」と質すと、三宮は「京王はいつまでも(東急の)子供ではありませんから」と答えたという。つまり、五島の許可など必要ないということだ。

三宮にとって、この新会社設立はライバル大川博との競争だけでなく、五島からの完全な独立を果たす目的もあったようだ。曽我も、いつまでも永田の下にいるわけにはいかない。松尾は松竹の大谷竹次郎と城戸四郎に報告したが、賛同は得られなかった。しかし、松尾と松竹とは上下関係にはないので、強行突破は可能だった。

新会社は松尾・三宮・曽我の三人で三月一日に設立発起人会を開き、社名は「日映株式会社」、資本金の払い込みは三月二十九日から四月八日まで、四月十五日に創立総会を開催、九月十五日頃に製作開始——などを決めた。

一方、三月二十三日に大映の株主総会があった。総会が終わると、曽我は永田に会い、辞意と新会社設立を伝えた。永田は「君をそのように決意させたことを僕は反省しなければならない。しかし、もう止める時期ではないようだ」と言った。慰留しなかったのである。

永田は三十日から長谷川一夫夫妻とアメリカへ行くことになっていたが、ここでアメリカへ行ったら、不在の間に大映がどうなるか分からない。国際電話がない時代だ。永田は「社内の動揺を防ぐため」という理由でアメリカ行きを中止し、長谷川一夫の世話は東宝の大澤善夫に頼んだ。曽我が二十六日に辞表を重役会に提出することも、永田との話し合いで決まった。表向きは円満である。

しかし、曽我の知らないところで情報が漏れ、二十五日に毎日新聞がスクープした。二十六日に大映は予定通り重役会を開き、曽我の辞任を認めた。他に宣伝部長、俳優部長、製作部長も辞任した。重役会後、曽我と永田が並んで会見を開き、永田は曽我を罵倒した。

曽我は退路を断った。だが、株式払い込み期日の四月八日になっても、松尾からの四億円は払われたが、京王からの四億円が払われない。九日に、松尾と曽我は三宮に説明を求めたが、「金融がつかなくなり、払い込みができなくなった。申し訳ない」と謝るのみで、今後どうするのかは何も話さない。この日はそれで別れたが、翌日から三宮は行方不明になった。

以上の経緯は曽我が「特集文藝春秋　映画読本」一九五七年六月号に書いた「『大映』叛乱軍始末記」に拠るが、岡田茂は『悔いなきわが映画人生』に、別の裏の動きを記している。それに拠ると——曽我の叛乱を、五島慶太の秘書、中原功が嗅ぎつけ五島に報告した。五島はすぐに永田に報せるよう指示し、中原は永田がいる料亭へ出向き、「明日、叛乱軍が決起しますよ」と報せた。永田は曽我の動きを何も察知していなかった。

〈身中の虫の存在を初めて知った大映の永田雅一社長は、すぐに幹部社員以上は翌早朝に全員本社に集合するようにと指令を下した。秘書たちはその晩、地方を含めた幹部社員たちに「反乱軍に入っているのか？　明日早朝に本社に来るように」という電話をかけまくったそうだ。〉

曽我の『叛乱軍始末記』は当事者が数か月後に書いたもので、岡田の発言は、半世紀後のもので、しかも全て伝聞なので、情報の信頼度は低い。そのうえで続けると――

〈五島慶太翁も動いた。雲隠れしていた三宮社長を自宅に呼び出したのである。三宮社長は慶太翁の四天王の一人といわれ、慶太翁は信頼を寄せていたぶんその裏切りに怒り心頭に発したのだった。慶太翁が「お前は誰の許可を得てこんなことをしでかした」と大声で叱ると三宮社長は「誰の許可も要らんと思います」と下を向いたまま答えたそうだ。これに激怒した慶太翁は「何を生意気なことを言うか貴様は」と鬼の形相をされたという。観念した三宮社長はうつむいたまま「大川君でもできたじゃないですか……」と小さな声で話したそうだ。

（略）三宮社長は、東映を再建し、邦画界のトップ企業に押し上げて世間にその名を知らしめた大川社長に嫉妬の念を抱いていたのである。

慶太翁は「俺だって生きるか死ぬか、血の小便を流して東映をここまでしたんだ。お前らにやれるような商売じゃないぞ、この馬鹿者が」と怒鳴り続けたという。後日、同席していた五島昇社長からこのやりとりについて聞いたのだが、「親父があんなに怖ろしい顔で部下を怒鳴りつけたのを初めてみたよ」と漏らされたのである。

謀反が勃発した当の永田雅一・大映社長は、それを未然に防ぐことができ、五島昇社長に大変感謝したのだった。〉

五島慶太にとって、大映は自分の東映のライバルである。曽我の反乱が成功して従業員の多くが日映へ行けば大映は弱体化し、東映にとってはプラスになる。だが、それ以上に、部下と思っていた三宮が、自分の知らない所でこんなプロジェクトを進めていたことが赦せなかったのだろう。

三宮が日映を断念したのは、五島に怒られただけでなく、当時の運輸大臣・宮沢胤勇《たねお》からの圧力もあった。京王帝都電鉄は地下鉄との相互乗り入れのために、七億円の政府融資を申請していた。その七億から、日映の資本金を出す訳ではないとしても、映画に四億も出せるのなら政府融資七億円はいらないだろうという趣旨のことを言われたのだ。これは政界人脈のある永田が宮沢大臣に頼み、圧力をかけたと見ていい。京王にとって映画会社と地下鉄のどちらが重要か——答えは決まっていた。

四月三十日に、三宮は弁護士同席で記者会見を開き、松尾や曽我への謝罪文を読み上げた。これで日映創立は頓挫した。五月十三日に発起人会の解散式を執り行なった。

曽我とともに大映を辞めたのは約二十人だった。彼らのためにも新会社が必要で、五月十六日に松尾が資本金一億円を出して、独立プロダクションとして「日映株式会社」を設立したが、二本を製作しただけで、五八年一月に解散となる。曽我は、松竹系列の歌舞伎座プロダクションに相談役として迎えられ、日映にいた約三十名も同社に契約社員として移った。

五島慶太の逆鱗に触れた三宮は京王帝都電鉄社長を辞任した。


曽我の叛乱は、永田雅一の独裁体制が盤石なものではなかったことを明らかにしたが、結果として、旧日活の反永田派は一掃され、叛乱鎮圧に成功したことで永田の社内における権力は強化され、永田にものを言える者はいなくなる。大映が真の永田独裁体制になるのは、この時からだった。

一方、大川博にとって日映事件は、東急グループ内でのライバルだった三宮の失脚を意味した。五島慶太はすでに七十五歳になっており、長男・昇は五四年に三十八歳で東急社長に就任していた。この時点で、五島慶太が後継者として大川ではなく昇を考えていることは明白だ。東横映画を再建させたら東急を継がせるという口約束は反故にされようとしていた。大川としては、東急総帥の座を諦め、東映を自分の王国とし、さらに、日本映画界での覇権を目指すしかない。

この年の九月、東映で映画製作の全権を掌握していたマキノ光雄が脳腫瘍で倒れた。東大附属病院に入院していたが、十二月九日、四十八歳で亡くなった。

その八日前の十二月一日、岡田茂は京都撮影所製作部次長から部長に昇格していた。

岡田茂は『悔いなきわが映画人生』にこう記す。〈マキノさんは京都撮影所長で、今でいうところのゼネラル・プロデューサーとして腕を振るっていた。撮影所長は映画全般を仕切らなければならないが、いま振り返ると私は本当の意味でそれが出来たのはマキノさんだけだったと思う。〉〈タイプは私と異なるのだが、私はゼネラル・プロデューサーとして大成したマキノさんのようになろうと考えた。当時、撮影所長は大きな権限を持ち、私にとって社長よりも魅力的な仕事だったから、撮影所長になりたいという目標を描いた。〉

大川博は経理マンであり鉄道マンだった。作りたい映画があるわけではないしその力もない。それが自分で分かっていたので、製作はマキノに任せていた。そのマキノがいなくなり、大川は東映を文字通り完全に掌握した。

その大川にとって岡田は、自分にはできない映画製作をしてくれる貴重な人材だが、寝首を掻く

1957年　会社別配給収入　興行ランキング（57年4月～58年3月）
○は順位、単位：万円

松竹	47億7863③	①明治天皇と日露大戦争（新）◎5億4291
東宝	46億2869④	②喜びも悲しみも幾歳月（松）◎3億9109
大映	47億9306②	③水戸黄門（東）◎3億5334
新東宝	21億1037⑥	④嵐を呼ぶ男（日）◎3億4880
東映	68億4235①	⑤任侠東海道（東）◎3億4178
日活	36億5221⑤	⑥大忠臣蔵（松）◎2億6875
		⑦錆びたナイフ（日）◎2億4851
		⑧夜の牙（日）◎2億3721
		⑨挽歌（松）◎2億3243
		⑩大当り三色娘（宝）◎2億2740

かもしれないと警戒しなければならない人物にもなる。

配給収入トップは前年に続いて東映で、大映が僅差で松竹を抜いて二位となり、松竹は三位、東宝も上昇機運にあり松竹に肉薄していた。日活、新東宝と続く。

製作本数では、東映のみが全プロ二本立てを維持でき、一〇五本（中編四〇本）、東宝と大映はレンガ積みと呼ばれる変則的な二本立てで、大映が七七本（中編一九本）、東宝が八七本（中編二五本）を製作した。松竹は五八本（中編二本）、日活は五八本、新東宝は五〇本（中編九本）で、実質的に全プロ二本立てから撤退した。

日活では、この年がデビュー二年目の石原裕次郎が九本の映画に出演し、スターとしての地位を確立した。

十二月二十八日、一九五八年の正月映画として『嵐を呼ぶ男』が封切られると、空前の大ヒットとなった。

第四章 日本人が最も多く映画館へ行った年——1958

一九五八年の年間総入場者は一一億二七四五万人で過去最高となり、以後、これを抜く年はついに来なかった。前年比プラスではあったが、五六年から五七年は一〇・六パーセント増えていたのに対し、五七年から五八年は二・六パーセントと、伸び率は落ちていた。明らかにテレビの影響が出ていた。映画館も前年は七四二館増えたが二〇四館の増でしかなく、一館あたりの動員数は減っていた。一方、ＮＨＫ受信契約数は一五五万六八〇一件と前年の倍だ。

翌一九五九年から、いわゆる「映画人口」はすさまじいペースで減っていく。この年にそこまで予見できた映画人が何人いたのだろう。冷静に数字を見れば、見かけの栄華とは裏腹に危機が迫っていることを読み取れたはずなのだが。

衰えぬ裕次郎人気

一九五八年の石原裕次郎は、前年十二月二十九日封切りの『嵐を呼ぶ男』の空前の大ヒットで始まる。板持隆の『日活映画　興亡の80年』にはこう書かれている。

〈この映画は正月三ヶ日の新宿日活では、一日平均一万人近くを動員し、階上の名画座を解放してもまだ収容出来ない観客を比較的空間のある神田日活、両国日活にバスによるピストン輸送で運び込む光景が目撃されている。〉

〈日本映画の年間観客動員がピークの一一億に達した年であるが、恐らく裕次郎映画はこの数字に大きく貢献しているに違いない。〉と板持は書く。

裕次郎は『狂った果実』はこれ一作のつもりだったので出演料を二万円と決めたが、その後も次々と出演しているのに上がらなかった。『…そして、その仲間』には『嵐を呼ぶ男』の頃の話として、〈東宝が「契約してくれるか」と言ってきた。僕は更新なんて知らないから、兄貴を通じて一本五〇万円でどうかという。〉当時、石原慎太郎は東宝の嘱託だった。

〈「じゃ行くわ」と返事したら、それが新聞に流れて「移籍するんですか」って聞くから、「二万よりも五十万の方がいいだろう」って言ったら本当にトップでドーンと出ちゃってね。日活は泡喰ってそれで二十万か三十万にいきなり上がったんじゃないかな。〉

『我が人生の辞』では、四十万円に上がったと語り、〈二万円が一挙に二十倍になった。だけど、東宝が提示した五十万円じゃなく、それ以下の四十万円というところが、いかにも日活らしかった。〉と続けている。日活は一挙に二〇倍にできるだけの利益を挙げていたのだ。その後は一年に二、三回更新して、一本二〇〇〇万円くらいにまでなったと言う。

一方、水の江瀧子の『笑った、泣いた』などによると――石原慎太郎が、東宝で『若い獣』という映画を原作・脚色・監督することになり、裕次郎を貸してくれと言ってきた。ボクサーの役でほんの数カットだという。相談された水の江瀧子は日活に、「兄弟愛で話題になって、裕ちゃんにも会社にもいい宣伝になるから、貸してあげれば」と勧めたが、「五社協定でいじめられたから他社には貸さない」と言う。

それを聞いて慎太郎は、「この際だから日活との契約を打ち切って東宝へ移れ」と言い出した。そこで水の江は日活に「裕ちゃんを引き留めるために、家を建ててやりなさい」と助言し、日活は成城に三〇〇坪の土地を買って裕次郎に与え、家を建てることになった。

裕次郎がもらった土地の半分は水の江瀧子に貸すことになり、水の江は地代を裕次郎に払って家を建てる。

松竹の迷走

東映の独走を見て、他社も一九五八年には二本立てに戻すしかないとの結論に達して、日活は七月から二本立てを再開し、大映・東宝もそれに続いた。

松竹も九月から二本立てにした。城戸四郎社長の「大作一本立て方針」は一年半で挫折したことになる。前半は『楢山節考』（木下惠介監督）しかヒットが出ず、四月九日の役員会で、大谷竹次郎会長が「私が製作の陣頭指揮を執り二本立てに戻す」と宣言した。城戸は梯子を外された形になる。

大谷はこの年、八十一歳である。この歳で現場に復帰すると言うのだ。東宝の小林一三が社長に就任したのは七十八歳で、八十二歳で退任した。それに並ぶ高齢での指揮官である。さらに大谷の息子、隆三が常務から専務へと昇格し、製作担当兼大船撮影所長となった。大谷と城戸の間に何があったのか。

松竹では「歌舞伎は大谷、映画は城戸」という棲み分けが暗黙のうちにあったが、それが覆された。松竹映画は自分が作ってきたとの自負がある城戸にとって、これは屈辱だったろう。城戸の伝記、小林久三著『日本映画を創った男』には、〈城戸は、おそらく松竹入社以来はじめての挫折感を味わったのではないか。挫折感とともに、白井、大谷兄弟の間に割って入っていくことはできないという疎外感を。松竹は、しょせん、白井、大谷兄弟による〝まつたけ〟会社だ。〉とある。しかし、白井は亡くなり、大谷の時代もいずれは終わる。そのとき、どうするのか。

現実問題として、大谷が映画部門の総指揮を執るのは無理があり、大谷が自ら製作するのは大作に限られた。

城戸は二本立てには懐疑的だったが、大谷は東映や大映に勝つにはやむを得ないと考え、大船撮影所や京都撮影所に加え、傍系の歌舞伎座製作プロダクションにも製作させ、二本立てを維持するように号令を出した。本数が増えたこともあり、これまでの城戸体制では通らないような企画も通るようになった。

そのひとつが、木下惠介監督『楢山節考』だった。城戸が築いた松竹ホームドラマの精神からすれば「親を捨てる話」など、もっての他だった。そんな暗い話を見に行く客などいないというのが、城戸の感覚で、木下が提案しても城戸は却下していたが、大谷竹次郎はゴーサインを出した。六月に封切るとヒットし、この年の「キネ旬ベストテン」で一位になった。

城戸の「大船調」の代表のような木下惠介ですら、すでに「脱大船」に向かっていたのである。さらに、その次の世代が現れようとしていた。

五社協定があったものの、双方の利害が一致すれば、俳優や監督を融通し合うこともあった。その運用はケースバイケースで、力関係によって左右されている。大雑把に言えば、声の大きな永田雅一が得になることは通り、永田を敵に回した者はパージされるという恣意的なものだった。

なかでも小津は特別扱い、五社協定の壁を超越している。小津安二郎がこの年に撮った『彼岸花』は松竹映画だが、大映の山本富士子が出演している。山本には年に二本の他社出演が認められていたからだった。小津は山本富士子を借りたお返しに、一九五九年に大映で『浮草』を撮った。さらに六〇年の『秋日和』に原節子と司葉子を東宝から借りたので、六一年に『小早川家の秋』を東宝系列の宝塚映画で撮る。

東宝では森岩雄や藤本真澄がなんとか小津に撮ってほしいと考えていたので、五六年の『早春』にも東宝専属だった池部良を貸していた。ようやく、『小早川家の秋』で東宝のスクリーンに小津映画が投影される。

にんじんくらぶの『人間の条件』

一九五八年度の興行ランキング第九位の『人間の条件』（小林正樹監督）は独立プロダクションにん

じんくらぶの製作だ。

にんじんくらぶの第一作は、有馬稲子が映画化を希望していた高見順の『胸より胸に』（家城巳代治監督）となり、ＣＰＣ（シネマ・プロデウス・サークル）との共同製作で、一九五五年十二月六日に松竹が配給して封切られた。有馬が主演で久我美子も出演している。

その後も若槻繁は一九五六年には力道山が本人役で出演する『力道山　男の魂』（内川清一郎監督、岸恵子も助演）も共同でプロデュースし、映画製作のトレーニングを積んでいた。

そして一九五八年、若槻は大きな勝負に出たのだ。五味川純平が自身の軍隊生活をベースにして書いた『人間の條件』の映画化である。同作は三一書房から一九五六年に刊行され、全六巻が一三〇〇万部を超えるベストセラーとなっていた。日本映画は（ハリウッドもそうだが）ベストセラーが出れば映画化していたが、戦中の満洲を舞台にし、しかも過酷な軍隊生活を描いたものなので、どの社も尻込みしていた。東映と日活は検討してみたが、断念したという。そこで若槻は、持ち前の反骨精神から、この不可能と思える大作に挑むことにした。五味川から映画化権を得ると、若槻は監督を小林正樹に依頼し、松山善三に脚色させた。

東宝の藤本真澄に脚本を読んでもらい、意見を求めると、「脚本については意見はないが、どういうふうにロケをするつもりなのか」と呆れられた。

次に大映の永田雅一に意見を求めると、「題名がよくない、『夫婦の條件』がいい」と言う。「大ベストセラーなので『人間の條件』には知名度がある」と若槻が反論すると、「わしも吉川英治のベストセラー『新・平家物語』を、長谷川一夫と京マチ子で映画にしたが失敗した、ベストセラーに依りかかるのは間違いだ」と言った。

若槻は永田を〈こんなに信念の強い人は、いなかった。身体全体が、映画を純粋に愛していた〉と評している。

この時の用件は、『人間の條件』に京マチ子を貸してほしいということだった。これには永田は「京マチ子は門外不出だ」と断ったものの、彼女以外なら誰でも貸してやると言ってくれた。

配給は松竹に決まっていたので、若槻は主人公の梶とその妻・美代子を佐田啓二と有馬稲子と考えたのだが、松竹は二人を出さない。黒澤明と同じように凝り性の小林正樹が監督で、しかもロケの多い作品だから何か月もの撮影になるのは必至なのでだめだと言う。京マチ子もだめとなったので、東宝から新珠三千代を借りることにした。当時の新珠三千代は映画の興行成績がよくなかったので、東宝は貸してくれた。

主人公・梶には五七年に小林正樹監督、有馬稲子主演の『黒い河』に出て、若槻も知っている俳優座の仲代達矢に決まった。

一九五八年八月十五日、終戦記念日に『人間の條件』の撮影は始まり、完結篇の完成は六一年一月一五日と三年近くかかった。

『人間の條件』は全六部の予定で、二部ずつ公開されていく。まず、第一部と第二部は一九五八年度の配給収入第九位、三億〇四〇四万円と大ヒットした。続いて第三部と第四部も十一月二十日に封切られ、二億三四七九万円の配給収入で五九年度の第七位、第五部と第六部は「完結篇」として、六一年一月二十八日に封切られた。各篇とも三時間を超え、合計で九時間三十九分という世界最長記録の映画となった。これが三部作で九億円の配給収入という空前の大作となった。

しかし、にんじんくらぶとしては二八〇〇万円の赤字となった。松竹との配給契約で、一作ごとに一億円・合計三億円の買い取りという条件になっており、製作費が三億二八〇〇万円かかったので、赤字となったのだ。若槻は大ヒットしたのだからと報奨金を求めたが、松竹は三億円以外、一円も払わなかった。

松竹幹部は「これは賭けだったのだから」と払わない理由を説明した。たしかに配給収入が三億円に達しなかったら松竹の損失である。独立プロダクションに一作一億円を払う契約は社内では異論も出た。松竹としてはまさに賭けであり、それに勝ったということだった。

独立プロダクションと配給会社との契約は、買い取り契約と歩合契約とがある。歩合にしておけば、にんじんくらぶには多額の利益が入ったはずだった。

そこで若槻は次に大作を作るときは歩合契約にしようと決めた。これが大きな躓きになるとは、知る由もない。

テレビ受信契約一〇〇万突破

映画の斜陽化の原因とされるテレビは、一九五八年五月に受信契約数一〇〇万を突破していた。その勢いに拍車をかけたのが、十一月二十七日の、翌年四月に当時の皇太子（平成の天皇、後、上皇）が結婚するとの発表だった。相手は日清製粉社長・正田英三郎の長女・美智子で民間からの皇太子妃誕生で、「ミッチー・ブーム」が起きた。その結婚パレードはテレビで中継されるというので、テレビの販売台数は飛躍的に増え、「ご成婚」の五九年四月には受信契約二〇〇万を突破した。十一か月で一〇〇万増えたのだ。この一〇〇万とか二〇〇万は、NHKと受信契約した数なので、テレビを持っている人はもっと多い。

前述のように東映は旺文社などと組んでNETを設立していたが、放送開始に先立って、東映は「危機」をいちはやく認識していたのが東映である。

五八年五月に本社内に「テレビ課」を設けると、七月に株式会社東映テレビ・プロダクションへ発展させ、テレビ映画の製作に本格的に乗り出した。

テレビ局はまだ自社でドラマを製作する能力が乏しかったため、既存の映画の放映権を得て、放送していた。それが観客の映画館離れを呼ぶと危惧した映画六社は、一九五八年九月に六社協定を改訂し、それぞれの会社が持つ映画のテレビへの提供を禁止し、専属俳優のテレビ出演を許可制にした。それまで日活は日本テレビに劇映画を提供していたが、それを止めた。

しかし、新たにテレビ用の映画を製作するのは禁止されていない。そこで東映は協定に従い既存の映画をテレビへ提供することはないが、テレビのための映画を製作する部署を作った。さらに、テレビコマーシャルの製作請負も受注した。初期のコマーシャルは生放送のものが大半だが、アニメーションも多く、東映動画は劇場用長編アニメーション映画だけでなく、テレビコマーシャルの製作もしていた。

この頃、大川社長は東映動画に、テレビのためにアニメーション映画を作れないかと打診したが、「そんなのは不可能だ」と一蹴されると、それ以上は言わなかった。東映動画は総力を上げて年に一本、九〇分前後の長編アニメを製作していたので、毎週三〇分のアニメを作るなど不可能であると、分かっていた。だが、ひとりの天才がその不可能を可能として、一九六三年一月一日に国産初の連続テレビアニメとして『鉄腕アトム』が放映開始となる。その天才の名は、言うまでもなく手塚治虫である。

東映テレビ・プロは専門の撮影所と俳優・スタッフがあるわけではなく、東映から製作業務を受託して、東京と京都の撮影所の設備機材と人員を使って製作するという形をとり、一九五八年十月に京都で時代劇『風小僧』、東京で警察もの『捜査本部』、さらに東京では十一月に子ども向けの『コロちゃんの冒険』、十二月に『源義経』と、年内に四本のシリーズの製作を始めた。いずれも三〇分もので毎週一本だ。

これらの番組は、まだＮＥＴは開局していないので地方局で放映された。中村錦之助などのスターは出演させられないので、脇役の俳優が主役に抜擢されていく。『風小僧』では目黒祐樹と山城新伍、そして千葉真一もこの後にテレビ映画で主役に抜擢される。十二月には大泉の東京撮影所内に、テレビ映画のために一六〇坪のステージを二棟新設した。

すでにＮＥＴの開局は秒読み段階に入っており、それに先駆けて同局に番組を提供できる体制を東映は整えていた。さらにそうやって作ったテレビ用映画を再編集して映画館へ配給する構想も持っていた。

黒澤プロダクション設立

テレビ時代到来を見越して東宝は、この時点で撮影所の大リストラに向けて動いていた。

一九五八年の東宝は前年十月に小林冨佐雄社長の急死を受けて、清水雅が社長に就任して、新体制で臨む年となった。

東宝首脳は将来を見据えて、撮影所の人員削減は不可避と考えていた。しかし、慎重にやらなければまた労働争議となりかねない。東宝が最初に切ったのは、稼ぎ頭ではあるが最も製作費を使う監督でもある黒澤明だった。映画・演劇の専門家ではなく、阪急の大番頭である清水が社長となっていたので、合理的な経営判断ができていたとも言える。

製作の方針としては、他社に合わせ全プロ二本立てを維持しながら、大作の二週間・三週間の続映で濫作を慎むことになった。企画も、文芸もの・戦記もの・サラリーマンもの・ミュージカルもの・青春もの・特撮ものと多岐にわたる。藤本真澄・田中友幸・本木荘二郎を中心とした、得意分野が異なるプロデューサーが揃っていたので、この多彩なラインナップが可能だった。

一九五五年に東宝の取締役となってからも、藤本真澄はプロデューサーとして映画製作を続けた。経営者の一員であり現場のプロデューサーでもあり、文芸作品、「社長シリーズ」、クレージーキャッツ・シリーズを立ち上げていった。

東宝プロデューサーの三本柱のひとり田中友幸は、時代劇を含むアクション映画や特撮映画を得意とした。本木荘二郎は黒澤作品が主軸で、一九四七年の『素晴らしき日曜日』以後の黒澤作品の全ての製作をしていた。大映での『羅生門』や松竹での『白痴』など、東宝以外での黒澤映画も本木がプロデューサーを務めた。

この三人を中心にして東宝は映画製作をしていたが、一九五六年秋、その一角が崩れた。夏に黒澤明の『蜘蛛巣城』の撮影が始まり、この作品も本木荘二郎がプロデューサーだったが、撮影中に解任されたのである。金銭トラブルが原因で、黒澤も被害にあっていたらしい。その結果、五七年一月十五日に封切られた『蜘蛛巣城』のクレジットには、「製作」として本木荘二郎とともに黒澤明の名も記された。だが以後、黒澤映画のみならず、東宝の映画から「本木荘二郎」の名は消える。

本木は企業のＰＲ映画、教育映画、テレビ番組の下請けしていたが、一九六二年十一月に高木丈夫名で、ピンク映画の監督としてデビューした。以後、いくつかの名で二〇〇本近くを撮る。

次の『どん底』（五七年九月十七日封切）では、クレジットの「製作」は黒澤明のみで、その次の『隠し砦の三悪人』に、藤本がプロデューサーとして関わることになった。

黒澤が山本嘉次郎門下だったのに対し、藤本は島津保次郎や成瀬巳喜男と親しく、人脈的に別だった。さらに映画への考え方の違いもあり、これまで二人が組んだことはなかった。藤本自身がこう記している（『プロデューサー人生』収録の「プロデューサー自叙伝」）。

〈黒澤は持ち前の潔癖さと自分の才能に対する自信から常に作品に対して完全性を要求する。この完全性の要求が黒澤の今日をあらしめた要素である。／監督と製作者という仕事上の立場の違いもあって、製作者は常に会社の要求する制約の中での仕事を強いられている。制約と闘うことももちろん必要だが、制約の中で最高の努力をすることを心がけるように慣らされてきている。〉

〈日本映画の全体の水準を高めるためには、黒澤作品のように世界の映画の水準に迫り、抜く作品を製作することももちろん必要だが、劣悪な水準以下の作品をつくらないように努力することも必要だと、量産映画の国の量産製作者としてはいつしか考えるようになった。〉

藤本は量産映画のプロデューサーとして生きている。黒澤は世界水準の名作を撮るために生きている。作ろうとしている映画が違うのだ。それが本木の失脚で黒澤映画のプロデューサーがいなくなり、藤本が担うことになった。

『隠し砦の三悪人』では、藤本と黒澤の間では〈予算やスケジュールで多少の論争はあったものの大したトラブルもなく作品は完成した〉と、藤本は書いている。なるほど、撮影中はトラブルはなかったのかもしれない。だが、公開後、東宝社内で『隠し砦の三悪人』は問題となり、これが黒澤を独立させることにつながる。

『隠し砦の三悪人』は藤本プロデューサーのもと、一九五八年五月に撮影が始まった。当初は製作費九〇〇〇万円、製作日数一〇〇日（内、撮影実働日数八三日）、十一月第一週に封切りという予定だった。一〇〇〇万円から三〇〇〇万円で一か月で撮影するのが、普通の映画なので、黒澤映画がいかに「破格」か分かる。

そして、その破格の予算と製作日数を守れないのが、黒澤の完全主義だった。台風のせいで撮影できない日が続いたため、製作日数は二〇一日と倍になった。黒澤が説明するには、「あと十日で撮影終了というところで、ロケ地の御殿場が雨と霧で何も見えなくなり、一〇〇日かかってしまった」のだという。

雨と霧の晴れるのを待つ間も人件費はかかる。当然、製作費も予算をオーバーし、直接費一億五〇〇〇万円（文藝費二五〇万円、スタッフ費一八〇〇万円、俳優費四五〇〇万円、ロケ費二八〇〇万円、美術費三五〇〇万円、フィルム費九〇〇万円、衣装・結髪費二〇〇万円、音楽費一〇〇万円、交通費・残業料その他九五〇万円）と予算の倍近くになった。これに、間接費四五〇〇万円が加算され、総製作費一億九五〇〇万円と、「破格」がさらにその倍になった。

さらに配給に関する経費がかかる。宣伝費二〇〇〇万円、プリント費一七〇〇万円、配給費三〇〇万円で、「販売原価」は二億三五〇〇万円となった。いまの物価に換算すれば、五〇億円くらいになるだろう。当時としては空前の額だ。

『隠し砦の三悪人』は十二月二十三日に完成し、二十八日に一九五九年の正月映画として封切られると、封切り時だけで八七四一万円の配給収入で、最終的には三億四二六四万円となった。日本映画の年間興行ランキングでは第五位で、東宝作品ではトップだった。単純に配給収入から総製作費を引けば、一億〇七六四万円の利益だ。東宝は直営館が多いので、そこでの興行収入も入れれば、もっと多い。

この数字を見て、「お金をかけていいものを作ればヒットする」と考えるか、「これだけヒットしたのだから、もっと安く作ればもっと儲かった」と考えるか。黒澤は前者で、東宝経営陣は後者だった。

藤本真澄は『隠し砦の三悪人』完成当日に「製作が遅延した責任」で清水社長に進退伺いを出したが、「過去は一切を問わず。今後、この種の問題を起こさない方法を考える」ことで、進退伺は却下された。

黒澤映画の予算とスケジュールの超過問題の解決策として藤本が出した回答が、黒澤を独立させることだった。

一九五八年十二月二十三日に藤本が進退伺を出し、黒澤プロダクションの設立が発表されるのは五九年一月二十九日なので、正月休みをはさんで一か月で結論が出たことになる。

一九六〇年代に入ると、松竹から大島渚・篠田正浩・吉田喜重ら「松竹ヌーベルバーグ」の監督たちが相次いで独立プロダクションを設立するが、彼らは松竹と対立して辞めて、自分で作りたい映画を作るという藝術的理由でプロダクションを立ち上げた。しかし黒澤の場合は、東宝が経済的理由から独立を勧めたのである。

一九五九年三月三十日に発足した株式会社黒澤プロダクションは、資本金一〇〇万円で、黒澤個人と東宝が折半した。代表取締役は黒澤明と藤本真澄、取締役に脚本家の菊島隆三、東宝の撮影所長・柴山胖が就き、森岩雄と黒澤喜代（黒澤の妻）が監査役になった。役員人事を見ても黒澤家と東宝による会社だと分かる。黒澤プロの事務所は東宝本社の社内に置かれているので、東宝の子会社としてスタートしたと言っていい。

一九五九年から映画人口は前年費一割のマイナスのペースで減っていき、一九七一年にカタストロフィを迎えるが、東宝は最も傷が浅かった。撮影所を貸しスタジオに転じ、一等地にある直営館を武器として、外国映画の興行会社として利益をあげ、日本映画も外部製作のものを配給・興行することに特化して生き残りを図るが、その製作と配給・興行の分離の始まりが黒澤プロダクションの設立だった。

東宝と黒澤プロは、製作費を折半で負担し、収益も同じ比率で分け合うという、利益配分制で映画を作っていく。仮に製作費が一億円とすると、黒澤は五〇〇〇万円を出さなければならないが、それは無理だろうから、東宝が貸与し、あとで収益から引く。一億五〇〇〇万円の利益が出たら、七五〇〇万円ずつとなり、そこから貸与した五〇〇〇万円を引いて二五〇〇万円が黒澤プロに入るという仕組みだ。これは一見、平等なようでいて、どうやっても東宝が儲かる仕組みになっていた。

一億円の製作費の大半は東宝の撮影所に入るのだ。東宝としては、製作費の半分を黒澤プロが撮影所に払ってくれることになる。もちろん、利益も半分になるが、映画館での興行収入は半分が映画館が取り、東宝は直営館が多いので、かなりの利益になる。映画館が取った残りが配給収入となり、その配給のための経費も東宝に落ちる。それを差し引いたものを、黒澤プロと分け合う。

黒澤は撮影に粘れば粘るだけ製作費が嵩んでしまい、負担が増える。東宝は撮影日数が延長になっても、その人件費の半分は黒澤が持つのだから、痛くない。

儲かるのは配給元と映画館で、製作会社（プロダクション）は利益が少ないという構造は、製作委員会方式が主流となった今も続いている。

東宝は黒澤に続いて、最大のスターである三船敏郎にもプロダクションの設立を促し、血を流さずに合理化に成功するのだった。

会社別配給収入はこの年も東映が独走し、全体の二六・四一パーセントを占めていた。大映が二位を守ったが東映との差は二五億円近くもある。続いて松竹・東宝を抜いて日活が三位となった。四位が東宝、松竹は僅差ながら五位に転落した。五五年まで首位で「我が世の春を謳歌」していたのが、三年で五位にまで落ちたのだ。

各社が前年比プラスのなか、新東宝は前年比マイナスだが、これは前年が『明治天皇と日露大戦争』の大ヒットがあったためだ。

新東宝の大蔵貢社長も、手をこまねいていたわけではない。「天皇と戦争」路線の第二弾として、三月十四日封切りで『天皇・皇后と日清戦争』(並木鏡太郎監督)を作ったが、前作には及ばなかった。

一九五八年は、各社が大作を用意した年でもあった。大映は長谷川一夫・市川雷蔵ら大映オールスターが出演した『忠臣蔵』(渡辺邦男監督)が一位、同じく『日蓮と蒙古大襲来』(渡辺邦男監督)が八位にランクインした。

東映も負けじと、片岡千恵蔵など東映オールスターが出演した『忠臣蔵』(松田定次監督)を放ち、四位につけた。東宝は三船敏郎主演の黒澤明作品『隠し砦の三悪人』が五位となった。

松竹も大作『人間の條件』(小林正樹監督)がランクインした。小津安二郎も健在で『彼岸花』が十位に入っている。

『嵐を呼ぶ男』以後の一九五八年の石原裕次郎出演映画は九作で、全て主演した。配給収入では前

1958年　会社別配給収入　興行ランキング（58年4月〜59年3月）
◯は順位、単位：万円

松竹	53億8592③	①忠臣蔵（大）◎4億1033
東宝	45億9989⑤	②陽のあたる坂道（日）◎4億0071
大映	47億0959④	③紅の翼（日）◎3億6495
新東宝	20億6358⑥	④忠臣蔵（東）◎3億6122
東映	85億5682①	⑤隠し砦の三悪人（宝）◎3億4264
日活	55億4239②	⑥明日は明日の風が吹く（日）◎3億2150
		⑦風速40米（日）◎3億1809
		⑧日蓮と蒙古大襲来（大）◎3億0512
		⑨人間の條件（松）◎3億0404
		⑩彼岸花（松）◎2億9422

半の三作がずば抜けており、五七年度のランキングで、『嵐を呼ぶ男』が三億四八八〇万円で第四位、『錆びたナイフ』が第七位、『夜の牙』が第八位となった。日活作品でトップテンに入ったのはこの三作だけなので、裕次郎への依存度が高い。

一九五八年度も裕次郎映画は、『陽のあたる坂道』が四億〇〇七一万円で二位となり、『紅の翼』が三位、『明日は明日の風が吹く』が六位、『風速40米』が七位と四作がランクインした。統計が四月から三月なので二年度にわたったが、五八年に封切られた九作のうち六作がランクインしたことになる。

これら各社の超大作と裕次郎主演作は互角だった。

第五章　テレビ時代始まる――1959

一九五九年の映画人口は一〇億八八一一万人と前年から三九三四万人減り、率にして前年の九六・五パーセントで、記録があるなかで初めて前年比マイナスに転じた。配給収入もマイナスだが、映画館はまだ増えており、前年から三三三館のプラスで七四〇〇館あった。当然、一館あたりの観客動員数は減り、映画館の経営は厳しくなっていく。

日本映画の総配給収入は三〇二億五八〇〇万円で前年比一〇一・〇パーセントと僅かながらプラスだった。入場者が減っているのに収入がプラスなのは、料金の値上げと入場税の軽減などによるものだ。高度経済成長期にあったので、以後も物価上昇に連動して映画の入場料も高くなっていくので、入場者数が激減した割には、総収入は減らず、これが各社が延命できた理由のひとつにもなる。

NET開局と東映テレビ・プロダクション

一九五九年二月一日、日本教育テレビ（NET、現・テレビ朝日）が放送を開始した。東京圏では、NHK、日本テレビ、TBSに続く、第四のテレビ局だった。この年のNHK受信契約数は三四六万三四四七件で、前年の一五五万六八〇一件の倍以上になっている。

NETの一九五七年の創業時の社長は旺文社の赤尾好夫で、東映の大川博は会長だったが、開局二年目の六〇年には大川が社長、赤尾が会長となる。二人にとってこのテレビ局の社長・会長職は名誉職ではなく、本腰を入れた本業だった。他の民放にも映画会社は出資しているが、経営にまでは関与しない。東映とNETの関係は、テレビ朝日になったいまも続いている。

三月にはフジテレビも放送を開始した。大企業の多くが出資し、産経新聞・ニッポン放送・文化放送とグループを形成する財界主導のメディアで、映画界でも東宝・松竹・大映が出資した。これで東京は、NHK教育テレビを含めて六つの局となった。その他、五九年だけで二十九の民放局が全国で開局した。

この時期に開局が相次いだのは、四月十日に皇太子明仁親王と正田美智子との「ご成婚」が予定され、そのパレードを放送するためだった。テレビは売れに売れて、一九六四年の東京オリンピックまでの五年間に飛躍的に普及していく。

テレビ時代到来は予想されていたので、東映以外の各社も準備をしていた。

東宝は一九五七年に演劇部内に「テレビ制作室」を設けた。映画部ではなく演劇部に設けたのは、当時のテレビは生放送が基本で、東宝演劇部のスターと製作スタッフで、テレビのバラエティー番組やドラマを製作するためだった。ドラマも、スタジオでの生放送なので、映画よりも演劇に近いのだ。東宝テレビ室はＮＨＫ、日本テレビ、ＴＢＳ、大阪の大阪テレビ（現・朝日放送）、読売テレビなどに番組を提供していく。日本テレビの『光子の部屋』がその初期の代表番組だ。

東宝のテレビ室は一九五九年に演劇部から独立して「テレビ部」となり、取締役では専務の森岩雄が担当する。しかしテレビ用映画の製作に本格的に着手するのは、一九六五年十月の『青春とはなんだ』まで待たねばならない。

松竹は一九五八年十一月にテレビ製作専門委員会を設置した。五九年のフジテレビ開局では、一月十日の試験放送で、松竹の新橋演舞場から歌舞伎『義経千本桜』が生中継された。テレビ室の設置は三月一日だが、その前からテレビ映画の製作は始まっており、三月二日からテレビ映画『華の家族』が放映された。テレビ室がテレビ部になるのは、一九六四年九月である。

大映も一九五八年にテレビ室を設置した。永田雅一は「映画の邪魔をするなよ」とだけ言い、後はテレビには無関心だった。永田には自分がスポンサーとして作るのが映画だという矜持があり、企業がスポンサーとなって作るテレビ番組には興味がないのだ。それでも時勢には逆らえず、テレビ室の設置は認めた。だが大映テレビ室は、映画と同じ感覚でテレビ用映画を製作していったので赤字となってしまう。黒字に転じるのは一九六五年開始の『ザ・ガードマン』のヒットからだった。後に大映は倒産するが、大映テレビ室はその直前に独立を果たし、「大映テレビ」は独特の作風で人気を博していく。

日活は最も出遅れ、一九六四年にようやくテレビ用映画の製作を始める。

東映を除く、東宝・松竹・大映・日活は、一九六四年の東京オリンピックでテレビの普及率が高くなり、劇場用映画の再興が絶望的になってから、本格的にテレビ用映画に取り組みだすのだ。その点では、東映・大川には先見の明があった。

ＮＥＴは教育専門局としてスタートしており、免許交付の条件として、放送時間の五三パーセント以上が教育番組で、三〇パーセント以上が教養番組でなければならない。しかし、教育番組で視聴率を取るのは困難である。そこで大川は拡大解釈して、『ララミー牧場』をはじめとするアメリカ製テレビ映画を「海外文化を学ぶ教育番組」、アニメを「子どもの情操教育を図る番組」として放映していく。

前述のように、東映はＮＥＴ開局前から東映テレビ・プロダクションを設立し、テレビ映画の製作を始めていた。一九五九年二月一日にＮＥＴが開局すると、テレビ・プロは同月五日に「東映テレビ映画株式会社」へ社名変更し、さらに五月八日に「第二東映株式会社」へ変更した。ところが、第二東映が劇場用映画の製作・配給をすることになったので、新たに「東映テレビ・プロダクション」を設立した（これに伴い、テレビ映画の製作は東京に集中させた）。

最初の東映テレビ・プロダクションが製作した『風小僧』は三〇分のシリーズだが、この二話分を六〇分の「特別娯楽版」に編集して、五九年四月二十八日から映画館への配給を始めた。東映と契約している二番館・三番館のなかには他社の作品と併映し三本立てで興行するところが多かったので、「特別娯楽版」を配給することで、東映作品のみでの三本立てを可能にし、併映館を東映の専門館に転じさせるという戦略だった。

当然、他社は警戒し、「テレビで無料で公開した作品を、その後に映画館で有料で見せるのは観客の不信を買う」「三本立て興行を助長し、量産競争に拍車をかける」という理由で日本映画製作者連盟（映連）の理事会で協議されたが、新東宝が日米映画株式会社製作のテレビ映画を配給した例があったので、問題なしとされた。

この「特別娯楽版」のおかげもあって、東映の契約館は一月時点で二三一九だったのが十二月には二五〇〇となり、そのうち専門館は二月末の九九六から十二月には一〇九九へと増えた。契約館の数でも東映は他社を圧倒しているが、その半分が専門館というのが大きい。東宝・松竹・大映はそれぞれ約二〇〇〇館の契約館のうち、専門館は一割前後である。強固な専門館網によって、東映は興行面で独走できたのだ。

専門館は東映の映画しか上映しないので、映画館の取り分を除いた全額が東映に入る。併映館は、たとえば東映と大映の作品との二本立ての場合、半分しか東映には入らない。いかにして専門館を増やすかが、映画会社にとって重要だった。それに徹底したのが東映と東宝で、いい作品さえ作ればいいと、専門館獲得を軽視していたのが大映の永田雅一だった。この違いが明暗を分ける。

五島慶太死す

この一九五九年、東急グループ総帥の五島慶太が八月十四日に亡くなった。後継者は長男の五島昇（一九一六〜八九）である。

五島昇は東京帝国大学経済学部に入り、学生時代は野球部で捕手だったが、中途で退部していた。

卒業後は東京芝浦電気に勤務したが九か月で徴兵され、幹部候補生として陸軍経理学校へ入った。陸軍大尉として航空本部勤務となったが、敗戦を迎えた。復員すると東芝は人員整理のさなかで、昇は真っ先に対象となったので、不本意ながら父が経営する東京急行電鉄に入社し、一九五四年に社長に就任していた。

一九五一年に東映が設立された時、五島慶太は大川に「これが成功すれば、東急を任す」と口約束したというが、それは昇の社長就任でほぼ反故にされた。そして五島慶太の死により、禅譲の可能性はゼロとなった。五島昇は一九一六年生まれで、一八九六年生まれの大川よりも二十歳も若い。

大川は東急の役員ではあったが、グループ全体の経営には関与できなくなる。東映もあればNETもあり、多忙だ。大川は東急へ戻れないのであれば、東映を自分の王国にしようと決意していた。

五島昇は東映社員のなかで岡田茂に目をかけていた。それは岡田が有能で、大川とは仲がよくないと知っていたからだ。大川は自分の息子に東映を継がせようと考えていたので、有能な岡田が邪魔だった。といって、岡田を切ると東映で映画を製作できる者がいなくなる。五島慶太と大川博の関係が、そのまま大川博と岡田茂の関係になっていた。

会社別配給収入では東映がトップで、日活、松竹、大映、東宝、新東宝の順だ。このなかで、東映・日活・松竹の上位三社と新東宝は前年比プラスだが、大映と東宝はマイナスだった。この二社が減らしたので全体も減ったのである。

1959年　会社別配給収入 ○は順位、単位：万円		興行ランキング（59年4月～60年3月）
松竹	53億8592③	①任侠中仙道（東）◎3億5091
東宝	45億9989⑤	②日本誕生（宝）◎3億4432
大映	47億0959④	③怒涛の対決（東）◎3億1019
新東宝	20億6358⑥	④世界を賭ける恋（日）◎2億7789
東映	85億5682①	⑤男が命を賭ける時（日）◎2億6937
日活	55億4239②	⑥鉄火場の風（日）◎2億4335
		⑦人間の條件 第三・四部（松）◎2億3479
		⑧天下の副将軍（東）◎2億2581
		⑨男なら夢を見ろ（日）◎2億0647
		⑩天と地を駈ける男（日）◎1億9652

作品の興行ランキングでもトップテンのうち、東宝は二位に『日本誕生』（稲垣浩監督）があるのみで、東映が三本、日活が五本（全て石原裕次郎主演）、松竹が一本なので、大映の不振が目立つ。東宝は稼ぎ頭の黒澤映画が、この年はなかった。

東映の『任侠中仙道』『天下の副将軍』はオールスターキャスト映画、『怒涛の対決』も右太衛門・千恵蔵、・錦之助が揃っている。松竹はにんじんくらぶ製作の『人間の條件』がランクインした。

興行面では、東映時代劇と裕次郎映画が圧倒的に強かった。

第六章

大川博と大蔵貢の失敗——1960

一九六〇年の映画人口は一〇億一四三六万人で、一〇億人を超えているが、前年の九三パーセントだった。製作本数は五四七本で過去最高、映画館の数も七四五七館と過去最高となったが、両方ともこれがピークで以後は減り続ける。総入場者数が減っているのに、製作本数と映画館は増えているのだから、一本あたりの利益と一館あたりの入場者数は減っているわけだ。

NHK受信契約数は五九九万二一五五件と、六〇〇万に迫った。

松竹ヌーベルバーグ

松竹は前年九月に九億二四〇〇万円を増資したにもかかわらず、無配転落した。この責任を取って、城戸四郎は四月に社長を辞任し、相談役に退いた。

城戸は辞任にあたり「テレビやレジャー産業の発達で、映画興行が危機にひんしているとはいえ、松竹が過去の安易さから脱し切れず、増資直後に無配という最悪事態を招いたのは、ひとえに私の責任である」と述べた。

城戸はたしかに社長なので責任があるが、映画の指揮権を大谷に奪われていたのだから、不本意であったろう。

四月の人事で、一九五四年から常任監査役として復帰していた大谷博が、三代目の社長となった。大谷竹次郎の娘婿である。しかし、博の社長時代は長くは続かない。大谷竹次郎は娘婿二人が結果を出せないと、二人とも大谷が懇願して娘の婿養子になってもらったのに、平然と切る。

城戸が社長を退いて二か月後の六月三日、大島渚監督『青春残酷物語』が封切られた。宣伝部はこの新感覚の青春映画を、フランス映画の新潮流に便乗して「松竹ヌーベルバーグ」と命名して、ヒットさせた。これにより、城戸が築いた大船調は否定されたことになる。

続いて、吉田喜重『ろくでなし』（七月六日）、篠田正浩『乾いた湖』（八月三十日）、田村孟『悪人志願』（九月二十日）、池田博『俺たちに太陽はない』（九月二十九日）、吉田喜重『血は渇いてる』（十月九日）と毎月、ヌーベルバーグ作品が公開されていった。

大谷博社長はこれら新しい映画を容認した。むしろ、これが松竹にとって救世主になるとすら考えていたふしがある。大島は宣伝を兼ねて過激な言動を繰り返し、マスコミを刺激し、そこには松竹経営陣に対する批判もあったが、処分はしなかった。大谷は松竹映画の未来はヌーベルバーグにしかないと、冷静に判断していたのだ。もう、大船調では客は呼べない。

だが、城戸は容認できなかった。反撃の機会をうかがっていた。それは意外にも早く来た。

十月九日、大島渚の『日本の夜と霧』が封切られた。この年、日本は「安保」で二分されていた。その安保闘争敗北の総括ともとれる、難解と言えば難解な映画だった。封切り日は日曜日だったが、前作『青春残酷物語』の二割マイナスという成績だった。早くも、ヌーベルバーグは飽きられたのか。もし大ヒットしていたら、事情は変わっただろう。

そこに、事件が起きる。封切りから四日後の十三日、社会党委員長・浅沼稲次郎が十七歳の右翼少年に刺殺されたのである。すると同日、松竹本社から全国の映画館に『日本の夜と霧』の上映を中止するとの指示が下りた。理由は「興行不振」としか説明しなかった。

さまざまな憶測が飛び、そのひとつが自民党からの圧力説だ。しかし映画は直接自民党を批判するものではない。決定は大谷博社長が下した。社長に圧力をかけられるのは、社内では大谷竹次郎と城戸四郎しかいない。小林久三は『日本映画を創った男』で城戸が指示したと推理しているが、真相は藪の中だ。

この事件で、ヌーベルバーグは終息し、大島、吉田、篠田、田村らは松竹を退社して独立プロダクションを作る。

松竹は変革に失敗した。

東映の拡大戦略とその失敗

勢いに乗る東映は一九六〇年三月から配給系統を二つにし、さらなる拡大を目指した。「時代劇は東映」のキャッチフレーズが定着していたように、東映は時代劇で圧倒的な強さを誇っていたが、裏を返せば、東京撮影所での現代劇が弱かった。作品的に良いものを作っても、どうしても時代劇の影に隠れがちだ。そこで配給系統を時代劇と現代劇に分けると決め、現代劇の配給系統「第二東映」を立ち上げたのだ。

第二東映を発案したのは初代のテレビ課長の今田智憲だった。岡田茂と同郷の幼なじみで、同時期に東横映画に入っていた。今田案に京都撮影所製作部長になっていた岡田茂は強く反対した。それでも大川博社長は第二東映の導入を決め、東京撮影所で製作した現代劇と、テレビ映画を再編集した特別娯楽版の二本立てで、三月一日から配給を開始した。

業界全体が縮小傾向にあるなか、一気に拡大政策に出れば、シェアを拡大できる。東映は、すでに全体の三割近いシェアを持っていたので、それを五割にしようという目論見だった。

大川は、「一年間に東映が九六本、第二東映が四八本撮って、年間一〇〇億円の収入」になると豪語した。この東映の拡大政策に対し、他社は追随することなく、それぞれの道を選んだ。

東映についで好調の日活は、ようやく新作二本立てでの全プロ配給が可能となり、併映の中編を長尺化して東映を追う。大映は前年から大作一本立てとしていたが、映画館主からの要望に抗しきれず、二月から月二本の地方向けの中編を増産した。八月からは一週間（七日）ごとに新作を封切るのではなく、作品によって変動させ、「月に六本の新作で三番組の二本立」てにした。

東宝・松竹は新作二本立てだが、レンガ積み方式とした。新東宝は新作二本立ては困難なので、旧作や独立プロの作品を買って、変則的な二本立てとした。縮小傾向にあるなか、量産するのは危険だという判断であろうし、拡大する体力がなかったとも言える。

一九六〇年の東映は、第二東映発足のため、本編一一四、娯楽版三三の合計一四七作を製作した（この他、テレビ映画が制作された）。この量産のおかげで、第一・第二合わせた年間配給収入は約九七億九二〇〇万円に達した。

画期的と思われた東映のテレビ番組の再編集もの「特別娯楽版」だったが、失敗した。ワンクール十三本を二本ずつ再編集していくと、ひとつのシリーズが六週間続くことになり、これでは長過ぎると映画館から苦情が出た。そこでテレビ・プロダクションは、第二東映専用の二部作による特別娯楽版を製作し、それを併映作として配給したが、スターが出演するわけではないので見劣りがして評判が悪く、六月で打ち切られた。

結果として一九六〇年の東映は、日本映画の全配給収入の三割のシェアを誇るが、当然、撮影現場では過重労働となり、大川体制への不満が爆発した。

前述のように大川と東急総帥となった五島昇の間はうまくいっていなかった。

こうした事情を東映の幹部社員たちは敏感に察していた。大川の無謀とも言える拡大戦略は、映画製作現場の過重労働をもたらした。その結果、従業員の間で大川への反発が強まっていく。そしてついに、御大・片岡千恵蔵までが反・大川の旗を掲げ、東映の大株主である東急の五島昇に直訴した。千恵蔵は社長の座を狙っていたともいう。

五島は千恵蔵をなだめ、クーデターは未然に防がれた。この一件で京都撮影所所長になっていた岡田茂も五島との関係を深めた。東映社内に反・大川派が結成されていた。

大川はなんとしても拡大戦略を成功させなければ、東急総帥の座どころか、東映社長の座も危うくなっていた。そこに持ち上がったのが、経営不振にあえいでいる新東宝と第二東映とを合併しようという案だった。

大蔵貢失脚

新東宝は一九五七年の『明治天皇と日露大戦争』の大ヒットで、経営が安定したかに見えたが、それも長くは続かなかった。傘下の映画館の集客力が弱いという構造的な問題を解決できないまま、安価な娯楽映画を作り続けていたので、ジリ貧になっていく。

まだ勢いのあった一九五八年三月、「新東宝株式会社」は「株式会社新東宝」へと商号変更した。「天皇と戦争」路線の第二弾として、一九五八年三月十四日、『天皇・皇后と日清戦争』（並木鏡太郎監督）を封切った。明治天皇には前作と同じ嵐寛寿郎で、もうひとりの主役とも言うべき皇后（昭憲皇太后）には高倉みゆきが抜擢された。

高倉みゆき（一九三四〜）は一九五三年に東宝に入社したが、大部屋女優で芽が出なかった。五五年に東映京都撮影所に移り、本名の和田道子名で中村錦之助主演の『紅孔雀』などに脇役で出ていたが、このまま女優を続けられるのか悩んでいた。そんな一九五七年六月、アジア映画祭が開催され、そのパーティーでホステスを勤めていたところ、大蔵に見初められた。大蔵は高倉を新東宝本社に呼び、プレゼントを渡し、新東宝へ移れと勧誘した。高倉は大蔵の真意が分からずためらったが、七月に入社した。

その時点で、高倉みゆきを『戦雲アジアの女王』（野村浩将監督）の主役・川島芳子に起用すると決まっていた。いきなりの主演である。たしかに高倉は美貌だったが、これまで脇役ばかりだったのだから異例の抜擢だ。

以後も大蔵は高倉に主役を与え続け、『天皇・皇后と日清戦争』にも皇后の役を当てたのだ。これに、明治天皇役の嵐寛寿郎が反対した。史実では明治天皇よりも皇后は三歳年上なのに、高倉は嵐寛寿郎よりも三十二歳も若い。しかも映画で描かれる皇后は四十から五十歳なのに、高倉はまだ二十代だ。しかし大蔵は嵐寛寿郎の反対を押し切って、高倉を起用した。

一九五九年十一月一日公開の『明治大帝と乃木将軍』（小森白監督）でも、嵐寛寿郎の天皇、高倉みゆきの皇后だった。高倉は「皇后女優」と呼ばれるようになる。

大蔵は高倉を追い回した。彼女のもとには高価な宝飾品などのプレゼントが届き、大蔵は監督でもないのにスタジオに現れては、演出に口を出した。高倉の出番は午後三時までに撮り終えなければならなかった。その後、大蔵が食事に連れ出すからである。

社内でも当然、「あの二人はできている」と噂になる。だが、高倉は大蔵と男女の関係になることを拒み続けていた。社長命令で仕方なく、食事に付き合っていただけだった。なかなか高倉を落とせないゆえに、大蔵は大胆な行動に出ていたのだ。誰もが二人の関係を口にするよう、既成事実化しようとしたのかもしれない。

しかし高倉は拒み続けた。すると一九六〇年三月十三日封切りの『女死刑囚の脱獄』（中川信夫監督）の次に決まっていた『女王蜂と大学の竜』（石井輝男監督）を降ろされてしまう。同作は三原葉子の主演で九月一日に封切られた。

高倉がいつまでたってもあまりにもなびかないので、大蔵は苛立った。そんなとき、高倉の母が亡くなった。彼女は母娘二人暮らしだった。その通夜の席で大蔵は彼女に関係を迫った。しかし高倉は「今はそんなことを考える余裕はありません」と断った。

最大限に大蔵を好意的にみれば、親を失くして心細いだろうからこれからは自分が面倒を見てやろうという気持ちだったのかもしれない。だがそれも拒絶された。可愛さ余って憎さ百倍となった大蔵は本社に記者を集めると、聞かれもしないのに、噂になっていた高倉との関係を一方的に「女優を妾にしたのではない。妾を女優にした」と説明した。

これが七月のことだった。

高倉は大蔵との男女の関係を否定している。たとえそうだったとしても、新東宝に入った時点で、高倉は売れないながらも女優としての仕事をしていたので、「女優を妾にした」かもしれないが、「妾を女優にした」わけではない。

だが高倉に裏を取ることもしないまま、マスコミは大蔵の発言を拡散した。高倉は名誉毀損で訴えることも考えたが、時間も費用もかかるので諦めた。そのため、大蔵の発言を誰もが信じてしまう。「妾を女優にした」というフレーズは強烈だったので、歴史に残る迷言となった。「大蔵は、やることは悪いが、潔い」と誉める人もいる。

高倉は新東宝を退社し、フリーになった。契約が切れたタイミングであり、どこかに引き抜かれたわけでもない。以後もテレビや映画、舞台に出ていたが、六四年に結婚、六九年に引退する。

高倉が去った直後、大蔵は運に突き放されたかのように、新東宝社長の座を追われるのだ。

新東宝は単発的なヒットはあったが、一九五九年末には給与が遅配となっており、経営危機は深刻化していた。それにもかかわらず、大蔵は高倉みゆきに一方的に夢中になっていたのだ。

配給収入は『明治天皇と日露大戦争』のあった一九五七年に約二一・一億円で、一九五八年は約二〇・六億円、五九年も二〇・六億円とほぼ横ばいだったが、六〇年は一三・二億円と落ち込み、給料の支払いも止まった。この事態に、九月と十月には会社と組合との団体交渉が持たれたが、解決できない。組合は二十四時間のストライキを決行した。

戦前からの経営者である大蔵は組合や団交・ストそのものを忌み嫌う。ストライキを打たれたことで経営意欲を喪失し、他の五社に配給での提携を申し入れた。しかしどこからも色よい回答はない。東映の大川博だけが、第二東映が難しくなっていたので、新東宝との合併を考えた。

大川の計画は、新東宝を現代劇専門の製作会社「新東映株式会社」に商号変更し、大川が社長、大蔵は会長となるというものだった。さらに、新東宝と第二東映の営業部門を統合して配給業務をする「新東映配給株式会社」を発足させる。

かつて東横映画と太泉映画の配給会社を作った上で三社を合併して東映にした時と似た手法だった。将来的には、新東映・第二東映・新東映配給を合併する計画だったのかもしれない。

十月十日に大川と大蔵が会談し、十一月一日をもって新体制へ以降することになった。

ところが、破談になる。大蔵が社長を退くことに抵抗したとも、大蔵の持ち株の取引価格で合意できなかったとも、新東宝の専務だった山梨稔が社長の座に就こうとしたからとも言われる。

岡田茂は自伝（『悔いなきわが映画人生』）で、新東宝と組むことについて調査し、東映の現代劇は大泉撮影所だけで充分だし、新東宝の系列映画館を得てもうまみは少ないと営業部が結論を出したので、破談にしたと説明している。

東映との合併がなくなると、大蔵は新東宝第二撮影所の土地を自分の富士映画へ売却しようとした。好意的に見れば、富士映画には資金があったので、それを新東宝へ移して負債を減らそうとしたとも言える。だが、山梨専務がこれに反対し、役員間で抗争が勃発した。組合も土地の売却に反対し、本社に押しかけると、大蔵を軟禁して団体交渉を始めた。

土地の売却をめぐる交渉のはずが、興奮した組合員は「社長はどろぼうだ」「退陣しろ！」と罵声を浴びせ始めた。これが十一月二十九日のことだった。

大蔵のなかで何かが切れたのかもしれない。大蔵は土地売却を白紙に戻し、十二月一日付けで社長を退任した。一九五五年十二月から六〇年十二月までの五年にわたる大蔵ワンマン体制は、ここに終焉を迎えた。

一方、東映では第二東映の設立による量産で、主演級の俳優が足りなくなっていた。岡田茂から「時代劇も現代劇もできる役者はいないか」と相談を受けた俊藤浩滋《しゅんどうこうじ》は、「鶴田浩二がいい」と答え、後は任された。

俊藤浩滋は東映の社員ではないが、東映フライヤーズの監督に巨人の水原茂を引き抜くのに一役買い、東映上層部と親しくなっていた。戦前は商社に勤め、戦後もブローカーのようなことをして、かなり儲けて豪遊していた。任侠の世界にも足を踏み入れていた。

俊藤はブローカー時代から、京都で映画の撮影現場の手伝いをしていたらしい。

そんな時期、俊藤は京都の藝妓「おそめ」と知り合った。妻がいて娘（後に女優となる富司純子）もいたが、おそめと愛人関係になる。

おそめは松竹の白井信太郎の愛人だったが別れさせ、京都に店を出させると成功した。そこで東京・銀座にも出店し、東京―大阪を飛行機で移動して二つの店を切り盛りしていたので話題となり、映画『夜の蝶』のモデルにもなった。俊藤はおそめの愛人でありマネージャーでもあった。どちらの店にも映画人や作家が客として来ていたので、その人脈から水原の東映移籍を仲介したのだ。

俊藤は鶴田浩二に会い、「東宝にいても三船敏郎の上にはいけない」と口説いた。鶴田の了承が取れると、俊藤は東宝の藤本真澄に会い、鶴田の移籍を申し入れた。六社協定があるので、簡単には移籍はできないと思っていたが、藤本は「どうぞ、どうぞ」と言わんばかりだった。東宝としても、鶴田を持て余していたのだ。

これで円満な移籍が可能となり、鶴田は八月から東映東京撮影所に入り、ギャング映画などに出る。

黒澤プロ第一作『悪い奴ほどよく眠る』

一九五九年に発足した黒澤プロダクションは第一作を、汚職事件を題材にした社会派『悪い奴ほどよく眠る』に決めた。黒澤は、せっかく独立プロダクションを立ち上げたのだから、金儲けを目的とした娯楽作ではなく、社会的に意義のあるものにしたいと考えたのだ。東宝も黒澤に、「独立すれば自由に撮れる」と言った手前、この企画を断れない。

製作にはプロダクションの立ち上げを促した藤本真澄ではなく、田中友幸が当たった。以後、『赤ひげ』までの黒澤映画は田中が製作し、藤本が黒澤と組んだのは『隠し砦の三悪人』のみだった。『悪い奴ほどよく眠る』の製作発表は一九六〇年一月で、三月二十八日から撮影が始まった。三月一日に始まる予定だったので、この時点で一か月近く遅れていた。撮影終了は六月下旬で、現代劇なので、製作費もそれほどかからないと思われたが、八二五四万円もかかった。九月十五日に封切られたが、娯楽色が薄かったせいか、配給収入は五二八八万円と振るわず、赤字となった。黒澤に観客が求めているのは痛快な活劇なのだ。

黒澤明は『悪い奴ほどよく眠る』を完成させると、八月二十五日から始まるローマでのオリンピック大会の視察に向かった。四年後の東京大会の記録映画の監督を受諾したのだ。

帰国すると「東京五輪記録映画製作委員会」が正式に発足し、オリンピック組織委員会に対し、五億二〇〇〇万円の予算が提示された。黒澤としてはこれが必要最低限度の金額だったが、大蔵省は相手にもしなかった。ローマ大会の記録映画の製作費が二億五〇〇〇万円ほどだったというレポートが大蔵省には届いていたのだ。大蔵省は二億四〇〇〇万円以下の予算原案を提示してきた。黒澤はそれを二週間ほど研究し、自らもう一度試算し、五億九〇〇〇万円の予算案を再提出した。最初よりも増額していたのだ。

さらに大量のカメラとそれを扱うスタッフが必要となり、映画会社各社にも協力を求めなければ

1960年　会社別配給収入　興行ランキング（60年4月～61年3月）
○は順位、単位：万円

松竹	43億2676⑤	①天下を取る（日）◎3億2392
東宝	47億8860③	②波濤を越える渡り鳥（日）◎3億0012
大映	45億9477④	③闘牛に賭ける男（日）◎2億9133
新東宝	13億2415⑥	④喧嘩太郎（日）◎2億7669
東映	97億9274①	⑤娘・妻・母（宝）◎2億7561
日活	62億3770②	⑥あじさいの歌（日）◎2億7037
		⑦水戸黄門（東）◎2億6694
		⑧名もなく貧しく美しく（宝）◎2億5154
		⑨太平洋の嵐（宝）◎2億5154
		⑩新吾二十番勝負（東）◎1億7789

ならず、そうなると、オリンピック期間中はどの社も撮影が止まってしまう。黒澤のためになぜ自分たちが製作を止めなければならないのかという声も上がり、黒澤は結局、一九六三年三月に、正式に辞退する。それから慌ただしく後任に市川崑が決まり、五輪は六四年十月に開催され、記録映画は六五年に公開される。

黒澤がオリンピック映画に取り組んでいた時期は二年以上になるが、その間に『用心棒』『椿三十郎』という二つの大ヒット作が生まれた。

会社別配給収入では東映が一〇〇億円に迫る九七億九二七四万円で独走し、日活が六二億三七七〇万円で追い、東宝・大映・松竹が四〇億円台、新東宝は一三億円と離されていた。日活の石原裕次郎の人気は衰えを知らない。配給収入トップテンでは、『天下を取る』が一位、『闘牛に賭ける男』三位、『喧嘩太郎』が四位、『あじさいの歌』（滝沢英輔監督）が六位と、四作がランクインした。

第七章

時代劇の転換――1961

一九六一年の映画人口は、一〇億を大きく割り込み、八億六三四三万人と、前年比マイナス一五パーセントとなった。ピークの五八年からだと、二億六四〇二万人、二三・四パーセントのマイナスで、三年で約四分の一を喪ったことになる。NHK受信契約数は九二四万八九四九件で、伸び率は落ちてきているが、一〇〇〇万に近い。世帯数は二三五〇万なので、半数近くがテレビを持っている。

映画館の数も六〇年に七四五七だったのが、六一年は七二三一とマイナスに転じた。

東映の躓き

見かけは景気のよかった東映だが、新東宝と第二東映の合併話が流れると、盤石と思われた体制に亀裂が入っていく。

一九六一年は東映にとって創立十周年にあたった。前身の東横映画時代を数えないのは、大川が関わっていないからだ。東映の歴史はあくまで大川が創業したときに始まる。

一九六〇年秋に新東宝と第二東映の合併が頓挫したことは、六一年発行の東映の社史『東映十年史』には記載がない。『十年史』では、二月三日付の人事異動と並び、説明なしに〈第二東映を「ニュー東映」に改称することになった〉とあるのみだ。

ニュー東映は五月から現代劇を主軸とした新作二本立ての全プロ配給となり、その時点で一六二六の契約館を擁し、第七系統と称した。しかし、この体制は十か月で終焉を迎える。

『十年史』は一九六二年三月発行で、六一年の途中までが記されている。偶然だが、東映の黄金時代に翳りが出る直前までで、その本史の終わりはこう宣言されている。

〈清新溌剌たる東映精神！　当社は常に客観情勢の精密な分析調査の上に立って、次から次へと新たなる構想を打ち建て、あらゆる困難障害を克服しつつ、遂に今日の大東映を築きあげてきたのであるが、この先駆的・開発的東映精神こそは、更に明日の新しい歴史を切り開きつつ、日本の映画産業を前進せしめて行くであろう。〉

だが、東映の「明日の歴史」は、惨憺たるものでしかない。

六一年五月に「ニュー東映」が『アマゾン無宿　世紀の大魔王』（小沢茂弘監督、片岡千恵蔵主演）と『怪人まだら頭巾』（小野登監督、里見浩太郎主演）の二本立てでスタートし、当初は快調だったが、すぐに苦戦に転じ、十二月にニュー東映は消滅し、東映の配給系統は一本化された。

これが東映の躓きの始まりだった。

後の東映社長・岡田茂は回想録『悔いなきわが映画人生』にこう記している。

〈第二東映の発足に合わせて実施した二十五億円の増資は、系列の映画館の増強や給料の大幅アップ、時代劇の衰退、また製作費の上昇という状況により、あっという間に底をついた。この第二東映の失敗が後の大川社長の悲劇の始まりとなるのである――。〉

レジャーの多様化を受けて、大川博社長は映画だけでは危ないと、一九六〇年から不動産・観光・レジャー部門へ進出した。同年十月に新潟県湯沢町の温泉旅館を買収し、一億円をかけてホテルに改築して六二年十一月に「湯沢東映観光ホテル」として開業したのが、観光事業の始まりだった。さらにタクシー、ボーリングなど、多角経営を始めていく。ある意味では先見性があったのだが、その多くが失敗に終わる。

テレビ局開局、東映動画の設立と、大川社長が打つ手はすべて成功してきたが、ここにきて失敗が増えてくる。そのかわりに台頭してくるのが岡田茂だった。

岡田茂、東映東京撮影所長に

東映では九月に三十六歳の岡田茂が東京撮影所長に就任した。

一九五四年から、東映は大川の指示で二本立てを始めたが、現場でそれを指揮したのはマキノ光雄と岡田で、中村錦之助や大川橋蔵ら若手スターを育てた。だが将来の社長と目されていたマキノは五七年十二月に四十八歳で亡くなった。京都撮影所は岡田が実権を握る。

一九五八年、岡田はそれまではどの社の専属にもならなかった美空ひばりを東映の専属とした。

ひばりのマネージメントは彼女を見出してスターにした福島通人の新芸術プロダクションが担っていたが、五八年四月に山口組三代目・田岡一雄が神戸芸能社を立ち上げると、ひばりは同社専属となっていた。その田岡と岡田が話し、七月に専属契約を結んだのである。ひばりは六三年までに東映で一〇二本の映画に出る。

東映は京都で撮られる時代劇は好調だったが、大泉の東京撮影所製作作品はヒットがなく低迷していたので、その立て直しが急務となっていた。そこで岡田が抜擢されたということになっているが、京都での岡田の力が絶大なものになっていたので大川が警戒して、東京へ移らせたという見方もある。五七年に東映に入っていた長男の毅を後継者にしようと考えていた大川にとって、岡田は有能な人材で東映に欠かせないのも事実なら、息子の最大のライバルであることも事実だったのだ。

東京撮影所に移ると、岡田はアクション重視に転換させた。そこから「ギャング映画」という新路線が生まれ、これが「任侠映画」へと発展していく。

まだ「ギャング映画」とは銘打たれていないが、岡田がまだ京都にいる一九六一年五月に封切られた東映東京製作、鶴田浩二主演・佐伯清監督の『地獄に真紅な花が咲く』がギャング映画路線のきっかけとなる。六月には『花と嵐とギャング』（石井輝男監督）で高倉健が開花した。

九月に東映東京撮影所所長に転任した岡田茂は俳優も監督も世代交代させていく。

新東宝倒産

新東宝は、大蔵貢が退陣した後、一九六一年が明けると、専務の山梨稔を中心に再建案が模索され、丸一証券社長で、かつて東宝社長も務めた米本卯吉を相談役に、安倍鹿蔵が新社長に就任した。

安部鹿蔵は表には出ないタイプの人で、資料は少ない。若い頃は労働運動のリーダーで、かなり過激な闘争をした。出身は左翼だが右翼人脈にも強い人物だった。社会運動・労働運動での同志に石原莞爾の側近の浅原健三がいたので、その人脈もあったようだ。新東宝にいた監督の山際永三は、安部のことを「八幡製鉄所の大争議のあと会社を立て直した人で、株の減資や増資で潰れた会社を再建するプロ」と語っている（「昭和の不思議101」二〇二〇年秋）。

安部が来ると、山梨は退任した。そして初代社長だった佐生が総支配人として復帰した。

だがこの新体制は長く続かない。五月には不渡り手形が出て、映画製作もできなくなった。五月三十一日封切りの『北上川悲歌』（曲谷守平監督）が新東宝最後の映画となる。給料も諸手当も払えなくなり、従業員組合と交渉が繰り返された。

八月になって、これまでの映画作品約六〇〇本をテレビ局に売却することで資金を作り、それを未払い給与に充当することで、組合とは和解した。

テレビに放映権を売るのは六社協定に反するが、もはやそんなことは言っていられなかった。協定は法的には何の拘束力もないので、他社も阻止できなかった。

それも焼け石に水で、八月三十一日をもって新東宝は倒産した。負債総額約七億八〇〇〇万円。一九四七年から六一年まで十五年の歴史だった。

再建屋・安部鹿蔵でも新東宝は手に負えなかったのか――いや、そうではない。安部の本領が発揮されるのはこの後だった。安部は新東宝の再建は無理と判断して倒産させ、身軽になったところで、新会社にして再建する計画だった。

まず新東宝の配給部門を、東宝から完全独立する際に設立しておいた新東宝配給株式会社を母体にして、九月一日に「大宝株式会社」とした。大宝は大江健三郎の芥川賞受賞作を大島渚が映画化した『飼育』などを配給したが、興行成績が悪く、六作を配給して業務を停止した。最後の配給作品は一九六二年一月十四日封切りの『波止場で悪魔が笑うとき』（中川順夫監督）だった。製作部門は「NAC（ニッポン・アートフィルム・カンパニー）」となり、テレビ映画を受注する——こうして配給と製作を分離させ、新東宝株式会社は精算会社とした。

一九六四年、安部鹿蔵は清算会社として残っていた新東宝にNACを吸収合併し、「国際放映株式会社」と改称してテレビ映画製作会社とした。債務返済のために撮影所の土地はほとんどが日本大学に売却されていたが、残っていた土地が国際放映のスタジオとなった——これが安部鹿蔵の再建術だった。

安部は東宝、東京放送（TBS）、フジテレビジョンからの出資を得ていた。それもあり、この二局からテレビ用映画の製作を受注できた。新東宝は国際放映と名を変えて、テレビ映画製作会社として生き残り、アニメ製作会社、東京ムービーも一時は傘下に置いた。

テレビの発展期だったので国際放映の業績は好調で、名前は変わったが新東宝は再建に成功したといえる。

一方、大蔵貢は新東宝社長ではなくなったが、富士映画があり、さらには多くの映画館もあったので、映画を製作し続ける。新東宝第二撮影所の土地は、結局、大蔵の富士映画が買うことになったのだ。一九六二年一月、大蔵は富士映画と洋画輸入配給会社の大和フィルムを統合して、「大蔵映画株式会社」とした。その第一作として『太平洋戦争と姫ゆり部隊』（小森白監督）を製作し配給したが、興行は失敗した。戦争映画は大作でなければ当たらない。これに懲りたのか、大蔵は二度と一般映画の製作はせずピンク映画の世界で天下を取る。

大映が倒産した後、「大映テレビ」は生き残り、日活はロマンポルノ路線へ転じるが、それは新東宝が歩んだ道と同じだ。一九六一年から六二年、すでに映画界の斜陽が始まっている。この時点で、大映の永田雅一や日活の堀久作が新東宝を教訓として早目に手を打っていたら、二社の未来はどうなっていたか。

五社協定は、日活も加わり六社協定となったが、新東宝の脱落で再び五社協定となった。映画五社は会社の垣根を乗り越えたスター同士の共演、名監督と大スターの組み合わせで危機を乗り越えようという発想はしない。その逆に他社への出演を認めない方針をさらに強化していく。

裕次郎入院

一九六一年は石原裕次郎が日活に入り五年目だった。この年、二十六歳になる。前年（一九六〇年）十二月二日には北原三枝と結婚していた。北原は正月映画『闘牛に賭ける男』（舛田利雄監督）を最後に引退を決めていた。この映画はスペインロケをした大作である。

一九六〇年の裕次郎は九本に主演した。そして六一年最初の作品として予定されていた『激流に生きる男』の撮影が始まる前に、妻まき子（北原三枝の本名）と志賀高原へスキーに行ったところ、スキーヤーとの衝突事故に見舞われ、全治三か月の重傷となる。

日活の不運は続いた。裕次郎が入院したため、『激流に生きる男』は赤木圭一郎が代役を勤めることになった。その撮影中の二月十四日、赤木は撮影所内でゴーカートの試運転中に鉄壁に激突し、頭蓋骨骨折、意識不明の重態となった。すぐに病院へ搬送されたが、二十一日に亡くなった。

裕次郎は入院とその後の療養で八か月も撮影を休んだ。この年の日活は二人のスター不在で番組を組まなければならない。

この八か月という長い療養は裕次郎に「考える時間」を与えた。学生時代の一九五六年に軽い気持ちで映画に出演し、瞬く間にスターとなり、毎月のように新作を撮り、歌手としての人気も出てレコーディングも並行して続いた裕次郎にとって、初めて得た長い休暇だった。映画俳優になった当初から、裕次郎は「俳優は男子一生の仕事ではない」と語っていたが、その「男子一生の仕事」とは何なのかをじっくり考える機会となった。出した結論が、自分が作りたい映画を作ること、プロダクションの設立だった。

すでに裕次郎は会社が提示する企画に対し、意見を言うようにはなっていたが、それだけでは限界がある。もともと裕次郎は映画が好きな青年だった。とくにハリウッドやフランスの映画が好きで、そういう映画に出たい。裕次郎には漠然とだが「作りたい映画」のイメージがあり、それは日活映画とは異なる傾向のものだった。

佐藤利明著『石原裕次郎　昭和太陽伝』にはこうある。〈入院中、裕次郎は自分で自分の作りたい映画を企画して製作したいと、自らのプロダクション設立への夢を抱くこととなる。見舞いに来た日活撮影所のスタッフや、気の置けない仲間たちと、映画への夢を語り合い、彼らの抱えている不満を聞いた裕次郎は、このときに、石原プロモーション設立を決意したと思われる。〉

映画スターが独立する場合、金銭的な理由が多いが、裕次郎の場合は日活の映画への不満が最大の理由だった。『…そしてその仲間に』に裕次郎自身の回想としてこうある。

〈金じゃなくて仕事に対する不満。（略）三六年（一九五一）に足を折りまして、入院してたときはそんなことばかり考えていました。製作部の仲間に㊙の資料を持ってきてもらって、予算的にこれ削れる、メイン・スタッフがロケ・ハンで芸者上げてドンチャン騒ぎしなければこれだけ削れるとかね（笑）。こうすれば少数精鋭でいい映画作れるな……まあ単純な考えでしたけど、この頃からですね。自分のプロダクションを持ちたいと思ったのは。〉

裕次郎は五月二十九日に退院し七月二十七日まで療養し、二十八日から石坂洋次郎原作『あいつと私』（中平康監督）の撮影に入った。日活は派手なアクションものを復帰第一作に考えていたが、明朗青春ものを裕次郎サイド、とくに妻まき子が主張して、この作品に決まった。もともとは和田浩治主演で企画されたものだった。相手役は芦川いづみで、その妹の役で吉永小百合が出演した。吉永が日活に入ったのは一九六〇年で、まだ主役級の役は手に入れていない。

『あいつと私』は九月十日に封切られ、配給収入四億〇〇〇八万円と大ヒットし、この年度の興行ランキング三位となった。結婚しても大怪我をしても、裕次郎人気は不動だった。

続いて源氏鶏太原作のサラリーマンもの『堂々たる人生』（牛原陽一監督）が十月二十二日に封切られ、配給収入二億八九七七万円でランキング第八位、エジプトロケをしたアクションもの『アラブの嵐』

（中平康監督）が十二月二十四日に封切られて配給収入二億八八〇〇万円でランキング第九位になった。

八か月の空白が観客に飢餓感を与え、復帰と同時に裕次郎ブームが再燃したと言える。

一九六二年一月十四日封切りの『男と男の生きる道』（舛田利雄監督）はランキングのトップテンには入らなかったが、三月四日封切りの『銀座の恋の物語』（蔵原惟繕監督）は配給収入三億円ちょうどで六一年度のランキングの七位になる。

『銀座の恋の物語』はタイトル通り、東京・銀座が舞台となる。裕次郎の相手役は浅丘ルリ子だった。日活は、撮影所の東に一七〇〇坪の土地を購入して、銀座、新橋、新宿の街並みを原寸で再現した「パーマネント・オープンセット」を作った。『銀座の恋の物語』はその第一作でもある。このオープンセットにエキストラを歩かせ、クルマを走らせて撮られたのだ。知らないで見れば、銀座でロケをした映画だと思うだろう。

しかし、このパーマネント・オープンセットも、パーマネント（永久）ではなかった。

『用心棒』での時代劇革命

四月二十五日、黒澤明の『用心棒』が封切られた。前作『悪い奴ほどよく眠る』の興行がふるわなかったので、黒澤プロダクションの経営安定のためにもヒットさせなければならない。それには『七人の侍』や『隠し砦の三悪人』のような活劇時代劇しかないとなって生まれたものだ。

原作・原案などのクレジットはないが、ストーリーの原型はアメリカのハードボイルド小説、ダシール・ハメットの『赤い収穫』（『血の収穫』とも）である。敵対する二つのヤクザ組織があり、町を二分して勢力争いをしている。一般の町民は暴力におびえている。そこにやってきた男が、両方の組織に巧みに取り入って、最後には激突させて双方とも壊滅させる。後にそっくりなイタリア製西部劇『荒野の用心棒』が公開されると、黒澤は著作権侵害で訴える。

『用心棒』は単純にして精緻なストーリーも見事だったが、殺陣において従来の時代劇とはまったく違う手法で、時代劇の作り手とファンを驚愕させた。

日活の目玉の松ちゃんに始まる時代劇は、阪東妻三郎・嵐寛寿郎・片岡千恵蔵・市川右太衛門・長谷川一夫といった戦前からの剣戟スターも、戦後の中村錦之助・大川橋蔵・東千代之介・市川雷蔵・勝新太郎らもみな歌舞伎役者だったことから（勝新太郎は歌舞伎役者ではないが歌舞伎出身と言える）分かるように、殺陣のベースには歌舞伎の様式があった。

主人公は大勢に取り囲まれても、舞うように刀をふりまわし、敵は次々と倒れるが、だれひとり血は流さない。刀と刀がふれあう音はチャンチャンと明瞭に聞こえ、音楽的ですらあるが、肉を斬る音はいっさいない。絵空事としての殺陣であり、主人公である大スターは血しぶきも浴びなければ、髪も乱れず、着物も切れないし汚れもしない。

その常識を、黒澤明は打ち破った。人を斬れば血が流れ、ポタポタと落ちた血は地面にたまっていく。腕も斬り落とされ、鈍い音もする――殺陣にリアリズムを導入したのだ。斬り落とされた人間の手首を犬がくわえて駆けていくシーンは、観客の度肝を抜いた。それは「残酷だ」との批判も浴びた。

黒澤に「打倒東映時代劇」の強い意思があったとは思えないが、結果として、東映時代劇は打撃を受け、衰退を始める。

『用心棒』は配給収入三億五一〇〇万円と大ヒットした。直接製作費は九〇八七万円で、かなりかかってはいるが、その三倍の配給収入なので東宝も文句はない。すぐに同じキャラクターによる『椿三十郎』の製作が決まる。

『椿三十郎』は九月二十五日に撮影が始まり、十二月二十日に終わった。撮ったところから編集も始めているので、効率よく仕上がり、十二月二十七日に完成試写、六二年一月一日に封切られた。

正月映画『椿三十郎』は四億五〇一〇万円の配給収入となり、六一年度の興行ランキングで一位となった。『用心棒』は四位で、黒澤映画は年間ランキングトップテンに二作という快挙を成し遂げた。

ヒットメーカーとしての黒澤明の絶頂期である。

永田雅一の大博打

十一月一日、大映の超大作『釈迦』（三隅研次監督）が封切られた。タイトルどおり、釈迦の生涯を描くもので、下り坂にある日本映画界を景気づけようと、永田雅一が大号令をかけて製作した。ハリウッドもテレビに対抗するため、大型スクリーンの歴史大作ブームとなっており、前年にチャールトン・ヘストン主演、ウィリアム・ワイラー監督の『ベン・ハー』が日本でも大ヒットした。その流れに乗ったものだ。

『釈迦』は日本初の七〇ミリ映画で、カラー、二時間三六分、撮影五か月、延べ三万人が出演し、製作費は四億九四八〇万円と発表された。主人公の釈迦には本郷功次郎、そのライバルに勝新太郎、そのほか市川雷蔵、京マチ子、若尾文子など大映のスター総出演の大作だった。十一月に洋画系でロードショー公開され、一般館では翌年三月の公開と、配給系統が別れたこともあり、ランキングには入っていないが、大映によると七億円の配給収入だったというから、六一年度のトップだったはずだ。

黒澤明の『用心棒』『椿三十郎』の殺陣は、歌舞伎をベースとした長谷川一夫や東映時代劇の殺陣の否定でもあった。そして観客は黒澤を支持した。

すでに長谷川一夫は一年のうち三か月は舞台で座長公演をしていた。舞台にはクローズアップはないし、血を流す殺陣は不要だ。天下の二枚目俳優がスクリーンから去る日が近づいていた。

会社別配給収入は、東映が独走し一〇〇億円に迫った。新東宝はこの年で姿を消し、六社体制は五社体制になった。

新東宝がなくなったこともあり、製作本数は上半期が三〇一本に対し下半期は二三四本と減少傾向にあった。完全二本立ての量産主義から大作主義へと移ろうとしていた。

配給収入ランキングでは黒澤明・三船敏郎の『椿三十郎』（六二年一月一日封切り）が四億五〇一〇万円で一位、『用心棒』（六一年四月二十五日封切り）が三億五一〇〇万円で四位と二作もランクインした。

それ以外では石原裕次郎が依然として強い。『あいつと私』（中平康監督）が三位、『銀座の恋の物語』

1961 年　会社別配給収入　興行ランキング（61 年 4 月～ 62 年 3 月）
○は順位、単位：万円

松竹	40 億 1459 ⑤	①椿三十郎（黒澤、宝）◎ 4 億 5010
東宝	48 億 0045 ③	②赤穂浪士（東）◎ 4 億 3500
大映	40 億 7691 ④	③あいつと私（日）◎ 4 億 0008
新東宝	3 億 2872 ⑥	④用心棒（黒澤、宝）◎ 3 億 5100
東映	97 億 5045 ①	⑤宮本武蔵（東）◎ 3 億 0500
日活	64 億 7711 ②	⑥幽霊島の掟（東）◎ 3 億 0200
		⑦銀座の恋の物語（日）◎ 3 億 0000
		⑧堂堂たる人生（日）◎ 2 億 8977
		⑨アラブの嵐（日）◎ 2 億 8800
		⑩世界大戦争（宝）◎ 2 億 8499

（蔵原惟繕監督）が七位、『堂々たる人生』（牛原陽一監督）が八位、『アラブの嵐』（中平康監督）が九位と四本がランクインした（『銀座の恋の物語』は六二年三月封切り）。

二位は東映オールスターの『赤穂浪士』（松田定次監督）で、中村錦之助の『宮本武蔵』（内田吐夢監督）も五位でランクインした。毎年一作ずつ作られて全五部となる大作だ。

リストにはないが大映の『釈迦』も上位に入るはずだ。

第八章

東宝・松竹の明暗――1962

一九六二年の映画人口は六億六二二八万人と前年から二億人以上、五八年の約半分になった。映画館は前年から五〇〇近く減り六七四二館、公開本数も新東宝と第二東映がなくなったこともあり、前年の五三五本から三七五本に減った。

ＮＨＫ受信契約数は一二六一万一九四〇件に達した。

松竹、またも社長交代

五社のなかで凋落が激しいのは松竹だった。一九五五年は配給収入で一位だったのが、五八年に三位に落ち、六一年に新東宝がなくなると最下位になった。

松竹は銀行からの借り入れが四〇億円を突破し、総負債額が七〇億円に達した。そこで社長の大谷博以下の経営陣は人員整理に踏み切った。老舗だけあって、松竹は従業員の平均年齢が高かった。

戦後に生まれた東映や製作再開した日活が平均年齢三十歳のところ、松竹は四十一歳で、従業員数も東映・日活が約二〇〇〇名だったのに松竹は約三五〇〇名もいた。そこで三月に、六十歳の定年を五十五歳に引き下げて約三〇〇名を整理する案を組合に提示したが、組合は反発し、二十四時間ストライキを決行した。会社側は退職金の増額を提案し、四月に妥結した。約三〇〇名が退職、その退職金は約三億七〇〇〇万円だったが、毎月約一〇〇〇万円の人件費を減らせる計算だった。

しかし、ストライキまで決行されたので、責任を取る形で、社長の大谷博と副社長の大谷隆三が辞任した。博は竹次郎の女婿、隆三は次男である。博は二年での社長退任だ。

二人の息子を切る形になった大谷竹次郎は、会長から社長に復帰した。この年、八十六歳で会長から社長になったのである。これは息子以外には社長を譲らないという強い意思の現れだった。だが、大谷としても自分が先頭に立つには体力的にも自信がない。そこで取締役・相談役の閑職に追いやられていた城戸四郎を副社長にした。城戸は六十七歳である。

危機にあって、経営陣の若返りを図る企業もあれば、創業者が返り咲く企業もあるのだ。

大谷博は松竹を離れるが、隆三は株式会社歌舞伎座の社長になり、六八年に松竹の副社長に復帰し、七一年から八四年まで社長を務める。

副社長となった城戸四郎は「映画は斜陽産業ではない。文化がある限り映画もまた生き残りうる」と豪語した。映画は生き残るかもしれないが、松竹が生き残れるかどうかは分からない。

東宝、過去最高益

どん底であえぐ松竹とは対象的に、東宝は過去最高益を記録した。黒澤明の『椿三十郎』、稲垣浩の『どぶろくの辰』、成瀬巳喜男監督の『女の座』、空想特撮映画『妖星ゴラス』、喜劇『駅前旅館』などがヒットしたおかげだった。いちはやく大作主義へ転換したことが成功の要因とされた。

東宝は映画の配給収入二一億円の他、映画興行収入二三億円、演劇部門八億円、テレビ映画製作部門一億円などで、約六〇億円の総収入に対して六億四五〇〇万円の経常利益を出し、創立三十周年でもあったのでその記念で年二割五分の配当となった。

日活は一億五〇〇〇万円をかけて東京・銀座などの街並みを原寸大で再現したパーマネント・セットを建設するなど設備投資に資金をかけた。社長・堀久作の意向で多角経営のため、ホテル経営も本格化させていたので、その資金もかかり、借入金は三六億円に達し、その金利払いのために、一割配当だったのを無配とした。

五社協定、強化

映画会社五社はライバルではあるが運命共同体でもある。そのため、毎月一回「五社長会」を開いていた。その名称の通り、社長たちの懇親会だった。業界全体に関する話題を論じることもあれば、情報交換の場でもあり、互いの肚の探り合いの会でもあった。

四月の五社長会で、東映の大川博社長から「スター俳優の貸借は今後一切やめよう」との提案があった。大川がこの提案をしたのは、中村錦之助との契約更新に手こずっていたためだった。

　また、大映と山本富士子が他社出演を認める契約をしており、これは問題だと大川や日活の堀久作が指摘し、永田雅一も山本に手を焼いていたので同調した。

　山本富士子は一九五三年に大映に入社する際、「三年たったら自由契約」と条件を付けて専属契約を結んだ。だが三年後の契約更改では大映側に押し切られ、「自由契約」ではなく、「年間二本の他社出演を認める専属契約」となっていた。この「年間二本」の枠を使い、山本は五八年に松竹映画『彼岸花』（小津安二郎監督）、五九年に東宝系の東京映画『暗夜行路』、六〇年に『墨東綺譚』（どちらも豊田四郎監督）、六一年に松竹が配給した独立プロの『猟銃』（五所平之助監督）などで、巨匠監督と組んでいた。

　だが、「年間二本」の約束が一本の年もあったので、山本は一九六二年の契約更改の際に、永田雅一に「年間二本」を確約させた。そのため、六二年は東宝系の東京映画製作の『如何なる星の下で』『憂愁平野』（どちらも豊田四郎監督）に出演することになった。

　この「年間二本の他社出演」という契約が、五社協定に違反していると問題にされた。永田としても好きで認めたわけではないので、そんなに言うなら、今後一切、スター俳優の賃借はしないことを申し合わせることになった。

　ただし、山本の『如何なる星の下に』はすでに四月十五日に封切られ、『優秀平野』も製作が動きだしているので（六三年一月十五日封切り）、出演を認めることになった。

　五社長会での合意を受けて、五月に日本映画製作者連盟の「製作部会」は各社に「専属スター名簿」の提出を求め、そのリストを共有した。松竹は一八人、東宝は三一人、大映は一九人、東映は一八人、日活は二九人、合計一一五人が貸し借りをしないスターとなった。

しかし、東宝の藤本真澄専務は貸し借り禁止に批判的で、「リストは提出するが三船敏郎以外は貸し借りに応じる」と述べた。

東宝にもスターはいたが、この会社はスター主義ではなかった。プロデューサーが企画を立て、それにふさわしい監督を選び俳優も選んで撮っている。松竹もそれに近い。東映、日活は完全なスター主義で、大映は永田雅一が「企画第一」と言う割にはスター主義だ。時代劇では長谷川一夫、市川雷蔵、勝新太郎の三人がローテーションで主演していた。企画は「長谷川一夫主演」が最初に決まり、この二枚目スターに合った題材が選ばれていく。

東宝にとっては、俳優の貸借が完全にできないのは好ましいことではない。借りたい俳優はいるし、三船敏郎以外ならば、東宝作品に支障を来さなければ貸してもいいという考えだった。

三船プロダクション

黒澤明は東京五輪映画の計画が不確定なまま、次はサスペンス映画『天国と地獄』に取り掛かっていた。『天国と地獄』は六二年九月に撮影が始まるが、東宝が原作のエド・マクベインの『キングの身代金』の映画化権を買ったのは六一年夏というから、シナリオ作りと準備に一年以上かけたことになる。黒澤はその間の六一年九月から十二月に『椿三十郎』を撮っていた。

『天国と地獄』の撮影は一九六三年一月三十日までかかり、三月一日に封切られると大ヒットし、配給収入四億六〇二〇万円と『用心棒』『椿三十郎』を超え、六二年度の興行ランキング第一位となった。

黒澤の独立は東宝にとっては成功だった。『用心棒』『椿三十郎』『天国と地獄』は大ヒットし、東宝にとって大きな利益が出た。この戦略は正しかったとの結論になり、東宝は三船敏郎にもプロダクション設立を働きかけた。

三船敏郎の三船プロダクション設立は、東宝から独立するのでもなければ、東宝に反旗を翻すものでもない。その逆で東宝が撮影所縮小計画のひとつとして考えたもので、設立にあたり、東宝も出資し役員も出している。黒澤プロ同様に、東宝の子会社と言っていい。東宝が正式に、「東宝」としての映画製作を打ち切り、砧撮影所を貸しスタジオとし、子会社として「東宝映画」を設立するのは一九七一年だが、三船にプロダクションを作らせた時点で、そこへ至る路線が考え出されていたことになる。採算の取れる部門は子会社にして独立させていく手法は、阪急が繰り返しているもので、それを映画にも導入していくのだ。

三船が独立すると聞いて、黒澤明と谷口千吉は反対した。三船は映画では豪快な人間を演じているが、実際は繊細で気を遣う性格だった。黒澤たちはそれをよく知っているので、冷徹な判断を必要とされる経営者には向かないと思っていた。東宝の冷徹な経営者たちは、それを知ったうえで、東宝を守るために、三船に独立してもらうしかないとの結論に達していたのだ。

なお、三船自身のインタビューや、三船の長男・史郎の発言などでは『赤ひげ』の後に、「プロダクションを作れと東宝から言われた」という趣旨のものがあるが、設立は一九六二年夏で、六三年四月に第一作『五十万人の遺産』が封切られ、その後に『赤ひげ』の撮影だ。「『赤ひげ』の後」

というのは三船プロダクションが撮影所を建てた時期なので、それと設立とが混同したのだろう。

三船プロダクションは東宝も出資し森岩雄と藤本真澄、映画輸入会社の東和（現・東宝東和）の川喜多長政が役員となった。

当時の三船の思いについて、小林淳著『三船敏郎の映画史』にはこうある。

〈三船には強い信念があった。映画の灯を消してはならない、映画の灯を燃やし続けるためには自分がこの灯を守る。彼は周りのスタッフにこう声をかけたという。「借金してでも映画を作るから一緒にやろう」。世界における日本の映画界の地位向上、国際的俳優の育成に力を注ぎたいという想いも三船にはあった。同社（三船プロ）が世界に通用する映画を製作すれば国際的な評価を獲得する。それはつまり日本映画の信用を高めることだ。それは三船の悲願でもあった。映画に懸ける三船の情熱はカツドウヤたちの気概に重なった。東宝側の要望があったことも事実だが、三船はこうしてプロダクション設立を決断した。〉

石原裕次郎がプロダクション設立へと動くのも、いい映画を作りたいとの思いからだった。二人の大スターの映画への思いはあまりにも純粋だった。

しかし——三船はプロダクションを設立したものの、すぐには動けない。九月から黒澤の『天国と地獄』の撮影が始まり、翌年一月までかかるのだ。

裕次郎独立

石原裕次郎は日活の製作主任、中井景（一九二三～八一）に、独立を相談するようになっていた。中井は慶應義塾大学を一九四九年に卒業し、五二年に日活に入り、最初はホテル部門にいたが映画製作に移った。市川崑の『ビルマの竪琴』で製作主任となり、裕次郎のデビュー作『太陽の季節』以後も、大半の裕次郎映画に「製作主任」としてクレジットされている。

裕次郎が相談を持ちかけたという説もあれば、中井が独立しようと働きかけたとの説もある。どちらからともなく始まった話なのかもしれない。ともあれ、プロダクション設立の準備が中井を中心に極秘裏に始まった。

日活での映画作りも継続する。正月映画の監督に決まった舛田利雄から、「次は何をやりたい」と問われ、裕次郎は「時代劇、侠客ものはどうだい」と答えた。いままでやったことのないものがいいという程度の思いつきだった。その希望が通り、火野葦平の『花と龍』を映画にすることになり、十二月二十六日に封切られ、大ヒットし、一九六二年度の裕次郎作品で配給収入トップの三億六〇四〇万円、ランキングでは二位となった。しかしトップテン入りした裕次郎映画は『花と龍』だけなので、その人気に翳りが出てきたとも言える。

裕次郎は日活からの独立を目指していたが、それが容易ではないことも分かっていた。そこで一気に独立するのではなく、一歩一歩、進める作戦に出た。

『花と龍』が封切られ、大入りと報告された翌日の十二月二十七日、裕次郎は日活本社に江守清樹郎専務を訪ね、プロダクションを設立すると「報告」した。「相談」ではなかった。江守は「五社協定はどうするつもりだ」と問い質した。「映画製作だけでなく、テレビ番組の製作や、歌のマネージメント、外国からのアーティストの招聘などをする会社だ」と説明した。「石原プロ」と略されるが、「石原プロダクション」ではなく、「石原プロモーション」という社名にしたのは、そういう思いも込められている。もしかしたら、日活を刺激させないためかもしれない。

この時点では三船プロダクション設立は広く知られてはいない。裕次郎が漠然とモデルとして考えていたのは黒澤プロダクションだったろう。東宝と製作費を折半し、東宝の撮影所で撮り、東宝が配給して東宝系列の映画館で公開、配給収入を分け合うというユニット方式である。東宝から見れば、黒澤プロは子会社であり、下請けの製作会社のひとつで、それは三船プロも同じだった。だが、裕次郎は石原プロモーション設立に、日活からの資本は求めていない。資本的には完全に日活から独立していた。

江守との会談は一時間半に及び、日活との本数契約の維持を確認して「報告」は終わった。「円満な独立」とされているが、江守は激怒し、それをなだめるのに一時間半かかったというのが真相のようだ。

日活への仁義を切った裕次郎は午後四時から、帝国ホテルに新聞各社の記者を集めて石原プロモーション設立を発表した。会見には江守も同席させられ「円満な独立」を演出するのに一役買わされた。妻まき子と兄・石原慎太郎も同席した。二人は石原プロモーションの役員になる。

記者会見での質疑応答を通して、次のことが明らかになった――日活に叛旗を翻すわけではない。江守は円満に承諾してくれた。株式会社としての設立は翌年一月十六日に登記する。虎ノ門興行ビルに事務所を置く。日活との関係については、本数契約が翌年三月に切れるが、その後は日活と石原プロモーションと年間五から六本、最大でも七本の本数契約を結ぶことになるだろう。そのうち二作は石原プロとの提携作品にしたい。場合によっては自主製作もありえる。第一作はまだ発表できないが企画しており、来年夏になるだろう。外国との本格的な合作もしたい。アメリカへ行って交渉するつもりだ。他社出演は現段階では五社協定があるので無理だろうが、黒澤プロとの提携も夢ではなくなる。テレビにも舞台にも出ることができる。まき子夫人のカムバックも考えられる。

最後のオールスター超大作

十一月一日、大映の創立二十周年記念映画、七〇ミリ映画第二弾として『秦・始皇帝』（田中重雄監督）がロードショー公開された。主人公の始皇帝には勝新太郎が起用され、大映オールスターが出演した。タイトル通り、中国を統一した秦の始皇帝を描く映画だ。

永田雅一は政界人脈を駆使して台湾の蔣介石総統と会い、中華民国政府の全面協力を取り付けた。戦闘シーンなどは台湾でロケし、国府軍約十個師団が動員された。富士の裾野の御殿場には原寸の万里の長城が作られた。

始皇帝が中国統一を果たしたところから物語は始まるので、統一までのドラマチックな半生は描かれず、独裁者・暴君となった始皇帝の残虐非道な行いばかりが描かれ、スケールは大きいが、後味の悪い映画だったせいか、『釈迦』の六割程度しか観客は入らなかった。この作品も洋画系でロードショー公開し、翌年に邦画の一般館で公開された。『釈迦』の七億円が本当で、その六割なら四億円は超えて、ランキング上位に入るはずだが配給収入ランキングには記載されていない。

これで大映のオールスター超大作は最後となる。

1962年　会社別配給収入　興行ランキング（62年4月～63年3月）
○は順位、単位：万円

松竹	33億4303⑤	①天国と地獄（黒澤、宝）◎4億6020
東宝	55億2613③	②花と竜（日）◎3億6040
大映	43億3015④	③勢揃い東海道（東）◎3億5212
東映	75億8321①	④キングコング対ゴジラ（宝）◎3億5010
日活	65億0257②	⑤宮本武蔵 般若坂の決闘（東）◎3億0241
		⑥飛車角（東）◎2億8800
		⑦どぶろくの辰（宝）◎2億8480
		⑧忠臣蔵（宝）◎2億8010
		⑨裏切り者は地獄だぜ（東）◎2億7912
		⑩青い山脈（日）◎2億7080

会社別配給収入では東映の一位は変わらないが、六〇、六一年は九〇億円を突破していたのに、七五・八億円と落ち込んだ。松竹はこの年も興行ランキングトップテンに一作もない。日活が六五億円で追い、東宝の五五億円、大映の四三億円、松竹の三三億円の順だ。

興行ランキングでは黒澤映画が前年度に続いて一位で、東宝作品では『キングコング対ゴジラ』以外の三作に三船が出ている。東映では、錦之助の内田吐夢監督『宮本武蔵』（全五部作の第二作）、オールスターキャスト『勢揃い東海道』が時代劇で京都撮影所、任侠映画の始まりとされる『飛車角』（翌年三月公開）とギャング映画『裏切り者は地獄だぜ』は東京撮影所が製作しており、東京が力をつけてきた。

第九章

三船プロと石原プロの出発――1963

ついに、映画人口は最盛期一九五八年の一一億二七四五万人の半分以下の五億一一一二万人になった「キネマ旬報」の一九六三年「映画界10大ニュース」の一位がこの話題である。映画人口が減少し始めたのは一九五九年だから、五年にして半減した。国民ひとりあたりの年間の観覧回数も一二・三回から五回に落ちた。ＮＨＫ受信契約数は一五一五万三五〇四件になった。

映画人口減少はこの年に始まったわけではないのに、なぜ「10大ニュース」のトップになったのか――その理由はこう記されている。

〈なぜ六三年になって人々にショックを与えたのか、映画界は同じようにテレビに圧迫された米国映画界の例からみて、観客数のどん底は最盛期の五〇％を割るまいという自負心があったからだ。〉

各社トップのコメントも載っている。松竹の城戸四郎会長は「昔の流行は、映画から始まったし、今後の巻き返しは映画から流行を作り出すことだ」、東宝の雨宮取締役は「何でもよいから日本映画の話題を作って景気づけたい」と言ったという。無策ぶりを自ら語っているに等しいコメントだ。

旧作、テレビへ

新東宝が倒産直前にテレビへ放映権を売ったことで、映画をテレビで見ることが定着しつつあった。だが残りの五社は協定でテレビには売らないことを決めているので、抜けがけはできない。

しかし、いよいよ資金繰りに窮してきた大映の永田雅一は、七月の五社長会で「銀行が融資してくれないので、テレビ局に映画を売りたい」と発言した。これに同意したのが同じように資金難に苦しむ松竹と日活、そしてテレビ局を持つ東映だった。

東宝は創業以来の好成績だったので、テレビに売る必要はないと考えており、同意はしないが、協議には応じた。

テレビへの放映権売却問題は映連（日本映画製作者連盟）で協議することになり、その結果、

一、売却代金は全額を映画製作費に還元する。
二、放出作品は、封切りから七年以上前（日活のみ五年以上前）の作品とする。
三、映画館への影響を最小限に留めるため、年間放出本数は五社合計五〇〇本以内（一社平均一〇〇本）とする。
四、放映時間は、ゴールデンアワーを避けるなどの条件をつける。
五、基準価格は一本三〇〇万円以上。

という方針となり、翌年（一九六四年）から実施することになった。

これに映画館側は猛反発し、業界団体である全興連（全国興行生活衛生同業組合連合会）は、映画産業団体連合会からの脱退と、配給会社に対する上映料金の不払い運動をちらつかせて抵抗した。しかし、この流れは止まらない。

石原プロ、三船プロの出発

前年（一九六二）十二月二十七日に石原裕次郎が発表した通り、一九六三年一月十六日に株式会社石原プロモーションは登記された。

代表取締役社長は石原裕次郎、日活を辞めた中井景が映画製作担当常務取締役、日活俳優部で裕次郎のマネージメントを担当していた坂本正が営業・総務担当常務取締役、石原まき子と石原慎太郎が非常勤の取締役となった。水の江瀧子も「顧問」として名を連ね、日活俳優部と演出部、製作部からひとりずつが社員として参加した。また演出家で石原慎太郎と親しい劇団四季の浅利慶太と音楽評論家の安倍寧《やすし》もブレーンとなる。

この登記の日、裕次郎は日本にいなかった。大晦日にまき子とともにアメリカへ旅立っていたのだ。帰国は二十五日だった。

一月三十日に裕次郎は日活へ出向き、俳優「石原裕次郎」と日活との契約交渉に当たった。裕次郎サイドが出した提案は、日活作品への出演は年間三本、石原プロの自主製作は二本までとして、日活がさらに出てほしい場合は、そのつど話し合うというものだった。

デビュー二年目の一九五七年から六二年まで、怪我で入院した六一年以外は、毎年九本から十本に出演していたので、本数は半減となる。

日活が裕次郎本人との契約にこだわったので、日活・裕次郎・石原プロ三者による本数契約となり、裕次郎は日活とは「専属であって専属ではない」という曖昧な関係になった。

裕次郎がまだハワイにいる一月十七日、三船敏郎は三船プロダクション設立を発表した。

この会見では三船プロの第一作が『五十万人の遺産』で、三船が監督もすると発表された。日本軍が戦争中にフィリピンに隠した財宝をめぐる冒険映画だ。同作のプロデューサーには藤本真澄と田中友幸の二人が名を連ね、東宝として全面的にバックアップする姿勢を示した。スタッフは『天国と地獄』を終えたばかりの黒澤組が集合し、黒澤も編集に立ち会う。

『五十万人の遺産』は岡本喜八が監督する予定の企画で、ロケハンまでしていたものだった。それを三船がもらった形だ。三船と岡本は親しいのでトラブルにはならなかったのだろう。同作には三船の他に三橋達也、俳優座の仲代達矢も出た。

東宝は全面協力すると言いながら砧撮影所は貸さず、関西にある系列の宝塚映画の撮影所で撮られた。そのためこの作品は三船プロと宝塚映画の製作で、東宝が配給する形になっている。

三船が主演し、監督もしたというので話題性は十分で配給収入二億二五〇〇万円、この年度の興行ランキングで六位という、幸先の良いスタートを切れた。しかし映画評での評価は低かった。三船は監督業には懲りて、この一作だけで終わった。

山本富士子、映画界を去る

一月十三日、長谷川一夫三〇〇本記念作『雪之丞変化』（市川崑監督）が封切られた。勝新太郎・市川雷蔵・若尾文子ら大映オールスターが出演したが、そのひとり、山本富士子にとって大映での最後の映画にもなった。

この年一月の山本の契約更改の場で、大映は当初「年間主演二本、共演一本、他社出演は自由」という条件で慰留したが、その後、前年の五社長会での申し合わせもあり、山本に「専属かフリーかの二者択一」を迫った。これを受け山本はフリーになる道を選び、二月二十八日に記者会見を開いて、「契約条件に他社出演が認められながら、実際にはもめるなど自由が拘束されてきた」ことを理由に、フリーになると宣言した。そして円満退社だと強調しながらも「映画に出られなくなっても仕方ありません。自分の立場は自分で守ります」と覚悟を示した。

永田は山本に、「いつでも困ったことがあったら帰ってきなさい」「他社出演を妨害するなんて小さな根性の持ち主ではない」などと言っていたが、一方で、「他社が山本を使うかどうかは、良識に任せる」と圧力をかけてもいた。

こうして山本富士子はフリーになった。彼女は映画界から引退する気はなかったが、その後、山本にはどこからも出演依頼が来なくなった。

大映の『雪之丞変化』と東京映画（東宝系）の『憂愁平野』は同時期の撮影で、封切りも『雪之丞変化』が一月十三日、『憂愁平野』が一月十五日なので、どちらが最後の作品とも言い難い。この二作をあわせて、十年間に一〇三作に出て、山本富士子はスクリーンを去った。

業績不振の大映は看板スターをひとり喪い、日本映画界は大女優をひとり喪った。

フリー宣言後、山本富士子のもとへは映画出演の話が次々と持ち込まれたが、決まりかけると「なかったことにしてください」となった。何らかの力が働いていたとしか思えない。山本は二〇〇二年刊行の写真集『いのち燃やして』収録のエッセイでこう振り返っている。

〈映画会社五社の専属協定が暗黙裡にあり、新聞にも「五社協定の黒い霧」などと書かれたものですが、会社とは契約上のトラブルも何もありません。東宝の菊田一夫先生に舞台のお話をいただきましたが、それもダメになってしまいました。こうして次々に持ち込まれては壊れていく辛い日々に、もう女優を辞めようと思っていました。〉

映画はだめでも舞台がある。まず、松竹の演劇部門から歌舞伎座で十一代目市川團十郎と共演する企画が提案されたが、團十郎と松竹の間で何も話を詰めていないうちに発表されたので、團十郎が「聞いていない」と言っていると報じられ、山本の方から辞退した。ここには大映・永田雅一の圧力はなさそうだ。その次に東宝で菊田一夫が山本の起用を決めたが、この話も壊れた。一説には、森岩雄が永田と結託して潰したという。松竹も東宝も五社協定に入っているが、それは映画での話で演劇には適用されないはずだったが、商業演劇の世界でも、山本富士子の行き場はなくなった。

そこへ持ち込まれたのがテレビの仕事で、TBSのプロデューサー・石井ふく子が東芝日曜劇場の七月七日放映の『明治の女』に起用し、同作で團十郎の実弟で東宝にいた松本幸四郎（八代目、後・初代松本白鸚）と共演した。放映終了後、山本の家は深夜までファンからの電話が鳴り止まず、女優を続けようと改めて決意した。

テレビで復活した山本富士子は、翌一九六四年四月に舞台デビューを実現させる。永田でも頭が上がらない興行師がいたのである。大阪の新歌舞伎座を持つ松尾國三は、山本が窮地に陥っているのを助けてやろうと、永田と話をつけた。松尾も永田も興行の世界で危ない橋を渡ってきた仲だった。永田は山本の舞台出演に「何の問題もない」と言わざるを得ず、四月に松尾の大阪・新歌舞伎座で山本富士子は松本幸四郎と共演した。

こうして五社協定の犠牲となった山本富士子は、舞台女優としての道を歩みだした。以後、現在まで映画には一秒も出ていない。

山本富士子に続いて長谷川一夫も映画界を去った。長谷川は一月公開の『雪之丞変化』で引退するつもりだったが、もう一本出てくれと頼まれ、五月公開の『江戸無情』（西山正輝監督）に出演し、引退を発表した。その理由は「ワイドスクリーンになったので、クローズアップされると、もうあきまへんのや」だった。この年、五十五歳。銀幕の二枚目スターは自分の引き際をよく知っていた。

かくして大映は、長谷川一夫と山本富士子という二人のスターを喪った。いや、大映だけではなく、日本映画界が、二人を喪った。

『太平洋ひとりぼっち』

石原裕次郎は「日活の専属であって専属ではない」というグレーゾーンの専属契約で、一九六三年を迎えた。

この年の裕次郎にとって最も重要な作品は、石原プロモーション第一回作品『太平洋ひとりぼっち』（市川崑監督）だった。七月四日に、撮影が兵庫県西宮市のヨットハーバーでのロケで始まった。『太平洋ひとりぼっち』はヨットで太平洋を単独で航海した堀江謙一の手記の映画化で、大映が先に映画化権を買っていたが、石原裕次郎自ら永田雅一と交渉して手に入れた。監督は、せっかく独立プロとして撮るので日活の専属ではない人をということで人選したが、なかなか決まらず、一時は石原慎太郎が撮るという話まで持ち上がった。

ようやく市川崑に決まったものの、大映と契約していたため、配給する日活が難色を示した。この時から、裕次郎は「五社協定」なるものと闘う運命にあったのだ。

モデルとなった堀江謙一の航路を追って、ハワイ、サンフランシスコへもロケをする大作だった。本物の海で撮ったシーンも多いが、なかにはミニチュアのヨットでの特撮もあった。その特撮を担ったのは、この年の四月に会社としてスタートしたばかりの円谷特技プロダクションだったが、円谷が東宝の特技監督でもあるので、円谷の名はクレジットにはない。

円谷英二は東宝の役員ではなかったのに、敗戦後、公職追放になった数少ない映画人だ。それだけ円谷の作った戦意高揚映画は、アメリカ軍にその技術力と影響力が高く評価されたとも言える。東宝を解雇された円谷は、自宅に「円谷映画特殊技術研究所」（円谷研究所）を設立した。この時点ではまだ法人組織ではない。五〇年に円谷は東宝に復帰すると、円谷研究所を東宝のスタジオ内に移した。円谷は自宅と東宝スタジオ内に研究所を設け、その名称通り、特撮技術の研究をし、後進を育てていた。

その研究所が「株式会社円谷特技プロダクション」となったのが一九六三年四月で、円谷としては東宝から離れて自由に仕事をしたいからだった。円谷は東宝で後見人的立場にある森岩雄に相談した。森は円谷を失うことの痛手と、円谷には経営センスがなく財政的に失敗が目に見えていたので、反対した。その後も協議がなされ、翌六四年三月に、東宝が資本参加し、藤本真澄と馬場和夫という東宝のプロデューサーが取締役となった。やがて円谷プロはテレビ映画の製作を始める。

『太平洋ひとりぼっち』の撮影と同時に、七月三日から、石原プロモーション製作のテレビ番組『今晩は、裕次郎です』も始まっていた。裕次郎がホストとなり、毎回、多彩なゲストを招くバラエティ番組で、このなかで『太平洋ひとりぼっち』の撮影の進行具合もレポートされていた。映画の宣伝を兼ねた番組でもあった。

十月二十七日、満を持して『太平洋ひとりぼっち』は封切られた。しかし、テレビで毎週のように宣伝していたにもかかわらず客足は伸びず、興行的には失敗した。それでも「キネ旬ベストテン」では第四位となり、作品的には評価を得た。

『太平洋ひとりぼっち』は封切り後もキャンペーンが続き、裕次郎が日活撮影所に戻ったのは十一月十四日で、翌年正月公開の『赤いハンカチ』(舛田利雄監督)がクランクインした。浅丘ルリ子・二谷英明共演による、日活ムードアクションの最高傑作である。六四年一月三日に封切られると、配給収入二億八〇〇〇万円と、六三年度の第三位にランクインした。

裕次郎が作りたい映画と、観客が見たい裕次郎映画の間には乖離があった。

俳優・石原裕次郎の熱狂的な嵐のようなブームは去っていたものの、依然として人気スターであり、いい企画であれば多くの観客を動員できた。しかし、それは日活が作ればよく、石原プロモーションの仕事ではない。しかし、裕次郎が作りたい映画には客が来ない。石原プロモーション社長としての裕次郎の苦悩が始まる。

東映任侠映画の始まり

三月十六日、東映の『人生劇場　飛車角』（沢島忠監督）が封切られた。尾崎士郎の長篇小説の、七度目の映画化だった。監督は沢島忠、鶴田浩二が飛車角、佐久間良子がおとよ、高倉健が宮川健、月形龍之介が吉良常、梅宮辰夫が青成瓢吉といったキャスティングだった。企画したのは岡田茂だった。

そしてこれがヒットしたのをきっかけに東映は任侠映画路線へと舵を切る——ということになっているが、『人生劇場』については、さまざまな人物が「本当に企画したのは〇〇」だという説を述べている。誰かひとりが天の啓示を受けて思いついたというよりは、さまざまな偶然から生まれたと考えたほうがいい。

『人生劇場　飛車角』は配給収入二億八八〇〇万円の大ヒットとなった。東映に移籍したものの、ギャング映画しか出番がなくくすぶっていた鶴田浩二は、ようやく生きる場を得た。

この時点では、東京撮影所が任侠映画を作り始めたというだけだったが、岡田が一九六四年に京都撮影所所長になると、時代劇から任侠映画への転換を断行し、東映時代劇は終焉へと向かうのだった。

1963年　会社別配給収入　興行ランキング（63年4月～64年3月）
○は順位、単位：万円

松竹	29億6952⑤	①にっぽん昆虫記（日）◎3億3000
東宝	52億9762③	②光る海（日）◎3億0000
大映	36億3627④	③赤いハンカチ（日）◎2億8000
東映	72億0927①	④武士道残酷物語（東）◎2億7500
日活	57億1265②	⑤大盗賊（宝）◎2億3000
		⑥宮本武蔵・一乗寺の決斗（東）◎2億2500
		⑦五十万人の遺産（三船・宝）◎2億2500
		⑧五番町夕霧楼（東）◎2億1800
		⑨喜劇 駅前茶釜（宝）◎2億1000
		⑩新吾二十番勝負（東）◎2億0700

各社別の配給収入は、東映が一位、日活、東宝、大映、松竹の順だった。トップの東映ですら、前年比約三億七〇〇〇万円、五・〇二パーセントのマイナス、大映にいたっては一六パーセントものマイナスとなった。

大映はこの年から無配当に転じ、これで松竹・日活・大映の三社が無配となった。一方、東宝は創業以来の業績と明暗を分けた。

ランキング一位の『にっぽん昆虫記』は当時は日活にいた今村昌平の作品で、大胆な性描写が話題になってヒットした。東映の『五番町夕霧楼』は岡田茂企画の水上勉原作・田坂具隆監督の文藝作だが、佐久間良子の塗れ場がエロティック過ぎると映倫がカットを指示し、岡田と田坂が激しく抵抗したのが話題となり、大ヒットした。錦之助は巨匠と組んだ『宮本武蔵』（内田吐夢監督）と『武士道残酷物語』（今井正監督）、三船は『五十万人の遺産』と『大盗賊』、裕次郎は『赤いハンカチ』がランクインした。

第十章

東映、東急から独立——1964

一九六四年の映画人口は四億三一四五万四〇〇〇人で、五億人を割った。最盛期の一九五八年の三八・三パーセントになってしまった。映画館も五〇〇〇を割って四九二七館で、六〇年の七四五七館の六六パーセントとなった。ＮＨＫ受信契約数は一六七一万六三二四件で伸び率はだいぶ落ちてきた。

最盛期の半分を割ったことが「映画界10大ニュース」のトップになったのは前年で、これで底を打ったとされていたが、その見方は、あまりにも甘かった。

しかし、当初はオリンピックもあるのでもっと減ると予想されており、「危機の底が見えた」と業界では言われていた。

公開された日本映画は三四四本と、第二東映のあった一九六〇年の五四七本の六三パーセントと、すべてが縮小していた。高度経済成長期で物価が上昇していたため入場料は五八年の六四円から一七八円へと二・七八倍になっていたので、総興行収入は五八年の七二三億円に対して六四年は七六九億円と増えているが、製作費も高騰しているので経営は楽ではない。

長谷川一夫、大河ドラマに

一九六三年に舟橋聖一原作『花の生涯』で始まったNHKの大河ドラマは、六四年は大佛次郎原作『赤穂浪士』が製作され、主役の大石内蔵助を銀幕の大スターだった長谷川一夫が演じた。

このような超大物スターがテレビに出たのは初めてだった。長谷川一夫は大スクリーンでのクローズアップに耐えられないと自ら語っていたが、当時のテレビはまだ小さく解像度も低いので、アップにしても大丈夫だった。この昭和の大スターは歌舞伎、松竹映画、東宝映画、新演技座、大映時代劇、東宝歌舞伎に次いで、テレビという新たな活躍の場を得た。

しかし、長谷川より若い映画スターたちはテレビへの進出をためらっていた。

長谷川一夫のいなくなった大映は、勝新太郎と市川雷蔵のシリーズものでもっていた。二人は「カツライス」と呼ばれた。

勝新太郎の同一主人公が出るシリーズものは、一九六一年に始まった『悪名』（全十六作、大映では十五作）が最初で、六二年から『座頭市』（全二十六作、大映時代は二十二作）も始まった。この二つは長期にわたり続くが、他にも六三年から六四年には『ど根性物語』（三作）、『駿河遊侠伝』（三作）があった。六五年からは『兵隊やくざ』（全九作、大映では八作）も始まる。

市川雷蔵の同一主人公のシリーズものは一九六二年の『忍びの者』（七作）が最初で、『眠狂死郎』

（全十二作）は六三年に始まった。六五年からは『若親分』（七作）、六六年からは『陸軍中野学校』（全五作）が始まる。これらのシリーズものは安定していたが、それ以外の単発の作品は減っていき、マンネリ化が始まる。

東映、東急から分離独立

東映は任侠映画という新鉱脈を掘り当てたとき、東急との関係が断たれた。九月七日、東映の大川博社長と東急電鉄の五島昇社長が並んでにこやかに会見し、九月三十日をもって、相互保有の株式の売却、派遣役員の引き揚げをし、東映が東急グループから離れることが発表された。

東急グループ総帥の五島慶太が一九五九年に亡くなった後、後を継いだ五島昇と、東急副社長で東映社長である大川博と間の確執が、いよいよ抜き差しならないところまで来て、五島は大川を切ることにした。その手切れ金として東映を大川に渡したのだ。大川からみれば、東映は自分が創業して育てたとの自負がある。東急の力を借りなくても東映はやっていけると考え、独立したことになる。

すでに五月に、東映は直営のボーリング場を横浜で開業していた。閉館になった映画館の跡地をボーリング場にしたのである。映画の将来性があやうい以上、次の手を打つのは経営者として当然だった。これまでは東急のレジャー・観光部門と競合しないよう遠慮していたが、その必要もなくなった。東映はホテル、ボーリング、タクシーなど、映画以外の分野へ積極的に投資していく。

NET社長辞任

多角化していく一方で、東映は傘下にあったテレビ局、NETの支配権を喪った。

大川博はアメリカ視察でテレビ時代到来を確信し、旺文社の赤尾好夫社長と日本経済新聞社と組んで、NETを開局し、東映内にテレビ映画部門を設立したところまでは成功した。しかし、映画での拡大路線が失敗してからは、冴えていた経営術に陰りが生じていた。

その最大の失敗が、NET（現・テレビ朝日）社長の辞任だった。

まずは『テレビ朝日社史』から引用する。

〈内外とも多難な局面を迎えていた三九年一一月六日、当社でも大川博社長が突然辞意を表明し、社内はもとより放送界にも大きな波紋を投げかけた。

大川博社長在任中の当社は、局名の呼称をNETテレビに統一し、テレビ映画の量産化への道を開き、後発の教育専門局を一般局である先発キー局のレベルに押し上げるネットワーク体制確立のための努力など、高度成長の波に乗って業績的には大きな発展を遂げた。しかし、経済の変動期にはその積極策がかえって重荷となり、制作費の高騰となってはね返り、経営面における収益率を鈍化あるいは停滞させる一因となっていた。

一方では、映画界、興行界の業績が極度に悪化し、深刻な事態に追い込まれていた。東映社長でもある大川博は、自らその再建に専念するためいったんテレビ界から身を引く必要があった。

一一月九日、大川博社長の辞任が正式に決定して、赤尾好夫会長が再び社長に就任した。

この急な社長交代は、創立時の経緯とも絡んで周囲に種々の憶測を生んだ。しかし、新経営陣にとって当面する経済不況を克服し、一刻も早く業績面の安定を図ることが株主や職員に対する重大な責務であった。

赤尾好夫社長は、業績拡大の一途に走り過ぎた、これまでの社内の風潮を厳に戒めるとともに、その動揺をおさめるべく改めてモラルの向上と士気の高揚にふれ、「民放経営の社会的、道義的な責任をつとに重視し、日本の代表的なかおり高い放送局としたい」と強く訴えると同時に、これまでの経営体制をこれを機に刷新する決意であることを、全職員に表明した。〉

都合の悪いことは書かないか、ぼかして書くのが社史なので、こういう記述になるが、実際は、大川と赤尾が主導権争いをし、大川が敗北したのである。

対立の理由は、路線問題だつた。大川は娯楽路線を追求し、赤尾はあくまで教育放送であることにこだわつた。だが、これも表向きの理由で、単純な主導権争いかもしれない。個性の強いワンマン社長二人は呉越同舟とはならなかったのだ。

ＮＥＴが放映するテレビ映画の大半は東映が製作していた。製作費の高騰とは、ＮＥＴから見れば、東映への支払いが過大だということだ。東映としては映画が不況なのでテレビで稼がなければならない。両者の関係は、子会社が親会社に発注するという、あまり例のないものだった。

これに、赤尾は不満と不審を抱く。赤尾は大川追放の多数派工作を始め、もうひとつの大株主である日本経済新聞社の円城寺次郎と手を結んだ。こういう動きはすぐに漏れるので、それを知った大川は、朝日新聞社と手を結ぶことにした。

これとは逆に、先に仕掛けたのは大川だという説もある。

大川と赤尾は二期四年ごとに社長を交代する約束で、赤尾が創業の五七年十月から六〇年十一月、大川が六〇年十一月からで、六四年十一月に赤尾が社長に戻ることになっていた。しかし大川は続投を企み、五〇パーセント以上の株を買い集め、それを知った赤尾が激怒して反撃に出たと、岡田茂は解説している（『悔いなきわが映画人生』）。岡田によれば、自分が赤尾と同郷の財界人、小林中に仲介を頼み、和解させたという。

赤尾が社長になり、大川は取締役からも外れるが、翌六一年三月に、山内直元が社長になり、赤尾は会長、大川は取締役に復帰する。山内は日本化薬社長で、小林や中山泰平、原安三郎といった財界人が関与して決めた。大川と赤尾が日頃から腹を割って語り合っていたら、こういう事態にはならなかっただろう。

映画会社と出版社のテレビ局は、財界主導となり、さらに朝日新聞社の影響力が強くなっていく。東映と朝日新聞社とはNET開局前年の一九五八年十一月に、テレビの報道ニュースや東映の映画館で上映する「東映ニュース」を制作する目的で半分ずつ出資して「株式会社朝日テレビニュース社」を設立し、大川が社長となっていた。

朝日新聞社はNETには資本参加していなかったが、この提携でつながりができていたので、大川は朝日の当時の専務（後、社長）広岡知男と手を結び、朝日新聞社に東映所有の持株の半分を譲渡し、旺文社・日経連合と対峙した。

大川は社長の座を手放しただけでなく、NET株の多くを朝日新聞社に売ってしまったので、東映の持ち株比率は下がり、発言力も弱まった。この後、ＮＥＴは朝日新聞の力が強まり、一九七七年に社名を「日本教育テレビジョン」から「全国朝日放送株式会社」へと変更し、愛称「テレビ朝日」となる。

時代劇から任侠映画へ

この年は東映随一のスター中村錦之助にも転機が訪れようとしていた。七月に十年ぶりに歌舞伎座に復帰し、父と兄にあたる「三代目・四代目中村時蔵追善興行」に出演したのだ。

東映は一九六二年から、大川橋蔵を中心に御大の片岡千恵蔵と市川右太衛門もまじえて、「東映歌舞伎」の舞台興行を始めていた。すでに長谷川一夫も舞台と映画の両立で成功していたので、東映も元歌舞伎俳優を舞台に出させることにした。この東映歌舞伎は成功し、六七年まで続く。しかし、中村錦之助は、東映歌舞伎には出演しなかった。大川橋蔵との不仲がその理由とされる。

ライバル・大川橋蔵が舞台復帰したので、錦之助も父や兄の追善興行を機に松竹の歌舞伎座へ出演する気になった。松竹は錦之助の集客力には期待していたが、一度、歌舞伎の舞台を捨てた者を「大歌舞伎」の舞台に復帰させることはできない。そのため、錦之助はこの後も歌舞伎座で座長公演をするのだが、その公演は「松竹大歌舞伎」ではなく、あくまで「中村錦之助特別公演」だった。

偶然ではあるが、錦之助の歌舞伎座出演と、岡田茂による京都撮影所大改革が同時期に進行した。

東映は岡田が指揮する東京撮影所はギャング映画で一息ついたが、京都撮影所は岡田が出た後、崩壊の危機に瀕していた。何を作っても当たらないのだ。大川社長は岡田に京都へ行くよう求め、岡田は条件として「全権」を求めた。大川は認めざるをえない。

京都撮影所は、テレビのための時代劇を量産しなければならず、臨時雇用が多かったが、過剰人員を抱え人件費が大きな負担となっていた。岡田が求めた「全権」は企画の決定権だけでなく、撮影所の人事を含めた文字通りの全権だった。

岡田は制作本数を年間一〇〇本から六〇本へ減らすとともに人員整理を断行し、約二一〇〇名の従業員を約九〇〇名に減らした。

さらに京都撮影所でも劇場用映画は任侠映画に転換し、時代劇はテレビ映画に限定すると決めた。

そうしたなかで、時代劇のトップスターである中村錦之助主演の『日本侠客伝』が企画された。プロデューサーは俊藤浩滋、監督はマキノ雅弘である。

しかし錦之助は、歌舞伎座出演が決まっており、その稽古が五月に始まるため、出演を辞退し、代わりに高倉健を推した。この「錦之助降板劇」は、ヤクザ映画路線へ転じるのが気に入らなくて断ったという説もあるが、短いシーンだが錦之助はこの映画にも出演しており、錦之助当人は自伝『芸能生活五十年を語る』で、あくまで日程上の理由と話している。

『日本侠客伝』は八月十三日に封切られるとヒットした。高倉健はスターへと駆け上っていく。任侠映画は京都撮影所のドル箱になるのだ。

大映は、長谷川一夫から雷蔵・勝へと世代交代したが、東映は錦之助から高倉健へと同世代間の交代で、それは同時に時代劇から任侠映画への路線転換でもあった。

錦之助は高倉健が任侠映画で開花したのを喜んでおり、六八年に自主製作する『祇園祭』に高倉に出演してもらうなど、二人の関係は悪くない。

大映も東映を追う形で、雷蔵・勝の映画も、明治以降を舞台にした任侠ものが増えてくる。二人のシリーズで時代劇は「眠狂四郎」「忍びの者」「座頭市」だけだ。

一九六四年の大映は配給収入が前年比一〇・八パーセント増と好調で、これは「カツライス」と呼ばれた勝新太郎と市川雷蔵のシリーズものがヒットしたからだった。

三船プロ・石原プロの提携発表

一九六四年は三船敏郎が映画デビューしてから初めて、一本も出演作が封切られなかった年となる。といって、病気だったわけではない。前年秋に始まった、黒澤明監督『赤ひげ』の撮影が延々と続いていたのだ。

そのさなかの十月一日、「石原プロモーション、三船プロダクション、提携記者会見」が開かれた。三船は『赤ひげ』の撮影中なので、ひげをはやしたまま記者会見に臨んだ。

三船と裕次郎は、それぞれのプロダクションを立ち上げた一九六三年春から、雑談レベルだったかもしれないが、映画を共同製作しようという点で合意していた。共同製作することは、二人が共演することも意味していた。二人とも、東宝、日活とは「専属のようでいて専属でない」状態ではあったとしても、完全な自由は得ていない。さまざまな困難が予想されたので、極秘裏に準備が進んでいた。

この日発表されたのは、一九六五年四月から翌六六年三月までの一年間に、二人が共演する映画を二本製作し、東宝と日活が一本ずつ配給するというもので、第一作は『馬賊』で東宝の岡本喜八が撮ると発表された。

映画ファンの誰もが望む「三船と裕次郎の映画」だったが、映画会社経営陣の誰も望んでいなかった。映画斜陽化の要因のひとつが配役の固定化、つまり五社協定による専属制にあるのは明らかだが、目の前の利益の確保しか考えない経営陣は、五社協定を解消しようとせず、逆に強化した。その状況を打破しようと、二人は手を結んだ。

この年の石原プロモーションは、裕次郎主演の『殺人者を消せ』（舛田利雄監督）『敗れざるもの』（松尾昭典監督）の二作を製作したが、どちらも日活との提携で自社製作はなかった。

石原プロモーションはテレビでは順調だった。前年からの『今晩は、裕次郎です』は一月二十八日放映の第三十回で終わり、続いて、ドラマ『あしたの虹』が四月に始まり、九月まで全二十六回が放映された。石坂洋次郎原作・監修で、裕次郎は出演しないが主題曲を歌い、北原三枝（石原まき子）が結婚後初めて女優として出演した。

東映の任侠映画が当たっているので、日活も裕次郎主演で『鉄火場破り』（齋藤武市監督）を七月に封切った。しかし裕次郎のこの路線は定着しなかった。

裕次郎は世界へも進出した。20世紀フォックスの『素晴らしきヒコーキ野郎』（ケン・アナキン監督）に出演したのだ。一九一〇年のパリ・ロンドン間の飛行機レースを描くもので、裕次郎はこのレースに参加した日本人「ヤマモト」の役だ。翌六五年六月に英米で、十月に日本で公開される。日活専属のままだったら、ハリウッド映画への出演も困難だったろう。

三船敏郎は黒澤映画によってすでに国際的に知られ、六一年に『価値ある男』で外国映画に出演しているが、これはメキシコ映画なので、ハリウッド進出は裕次郎のほうが先だった。しかし、裕次郎のハリウッド映画はこの一作で終わる。

この年の裕次郎はムードアクションという鉱脈を当て、テレビドラマでも実績を残し、さらにハリウッドにも進出、任侠映画、ヒューマン・ドラマ、コメディと主演作は多彩だった。模索していた時期とも言える。

にんじんくらぶの大作『怪談』

十二月二十四日、にんじんくらぶと東宝の提携、小林正樹監督の『怪談』が完成した。『人間の條件』ほどではないが、三時間を超える大作だった。

『人間の條件』が赤字を出したものの作品としては成功したので、にんじんくらぶの名声は高まり、多くの俳優とマネージメント契約をするようになっていた。岸惠子・有馬稲子・久我美子という創立時の三人が結婚し、仕事をセーブしていたが、その穴を埋めるのに十分な陣容が整っており、マネージメント業務だけで会社は十分に利益を上げられたはずだ。

しかし社長の若槻繁は映画製作へとのめり込む。「口入れ屋」をしていることに自分のプライドが許さなかったのだ。

『人間の條件』以後、若槻はにんじんくらぶで、一九六一年に水木洋子原作『もず』（渋谷実監督、有馬稲子）、六二年に、南條範夫原作『からみ合い』（小林正樹監督、岸惠子）、今東光原作『お吟さま』（田中絹代監督）、永井荷風原作『裸体』（成沢昌茂監督、嵯峨三智子）、石原慎太郎原作『乾いた花』（篠田正浩監督、池部良）、石川達三原作『充たされた生活』（羽仁進監督、有馬稲子）、東映の『はだかっ子』（田坂具隆監督、有馬稲子）などの製作・企画をしていた。

若槻が次に選んだのが、小泉八雲原作の怪談の映画化で、「黒髪」「雪女」「耳無芳一の話」「茶碗の中」の四話をオムニバス形式の映画にしようというものだった。『人間の條件』を撮った小林正樹に話すと監督を引き受けてくれた。そこで、松竹との提携も決め、準備を始めた。

しかし一九六三年十二月に城戸四郎が社長に返り咲くと、制作費のかかる大作は控えるという方針に変更したので『怪談』は延期すると発表された。その報道を見て、東宝が「うちでやりたい」と若槻に申し出た。

若槻は松竹の城戸社長と面会し、『怪談』は東宝と提携したいと告げて了解を得た。自らスポンサーも見つけ、一九六四年二月二十八日に製作発表にこぎつけた。

製作費は一億円で、東宝が七〇〇〇万円、にんじんくらぶが三〇〇〇万円を負担し、国内での利益配分は東宝六割、にんじんくらぶ四割、国外は五割ずつという契約だった。

『人間の條件』は買い切り契約だったので、大ヒットしてもにんじんくらぶの利益にならなかった、その教訓から、若槻は『怪談』は歩合契約としたのである。歩合契約は、ヒットすれば製作会社にも大きな利益をもたらすが、ヒットしなければ製作費の回収もできなくなる可能性がある。若槻はそのリスクは、あまり考えなかったのだろう。

製作が始まると『怪談』は若槻にとって、文字通りの怪談じみた展開をする。予定していた撮影所が使えない、俳優のスケジュール調整がうまくいかないなどトラブルが続出し、ただでさえ撮影に粘る小林正樹が監督なので、七月末の完成予定だったが、大幅に遅れた。映画の製作費はさまざまな名目になっているが、大半が人件費だ。遅れれば遅れるだけスタッフを長く拘束することになるので、人件費がかさみ、途中で当初予算の一億円は使い切ってしまった。若槻は資金を求めて東奔西走してかき集めた。東宝は追加で三五〇〇万円は出したが、そのときに配給収入の配分を、当初の六対四から七対三にさせられた。

東宝社内では小林正樹を更迭しろとの強硬策まで出るなど、険悪な雰囲気にもなったが、十二月二十四日に完成し、二十八日に有楽座、二十九日にスカラ座で試写会をした。公開は年が明けてからである。

だが、若槻にとっての「怪談」はこれで終わりではなかった。さらに恐ろしい事態が若槻を待っていた。

会社別配給収入では最下位の松竹以外の差が縮まってきた。一位は東映で変わらず五八億円、二位・日活が五四億円、三位・東宝が四三億円、四位・大映が四〇億円、五位・松竹が二六億円である。配当できたのは東宝と東映だけだった。

興行ランキング一位の『東京オリンピック』は翌年三月公開だが、統計では六四年度になる。

1964年　会社別配給収入　興行ランキング（64年4月～65年3月）
○は順位、単位：万円

松竹	26億2639⑤	①東京オリンピック（宝）◎12億0500
東宝	43億2318③	②愛と死をみつめて（日）◎4億7500
大映	40億5175④	③鮫（東）◎2億8200
東映	58億9229①	④越後つついし親不知（東）◎2億5400
日活	54億6127②	⑤日本侠客伝（東）◎2億5200
		⑥若草物語（日）◎2億5000
		⑦香華（松）◎2億2748
		⑧怪談（にんじんくらぶ・宝）◎2億2500
		⑨徳川家康（東）◎2億1500
		⑩黒い海峡（日）◎2億1300

日活の『愛と死を見つめて』『若草物語』は吉永小百合主演で、裕次郎作品は十位の『黒い海峡』だけだった。

東映で錦之助主演は『鮫』（田坂具隆監督）で、『徳川家康』（伊藤大輔監督）は六五年の正月映画で、山岡荘八の大長編が原作だ。錦之助の『宮本武蔵』のように五部作にする計画で、家康が生れるところから始めたので、この映画では北大路欣也演じる家康はラスト近くまで登場せず、クレジットでは信長役の錦之助がトップだ。九位にランクインしたが、続編は作られなかった。『越後つついし親不知』は佐久間良子主演の女性映画で、水上勉原作・今井正監督、『日本侠客伝』はマキノ雅弘監督で、高倉健主演のシリーズ第一作だ。

松竹の『香華』は有吉佐和子原作・木下惠介監督の女性映画で岡田茉莉子・乙羽信子・田中絹代らが出演した。

第四部

五社体制崩壊

1965-1971

四大スタープロダクション　映画作品

	三船プロダクション	石原プロモーション	勝プロダクション	中村プロダクション
1963	五十万人の遺産	太平洋ひとりぼっち		
1964		殺人者を消せ 敗れざるもの		
1965	侍 血と砂	城取り		
1966	怒涛一万浬 奇巌城の冒険	二人の世界 青春大統領 栄光への挑戦		
1967	上意討ち 拝領妻始末		座頭市牢破り	
1968	黒部の太陽	黒部の太陽	燃えつきた地図	祇園祭
1969	風林火山 赤毛 新撰組	夕月 栄光への5000キロ	人斬り	
1970	待ち伏せ	富士山頂 愛の化石 ある兵士の賭け エベレスト大滑降	座頭市と用心棒 座頭市あばれ火祭り	幕末
1971	二人だけの朝	男の世界 甦える大地	新座頭市　破れ！唐人剣 男一匹ガキ大将 顔役 片足のエース	
1972		蒼ざめた日曜日 影狩り 影狩り ほえろ大砲 反逆の報酬	子連れ狼　子を貸し腕貸しつかまつる 座頭市御用旅 子連れ狼　三途の川の乳母車 新兵隊やくざ　火線 新座頭市物語　折れた杖 子連れ狼　死に風に向う乳母車 御用牙	
1973		ゴキブリ刑事 ザ・ゴキブリ	新座頭市物語　笠間の血祭り 御用牙　かみそり半蔵地獄責め	
1974			御用牙　鬼の半蔵やわ肌小判 悪名　縄張荒らし モハメッド・アリ 黒い魂 無宿（やどなし）	
1978	犬笛			
1984	海燕ジョーの奇跡			
1985	V.マドンナ大戦争			
1989			座頭市	

第一章

「やっと生きているのが実情」──1965

一九六五年の映画人口は四億人を割り、三億七二六八万人となった。ＮＨＫ受信契約数は一七九六万である。

大映の永田雅一社長は「映画界はやっと生きているのが実情である」、東映の大川博社長は「東映は企業危機である」、東宝の藤本真澄専務は「映画界は観客の減少に対して非常事態宣言を行なうべきである」と発言した。

それぞれが危機感をアピールするが、映画界一丸になって乗り越えていこうとはしない。その意識を持っているのは、映画製作会社社長の三船敏郎と石原裕次郎だった。

『怪談』という怪談

前年暮れに完成した『怪談』（小林正樹監督）は、一月六日に先行公開された後、二月に一般封切館で公開された。

三時間を超える大作だが、二億二五〇〇万円の配給収入を上げ、一九六四年度の興行ランキングで八位と大ヒット、一九六四年度の「キネ旬ベストテン」では第二位で、海外でもカンヌ国際映画祭審査員特別賞、ローマ国際映画祭監督賞を受賞など、作品としての評価も高い。だが、製作したにんじんくらぶは倒産してしまう。

最終的な製作費は三億一八六六万円と当初予算の三倍になっていた。東宝が出したのは一億〇五〇〇万円なので、約二億円をにんじんくらぶが負担したことになる。

一方、六月末の集計で、二億〇二八〇万円の配給収入があった。前述のようにこの年の興行ランキングでは八位なので大ヒット作だ。

その二億〇二八〇万円の配給収入から、東宝は追加の製作費・三五〇〇万円、プリント費・三六一二万円、宣伝費・二九六三万円の合計一億〇〇七五万円を取り、利益は残りの一億〇二〇五万円だと示した。にんじんくらぶの取り分は三割なので、三〇六一万円になる。若槻がかき集めて投じたのは二億円近くなので、一億七〇〇〇万円の赤字である。東宝は出資した一億〇五〇〇万円は回収している。

『怪談』はカンヌやローマで賞を取ったので、海外での配給収入も見込めた。東宝の森岩雄副社長との話では、五分五分で分けることになっていた。だが、東宝は海外配給収入から六割を手数料として控除し、その残りを五分五分にする意味だったと言う。つまり全体の二割である。そのため、海外からの収入もほとんどあてにできない。

興行ランキング八位、カンヌやローマでの賞という興行的にも藝術的にも成功したはずの『怪談』だったが、製作会社にんじんくらぶは一億七〇〇〇万円の負債を抱えて、倒産の危機に瀕した。所属俳優たちは社長の若槻繁に、「どうするつもりなのか」と迫った。彼らの多くが『怪談』には出演していない。俳優たちは自分の出演料から、マネージメント料として引かれた分が、この赤字の映画に投じられ回収不能になったと思い不満を抱いていた。

若槻は『怪談』封切り後も資金繰りに必死だった。そのため俳優たちとのコミュニケーションの時間もとれず、ついに八月に俳優たちから団体交渉のような形で、突き上げられる。そしてにんじんくらぶは、実質的に解散に追い込まれ、俳優たちはそれぞれ別の劇団や事務所へと出て行った。十一月に銀行も支援を打ち切り、命運は尽きた。

若槻は新たに「にんじんプロダクション」を設立して再起を図り、パリにいる岸惠子からは励ましの手紙も来たが、結局新会社は何もできないままだった。

にんじんくらぶは若槻繁という出版人・編集者が五社協定へ一矢報いようと映画界へ乗り込んで設立したものだ。人気女優三人がいたのだから、彼女たちのマネージメント業だけでも十分に収入はあった。だが、若槻は口入れ業には飽き足らずに映画製作に乗り出した。いくつかの名作は生んだものの、経営破綻した。

若槻の失敗はビジネスとしては自業自得かもしれないが、大手映画会社の冷酷な経理と、巨匠監督の完全主義の犠牲になったとも言える。

三船敏郎や石原裕次郎のプロダクションも自社製作に乗り出すと、成功もしたが、結局、全員が何らかの失敗をして傷つく。

松竹、撮影所売却

一九六五年に五社の中で決算で黒字となったのは東宝と東映のみだった。その東映も配当は一割二分から一割へと減配した。東宝も全体は黒字だったが、それは興行（映画館）部門や演劇部門が好調だったからで、映画製作・配給部門に限れば、二月期決算で二億円、八月期決算で四億円の赤字である。

東宝は全体が堅調で、過去に大労働争議という痛い記憶もあるので、人員整理には手をつけなかったが、四社はそれぞれの方法で人員整理に踏み切った。なかでも具体的に大きく動いたのは松竹だった。

業績が悪化した企業ほど役員が入れ替わり、ますます悪化していくものだが、一九六〇年代の松竹はその見本だった。すでに記したように、一九六〇年四月に城戸四郎が無配転落の責任を取って辞任し相談役になり、大谷博が社長になった。しかし六二年三月、博も辞任に追い込まれ、大谷竹次郎が返り咲いたわけだが、さすがに八十五歳とあって、長くは続かない。六三年十二月六日の重役会で大谷は社長を退任して会長となり、副社長の城戸四郎が社長に返り咲いていた。

一九六四年五月一日、専務で製作部門担当の白井昌夫（松次郎の二男）が映画業務部門に転じ、東西（大船と京都）両撮影所の運営一元化を断行した。これは京都撮影所を閉鎖するための第一段階だった。そして六五年になると、四月二十四日に「松竹京都撮影所」の閉鎖、大船撮影所への一元化を決め、組合に通告した。

松竹京都撮影所は一九二三年の関東大震災で蒲田撮影所が使えなくなり、京都に「松竹下加茂撮影所」として建てたのが始まりで、蒲田撮影所が二五年に復旧するといったん閉鎖されたが、二六年に「松竹京都撮影所」として再開所し、戦争を乗り切って、戦後の五二年に太秦へ移転した（下加茂にあった撮影所は「京都映画」に譲渡され、「京都映画撮影所」となった）。二三年から数えれば四十二年の歴史のある撮影所で、約一千本の映画がここから生まれた。

松竹の労使交渉は四か月かかったが合意でき、七月末をもって松竹京都撮影所は閉鎖され、約二〇〇名が退社した。さらに大船撮影所もそれまで月に三・五本を製作していたが、二本に減産し、製作部門の従業員八五〇名のうち二〇〇名に対して自宅待機制を実施するという合理化を断行した。年間製作本数は五十二本から四十二本となり、不足分は独立系プロダクションの作品を配給する。この血の出る合理化を城戸は白井昌夫にすべて任せた。エリートは自ら手を汚さない。

日活は希望退職者を募集し、約二〇〇名が去っていった。

大映は労使交渉がこじれて、労働争議が起きようとしていた。

永田雅一の陰謀

大映は労組との賃上げ闘争がこじれていた。団体交渉前日の五月二十一日、東京撮影所の組合員が所内のフイルム編集室を取り囲み、二十七日封切り予定のフイルムの搬出を阻止する行動に出た。会社側は職場復帰を求めたが、組合は座り込みを続けた。十九時間後、会社は警官隊の出動を求め、組合員を排除した。

さらにこの闘争を指導した組合幹部六名を懲戒解職処分とした。組合はこの処分を不満として撤回を要求、時間外勤務の拒否という戦術に出た。これによって製作中の四本が完成の見通しが立たなくなった。

永田は処分撤回には応じない強気の姿勢を示した。組合には、解職処分にした組合役員に代わる新役員との団体交渉には応じると回答し、一方で、「一、最悪の場合は東西の撮影所の閉鎖もやむを得ない」「二、その場合は、永田プロダクションを興し、貸しスタジオで映画製作をする」「三、持論であるフリー・ブッキング・システムの確立を推進する」という方針を公にした。

東宝は何といっても阪急という大資本が背後にあり、演劇部門もあれば、大都市に直営館を多数持ち、洋画興行では圧倒的に強い。松竹も演劇部門がある。東映・日活も多くの映画館を持っていた。直営館が少なく興行面が弱いことが大映の致命傷となっていた。

永田雅一は映画プロデューサーであり、経営者ではなかったのかもしれない。いい映画、面白い映画を作れば客は入ると信じていた。そして自分にはいい映画・面白い映画を作る才能があるとも信じていた。たしかに、永田のカンが冴えわたることもあった。その最後が『釈迦』の大成功であり、最初の大きな躓きが『秦・始皇帝』の惨敗だった。

永田は大映が弱いのはブロックブッキング制にあると考え、フリーブッキング制を提唱する。現在の五系統の配給網をなくし、一作品ごとに映画館と契約して公開しようというものだ。外国映画はこの形態たが、それを日本映画にも導入すべきというのが永田のこの時期の主張である。結果として、二〇二〇年代の映画は全てフリーブッキングとなり、東宝系のシネコンでも松竹の『男はつらいよ』の新作が上映され、松竹系のシネコンでも東宝の『シン・ゴジラ』が上映される。

永田はいまからみれば先見の明があった。一九六〇年代半ばにフリーブッキングへと移行していれば、映画界には別の未来があったかもしれない。しかし永田のフリーブッキング論はこの当時は負け犬の遠吠えでしかない。どの社もこれに同調しない。やがて大映は全てを喪うが、東宝・松竹・東映は一九八〇年代までブロックブッキングをかろうじて維持する。

大映の労働争議に話を戻すと、永田が三方針を発表すると、組合員に動揺が走り、組合を脱退する者が続出し、新組合が結成された。永田の恫喝作戦が功を奏した。喧嘩において百戦錬磨の永田の才能が発揮される。なんといっても、この人は日活社員時代に組合のリーダーとして会社と渡り合ったことで名を上げたのだ。組合の弱点も知り尽くしていた。

永田はこの新組合との団体交渉に応じ、そもそもの問題である賃上げでは、当初提示したベースアップ三〇〇〇円平均に、三二三円を上乗せして妥結した。会社は経営再建案として、社内機構の統合整理、少数精鋭主義の採用を挙げ、希望退職を募るなどして、二〇〇名近くが去った。また新組合と三年間の平和協定を締結した。

この一連の労働争議の最中の七月八日、永田の盟友だった自民党の河野一郎が亡くなった。永田は河野を総理大臣にしようと多額の献金をしており、この政治道楽が経営悪化の一因とも指摘される。

大映の明るい材料としては『大怪獣ガメラ』のヒットで、特撮映画路線が確立されそうなことと、テレビ室製作の宇津井健主演『ザ・ガードマン』が四月からＴＢＳ系列で放映され、高視聴率を取っていたことだ。

三船敏郎、ハリウッドからオファー

一九六三年秋から撮影が始まった黒澤プロと東宝提携の『赤ひげ』は、黒澤明の完全主義が極限にまで達し、六四年十二月にようやく撮影が終わった。ポストプロダクションを終えた『赤ひげ』が公開されるのは六五年四月三日、二年間かかった大作だった。

『赤ひげ』から解放された三船敏郎が次に出たのは、三船プロダクション作品『侍』（岡本喜八監督）で、『赤ひげ』よりも先に、一月三日に封切られた。第一作の『五十万人の遺産』は三船プロと宝塚映画の製作だったが、『侍』は三船プロと東宝の提携作品第一作となる。

『侍』はアメリカで上映されることになり、三月に三船は渡米した。ニューヨークやロサンゼルスへ行き、さらにはアルゼンチンのマール・デル・プラタ国際映画祭にも出席している。このアメリカ滞在中に、三船はハリウッド映画からオファーを受けた。何作かあったらしいが、そのなかの『グラン・プリ』に出ようと決めていた。

三船プロダクションは、九月十八日封切りの戦争映画『血と砂』（岡本喜八監督）も、東宝と提携して製作、三船が主演した。

石原プロ、最初の危機

『太平洋ひとりぼっち』に次ぐ、石原プロモーション全額出資による第二作は、『城取り』に決まった。司馬遼太郎の「原作」となっているが、オリジナル脚本に近い。

司馬遼太郎が直木賞を受賞したのは一九六〇年で、六三年から『竜馬がゆく』『燃えよ剣』を連載、六五年は『国盗り物語』に取り掛かるという時期だった。石原裕次郎は『竜馬がゆく』の映画化権を取ろうとしたが、すでに東映や東宝からも話がきており、無理だった。しかし司馬と会うと、石原プロの映画の題材を提供してくれることになった。司馬が大まかな設定とキャラクターの原案を作り、映画のシナリオは池田一朗（後の時代小説作家・隆慶一郎）が書き、司馬はそれを小説にして「日本経済新聞」に一月から七月まで連載することになった。

二一世紀であればこれはメディアミックスなのだが、司馬の『城をとる話』が光文社から刊行されるのは十月なので、出版とのタイアップにはならない。日本映画は、その歴史の始まりからベストセラー小説を映画にしていたが、それだけの話で、出版社が積極的に映画とタイアップしていくのは、一九七〇年代に入り、角川書店が映画化作品のスチール写真をカバーに使うようになってからだ。映画公開は四月で、その時点では小説のほうはまだ連載中だった。

『城取り』は一月十日にクランクインした。戦国時代末期、豊臣秀吉の没後が舞台の時代劇だった。裕次郎にとって時代劇は『幕末太陽傳』以来、二作目だった。監督の舛田利雄以下、日活のスタッフにとっても時代劇は初めてと言っていい。そのため、三船の紹介で、東宝のスタッフがノンクレジットで協力した。

俳優も豪華だ。剣戟スター・近衛十四郎、中村玉緒をはじめ、藤原鎌足・千秋実・松原智恵子・石立鉄男、さらに新劇の滝沢修といったキャストが組まれた。中村玉緒は一九六二年に勝新太郎と結婚してからは専業主婦となり、出産・育児もあったので映画出演が減っており、六三年は三本、六四年は二本しか出ていない。その状況下で、石原プロの映画に出たのは、夫・勝新太郎が裕次郎との友情から出演を許したからだった。

『城取り』は三月六日に封切られた。「裕次郎が時代劇に挑む」というので話題性はあったのだが、観客動員はふるわなかった。裕次郎ファンは時代劇を好まないし、そもそも日活の映画館に時代劇がなじまないという面もあった。

これで石原プロは二連敗となった。またも、裕次郎の作りたい映画と裕次郎ファンが見たい映画との間に乖離があったのだ。

石原裕次郎は『城取り』が終わったら、三船との『馬賊』が待っていると張り切っていたが、日活社内で反対が起き、雲行きが怪しくなっていった。

日活から見れば、『馬賊』は東宝の岡本喜八が監督し、東宝の三船が主演する映画に裕次郎を貸すようにしか映らなかったのだ。第二作は日活が配給できるというが、第一作で終わってしまったら日活は裕次郎をただで貸したのと同じになってしまう。

日活は時間稼ぎをした。そのうちに三船や岡本も他の仕事が決まっていき、四月に『馬賊』は延期と発表され、そのまま実現せずに終わる。日活の都合で壊れたので、裕次郎は「三船さんとの男の約束が立たない」と悔しがった。三船は「スポーツニッポン」の取材にこう答えた。

〈周囲のあらゆる問題を解決してから円満にやりましょうということで、十月に私の方は東宝と、裕ちゃんは日活との了解を得て発表に漕ぎ着けた訳だから、今更なんだかんだいうのも変な話です。初めから裕ちゃんと共演しようということを考えたのは、沈滞した映画界に少しでも話題を投げようということであって、それ以上おこがましい気持ちはない。〉

裕次郎と三船は『馬賊』は断念したものの、共同製作・共演は諦めなかった。

だが日活の妨害がなくても、『馬賊』は中止になったかもしれない。『城取り』の興行的失敗で、石原プロモーションの収支は悪化し、従業員の給与の支払いにも困る事態に陥ったのだ。

社長である石原裕次郎は、手っ取り早く稼ぐ手段として、九月から全国縦断リサイタルを始めた。レコード歌手としても当代一の人気者だったので、歌で稼ぐことにしたのだ。さすがに資金繰りのためのコンサートとは言えないので、「芸能生活一〇周年」という名目だった。この最初のツアーでは全国二十四か所で五十四回の公演を打ち、二〇万人を動員した。

裕次郎はレコードでは五月発売の『二人の世界』が大ヒットしており、さっそく同題の映画が作られることになった。

石原プロモーションを設立したのは、作りたい映画を作るためだった。しかし映画づくりのためのスタッフを雇うと、その人件費を稼ぐために、意に染まない仕事もしなければならない。会社のなかで稼げるのは自分しかいない——スター兼社長のジレンマに、裕次郎は陥っていた。

このリサイタルの成功で、石原プロモーションはそれまでレコード会社に任せていた「裕次郎の歌」にも積極的に取り組むことにし、六六年三月に石原音楽出版社が発足する。

東映の機構改革と錦之助の労働組合

東映京都撮影所は、岡田茂の改革で時代劇が激減していたので、中村錦之助は「辞めろ」と言われる前に自分から辞めるつもりでいた。

そんな錦之助の決意をどこで知ったのか、東宝演劇部門の総帥・菊田一夫が来て、「東宝の芝居に出てほしい。二年か三年たったら映画にも出てほしい」と言った。さらに、「山本富士子の例もあるので、東映を辞めてすぐは、どこにも出られないだろうから、フランスへ行ったらいい」と、滞在費やその間の収入源として自動車のテレビコマーシャルに出る話も提案してくれた。当時のフランス映画界はヌーベルバーグで盛り上がっていたので、錦之助も興味を持っていた。

菊田の誘いに錦之助もその気になったが、そこへ労働組合問題が発生した。東映にも労働組合はあったが、事務職や撮影所の技術スタッフが入るもので、俳優は組合には入れなかった。だが会社の方針で大部屋俳優たちも整理されようとしていたので、俳優労組結成の動きが起こった。当初は京都に撮影所のある大映と松竹の俳優と共同で組合を作ろうとしたが、足並みが揃わず、東映の俳優だけで、「東映京都俳優クラブ組合」として結成された。

だが、会社は「演技者（俳優）の労働組合は認められない」と交渉すら拒否した。そこで、運動の中心人物の神木真一郎と尾形伸之介が錦之助に、俳優組合の委員長になってくれと頼みに来たのだ。最初は固辞したが、彼らの熱意に負けて、錦之助は「代表」となり、東千代之介と里見浩太朗が「副代表」となった。しかし錦之助と仲の悪い大川橋蔵は組合に参加せず、鶴田浩二は参加しないどころか組合を批判した。高倉健は東京撮影所に所属していたが、密かに加盟していた。

錦之助には社会主義の思想はない。だが「錦之助はアカになった」となどと批判され、「東映で自分の思うようにいかないからだ」と嘲笑する人もいた。錦之助としては「いい映画を作りたい、安心して楽しく仕事をしていく場を生み出したい」と思いからの組合活動だったが、理解されない。

組合には当初三十七名が参加したが、会社側の切り崩しにあい、脱退していく者が続出し、二十九名になった。しかし六月一日に京都府地方労働委員会へ労働組合としての資格審査を申請すると、二十七日に組合として認めると裁定が下った。

これで会社は団体交渉を拒否できなくなったはずだが、大川博社長は頑なに拒否した。岡田茂も大川に従わざるを得ず、錦之助に「大川社長の年俸以上のギャラを取っているお前に、賃金を年間数千円上げてくれと言う組合員の気持ちが分かるのか」と皮肉を言って、委員長をやめさせようとした。

この時期、錦之助は有馬稲子との結婚生活が破綻しており、七月に離婚した。税金の滞納で税務署が差し押さえにもきており、八方塞がりだった。

八月二日、錦之助は組合代表として大川社長と直談判し、「組合員の処罰をしないことと今後の生活保障」を条件に、組合を解散し「親睦クラブ」にすることで決着した。神木によると、スタークラスでは錦之助の他、東千代之介と松方弘樹は最後まで残った（千代之介は脱退したとの説もある）。

八月十六日に組合は解散を発表した。さらに、錦之助は「責任をとって東映を辞めてフリーになる」と、岡田に告げた。岡田は「独立は認めるけど、大川さんとは喧嘩してくれるなよ」と言った。だが岡田から、「錦之助が独立したがっている」と聞いた大川社長は「役者に勝手なことをされては示しがつかない」と猛反対し、「五社協定があるから、秘密裏にいじめようじゃないか」と言った。これについて岡田は二〇〇六年に〈五社協定の内容はよく知られていなかった。みんな隠していたからね。各社の社長しか知らなかった。ただ、命令は下るようにしてあるのよ。どこか一社がある役者を使わないと決めたら、全社が足並みを合わせる。無言のうちにそうなるように決めてあったからね〉と語っている（金田信一郎著『テレビはなぜ、つまらなくなったのか』）。

当時は社長ではなかった岡田としては、そういう認識だったのだろう。岡田は、「あと四本の東映映画に出れば自由にする」という案で、大川と錦之助を説得した。

錦之助のフリー問題は岡田の案でまとまった。残り四本の最初の一本が十一月二十日封切りの『花と龍』（山下耕作監督）となった。六二年に日活が裕次郎主演で撮ったのと同じ、火野葦平原作の任侠ものだ。

錦之助が労働組合事件で得たものは少ないが、そのひとつに左翼ジャーナリスト・竹中労との出会いがあった。錦之助の組合活動を取材に来た、左翼でありながら任侠にも近い人物と親しくなったのだ。

配給収入が五〇億円を超えたのは東宝・東映のみで、日活は約四六億、大映は約三六億、松竹は

1965年　会社別配給収入　興行ランキング（65年4月〜66年3月）
○は順位、単位：万円

松竹	25億2482⑤	①赤ひげ（黒澤、宝）◎3億6159
東宝	54億9383①	②網走番外地 北海道篇（東）◎2億9490
大映	36億3224④	③関東果し状（東）◎2億5185
東映	54億5128②	④網走番外地 望郷篇（東）◎2億4780
日活	45億9186③	⑤日本侠客伝 関東篇（東）◎2億4111
		⑥続・網走番外地（東）◎2億2376
		⑦大冒険（宝）◎2億1851
		⑧無責任清水港（宝）◎1億8776
		⑨怪獣大戦争（宝）◎1億8755
		⑩四つの恋の物語（日）◎1億8000

約二五億だった。

大映は配給収入が前年から四億二〇〇〇万円のマイナスとなり、六五年七月期で二億一六〇〇万円、六六年一月期で二億四〇〇〇万円の赤字となる。

興行ランキング一位が一二億五〇〇〇万円の『東京オリンピック』ではなく、黒澤明監督・三船敏郎主演の『赤ひげ』なのは、『東京オリンピック』が三月封切りで前年度の統計に入ったためだ。東映の高倉健主演の任侠映画が圧倒的な強さとなり、『網走番外地 北海道篇』（石井輝男監督）、『関東果し状』（小沢茂弘監督）、『網走番外地　望郷篇』（石井輝男監督）、『日本侠客伝 関東篇』（マキノ雅弘監督）、『続 網走番外地』（石井輝男監督）の五作がランクインした。

東宝は『赤ひげ』の他、渡辺プロダクションとの提携のクレージー・キャッツ映画『大冒険』（古澤憲吾監督）と『クレージーの無責任清水港』（坪島孝監督）、ゴジラ映画『怪獣大戦争』（本多猪四郎監督）もランクイン、日活は吉永小百合・和泉雅子・十朱幸代・芦川いづみの四姉妹もの『四つの恋の物語』（西河克己監督）が十位に入った。

第二章

新たなる希望——1966年

一九六六年の映画人口は三億四五八一万人で、最盛期の一九五八年の三分の一になってしまった。三分の二が失われたのだ。映画館は四二九六館で、最も多かった一九六〇年の七四五七館の五七・六パーセントだった。NHK受信契約数は一九〇〇万になった。

観客が減ったほど映画館は減っていない。このことから、東映の大川博社長は「映画界は不況というが、劇場のほうは儲かっている。しわよせを受けているのは製作・配給会社と地方の劇場だけだ」と延べた。

永田雅一の政界工作

映画界が底なし沼の不況に陥っていることは社会周知の事実となっていた。高度経済成長期で他業種が好景気なので、ことさらに目立つ。銀行は他に融資先がいくらでもあるので映画会社への融資を渋るようになっていた。すでに一九六六年には五社合計で約一八〇億円を借り入れしており、これ以上の融資は絶望的だった。実際、借りたところで将来への投資に使うのではなく、当座の運転資金にまわされ、負債が増えるだけだった。

永田雅一は自民党の国会議員に働きかけ、党の政務調査会商工部会内に「映画産業振興小委員会」を設置させ、財政投融資から毎年二〇億円を三年にわたり投入する案をまとめさせた。河野一郎ら自民党の有力議員に政治献金していたことが、こういうときに役に立つ。

民間企業の赤字補填に公的資金を使うわけにはいかないので、海外輸出用映画の製作費を、日本興業銀行と日本長期信用銀行が融資する形をとった。輸出は国策なので大義名分が成り立つ。利率は七・六パーセントと市中金利よりは高いが、大映・松竹・日活の三社がこれを利用した。大映はソ連との合作で『小さい逃亡者』（衣笠貞之助、エドゥアルド・ボチャロフ監督）を製作し、この年の十二月に公開する。

その一方で映画の輸出に欠かせない国際映画祭で日本は不戦敗となった。五月のカンヌ映画祭にはどの社も出品しなかった。出品するにはプリント代、代表団の渡航・宿泊費などで一本あたり五〇〇万円かかるのが相場で、どの社も受賞できるか分からないことに、大金を出費する余裕がなかった。ベルリン映画祭は、二年前に五社以外が製作したピンク映画を上映したことで主催者ともめていたので辞退、ヴェネチア映画祭は三作を出したものの予備審査段階ですべて落選というありさまだった。まさに貧すれば鈍するである。

大映は一月決算で二三億三九〇〇万円の特別損失を明らかにし、前期からの繰り越しの赤字を加

える と、三一億六〇〇〇万円に達した。一年分の配給収入とほぼ同額の赤字である。内部留保が一五億八五〇〇万円あったので、それを取り崩して赤字を半分として繰り越した。五社のなかでは、日活も危機的で一八億円の損失となっていた。

日活も七月期決算で一一億九九〇〇万円の特別損失を出した。前期からの繰り越しの赤字を合わせると一八億七九〇〇万円になり、法定準備金三億九二〇〇万円を取り崩し、一四億八七〇〇万円の赤字を繰り越した。

一九六六年の日活の正月映画は、前年十二月二十八日封切りの石原裕次郎主演『赤い谷間の決斗』（舛田利雄監督）と、吉永小百合・浜田光夫・和泉雅子ら若手の『四つの恋の物語』（西河克己監督）の二本で、日活専務・江守清樹郎は自信を持って封切ったが、興行的には惨敗した（『四つの恋の物語』は正月の封切館ではふるわなかったが、二番館が良かったのか、六五年度の興行ランキング十位になっている）。江守は自伝にこう記している。

〈勝負の世界として勝ったり負けたりするのは当然のことだが、日活の場合一カ月でも油断が出来ぬ状態にまで経済状態は行きづまっていた大事な時だった。私は責任を痛感した。この時、最もよい時機をみて退陣すべく決意して、考え方、方法、時期について真剣に研究しだしたのだ。〉

堀社長が「本部費を入れると赤字なので、もっと経費節減しろ」と言うので、江守は「映画はいままでに儲けた実績があるので心配はいらない。ホテル事業の赤字まで背負い、その金利まで負担させられている。経費節減して、ちゃちな映画を作るほうが命取りになる」と説明した。これで堀と江守の関係は悪化した。

二社がこのように特別損失を計上したのは、それまでの粉飾決算を改めたからだった。配給部門は映画館からの未回収金が多く、それは債権なので資産になっている。しかし現実には回収できないので、架空資産、粉飾資産だった。不況で映画館が次々と閉館しているので未回収金は膨れ上がり、ごまかせなくなっていたのだ。

ジュニアたちの台頭

大映の三月の取締役会で、永田雅一の長男・秀雄が専務取締役から副社長に昇格した。秀雄は一九二五年、永田が日活に入って一年目、まだ十九の年に生まれた。永田には他に子はいない。秀雄は日本大学工学部の建築科を卒業し、建設省住宅局に入ったが、ラジオ関東に移った。五二年三月、二十六歳で大映に入社し取締役となり、五六年に常務兼東京撮影所長、六〇年に専務になっていた。会社が危機的な状態にあって、息子への継承が着々と進んでいた。

大映だけではなかった。

東映では大川博の長男・毅（一九三三～）が慶應義塾大学を卒業後、一年間アメリカ・南カリフォルニア大学に留学して一九五七年に東映に入った。東映ではニューヨーク出張所長を務めた後、六四年に帰国し、六五年に取締役になっていた。

日活の堀久作の長男・雅彦（一九三一～八八）も慶應義塾大学を卒業し、アメリカの大学に留学した後、丸紅に勤め、五九年に日活に入り、ホテル部長となっていた。

東宝は六六年九月に社長の清水雅が会長に、会長だった松岡辰郎（一九〇四～七四）が社長に就いた。

松岡は小林一三の次男である。

松竹は最初から世襲企業だ。六六年の経営陣は、会長・大谷竹次郎、社長・城戸四郎、専務・白井昌夫、常務が四人、八人の取締役のひとりに大谷隆三（竹次郎の二男）という同族経営の布陣だ。

城戸は映画部門にさらなる合理化を指示した。演劇やテレビは黒字で映画だけが赤字だったのは城戸としても我慢できない。三月に希望退職者を募り、一六二名が申し出た。これで合理化は一段落し、白井昌夫専務が映画営業総括と映画製作本部長となり、映画の製作・企画・営業・宣伝などを統括することになった。

だが、白井は過労から肝臓を患い、入院し、当分は療養することになった。

これによって、城戸は現場復帰する。松竹映画はどう変わるのか、変わらないのか。

黒澤プロ、東宝から独立

黒澤明が東宝と折半で黒澤プロを設立してから、『悪い奴ほどよく眠る』『用心棒』『椿三十郎』『天国と地獄』『赤ひげ』の五本が製作され、『悪い奴ほどよく眠る』以外の四本は大ヒットした。黒澤映画は東宝の収益の柱で、双方が大きな利益を得たはずだった。ところが、『赤ひげ』の収支が出た時点で、黒澤プロは東宝に対して約七〇〇〇万円の負債を背負う事態になっていた。

黒澤はマカロニ・ウエスタン『荒野の用心棒』を『用心棒』の盗作だと訴えた事件の過程で、欧米の脚本家や監督がいかに経済的に恵まれているかを知り、日本映画界に対する反感と不信感を抱いていた。なぜ四本の映画は大ヒットしたのに、自分は七〇〇〇万円の負債を背負っているのだと思うのは、無理もない。

一方、東宝経営陣は黒澤が予算や撮影期間を守らないことに疲れ果てていた。『赤ひげ』も当初は五か月で撮る（これでも異例の長さだ）ことになっていたのに、二年もかかってしまった。撮り始めたからには完成させなければ、一円も回収できない。黒澤は作品とその興行収入を人質にとっているようなもので、東宝は完成を待つしかない。

黒澤映画は経費がかかり過ぎることだけが問題なのではない。三船敏郎と加山雄三は『赤ひげ』に拘束され、六四年は他の映画に出演できなかった。『赤ひげ』は三億六一五九億円の配給収入をあげ、この年の日本映画のトップだが、三船出演作や加山の『若大将』シリーズが一本もなく、それらの「得べかりし利益」を考えれば、儲かったとは言えない。たとえば、六三年の『ハワイの若大将』の配給収入は一億四〇〇〇万円、六五年の『海の若大将』は一億七〇〇〇万円だから、「若大将」一本で一億五〇〇〇万円は稼ぎ出したはずだ。

東宝と黒澤プロとの専属契約は一月末で切れる。更新にあたり黒澤プロは取り分をもっと多くしてほしいと求めたが、東宝は認めない。協議は決裂し、東宝が所有する黒澤プロの株式二〇〇万円を全て黒澤が買い取り、合弁を解消することになった。

かくして、東宝の社内プロダクションとして発足した黒澤プロは完全に独立した。

黒澤が強気に出たのは、六五年秋からハリウッドで映画を撮る計画が密かに進んでいたからでもある。

東宝との契約がまだ続いている六五年秋、黒澤はアメリカ「タイム・ライフ社」のヘドリー・ドノヴァン会長の訪問を受けた。ドノヴァンは黒澤映画のファンで、黒澤が同社の「ライフ」誌に載った「暴走機関車」のルポに興味を持っていることを伝え聞き、協力を申し出て、友人のプロデューサー、ジョーゼフ・E・レヴィーンに話をつなげてくれた。レヴィーンは、当時「ハリウッドの風雲児」と称され、独立プロダクション、エンバシー・ピクチャーズの社長だった。東宝の『ゴジラ』のアメリカでの権利を買い、編集し直して『怪獣王ゴジラ』としたことでも知られる。この後、『卒業』（マイク・ニコルズ監督）、『冬のライオン』（アンソニー・ハーヴェイ監督）、『ひまわり』（ヴィットリオ・デ・シーカ監督）などを「製作総指揮」する。

黒澤は海外進出にあたり、東宝の映画監督だった青柳信雄の子・青柳哲郎を黒澤プロの「プロデューサー」とした。哲郎は父の関係で黒澤とは子ども時代から親しく、東宝のニューヨーク市駐在員となったが辞めて、同地の映画プロダクションで働いていた。

ドノヴァンとレヴィーンの協力で資料を入手し、黒澤は菊島隆三と小國英雄と共に熱海の旅館に籠もり、一か月かけて『暴走機関車』のシナリオの第一稿を書き上げた。これが英訳され、レヴィーンの許へ送られ、英訳される。

その後も黒澤プロとエンバシー・ピクチャーズの間でさまざまな条件交渉がなされ、六月に合意した。黒澤は菊島と青柳と共に渡米し、二十九日に契約書に調印した。翌三十日に、レヴィーンはマンハッタンの高級レストラン、フォーシーズンズにマスコミを呼び、黒澤臨席のもと、『暴走機関車』の製作を発表した。

黒澤は七月四日に帰国し羽田空港で記者会見をし、「製作費二〇億円で、自分と青柳と助監督以外は全てアメリカのスタッフと俳優で製作するアメリカ映画だ」と説明した。そして「日本映画の沈滞を打ち破る突破口を作りたい。日本映画が世界につながっていくルートを作りたい」と抱負を語った。

アメリカのシナリオライターがリライトし決定稿を作り、撮影準備をして、十一月に黒澤が渡米して撮影を開始し四か月で撮り、公開は六七年秋というスケジュールも決まった。

東宝と縁を切ると決めると、まるで天に意思があるかのようなタイミングで黒澤の前にレヴィーンが登場し、世界への道が開けたのだ。しかし天が黒澤に味方したのはここまでだった。

三船プロ、スタジオ建設

黒澤明と同じ不満を三船敏郎も抱いていた。三船プロが東宝と提携して作った映画も、ヒットしても赤字になってしまう。たとえば六六年七月公開の『怒涛一万浬』（福田純監督）は、三船プロにとって二〇〇〇万円の赤字だったという。三船プロは東宝の撮影所を借りて撮っているわけだから、製作費がどこに流れるかといえば、大半が東宝へ流れる。配給の経費としての控除にも不透明な部分があった。

三船は、赤字になるのは東宝の撮影所を借りて撮るからだとの結論に達した。そこで世田谷区成城に三船プロのスタジオを建てることにした。

独立プロダクションは、事務所があり数人のスタッフがいる程度で、映画製作は既存の撮影所をスタッフごと借りていた。スタジオを持てば維持費がかかるし、専従スタッフの人件費も必要だ。

映画会社が撮影所の維持に悲鳴を上げ、閉鎖や縮小を始めている時に、三船プロは時代に逆行するかのように、スタジオを建設したのだ。

三船は自宅のある世田谷区成城に約二五〇〇坪の土地を取得し、そこに撮影所を建てることにした。『グラン・プリ』で得たギャラで最新のキャメラや録音機材を購入し、一八〇坪のステージを建てた。その土地の一部は石原裕次郎が所有者だったので、裕次郎と共同でスタジオ管理会社「トリッセンエンタープライズ」が設立された。

技術スタッフには東宝で黒澤明や稲垣浩の組にいた者に声をかけて集めた。東宝としては余剰人員を三船プロが吸収してくれたことになる。

そして——日本映画史上空前のプロジェクト、『黒部の太陽』が始まろうとしていた。

石原プロと三船プロは、『馬賊』が流れた後も、一緒にできるものはないか常に考えていた。

毎日新聞に、同社編集委員・本木正次の『黒部の太陽』が連載されたのは一九六四年で、同年に同社の「毎日ノンフィクション・シリーズ」『黒部の太陽—日本人の記録』として刊行された。この本を先に読んだのは三船プロの根津博プロデューサーで、これは映画になると思い、石原プロの中井景専務に勧めた。中井も同意見で裕次郎に勧めると即決し、取り急ぎ、六六年六月末に石原プロが映画化権を獲得した。中井は『グラン・プリ』出演のためイタリアにいた三船に、裕次郎の手紙を添えて送った。

三船は裕次郎の手紙と本を読み、すぐに石原プロとの共同製作を決断した。

二人は共通して「大手映画会社が、こんなものを映画にできるはずがないと思うものを、自分たちで作りたい」という思いを抱いていた。

錦之助、東映城を去る

東映のヤクザ映画は一九六六年も好調だった。東映の中では人気において鶴田浩二を高倉健が抜いたのが、この年からとされる。

高倉健がトップスターになった一九六六年、中村錦之助の東映時代が終わったのである。日活でも裕次郎の時代が終わろうとしていたが、高倉健のような新スターを生み出せないでいたのがスターシステムの会社にとって、致命傷となる。

錦之助は「あと四本出ること」を条件に東映を円満退社することになっており、六五年十一月の『花と龍』と六六年一月の『続 花と龍』（山下耕作監督）、四月の『沓掛時次郎　遊侠一匹』（加藤泰監督）、五月の『丹下左膳　飛燕居合斬り』（五社英雄監督）でノルマを果たした。

東映での錦之助のライバル、大川橋蔵はすでに映画を見切りテレビへ移行し、一九六六年五月からフジテレビの『銭形平次』が始まっていた。六六年は三月十日封切りの『旗本やくざ』（中島貞夫監督）一本にしか出ていない。翌六七年十月十日封切りの一一三作目となる『銭形平次』（山内鉄也監督）が最後の東映出演となる。以後はテレビの『銭形平次』と歌舞伎座や明治座などでの舞台に移った。

錦之助よりも少し前に東映に入った東千代之介は、六〇年代に入ると主役を当てられることが少なくなり、一九六〇年から東映テレビ部製作のテレビ映画が多くなっていた。『沓掛時次郎　遊侠一代』で、錦之助演じる沓掛時次郎に討たれる「六ツ田の三蔵」が、東映京都での最後の役となった。一五七作目だった。

そして――中村錦之助も東映を去る。

中村錦之助の最後の作品は『丹下左膳 飛燕居合斬り』で、五月二十一日に封切られた。監督には、東映京都の監督たちは任侠映画で多忙だったので、フジテレビ・ディレクターの五社英雄を招聘して撮らせた。東映時代劇黄金時代の最大の功労者の最後の作品は、東映生え抜きの監督でも、外部から巨匠監督を招聘するのでもなく、テレビ出身者が監督した。

中村錦之助は、一九五四年四月公開の三本目の『笛吹童子』から十二年、一二一本の映画を東映に遺して去った。


十月三十一日、東映の役員人事が発表され、大川博の長男・毅が専務に、岡田茂と今田智憲が常務になった。岡田は四十二歳だった。

映画だけでは危ないと、大川博が始めたホテル・ボーリング・タクシーなどの観光事業は順調に見えた。なかでもボーリング場は急拡大していた。これらを担当するのは大川毅で、映画製作の実権は岡田、映画の営業は今田と役割分担された。大川博はその上に君臨する。

『黒部の太陽』への妨害工作

『黒部の太陽』を映画にすることへの三船敏郎の同意を得て、石原裕次郎は三船の帰国を待たず、先に動いた。九月に関西電力と黒四ダムの工事を担った建設会社五社を訪問し、「黒四ダムの映画を作るので協力してくれ」と要請した。

十一月十六日、三船と裕次郎は関西電力の芦原義重社長に面会を求め、正式に挨拶をした。三船プロも石原プロも有名ではあるが企業規模としては中小企業であり、日本有数の大企業である関西電力の社長が面談する相手ではない。三船と裕次郎の圧倒的な知名度が、この面談を可能としたのだろう。この点で、堀久作や永田雅一ら五社の経営者たちはスター俳優の社会的ポジションを理解できていなかった。彼らにとって俳優は、江戸時代の「河原こじき」のままだった。しかし、この二人は大企業経営者が面談に応じる国民的英雄なのだ。

同席した石原プロの中井は、「精神的バックアップ」の他、撮影にあたり関電所有の土地に立ち入ることと、前売り券一〇〇万枚の販売協力を要請した。芦原は二人が自己資金で映画を作ることについて「すばらしいことだ」と言った。感触はよかった。

『黒部の太陽』への妨害工作が発覚したのは十二月六日だった。石原プロの中井景と池上金男が関電本社を訪ねて岩永訓光常務に会うと、某映画会社首脳二人が芦原社長に対し、「三船はともかく、石原には金がない、協力するなどと言ったら何億食いつぶされるかわからないから、よく考えたほうがいい」というような趣旨のことを言った——と伝えられた。

熊井の著者や『石原プロ社史』には「某社」としかしていないが、「スポーツニッポン」の記者で、後に石原プロに入る川野泰彦は『我が、石原裕次郎』で「東宝の副社長でM」としてある。Mに該当するのは森岩雄しかいない。

もし森が本当にこのような動きをしたとしても、これは逆効果だった。関電の芦原社長と岩永常務は裕次郎と三船を擁護し、重役会議でも正式に『黒部の太陽』に全面協力することが決まった。最初の難関である関西電力の全面協力はクリアしたのである。

一方、三船は『グラン・プリ』の撮影を終えて帰国すると、建てたばかりのスタジオでの第一作となる三船プロ作品『上意討ち 拝領妻始末』（小林正樹監督）の準備をしていた。

十二月十五日には三船プロの撮影所のオープニング・セレモニーが開かれた。裕次郎も出席し、門出を祝った。

裕次郎と三船は俳優としての仕事をし、さらにそれぞれのプロダクションの経営者としての仕事もしながら、『黒部の太陽』のプロデューサーにして主演俳優としての仕事もしなければならない。しかし、二人は燃えていた。これをやるためにプロダクションを作ったのだと高揚していた。五社が作るような映画なら五社が作ればいい。どの映画会社も手が出せないものを作ることが自分たちの仕事だと考えていた。

『暴走機関車』から『虎　虎　虎』へ

黒澤明の『暴走機関車』は、一九六六年六月に製作発表され、十一月から撮影が始まる予定だったが、シナリオ作りが難航した。黒澤たちが書いたシナリオが英訳され、エンバシー・ピクチャー社のレヴィーンが雇ったライターがリライトし、それを日本語に訳して黒澤たちが検討するという段取りだ。これがなかなかうまくいかない。まず、日本とアメリカとではシナリオの作り方がかなり違っていた。アメリカ方式では、カメラアングルまでシナリオには書き込まなければならない。

だが黒澤にしてみると、そんなことは撮る段階でなければ分からない。

難航したもののシナリオの決定稿はでき、レヴィーンはそれに基づいてスタッフを編成し、ロケの準備をしていった。

黒澤がアメリカへ行くのは十一月二十日の予定だった。レヴィーンは準備を整え待っていた。ところが五日前の十一月十五日になって、黒澤は「準備不足」を理由に「撮影を一年間延期してほしい」と電報を打った。それはアメリカ側の準備不足というより、黒澤の気持ちの問題のようだった。初のアメリカでの撮影とあって不安が募っていたらしい。

黒澤からの延期要請を受け、プロデューサーのレヴィーンは悩んだ。準備のためにすでにかなりの金額が動いていた。一年延期となれば、すべてやり直しだ。いままでにかかった分が無駄になる。監督を替えて予定通りに撮影開始とするか、一年待つか、中止か。黒澤以外の監督は考えられない、経費を考えると延期はできない。レヴィーンは製作中止を決断した。黒澤は甘く見ていたのだろう。東宝では黒澤が「撮れない」と決めれば撮影は何日も止まった。しかしハリウッドはドライだ。今まで投下した資金を捨てる「損切り」を行なう。『暴走機関車』は幻の映画となった（一九八五年に黒澤たちのシナリオをもとにだいぶ改変して、アンドレイ・コンチャロフスキー監督によって映画となる）。

『暴走機関車』の延期をレヴィーンに申し入れたのと同じ頃、黒澤のもとに二〇世紀フォックスから「太平洋戦争開戦の真珠湾攻撃の映画を撮らないか」との打診がきていた。黒澤はとりあえず話を聞くことにした。

同時期、東宝の後藤進取締役は報道陣に対し、三船敏郎主演の「山本五十六を主人公にした映画」

を製作する方針だと明かしていた。それが黒澤の耳に入っているかどうかは分からない。山本五十六は言うまでもなく、日本海軍の真珠湾攻撃の指揮官だ。

偶然にも、二本の真珠湾攻撃映画が動き出そうとしていた。

追い込まれた江守

十一月二十四日、日活の江守専務は経理担当常務の落合、総務担当常務の仲村から、「自分たちは今期で辞任するから、あなたも辞めてくれ」と言われた。江守は社長の堀に頼まれたなと察した。

かつては蜜月だった堀と江守の関係は悪化し、会話も成り立たなくなっていた。日活は資金繰りが悪化しており、日本不動産銀行（日本債券信用銀行を経て、あおぞら銀行）から日活国際会館を担保にして、一六億円の融資を受ける話が進み、その条件として映画製作の赤字の責任者である江守を辞めさせると堀が約束していたらしい。江守はそこまで分かっていたが、辞任を迫る落合と仲村に「私は絶対に自分から辞めない。先方（堀）から辞めてくれと言えば辞める。私が辞めれば会社はやっていけない」と突っぱねた。

江守はすでに辞める決意はしていた。だが、こんな堀の「お使い」の言いなりに辞めるわけにはいかなかった。それに融資話というのは、実際に入金されるまでは、あてにならない。江守が辞めても融資が断られたのでは意味がない。江守の自伝にはこうある。

〈この頃から私と堀さんの間には対話というものは皆無になった。お互いに云わず語らずのうちに辞めさす辞めるという事にきまっていたからだ。この辺が日活の悲劇とでもいうのか、私も大きな責任がある。また堀さんにとって子供のような私に何の遠慮もいらぬ。対話が出来なかったことは、大実業家をもって任ずる堀さんとしては失敗だった。〉

十二月二十八日から二十九日の江守の日記には、不動産銀行の融資がうまくいったとあり、専務としての任期は三月三十一日までなので二月に辞意を表明する決意を固めたとある。

十二月三十一日に江守は本社へ行き、堀と会った。融資はうまくいったが、堀は〈病身のようにぐったり疲れていた〉。これが堀と江守の最後の面談となる。堀は江守が叛旗を翻したと捉えたのだ。ワンマン会社では、社長への反論はクビを覚悟しなければならない。江守はすでに覚悟していたということだ。と言うよりも、江守が日活と堀を見限ったのだろう。江守に退陣を迫った落合常務と仲村常務は辞意を申し出ていた。

この年の会社別配給収入は、東映が五五億円で一位を奪還、前年に『東京オリンピック』で一位になった東宝は四五億円で二位、日活が四二億円で追い、大映、松竹の順だった。

松竹は相変わらず低迷しているが、光明が見えてきた。城戸四郎が現場復帰し、女性映画と喜劇を強化した効果が出てきたのだ。興行ランキングのトップテンには入らなかったが、有吉佐和子原作の『紀の川』（中村登監督）が一億一六〇〇万円の配給収入となり、そのおかげで当期利益一三〇〇万円と、黒字決算となった。

興行ランキングは東映の任侠映画が『網走番外地　大雪原の対決』『網走番外地　南国の対決』『網

1966年　会社別配給収入　興行ランキング（66年4月～67年3月）
○は順位、単位：万円

松竹	23億4067⑤	①網走番外地 大雪原の対決（東）◎2億4046
東宝	45億0631②	②絶唱（日）◎2億4000
大映	35億2395④	③網走番外地 南国の対決（東）◎2億3986
東映	55億0447①	④レッツゴー！若大将（宝）◎2億3980
日活	42億6074③	⑤アルプスの若大将（宝）◎2億3323
		⑥クレージーだよ天下無敵（宝）◎2億0826
		⑦愛と死の記録（日）◎2億0300
		⑧クレージーだよ 奇想天外（宝）◎1億9946
		⑨網走番外地 荒野の対決（東）◎1億9368
		⑩クレージー大作戦戦（宝）◎1億9230

走番外地　荒野の対決』と三作がトップテンに入った。

日活は純愛路線が強く、舟木一夫と和泉雅子の『絶唱』と渡哲也と吉永小百合『愛と死の記録』の二作がランクインした。東宝は加山雄三の『レッツゴー！　若大将』『アルプスの若大将』と、クレージー・キャッツの『クレージーだよ天下無敵』『クレージーだよ奇想天外』『クレージー大作戦』という二大シリーズがランクインした。どちらも藤本真澄が製作したシリーズだ。

日活の二作を除けば、興行ランキング上位十作のうち、八作がシリーズものだった。

第三章

三船・石原対五社協定――1967

一九六七年の映画人口は三億三五〇七万人で前年の九七パーセントとなった。前年の八五パーセント前後だった時期と比べれば、減少はしているものの、その下げ率には改善が見られている。NHK受信契約数は大台を突破して、二〇〇二万になった。

一月十日、松竹は黒字決算となったので、「感謝祭」をホテル・ニューオータニで開いた。社史によると〈この一、二年の暗いイメージを払拭して希望ある再建松竹を内外に示す一大デモンストレーションであった〉という。

日活・江守専務辞任

日活は日本不動産銀行からの融資が決まり、一息つけそうだった。

江守清樹郎専務は、自伝に〈この際、一応借金整理をしてしまえば、若手連中で何とかやってゆける。また若手連中もその自信があるという。ただ堀さんが自ら陣頭に立てば事はこわれる。若手を信じて委せていけば大丈夫と思った。〉と記している。

江守は役員任期の三月末日で辞める決意をしていたが、問題はいつ辞意を表明するかだった。二月一日をその日にしようと決めていたが、一月二十三日に、報知新聞が江守辞任をスクープした。行き詰まり状況にある映画製作の打開策として、日活が人事刷新し若手を起用するという内容の記事だ。堀が江守退陣を既成事実化しようとしてリークしたのは間違いない。報知新聞には堀の談話まで載っている。

〈制作陣の若返りを意図して刷新を行う。それと製作部門が本社から離れて独立したようなかたちでは困る。その意味で私が陣頭に立つことにした。なにしろいままでは企画がマンネリにすぎた。これでは若いスターは育たないし、若いお客さんにも見てもらえない。〉

江守は予定通り、二月一日に辞表を出し、三月三十一日で退任する。江守を支えてきた撮影所長の山根啓司、宣伝部長の石神清、そして経理担当の落合、総務担当の仲村も退任する。「人事刷新」で「若返った」役員では、江守派の部長らが総退陣し、後任は堀雅彦副社長が映画担当に、配給部長だった村上覚が撮影所長というものだった。

日活の経営は堀久作社長が一般経営と映画館とホテルなどの不動産部門、江守が映画製作と配給を一任されるという体制だったが、これで堀社長のもとに一元化されることになった。

映画興行部門だけで戦後に再出発した日活が製作再開できたのは、江守の尽力があったからだった。その最大の功労者を、堀は斬った。どうやって映画を製作していくつもりなのか。そもそも堀は日活と関わるようになったときから、映画そのものへの興味は薄く、作りたい映画があるわけでもない。

映画製作は、再開当初こそ資金繰りに窮して、社員の給料も俳優へのギャラも遅配となったが、石原裕次郎という神風のおかげで業績は上向いた。それで得た資金で堀はホテルを次々と買収していった。そのホテル事業が利益を産めば問題はなかった。だが、映画が傾き出した時、ホテル部門の赤字もまた拡大していた。江守は、「ホテルから早期に撤退して、それまでに投じた資金を少しでも回収して映画にまわしてほしい。そうすれば映画を立ち直させることができる」との思いだった。しかし、堀は自分のホテル事業の失敗は棚に上げ、全ての責任を江守に負わせ、息子に後を継がせる道を行く。

東映も、大川博社長は映画製作への関心も能力もなく、マキノ光雄が全権を握って製作する二元体制だったが、一九五七年のマキノの死後、大川の独裁が確立されると、ホテルやボーリング場への投資が始まった。大映の永田雅一は、プロ野球と競走馬のオーナーとなり、政界にもカネをばら撒いてフィクサーを気取っていたが、それは趣味に近く、事業としては映画に専念していたと言える。そのため、大映は黄金時代の映画と心中してしまう。

熊井啓、『黒部の太陽』監督に

『黒部の太陽』の撮影は六七年後半と想定されていた。三船は自分のプロダクションの『上意討ち拝領妻始末』の後は『日本のいちばん長い日』だけで、それが終われば『黒部の太陽』に専念できるが石原裕次郎は日活との契約があるので六七年も八本の映画に出なければならず、それを容認できる監督でなければ難しい。

石原プロの中井が考えた監督候補は日活の熊井啓（一九三〇〜二〇〇七）だった。信州大学を卒業し、五四年に日活の助監督として入社、六四年に『帝銀事件　死刑囚』で監督デビューしていた。熊井は助監督時代に裕次郎作品も何本か担当していたので気心が知れていた（スポーツニッポン記者だった川野泰彦は自分が熊井を裕次郎に推薦したと自著『我が、石原裕次郎』に書いている）。

三船は熊井とは一面識もなかったが『帝銀事件　死刑囚』と『日本列島』が高い評価を得ていたので、了承した。中井は三月二十八日に熊井に会い、近況を確認した。吉永小百合主演で企画が通っていた『忍ぶ川』が中止になった話などを聞いた上で、翌日に改めて会い、『黒部の太陽』をやらないかと持ちかけた。熊井は引き受けた。

『黒部の太陽』は三船敏郎と石原裕次郎が主演というのが大前提だが、原作を読んだ二人が、自分はこの人物を演じたいと思ってこの企画にのめりこんだわけではなかった。原作も一種の群像劇で多くの人物が登場し、「主人公」がいるドラマではない。工事そのもの、自然との闘いそのものが主人公なのだ。二人は俳優としての「この役を、演じたい」という野心ではなく、この壮大なプロジェクトを映画にしたいという、プロデューサーとしての野心に燃えて映画製作へ向かっていた。出演するのは、二人が出ないことには客が入らないだろうという、営業的な理由のほうが大きい。

熊井は映画では黒部第四ダムの工事全体を描くのではなく、トンネル工事に絞ることにし、二人が演じる役を決めた。熊井が『黒部の太陽』を監督することは、ごく一部の者しか知らない。五社協定は俳優だけでなく監督も縛るものだったので、日活の社員監督（職制としては助監督）の熊井を許諾なしに使うことは違反となる。しかし、石原プロが日活に頼んでも、貸してくれるとは思えない。五社協定は貸すことも禁止しているのだ。石原プロは、あえて曖昧なまま熊井に脚本と監督を依頼した。

日活に江守が残っていれば、『黒部の太陽』はこじれることはなかったとも指摘される。石原裕次郎と江守とであれば、話は通じたはずだからだ。

『虎　虎　虎』と『山本五十六』

熊井啓が『黒部の太陽』のシナリオを執筆している最中の四月二十八日、別の大作映画の製作発表会が開かれた。二〇世紀フォックスの『虎　虎　虎』である。（この映画は『トラ・トラ・トラ！』の邦題で七〇年に公開されるが、黒澤が書いたシナリオは『虎　虎　虎』なので、この表記とする）。

一九六六年暮れに『暴走機関車』が流れた直後に飛び込んできた大仕事は、黒澤明と二〇世紀フォックスの間で細部の契約条項が詰められ、発表できる段階に達したのだ。発表によると、日米双方から真珠湾攻撃を描く映画で、黒澤が日本側シークエンスの脚本と監督、アメリカ側シークエンスは別の脚本家が書き、別の監督が担当する。最終的な脚本は、二〇世紀フォックスの社長ダリル・F・ザナックとその息子で副社長のリチャード・ザナックの裁可を得るという条件だった。アメリカ側の脚本家と監督は決まっていなかったが、黒澤はデビッド・リーンが監督候補だと聞かされ、そのつもりでいたとも言う。リーンならば巨匠なので自分と組むのに相応しいと考えたのだろう。

黒澤は『虎　虎　虎』の準備稿を五月三日に完成させて送った。この時点では六八年一月に撮影を開始する予定だった。黒澤が書いたのは日本語でのシナリオなので、これを英訳しなければならない。以後、日本語から英語に、英語から日本語にとすべての過程で翻訳・通訳が必要となり、さまざまなすれ違いが蓄積されていく。これには『暴走機関車』で懲りたはずなのだが、黒澤は同じ轍を踏む。

『虎　虎　虎』に東宝は動揺した。同じ真珠湾攻撃を描く『山本五十六』を準備していたからだ。さらに東宝を脅かしたのは、特技監督の円谷英二に二〇世紀フォックスから『虎　虎　虎』の特撮を担当してほしいと依頼が来ていたことだった。

円谷は戦前に真珠湾攻撃を描いた東宝の『ハワイ・マレー沖海戦』の特撮で名をあげた。この映画の監督が山本嘉次郎で黒澤の師匠にあたる。二人とも東宝にいるので、これまで組んだことはないが面識はある。だが円谷は『虎　虎　虎』のシナリオの準備稿を読んだ段階で断った。これで東宝としては一安心だ。

次に『山本五十六』の主演に考えている三船敏郎が、『虎　虎　虎』にも出るのではないかという問題が浮上する。黒澤が頼めば三船は断れないのではないか。しかし黒澤は三船には頼まない。

二つの制作発表記者会見

五月九日、東宝の八月公開予定の大作『日本のいちばん長い日』（岡本喜八監督）の記者会見が午前中に開かれ、阿南陸軍大臣の役で出る三船は断髪式で八分刈りとした。三船と裕次郎は同じ日の夕方から、『黒部の太陽』の製作発表記者会見を開くことにした。『黒部の太陽』の記者会見はホテルオークラで五時から始まり、三船、裕次郎、熊井、石原プロの中井、そして原作者の木本正次の五人が出席した。

二日前の五月七日に、中井は日活の村上撮影所長に会い、口頭で「熊井を借りたい」と申し出ていた。その返事がないのに会見を開いたのは確信犯的なルール違反だった。これが吉と出るか凶と出るか。中井のこの強行突破作戦について、三船はよく事情を知らされていなかったようだ。

このことからも分かるが、『黒部の太陽』は石原プロ主導で進んでおり、三船プロは三船敏郎を出演させるだけで製作実務にはそれほど関与していない。三船自身、一九八四年ごろのインタビューで、プロデューサーとしての自分の「最良の作品」を問われると『上意討ち─拝領妻始末』『風林火山』の二本を挙げ、『黒部の太陽』には言及していない（キネマ旬報社編『映像の仕掛人たち』）。

翌日の朝日新聞には熊井が「日活との話し合いはすんでいないが、どんな事態になっても私はこの作品を撮るつもりだ」と言ったとある。日活社長の堀は製作発表の翌朝（一〇日）の新聞で記者会見の内容を知ると激怒した。自分が何も知らされていないのに、『黒部の太陽』の記者会見が開かれ、日活の社員である熊井が無断で出席したことが、まず気に入らない。独裁者が君臨する会社によくあることだが、社長が怒りそうな案件は報告されないのだ。

堀は村上撮影所長を呼びつけて叱った。慌てた村上は熊井を呼び、「君を（石原プロに）貸すと言った覚えはない。中井のやっていることはルール違反だ」と指摘した上で、「私の責任で撮りたい企画を通すから、『黒部の太陽』の監督を降板しなさい」と命じた。しかし熊井は、「記者会見で監督すると言った以上は、責任をもって作る」と宣言した。

堀は裕次郎を止められないことは分かっていたので、標的を、熊井に絞った。

五月十一日、五社長会が開かれた。東宝から出席した藤本真澄常務は、三船から相談を受け、『黒部の太陽』への出演を認める方針でいたので、そう報告すると、大映の永田雅一社長が激しく反対した。『黒部の太陽』は永田には直接の利害がない映画である。大映の俳優や監督が関わっているわけではない。反対の理由は損得ではなく、思想的な理由だった。いや、感情的と言ったほうが近いだろう。

永田にとって五社協定は絶対に守らなければならないものだった。それを否定する者は「世界のミフネ」であろうが、「大スター裕次郎」であろうが許さない。外から見れば、永田のせいで俳優や監督が苦しんでいるのだが、永田としては、山本富士子を喪ったように、自分は犠牲を払って日本映画界のために五社協定を守っているという意識がある。

当事者でもある日活の堀は興奮し、「熊井君は、日活の係長待遇の正式社員だ。東宝は他社の社員を引っ張りだして、シナリオを書かせ、監督までやらせた映画を配給する気なのか。日活では配給しないから、そのつもりで」と、東宝を批判した。

藤本は『黒部の太陽』は石原プロが主導しているし、熊井が監督なので「日活映画に三船を貸す」という感覚でいた。それなのに日活の堀が怒り出したので当惑した。

熊井の日誌には、〈すべてを正々堂々と円満に進めていこうと考えていた三船氏は、中井氏がとった強行策に危惧を抱いたようだ。〉とある。三船は熊井の監督起用は日活の了承を得ているものと思っていたのだろう。裕次郎は中井が強行しているのを了承しているはずで、〈三船氏の正論を認めながらも、中井氏の実行力を評価している様子〉と熊井は分析している。

三船が出演していたテレビコマーシャルのコピーが「男は黙ってサッポロビール」だったように、昭和の時代、男たちは無口だ。ビジネスにおいても、阿吽の呼吸で物事は進み、重要なことでも説明しないし、説明を求めることもない。契約書など交わさず口約束で進む。三船敏郎と裕次郎のあいだも、裕次郎と中井のあいだも、コミュニケーション不足だ。それがこの時代のやり方だった。

五月十六日、日活俳優の二谷英明から熊井へ電話があり、「東宝の撮影所長の雨宮恒之が会いたがっている」と伝えた。二谷の妻・白川由美は東宝の女優なので、雨宮─白川─二谷というルートでの面談希望だった。熊井は翌十七日に東宝撮影所へ行き、雨宮と会った。雨宮は事情を聞いた上で、「三船、石原、熊井たちの真意が五社に十分に伝わっていない、日活の堀社長は熊井と石原に立腹しており、まずは堀をなだめることが先決だ」と助言した。最後に「いつでも困ったことがあったら来なさい」と言った。

二十四日に、石原プロと三船プロは日活に対して正式に「熊井を貸してほしい」と申し入れた。自分たちが「ルール違反」をしたと認めたようなものだったが、堀を懐柔するにはこうしたほうがいいと思ったのだろう。

しかし日活は申し入れを正式に断った。理由は『命ある日を』と『忍ぶ川』の二作を、七月下旬と一月に製作するからだという。どちらも熊井が提案しながらも日活がボツにしていたものだ。

六月二日、堀社長は、「熊井を『黒部の太陽』に貸すことはない」と公に宣言し、「五社協定に違反する『黒部の太陽』は、日活はもちろん他の四社も配給しないであろう」とも語った。石原裕次郎は動ぜず、「熊井監督で、どんなことがあっても完成させる」と言った。この頃、裕次郎が「日活から完全に独立してフリーになる」とほのめかしていたのも日活の姿勢を固くさせていた。両者の神経戦となっている。

暗い話だけではなかった。俳優陣では劇団民藝の宇野重吉が全面協力を快諾した。五社協定はあくまで映画会社の専属俳優にしか効力がない。民藝・俳優座・文学座などの新劇の俳優たちはどこの会社の作品でも自由に出ることができた。

一方では日活の息のかかったマスコミが、『黒部の太陽』の先行きを案じさせる報道を繰り返していたので、関西電力首脳部の間でも不安視する声が出た。六月七日に、関西電力の岩永常務が上京し、石原・中井・熊井と会った。「社内では『黒部の太陽』への協力に反対の声があるが、心配しないでくれ」と石原たちを励ました。

石原兄弟のタッグ

十五日、熊井が夕食を自宅ですませたとき、石原裕次郎が「すぐにきてくれ」と電話をかけてきた。沈んだ声だったので気になりながら石原邸へ向かうと、裕次郎はコップ酒をひとりで飲み、瞳は涙で潤んでいた。「俺は悔しくてしょうがないんだ。兄貴に頼みごとをしてしまった。こんなことは生まれて初めてだ」と言った。

この時期の裕次郎の「ひとり酒」と「涙」については、妻の石原まき子も折りにふれて語り、記している。『裕さん、抱きしめたい』では、裕次郎の涙を見たのは二度だけで、最初は結婚前、二度目が『黒部の太陽』の時だったとして、こう記している。

〈資金調達のことで妨害が入って、ついに「この企画もここまで！」となりました。／その日、私が外出先から帰ってみると、裕さんは私に背を向けてアグラをかき、一升瓶を小股にはさんでいるのです。／「こんな大事なときに酔っぱらってたらダメなのに……」／といいながら私がよく見ると、裕さんの背中が小刻みに揺れています。あれっ、と思いつつ目をこらすと、やはり泣いていました。〉

まき子によれば、裕次郎は酒を飲まずに泣いていたのだが、彼女が帰ってきたので、あわてて一升瓶を抱きかかえて酔っているふりをしていたのだという。まき子は裕次郎のそばに座り、じっとしているしかなかった。

裕次郎がそう何度も涙を流すとも思えないので、熊井が呼ばれたのと同じ日だと思うが、熊井の日誌にはまき子は出てこない。まき子は「資金調達」が原因で泣いていたと振り返っているが、熊井の理解では、「裕次郎の涙」は資金のことではなく、兄・慎太郎に「なんとかならないか」と頼んだ悔しさの涙だった。この兄弟間の感情もまた微妙なものがある。裕次郎はどんなに困っても弟としてのプライドから、兄には頼みたくなかったのだろう。この時点で裕次郎がなぜ慎太郎に頼み込んでしまったかというと、三船が弱腰になってきたため、どうしたらいいか分からなくなったからだという。

三船も苦しんでいた。三船プロ内部にも『黒部の太陽』に反対する者がいたし、製作費を二社でどう分担するかもまだ決まっていない。その工面もこれからである。最大の敵は五社協定なのだが、その前に、三船と裕次郎との関係も微妙になってきたのだ。

石原慎太郎は一九九六年刊行の『弟』にこの時のことを詳しく書いている。しかしこの本は「小説」なので脚色されている可能性もあり、そういう前提で以下、引用・要約してみる。

まき子が帰宅すると、裕次郎は〈股の間に一升瓶を抱えて冷や酒をあおりながら彼女を見上げ、とにかく、これから兄貴に電話するんだといったという。〉しかしまき子の『裕さん、抱きしめたい』には、彼女の前で兄・慎太郎へ電話をしたことは記されていない。

『弟』には電話の内容がこうある。

〈「ま、これで俺の夢も消えたよ。あの人（三船）からは逆に励まされていたものだからついその気になってしまってたが、やっぱり最後は腰が砕けちまったんだな」

沈黙の後、

「まあこれで、この企画は一応幕を引くよ。他の役者でといったって、関係の会社はみんなあの三船さんが出てくれるならということでいろいろ約束してくれていたけど、それが駄目となりゃ、プロデューサーとして俺が嘘をついたことになるからなあ」〉

慎太郎は電話で話を聴きながら、思いついたことがあったので、「製作中止を発表するのは待て」と言い、「できるかどうか分からないが、ある仕掛けをしてみる」と言った。

石原慎太郎は東宝の藤本のブレーンだった時期もあるので、知らない仲ではない。五社協定という強固な岩盤もどこか脆い所があるはずで、慎太郎が叩けるとしたら、東宝だった。翌日（熊井の日記が正しければ、十六日ということだ）、慎太郎は旧知の仲である東宝の森専務と藤本専務と面談した。二人とも慎太郎の用件は分かっていた。

慎太郎は選挙の話から始めた。一九六五年の参議院選挙で全国区に出馬した鹿島建設社長の鹿島守之助は一〇〇万票、女婿の平泉渉も五七万票で当選した。建設会社にはそれだけの動員力がある。黒四ダムは鹿島クラスの建設会社がいくつも関わっているし、何よりも関西電力そのものが大企業だ。映画会社が五つ束になっても太刀打ちできない――慎太郎はこう説明した上で、〈五社協定か何かは知らないが筋の通らぬ話でそれ（『黒部の太陽』）を潰そうというなら、ならば我々で映画会社の一つを作ってでも実現しようじゃないか、三船と弟の骨は立派に拾うし、我々にとっても面白い話だ、といってますよ。それを御存知ですか〉と藤本たちに言った。慎太郎の作り話だが、信憑性があったので、森と藤本は唖然としていた。

慎太郎は追い打ちをかける。映画会社は、映画を作れたとしても配給はどうするんだと思うだろうが、全国には五社の封切館以外にも映画館はあるし、映画が上映できる設備のある公共のホールだってあるから、そこで上映すればいい。建設会社の社員たちは社長の選挙で走り回るより、映画のために走り回るのは気分としてもはるかに楽だ。さらに、労働組合や宗教団体の観劇組織（労音や民音）だって動く。『黒部の太陽』が成功すれば日本映画の配給制度も崩れるだろうと解説した。さらに、「関電や建設会社に『黒部の太陽』以外の企画も話すと、すっかり乗り気で、自分は企画の相談を受けている」とまで言った。

話を一気に大きくし、ここで『黒部の太陽』を潰したら、大企業が映画製作に乗り出すきっかけとなり、そうなったら、五社体制は崩れる――と脅したのだ。相手が動揺しているのを見て、「お二人から大映の永田さんを説得してやったらどうか」と持ちかけた。森専務が「あなたの言うとおりかもしれない。こちらもいつまでも井の中の蛙というわけにはいかない」と言ったので、慎太郎は〈この勝負はものになりそうだと思った〉。

慎太郎は東宝を出るとその足で裕次郎と会い、話した内容を伝え、関電をもう一押しして、絶対に裕次郎を見捨てないと言わせるよう助言し、「東宝が馬鹿でなきゃ、東宝だけ抜けてきて三船を差し出すと思うぜ」と予言した。

しかし熊井の十六日の日誌では、その日、三船・石原・中井・熊井の四人で協議したが妙案はなく、三船の口ぶりから五社の締め付けが感じられたとあるだけで、慎太郎が東宝へ行ったという話はない。裕次郎が三船たちに伝えなかったことになる。

『弟』は三十年近く後に書かれたものだが、熊井日誌は当時書かれたものなので、日時についてはこちらのほうが信頼性は高いだろう。石原慎太郎が東宝へ行ったのはもう少し後かもしれない。

また、『弟』には三船がやめると言ってきたと書かれているが、熊井はそうは書いていない。熊井の日誌からは、三船が苦悩し弱気になっている様子がうかがえるだけだ。

『弟』では、慎太郎が東宝へ行った数日後、裕次郎から、「三船が出演する」と報告があったとなっている。

二大スター対堀社長

以下、熊井の日誌をもとに記していく。

六月十七日、裕次郎は日活の村上撮影所長と常務と会い、自身のフリー問題について話し合った。『黒部の太陽』を認めないのなら、日活との契約を解除してフリーになる」と裕次郎が言っていると報じられていたので、説明するためだ。裕次郎には日活と完全に手を切る気はなく、「フリーになる」発言は売り言葉に買い言葉的に出たものだった。その誤解を解き、『黒部の太陽』を作りながらも、スケジュールの合う限り日活映画に出る」と言明した。これで日活の姿勢も変わるかと期待された。

しかし堀の態度は変わらない。熊井は日活を退社するしかないと決め、裕次郎と三船に告げた。この日も四者の打ち合わせがあった。熊井の日誌にはこうある。――予算のことで三船と中井の意見が対立した。途中で三船と中井の二人が部屋を出て、数分後に戻ると、〈中井氏の顔は蒼白だ。三船氏はと見ると、凄まじい形相でテーブルの上のビール瓶を摑み、壁に向かって叩きつけ叫んだ。／「奴らめ」〉。「奴ら」とは五社、あるいは五社協定のことのように思えるが、文脈としては資金面で三船と中井が対立している延長なので、五社が資金面でも妨害に出ていたのかもしれない。

熊井は日活が問題視しているのは、「日活社員・熊井啓」が監督をすることなので、自分が日活を辞めてフリーになるしかないと決意し、十九日に撮影所へ行き、村上所長に辞めると告げた。村上は「他の社、とくに一社が頑固だ」と事情を教えた。熊井が「大映ですか」と訊くと、「まぁ」とだけ言って明言は避けた。さらに、「本来は日活から君と裕次郎を出すんだから、応援しなくてはいけないのだが、社長が我を張っていて、それに同調する者がいるから困る」と社内の事情も教え、とにかく考え直してくれと言った。しかし熊井は「近日中に辞表を出す」と改めて告げた。

永田も堀も、理性的な判断ができなくなっている。ワンマン体制で社内に意見を言える者がいない点でも大映と日活は似ていた。

翌二十日、熊井は村上から聞いた話を三船、石原、中井に伝え、五社が製作を認めそうもないとの情勢判断を伝えた。裕次郎は「堀社長は僕らがそろそろ来るだろうと思っているはずだから、三船さんと行って話せば先が見えてくると思う」と言った。三船はそれに同意した。熊井は、「お二人が堀社長と会う前に正式に日活を退社する」と伝えた。堀は「日活社員の熊井の起用はルール違反」と言うだろうから、事前に辞めるのだ。

二十三日朝、熊井は正式な辞表を墨で書いて日活撮影所の村上所長に提出した。村上は受け取ろうとせず、「日活で仕事をしてもらいたい。どんな協力も惜しまない」と言った。

村上は堀から「辞表を受け取るな」と厳命されていた。堀は熊井を懲戒解雇にすると決めていた。自主的な退職を認めたら懲戒解雇ができない。懲戒解雇された監督は五社ではもう映画は撮れないというのが、暗黙の了解だ。堀は熊井を干す気でいた。熊井を干しても日活は一円にもならない。もはや損得ではない。

同じ二十三日の午後五時、日活本社・社長室へ三船と裕次郎が乗り込み、堀社長と会った。三船が堀と会うのはこの時が初めてだった。熊井と中井も同行したが、面談には立ち会わなかった。

翌日の新聞によれば、堀は熊井を懲戒解雇にすると二人に告げたようだ。「映画界の道徳を踏みにじってはいかん」と二人に説教し、「熊井の懲戒解雇は当然の措置で、こんなやり方で作った映画は日活も東宝も、他の三社も配給できないから、金をかけて配給できない映画を作るのは、やめなさい」と言ったのだという。

熊井は堀との面談を終えた二人についてこう書いている。〈（石原）氏の顔は一瞬、どきっとするほど血の気を失っており、続く三船氏のそれは厳しく引きつっていて、交渉決裂は火を見るより明らかだった〉。

二人の大スターは堀によって、プライドをズタズタにされた。四人はその夜、改めて石原邸に集まった。そこには裕次郎と親しくしていた新聞記者もいた。三船はいったん自宅へ帰り、着替えてからやって来た。酒を飲み交わしながら話しているうちに、三船は堀との会話を思い出し、怒りをつのらせ、「こうなったら作るしかない、出来上がったらフイルムを担いでアメリカでも東南アジアでもどこにでも行く」と言った。

堀は二人を諦めさせようと強圧的な態度に出たのだろうが逆効果だった。揺れていたかもしれない三船は、堀から屈辱的な目にあわされたので、諦めるどころか闘志を燃やしてしまったのだ。裕次郎は「そうよ、やるっきゃない」と明るく笑った。

熊井はこう書いているが、同席していた「スポーツニッポン」の川野泰彦（後、石原プロのプロデューサーになる）の描写は異なる（『我が、石原裕次郎—だれも書かなかった—スター伝説』）。

裕次郎が「やりますよ、僕は。五社協定とやらにかけられても良い、絶対やりますよ」と言うと、重い沈黙が続いた。すると、〈三船敏郎がやにわにすくっと立ち上がり、強い目で全員を眺め回してから、ゆっくりと口を開いた。／「判った。…俺もやる。裕ちゃん一人に迷惑は掛けない」〉

熊井の日誌には三船のこのセリフはないが、二人の意思が確認できたので、川野たちが電話で社に伝え、口頭で記事を送ったとあり、そんな様子を見た石原裕次郎が、

「ただいま、これで破砕帯を突破しました！」

と映画の中のセリフを言ったとある。三船は興奮した様子で帰ってしまった。しばらくすると誰かが大声で「裕次郎のバカヤロー」と外で叫んでいる。三船が酔って騒いでいるようだった。三船については黒澤明の家の前でも「バカヤロー」と叫んだという逸話がある。裕次郎は川野たちと笑った。そして川野に「これで『黒部の太陽』は絶対作れる。三船さんも裏切らないよ」と微笑んだ。

この「バカヤロー」で二人は本当の同志・盟友になったとも言える。

『黒部の太陽』はその製作過程の困難さが映画のストーリーと重なる。現実のトンネル工事は破砕帯にぶつかり困難を極めたが、『黒部の太陽』にとっては五社協定が破砕帯のような存在だった。

石原裕次郎と三船敏郎は既存の五社ではできないスケールの大作を作り、斜陽化している日本映画界を何とかしたいという思いで『黒部の太陽』を始めた。別に五社協定をぶっ壊してやろうと思って始めたのではない。しかし五社協定が予想以上に難攻不落な要塞だったと思い知ると、「打倒・

五社協定」が映画作りの目的になっていく。

裕次郎は関電の役員から「フイルムは映画館でなくても上映できるでしょう」と言われ、五社があくまで上映をさせないのであれば、全国の公会堂や体育館で上映してもいいと決意していたという。これを聞いて、石原慎太郎は東宝の藤本や森を脅したのだろう。

五社協定は、いずれは破綻・崩壊したであろうが、『黒部の太陽』がその時を速めたのは間違いない。永田や堀は、裕次郎・三船を「たかが俳優」と思い、その力の強さと大きさを見誤っていた。大衆と直結していなければならない映画会社経営者なのに、大衆が求めているものが何かを理解しなかった。

三船が切る最後のカード

三船と裕次郎が堀社長と会ったのが二十三日で、翌二十四日の新聞は『黒部の太陽』が日活をはじめとする五社の反対で困難にぶつかっているが、三船と裕次郎は前向きだと、二人に好意的に報じた。二人と親しい新聞記者は多い。スポーツ新聞だけでなく一般紙も、『黒部の太陽』に注目していく。五社協定が独占禁止法に違反するのではと、公正取引委員会へ照会する新聞もあった。

世論の読めない日活は、二十四日、熊井に解雇通知を送った。翌二十五日朝に熊井は速達の書留でそれを受け取り、〈辞表を受け取らずに「解雇」とは。馬鹿馬鹿しいことをするものだと苦笑〉と日誌に記した。

三船は二十六日、単身で堀社長と面談した。裕次郎と事前に打ち合わせた上で、最後のカードを切りに行ったのだ。それは、関西電力が一〇〇万枚の前売り券の購入を協力するという「秘密の約束」である。当時の映画の入場料は一般四〇〇円、学割三〇〇円前後なので平均三五〇円として、一〇〇万枚だと三億五〇〇〇万円になる。この数字は根拠のないものではなく、関電と黒四ダムを建設した五社（間組、鹿島建設、熊谷組、佐藤工業、大成建設）の関連会社を合わせると、千数百社となり従業員は一〇〇万人を超える。二大スターの出る映画なら従業員の妻や子供も喜んで見に行くだろう。

三船は「一〇〇万枚の前売り」が約束されていることを伝えた上で、『黒部の太陽』を日活で配給してほしいと依頼した。これは俳優・三船敏郎としてではなく、三船プロ社長としての依頼だった。一〇〇万枚については関電社内で正式な手続きを経ていないので公にはできない。しかし三船・裕次郎としては日活を説得するにはこの切り札を使うしかなかった。

堀には映画への愛も情熱もない。「いい映画を作りたい」と言って説得しても無駄だった。堀を説得するには「金」の話、「いかに儲かるか」を材料にするしかない。「一〇〇万枚」と聞いて、堀は驚くとともに、関電や建設会社の規模からして不可能な数字ではないことも察した。目の前に三億五〇〇〇万円がぶら下がっているのに、経営者として見過ごせるはずがなかった。堀は「時間をくれ」と三船に言った。

堀からの回答のないまま、六月二十八日、『黒部の太陽』の「製作開始記念パーティー」が帝国ホテルで開かれた。三十日に三船は堀社長と再び会った。この時点で堀は「日活配給」ならば容認しようと決めていたようだ。

かつて、二人の共作の第一作は東宝配給、第二作は日活配給と言われていたので、日活は反対して、『馬賊』を中止に追い込んだ。二つのプロダクションの共作第一作が『黒部の太陽』になったので、これも東宝が配給するだろうと勝手に思い込み、堀は反対していたのだ。堀は情報不足だった。ワンマン体制はトップに情報が集中するはずだが、すでに日活は機能不全に陥っていたのだ。江守の不在が大きい。

七月三日の「日刊スポーツ」は日活の壷田常務の談話として〈「日活で配給してくれませんか」とまで言ってきているのに、それもダメということは道義的にも言えないし……そこで、まあ、おとなになって、映画界のために、おたがいの譲歩で日の目を見るように、もう一度考え直してみようじゃないか……という段階に来ているのは事実です〉とある。前売り券一〇〇万枚の話は、当然、公にはなっていない。

東宝は石原慎太郎の言葉が影響しているのか、日活に対し『黒部の太陽』への三船の出演を認めるから日活で配給してくれ」と申し入れていた。自社の看板スターである三船が、『黒部の太陽』で傷つくのは得策ではない。ただ東宝もタダでは転ばない。一般封切館は日活系統だとしても、東宝の洋画系映画館で先行ロードショーすることを求め、両者はこれで合意した。映画がヒットして一番儲かるのは映画館なので、東宝はおいしいところを押さえていたのだ。

その間にも撮影準備は着々と進み、『黒部の太陽』は七月二十三日にクランクインした。この日に決めたのは裕次郎だった。妻・まき子の誕生日なのだ。

七月二十八日、映連（日本映画製作者連盟）の理事会が開かれ、堀が『黒部の太陽』を日活が配給することの了承を求めると、大映・松竹・東映は猛反発した。この三社は『黒部の太陽』に直接の利害関係はないが、映画界全体の秩序が乱れるとして反対したのだ。

五社協定の生みの親と言っていい永田雅一は「スター行政を緩める先例をつくることになる」と言った。だがついこの前まで『黒部の太陽』潰しの急先鋒だった堀は押し切った。堀と永田は因縁の間柄だ。共通の敵がある時は共闘するが、基本的には犬猿の仲である。永田が反対したので堀は意地になっても『黒部の太陽』を認める。何よりも、一〇〇万枚・三億五〇〇〇万円を捨てるわけにはいかない。

理事会が終ると、日活と東宝は「『黒部の太陽』は日活が配給し、ロードショーは東宝の劇場、熊井啓の解雇は撤回」と発表した。東宝は「三船と東宝は本数契約なので、東宝のスケジュールが空いている時は、どこの作品に出てもかまわない」という考えを示した。この報せを熊井はロケ先で知った。

八月三日に、三船敏郎が阿南陸軍大臣の役で出た東宝オールスターキャストの『日本のいちばん長い日』（岡本喜八監督）が公開された。大ヒットしたので、東宝は「8・15シリーズ」を始める。

第三のスタープロ

勝新太郎が永田雅一に「プロダクションを作りたい」と相談したのは一九六七年に入ってからだ

った（一九六六年設立としている史料もあるが、六七年のはずだ）。三船や裕次郎の動きに刺激されたのだ。

五社協定堅持の急先鋒でスター俳優の独立に反対のはずの永田は、しかし、あっさりと勝の「独立」を認めた。永田は勝に事業計画などないことを見透かし、大映の「社内プロダクション」を作れと言って丸め込んだのだ。大映のスタッフと撮影設備で勝が映画を作り、大映が配給し、製作費は独立採算制として、公開後に配給収入が決まったところで清算するというものだ。東宝が黒澤プロや三船プロを作らせたのと似た手法だ。経営危機の大映としては、合理化のひとつとしても勝のプロダクション設立はありがたい話だった。

勝は、事務所を借り最低限のスタッフを雇った。三船プロや石原プロは、設立と同時に第一作を準備していたが、勝には「作りたい映画」が具体的にあったわけではなかった。

勝新太郎は四月二十九日封切りの『にせ刑事』で初めて日本共産党の山本薩夫監督と組んだ。ライバルの市川雷蔵が出た山本監督の『忍びの者』が大ヒットしシリーズにもなったので、勝とも組ませてみようとなったのだ。大映の永田社長は自民党のフィクサーのひとりだが、元左翼青年でもある。映画においては「当たるか当たらないか」があるだけで、「右も左もない」という考えだった。それは東映の岡田茂にも共通する。

山本と組んでいる間に勝プロ第一作を製作することが決まった。しかし勝にはアイデアがない。企画も共演者も題材も何も決められない。ちょうど勝が主演の『にせ刑事』を撮影中だった山本薩夫に「勝プロの第一作を撮ってくれないか」と打診すると、快諾してもらえた。

山本サイドとどんな映画にするかの話し合いに入り、最初は開高健の『三文オペラ』の映画化が浮かびシナリオに着手した。だが難航したので、山本サイドから『座頭市』はどうかと提案された。『座頭市』もすでに十五作となりマンネリに陥っていると感じていたところなので、勝はこの申し出を受けた。山本ならば「斬新な座頭市」にしてくれると期待したのだ、大映も『座頭市』なら集客が見込めるので反対はしない。

こうしてシリーズ第十六作『座頭市　牢破り』が完成し、八月十二日に、市川雷蔵主演『若親分兇状旅』（森一生監督）との二本立てで封切られた。『若親分』も早くも七作目だ。

『座頭市　牢破り』は斬新ではあった。農民運動家・大原幽学をモデルにした人物が登場し、虐げられている農民に向かって「団結せよ」「暴力はいけない」と演説するあたりは共産党的だ。しかし、その運動家が捕まると、それを助けるのは座頭市の暴力なので、共産党批判のようでもある。いずれにしろ、スッキリしない座頭市映画だった。

ある悲劇

九月六日、大映の俳優、丸井太郎が自死した。三十一歳だった。彼も五社協定の犠牲者である。

丸井は高校を卒業すると文学座に入り、演出の勉強をしていた。だが俳優に転向し、大映に入り、五八年にデビューした。美男子ではなく、俳優としては渥美清に似たタイプだった。長く大部屋俳優だったが、六三年に大映テレビ室が柴田錬三郎の小説を原作に製作した『図々しい奴』の主役に抜擢されると、三〇パーセントを超える視聴率となり、たちまち人気者になった。

丸井には各局から出演依頼が殺到したが、大映の許可がなければ出ることはできない。大映は五社協定があるとして他社には貸さない。それでいて、大映の映画に丸井を主役級の役で起用することもなく、脇役のままだった。それに絶望して、ガス自殺したという。

石原裕次郎と三船敏郎により五社協定が崩壊しようとしているさなかの悲劇だった。山本富士子、田宮二郎に次ぐ、大映の犠牲者である。永田雅一は映画界への功績は大きいが、負の面も多い。

十二月になると、大映が不渡手形を出したとの噂が流れた。誰もが「ついにその日が来たか」とその噂を信じた。それほど大映の経営危機は深刻化していた。

上半期決算で大映の借入金は五〇億円になっており、女性映画に活路を求めたが興行的に失敗した。八月には全役員十四名が永田雅一社長に対して辞表を預けるという非常事態となった。

九月の株主総会では、五人の現業部門の役員が辞任し、新役員が就任した。役員の平均年齢は六十歳から五十一歳へと、一気に若返った。永田雅一は日活の堀同様に、役員人事の刷新、若返りで乗り切ろうとしたのだ。永田雅一の息子、永田秀雄は副社長のままだった。

『黒部の太陽』クランクアップ

『黒部の太陽』は撮影が始まると、原寸大のトンネルのセットで、あわや大惨事かという事故が起きるなど、大小さまざまな事件はあったが、十二月二十四日に全ての撮影が終わった。その撮影中に、石原裕次郎は兄・慎太郎から翌年の参議院議員選挙に立候補すると伝えられた。驚いたが、反対はしなかった。反対したところで止める兄ではなかった。

当時の一般的な映画一本の製作費は三〇〇〇万円とされていた。『黒部の太陽』の製作費は宣伝資料によると三億八九〇〇万円が投じられた。さらにダム建設に関わった建設会社が機材などを無償で提供したので、それを換算すると四億円になるという。合わせれば約八億円で、当時としては空前の大作だ。普通の映画が二五本は作れる計算になる。

熊井は『黒部の太陽』の撮影が終ると、編集などのポストプロダクションに入った。封切りは二月と決まっており、一月半ばには完成させなければならない。

この年の会社別配給収入は、東映が五〇億二一〇〇万円でトップ、東宝が四八億一八〇〇万円で追いかけ、大映が三二億〇五〇〇万円、日活が三一億九五〇〇万円と僅差で、松竹が二三億五二〇〇万円と離されていた。

興行ランキングは四月から翌年三月までの集計なので、六七年度の一位は六八年二月封切りの『黒部の太陽』となった。二位が『日本のいちばん長い日』で三船敏郎の作品が上位を独占した。東宝は他に、クレージーキャッツ映画と加山雄三の「若大将」シリーズが四作ランクインし、好調だ。

東映の『あゝ同期の桜』（中島貞夫監督）は海軍飛行予備学生の遺稿集をもとにした戦争もので、高倉健が主演した。大川社長は「いまさら戦争映画なんて」と反対したが、かつて『日本戦歿学生の手記　きけ、わだつみの声』を企画した岡田茂が製作を断行した。六月に公開されると予想外のヒット作となったので、十二月に正月映画として鶴田浩二主演『人間魚雷　あゝ回天特別攻撃隊』（小沢茂弘監督）を公開し、これもヒットした。

1967年　会社別配給収入　興行ランキング（67年4月〜68年3月）
○は順位、単位：万円

松竹	23億5200⑤	①黒部の太陽（三船・石原）◎7億9616
東宝	48億1800②	②日本のいちばん長い日（宝）◎4億4195
大映	32億0500③	③クレージー黄金作戦（宝）◎3億2427
東映	50億2100①	④クレージーの怪盗ジバコ（宝）◎2億4066
日活	31億9500④	⑤ゴー！ゴー！若大将（宝）◎2億2047
		⑥日本一の男の中の男（宝）◎2億1821
		⑦あゝ同期の桜（東）◎2億0322
		⑧座頭市血煙り街道（大）◎1億9232
		⑨人間魚雷 あゝ回天特別攻撃隊（東）◎1億7984
		⑩網走番外地 悪への挑戦（東）◎1億6651

東映の高倉健の「網走番外地」シリーズ、大映の勝新太郎の「座頭市」シリーズも堅調だ。松竹作品はランクインしていない。

第四章

スター社長たちの勝利——1968

一九六八年の映画人口は三億一三四〇万人で、前年の九三・五パーセントだった。減少率が高くなっている。映画館は四〇〇〇を割って、三八一四館になった。NHK受信契約数は二一〇三万になった。

会社別配給収入では東映が一位を維持した。前年比で増収となっており、任侠映画とセックス路線の好調さを示している。東映で任侠とセックス路線を推進していた岡田茂は、五月に企画製作本部長兼京都撮影所長となり、同期の今田も営業の最高責任者である営業本部長兼興行部長に就任した。

秋になると、東映は機構改革をし、製作から営業までを一貫して統括する映画本部を創設し、その下に企画製作部・営業部・興行部・宣伝部が置かれた。映画本部長に就任し、映画製作の全権を掌握したのは、岡田茂である。

大川博は、岡田に与えた権限について、「ひとつの映画会社の社長の立場に匹敵する。自分の思い通りに意思統一ができる」と説明した。有能な岡田に映画製作をさせて、息子にはそれ以外の観光・レジャー部門を任せるという思惑が感じ取れる人事だった。

悪く解釈すれば、苦境の映画部門を岡田に押し付けて責任を取らせ、うまくいけばいいし、うまくいかなければ岡田ごと映画部門を切るつもりだったのかもしれない。

かつて五島慶太は、「うまくやれたら東急を譲る」と口約束して、不振の東横映画を大川に押し付けた。それと同じことを、大川は岡田にしようとしていた。五島は大川ではなく息子・昇に東急を継がせ、昇は大川を東映ごと切った。それが繰り返されるのではないかとの憶測が乱れ飛んだ。岡田が五島父子と親しいことが周知の事実だったことも、問題を複雑にしていた。岡田が東急の支援で独立するのではないかとの噂が流れていた。

しかし東急・五島父子と、東映・大川父子とは決定的な違いがあった。五島昇は、ある意味では父よりも有能だったが、大川毅はそうではなかった。大川毅が最初に社内外の顰蹙を買ったのは、入社してすぐに東映の美人女優と結婚したことだった。ボーリング事業への進出では陣頭指揮を執り、一応は成功した。しかしその素行が社内で問題となる。社員の言動が気に入らないと殴ることもあり、なかでも嫌われたのが水虫の治療を部下にさせたことだった。

『黒部の太陽』大ヒット

一九六八年一月四日、日活の新年祝賀会で、堀社長は『黒部の太陽』についてこう語った（日活の社内報による）。

「これはよその写真だが、製作だけが映画会社の仕事ではなく、配給販売という独自の仕事がある。日活が、この大作の配給を引き受けたからには、全力をあげて配給収入をあげるよう、いま対策を講じているが、すでに、関西電力をはじめ関連九電力、大手建設会社等の関係会社が、大量の前売り券を引き受けようと言ってくれている」

あたかも自分の手柄のように堀は語っているが、電力会社や建設会社と話をつけたのは石原裕次郎と三船敏郎である。堀がこの映画のためにしたことは妨害だけだったが、そんなことは忘れてしまったようだ。

堀はさらに「三月は『黒部の太陽』が一か月の長期興行で、製作費はゼロである。三月は製作費が一銭もかからないで、配収の金がどんどん入ってくる。諸君、これでは儲からざるをないではないか」と、あからさまに語った。これくらいの図太い神経でなければ、大会社の経営はできないのだろう。

一月十九日、『黒部の太陽』は完成し、東洋現像所で関係者のみの零号試写が行なわれた。上映時間三時間十五分の大作だった。二日後の二十一日から全国で試写が行なわれ、裕次郎はキャンペーンの先頭に立った。二月六日、国立劇場で「チャリティー試写会」が開催され、常陸宮夫妻、秩父宮妃をはじめ、各界の著名人が来場し、マスコミでも大きく取り上げられた。二大スターの初共演だけでも話題性はあったので、前評判は高まっていた。

二月十七日、『黒部の太陽』は東京、大阪、名古屋、広島、札幌、福岡で各都市一館ずつのロードショー劇場で封切られた。東京は東宝の日比谷映画劇場で、初回の上映が始まった時点で、次回の切符を求める人々が長蛇の列を作っていた。石原裕次郎と妻まき子も日比谷へ行き、その行列を見て、勝利を知った。

二週間後の三月一日から、『黒部の太陽』は日活系の一五一の映画館でいっせいに封切られ、この年だけで観客数七三三万七〇〇〇人、配給収入七億九六一六万円という空前のヒットとなった。

一九六〇年代の日本映画で、配給収入トップは『東京オリンピック』（市川崑監督）の一二億〇五〇〇万円だが、これはドキュメンタリーなので、劇映画としては『黒部の太陽』が最高である。二位が三船プロの『風林火山』（稲垣浩監督、一九六九年三月）の七億二〇〇〇万円、三位が石原プロの『栄光への５０００キロ』（原惟繕監督、一九六九年七月）の六億五〇〇〇万円と、この二人が作った映画が上位三位を独占している。

『黒部の太陽』はアメリカでは東宝インターナショナルによって秋に公開された。

二つの山本五十六映画

三船敏郎は『黒部の太陽』が封切られた二月は日本にいなかった。『太平洋の地獄』（ジョン・ブアマン監督）のロケでパラオにいたのだ。そのパラオにいる三船のもとに、東宝から八月公開で山本五十六の映画を作るから主演してくれとの依頼が正式に届いた。前述のように六六年十一月の時点で企画として公になっていたものだ。

三船が危惧したのは、『虎　虎　虎』と内容がぶつかることだった。三船としては黒澤明に迷惑をかけたくない。『虎　虎　虎』に出てくれとの依頼が来る可能性もある。三船は返事を保留した。プロデューサーの田中友幸と監督の丸山誠治が「パラオへ行く」と言ってきたので、「来るに及ばず」と電報を打った。

三船は四月八日に帰国すると、黒澤には直接会わず東宝と協議した。その結果、黒澤の『虎　虎　虎』は真珠湾攻撃に絞った映画で、東宝の『山本五十六』は前半は真珠湾攻撃まで、後半はミッドウェイ海戦で敗北し山本が死ぬまでと、コンセプトが異なることを確認した上で、出演を引き受けた。

四月十七日、東宝は同年八月封切りで三船敏郎主演、丸山誠治監督、特技監督円谷英二で『連合艦隊司令長官　山本五十六』を製作すると発表した。『山本五十六』に集中するためか、円谷は八月一日封切りの「ゴジラ」シリーズ第九作『怪獣総進撃』（本多猪四郎監督）の特技監督は降板し、それまで円谷を補佐していた有川貞昌が担った。

東宝が『連合艦隊司令長官　山本五十六』を製作することはアメリカにも伝わり、二〇世紀フォックスは動揺し、黒澤プロに対し、大丈夫なのかと問い合わせた。黒澤プロの青柳哲朗は東宝の『山本五十六』のシナリオを入手して読み、『虎　虎　虎』とは格が違い、比較にならないから心配無用だ」と回答した。

二〇世紀フォックスは東宝に対し、『虎　虎　虎』の日本公開では配慮するので、『山本五十六』を七〇年以降に延期してくれと要請としたが、東宝は断ったとも伝えられる。二〇世紀フォックスは内容が重なるのもさることながら、三船が山本五十六を演じることにひっかかっていた。黒澤がどういうキャスティングをこの時点で考えていたかは分からないが、ザナック社長は三船が山本五十六を演じることを希望していた。

しかし、『虎　虎　虎』の企画が実現するうえで、東宝の『山本五十六』はそれ以上の影響はなかったようだ。すべてはシナリオが完成しなければ何も動かないのだ。

五月二十七日、黒澤明は渡米し、カリフォルニア州ビバリーヒルズでダリル・F・ザナックと会談した。シナリオについての最終的な詰めだった。ザナックは具体的にこのシーンはこうしたほうがいいなどと提案し、黒澤はひとつひとつ確認し意見を交わした。

一か月ほどして、黒澤・ザナック会談を踏まえた「改訂撮影決定稿」が黒澤のもとに届き、その数日後の六月二十八日、『虎　虎　虎』の製作を再開するとの通告も届いた。黒澤は「新高山登れの電報拝受、進撃を続ける」と、エルモ・ウィリアムズへ電報を打った。まだ海外とは「電報」でコミュニケーションする時代だ。

待機している間に黒澤明は膨大な絵コンテを描き、イメージを定着させていた。

長谷川一夫、歌舞伎座凱旋

三月の歌舞伎座に、長谷川一夫が凱旋した。

一九三七年（昭和十二年）に長谷川一夫（当時、林長二郎）が松竹映画から東宝映画へと移籍したことで松竹とは疎遠だったが、松竹から頭を下げての歌舞伎座公演への出演だった。六六年の長谷川一夫の東宝歌舞伎に、松竹から六代目中村歌右衛門と十七代目中村勘三郎が特別参加し、そのときに次は松竹でやろうという話になっていたのが、実現したのだ。

当時の歌舞伎座はいまのように一年十二か月の全てを歌舞伎公演には当てられなかった。それくらい歌舞伎は低迷していた。そこで東宝歌舞伎で集客している長谷川一夫の復帰が計画されたのだ。公演名は「長谷川一夫・中村勘三郎三月顔合わせ興行」と銘打たれた。長谷川一夫にとって松竹は育ててくれた故郷にあたるわけで、まさに故郷に錦を着て帰ってきた公演となった（もっとも、歌舞伎時代は関西の劇場にしか出ていないので、東京の歌舞伎座はこれが最初となる）。長谷川一夫、この年、ちょうど六十歳。

以後、一九七四年まで、毎年三月の歌舞伎座は、長谷川一夫が出る月となった（七一年を除く）。しかし、東宝の長谷川の舞台は「東宝歌舞伎」と銘打たれていたが、歌舞伎座での公演には「歌舞伎」の三文字は使われない。松竹の見解では、長谷川一夫は歌舞伎役者ではなく、その演劇は歌舞伎ではないのだ。

田宮二郎解雇

大映はこの年も直営館の売却が続く。横浜と五反田を失った。

六月一日、勝プロ第二作『燃えつきた地図』が公開された。安部公房の小説を彼自身が脚色し、勅使河原宏（一九二七〜二〇〇一）が監督した、前衛的な作品である。「座頭市の勝」と前衛的な安部公房と勅使河原宏という異色の組み合わせだ。

『燃えつきた地図』は興行的には惨敗したが、「キネ旬ベストテン」では第八位になった。勝の主演映画でベストテンに入ったのはこれが初めてだった。

勝は映画で栄誉を得た。だが大事な相棒を失った。

『黒部の太陽』は五社協定の有名無実化を促進させたが、永田雅一の最後のあがきとして、田宮二郎解雇事件が起きた。

六月二十九日封切りの『不信のとき』（今井正監督）で、田宮二郎は映画の中では主人公だったが、ポスターでは、岡田茉莉子、若尾文子、加賀まりこに次いで四番目だった。田宮が撮影所長に「おかしいではないか」と抗議したのが発端だった。しかし所長は、「この作品は女性映画として売りたいからこうなった。私の首にかけてもこの序列を変えることはない」と言って、作り直さない。田宮は副社長の永田秀雅に電話したが叱責された。田宮としては、自分は客を呼べるスターだし、一九六六年の『白い巨塔』（山本薩夫監督）では俳優としても評価されたとの自負がある。何しろベストテン一位映画なのだ。それなのに大映では女優の下という扱いなのが、我慢できない。

田宮は右翼の許斐氏利《このみうじとし》を伴い、永田雅一との直談判に及んだ。永田は「たしかに、主役がアタマに書かれるのが当たり前や」と田宮の言い分を認めた。それを確認すると、田宮は「私が辞めるか所長が辞めるしかない」と永田に迫った。永田はポスターの件では田宮の主張を認めたが、会社の人事に一俳優が口を出すことは認めなかった。

ポスターは田宮を書き出しにして刷り直されたが、永田は六月で田宮との契約が満了になると更新しなかった。同時に五社協定に基づいて、各映画会社に対し、田宮を映画とテレビ映画に出さないよう通達した。

これで田宮は映画界から追放されたかに見えたが、五社協定はすでに実質的には効力を喪っており、山本富士子の時ほど永田雅一の影響力も強くはなかった。田宮は東映に誘われて、翌一九六九年十月十五日封切りの『日本暗殺秘録』（中島貞夫）で映画界へ復帰する。

田宮が大映からいなくなったので、『悪名』シリーズは一月に封切られた第十四作『悪名十八番』が、田宮とのコンビでは最後となった。大映はひとりのスターを手放しただけでなく、人気シリーズも失おうとしていた。勝は「悪名シリーズ」を「清次」なしで続けるか、止めるかという選択を迫られる。

『虎 虎 虎』と『風林火山』

九月になると、黒澤明の『虎 虎 虎』製作がかなり進んでいた。福岡県遠賀郡芦屋町に戦艦「長門」や航空母艦「赤城」の実物大のセットを作っていた。

一方、出演者については黒澤明は大胆な企てを決行した。職業俳優は使わず、海軍経験者で会社経営者などの「素人」を、山本五十六以下の軍人の役に起用するというのだ。「リアリズム」を追求して原寸大の戦艦のセットを作るのは、まだ理解できるが、職業俳優ではなく素人を使うというのは、理屈が通っているようではあるが、とてもベテランの映画監督の発想とは思えない。山本五十六役は自薦他薦を問わず、公募された。しかし適任者が見つからない。後に大臣を歴任する小坂徳三郎を説得したこともあったが、固辞された。

ようやく、高千穂交易という企業の社長、鍵谷武雄と決まった。一九一二年生まれで黒澤より二歳下のこの年、五十六歳。演技経験はもちろん皆無だ。そして黒澤は鍵谷が海軍出身と勝手に思い込んでいたが、実はそうではなかった。事前チェックもしていない。

二〇世紀フォックスは素人を起用することに危惧を抱いていた。同社が希望する三船はすでに東宝で山本五十六を演じたばかりだ。三船がどう思っていたかは推測するしかないが、黒澤映画に出るとなると半年は拘束されるのを覚悟しなければならず、俳優・三船敏郎であればそれもかまわないが、三船プロ社長としては半年も会社を留守にはできない。オファーがあっても受けられる状況にはなかった。

秋になると三船プロは井上靖原作の時代劇『風林火山』（稲垣浩監督）に取り掛かっていた。武田信玄の軍師山本勘助の物語だ。

『黒部の太陽』で五社協定の岩盤に入った亀裂を、三船はさらに広げようとした。主人公の山本勘助は三船、武田信玄は中村錦之助、上杉謙信は石原裕次郎、ヒロインの由布姫には東映の佐久間良子をキャスティングした。

錦之助と裕次郎はフリーなので自分が「出る」と決めればいい。だが、由布姫役に決めた佐久間良子は東映の専属だった。三船はその性格からして正攻法で挑む。東映の大川社長と会って、佐久間を貸してほしいと頼み、バーターとして自分が東映映画に出ることも約束した。この約束は大川存命中には実現しなかったが、一九七七年に『日本の首領　野望篇』（中島貞夫監督）で東映に初出演した。

『風林火山』でも三船と黒澤はすれ違った。『風林火山』は黒澤も狙っていた企画で、タイトルバックの絵コンテまで描いていたらしい。三船プロが作ると知った黒澤は、プロデューサーの田中寿一に「俺に撮らせてくれ」と言った。しかし監督は稲垣浩と決まっており、錦之助以下の主要キャストも決まっていた。すると、黒澤は「タイトルと騎馬のシーンだけでも撮らせろ」と言った。田中が稲垣に「黒澤さんがこう言っていますが、どうしましょう」と相談すると、「無理にきまっているだろう」との答えだった。

三船も黒澤が撮りたがっていることを知っていたが、黒澤に監督をさせればいくらかかるか分からない。東宝映画で黒澤が監督する映画に出演するのならかまわないが、これは三船プロの映画だった。黒澤映画を作るだけの予算が三船プロにはない――以上のようなことが、いくつかの文献に出てくるのだが、この時期の黒澤は『虎　虎　虎』の準備をしている最中だ。『風林火山』を映画にしたいと思っていたとしても、三船プロにそんな申し出をするだろうか。黒澤自身が公の場で言ったという史料はなく、黒澤の発言は伝聞でしかない。黒澤が、武田の騎馬戦を撮りたいとの思いを実現するのは、一九八〇年の『影武者』まで待たねばならない。

石原裕次郎の最良の年

上映時間三時間の『黒部の太陽』の大ヒットで、日活は石原裕次郎の次回作も三時間の歴史大作にしようと決めた。大作『昭和のいのち』の監督は舛田利雄で、六月二十二日に封切られ、日活が期待したほどではなかったが、一億五〇〇〇万円の配給収入で、この年の日活の映画のなかでは『黒部の太陽』に次ぐ第二位だった。しかし興行ランキングトップテンには、惜しくも入らない。

七月七日投票の参議院議員選挙には、裕次郎の兄・石原慎太郎が自民党公認で全国区に立候補した。『昭和のいのち』は選挙戦の最中に封切られ、裕次郎は選挙応援のために全国を回っていたので、映画どころではなかった。裕次郎の応援の甲斐があり、慎太郎は史上最高の三〇一万票を獲得してトップ当選した。一説には「石原裕次郎」と書いて無効になった票が二〇万以上あったともいう。

『黒部の太陽』の成功で、石原プロモーションにはさまざまな企画が持ち込まれていた。そのなかで裕次郎が選んだのは、蔵原惟繕《これよし》が持ち込んだ『栄光への5000キロ』だった。一九六六年のサファリラリーで優勝した日産の、チーム監督だった笠原剛三が書いた記録が本になっており、それを蔵原は映画にしようと持ちかけたのだ。裕次郎は『銀座の恋の物語』や『憎いあンちくしょう』を撮った蔵原を信頼しており、この企画を採用することにした。

サファリラリーはアフリカのケニアを中心とした地域で行なわれる。アフリカとヨーロッパに長期のロケをする必要があった。スタッフがロケハンを含めた準備をしている間の十月、裕次郎は妻まき子とともにメキシコ・オリンピックの観戦へ出かけた。ただ観光客として行くだけでなく「スポーツニッポン」に観戦記を連載した。

帰国後、裕次郎は日活の『忘れるものか』（松尾昭典監督）に出演し、十二月二十八日に封切られた。まだ日活との契約は続いていていた。

『祇園祭』の明と暗

十一月二十三日、中村錦之助主演の『祇園祭』（山内鉄也監督）が公開された。錦之助が映画に出るのは『丹下左膳　飛燕居合斬り』以来、二年ぶりだった。この間、いくつもの出演依頼があったが、決まりかけると「この話はなかったことにしてください」となる。東映社長・大川博の「イジメ」だった。

『祇園祭』は日本映画ではあるが、東急系の新日本興業と松竹系の洋画配給会社である松竹映配の配給で、新宿ミラノ座、渋谷パンテオン、松竹セントラルなど洋画系映画館にてロードショー公開された。この配給と公開には、錦之助の後援者のひとりである東急の五島昇がバックアップしていた。

応仁の乱で途絶えていた祇園祭を、乱の後に京の町衆たちが復活させる話で、これを日本共産党員の西河克己が一九六一年に小説にした。伊藤大輔が錦之助主演で映画にしようと企画し、同年のうちに東映の会議を通ったものの、製作費が莫大になりそうだというので中断していた。第二東映の失敗で余裕がなくなっていた時期である。

錦之助が労働組合運動をした際に取材に来た竹中労が、この企画を知って、自分の手で映画にしようと考えた。当時の京都は共産党の蜷川《にながわ》府政だったので、竹中は話を持って行きやすい。一九六八年が明治維新一〇〇年で、同時に京都府制一〇〇年でもあるのでその記念映画として、製作されることになった。この映画のために、「日本映画復興協会」が錦之助を代表にして作られた。「協会」という名称だが、株式会社である。

『祇園祭』は一九六七年八月に製作発表され、十一月から撮影、六八年四月公開という予定だったが、シナリオ段階で脚本を書いた鈴木尚之・清水邦夫と伊藤とがもめて決裂し、伊藤が降板、さらに京都府議会でもこの映画への支出をめぐり紛糾するなど、二転三転し、錦之助が語るには「本が一冊書けるほど」多くの出来事が起こり、製作延期が繰り返されたが、ようやく完成したのだ。伊藤大輔が最初に企画したときから数えれば、七年かかった。

この「日本映画復興協会」が「中村プロダクション」へ発展するので、錦之助の意識では『祇園祭』が「中村プロの第一作」となっている。ここに、三船プロ、石原プロ、勝プロに続く、第四のスタープロダクションが誕生、中村錦之助も社長になった。

錦之助が苦労していることは映画人の間で知れわたっていたので、三船敏郎を筆頭に多くのスターが、それぞれ出番は少ないが、五社協定の壁を乗り越えて共演してくれた。岩下志麻、田村高廣、永井智雄、志村喬、北大路欣也、高倉健、渥美清、そして美空ひばりらである。

久しぶりの錦之助主演の時代劇でもあったので、一月十日までのロングランの大ヒットとなり、この分だけで一億一四四一万円の配給収入となった。配給収入から配給会社がプリント代や宣伝費などの必要経費を引いて、さらに手数料を取った残りが製作会社に入るので、日本映画復興協会がこの時点で回収できたのは、五〇〇〇万円前後であろう。これでは製作費にも足りない。

ロードショー後は独立系の映画館や市民ホールで上映された。だが、ここに落とし穴があった。独立プロには映画館を監視できるシステムがない。本当は一〇〇〇人が入っても、二〇〇人しか入らなかったと言われれば、それを信じて、その分だけをもらうしかない。『祇園祭』の観客動員が何人なのかは、永遠の謎となる。

分かっているのは、京都府から借りた五〇〇〇万円は返済不能となり、この映画の権利は京都府に取られてしまったということだけだ。経営手腕どころか、「経理」の概念もなく、ひとに振る舞うことが大好きな錦之助は、社長となったことで新たな苦難に直面していく。

黒澤降板

『虎　虎　虎』の日本での撮影は十二月二日からと決まっていた。

日本で撮影する部分は二〇世紀フォックスから黒澤プロダクションが受注するという形式だった。しかし黒澤プロにはスタジオはない。監督・黒澤にとっては東宝の撮影所を借りるのがやりやすいはずだ。だが東宝撮影所の賃貸料は高く、利益を確保したい黒澤プロとしては使いたくない。黒澤自身、東宝に対しての不信感があった。そこで、賃貸料の安い東映京都撮影所で撮ることになった。

俳優も素人で初めて映画に出る者ばかりなら、スタッフも黒澤の下で仕事をするのは初めての者ばかりだった。これではうまくいくはずがないと、黒澤の仕事のやり方を知っている映画界の誰もが心配していた。

黒澤映画は、三船敏郎や志村喬といった俳優の演技力を超えた存在感と、美術・照明・撮影などの有能で黒澤の意を汲んで動くスタッフがいるから成り立ってきた。そのことをいちばんよく知っているのは黒澤のはずだが、黒澤は自分を不利な状況へと追い込んでいく。

撮影初日の十二月二日、カメラは一秒も回らなかった。セットが完成していなかったという。そこでリハーサルをすることになった。リハーサルは八日まで続いた。ようやくこの日、シナリオ一ページ分が撮影された。

だがこの頃から黒澤とスタッフの間に不穏な空気が流れる。大小様々なトラブルが発生していく。それらは面白おかしく、「クロサワ天皇の奇行」として伝わっていった。

結局、十二月二十四日に、「黒澤明が降板した」と発表された。理由は「疲労のため」「健康上の問題」とされた。

それでもザナック社長は「クロサワの回復を待つ」と言い、まだ完全な契約解除には踏み切れない様子だった。黒澤もまだ諦めていなかった。

この問題の決着がつくのは一九六九年になってからだ。日本を代表する映画監督は、苦悩と混乱のなか、年を越すことになる。

一九六八年の黒澤明は五十八歳――『赤ひげ』までの作品は五十五歳以前に作られたのだ。

興行ランキングでは、六八年度も三船敏郎主演作が上位二位を独占した。東宝でランクインしたのは『山本五十六』と、加山雄三の「若大将」とクレージーキャッツ映画で四作だった。

東映は任侠映画が三作と、『徳川女刑罰史』の四作がランクインした。後者は岡田茂の指揮で作った「東映ポルノ」のひとつで、批評家からはピンク映画より酷いと酷評された。

大映は「座頭市」シリーズ一作だけだった。松竹はこの年もランクインできない。

東宝は配給収入こそ前年からマイナスに転じたものの、洋画が好調で興行部門は安定し、演劇興行も順調だったので、会社全体では安定していた。それゆえ、映画製作部門の不振が目立つ。

1968年　会社別配給収入　　興行ランキング（68年4月～69年3月）
○は順位、単位：万円

松竹	20億9007⑤	①風林火山（三船）◎7億2000
東宝	45億2870②	②山本五十六（宝）◎3億9987
大映	35億5167③	③博徒列伝（東）◎2億1889
東映	53億0965①	④クレージー メキシコ大作戦（宝）◎2億1628
日活	35億2975④	⑤空想天国（宝）◎2億0218
		⑥フレッシュマン若大将（宝）◎1億9408
		⑦侠客列伝（東）◎1億8876
		⑧座頭市喧嘩太鼓（大）◎1億6960
		⑨徳川女刑罰史（東）◎1億5983
		⑩人生劇場 飛車角と吉良常（東）◎1億5848

大映はシリーズものが堅調で三五億五一六七万円と前年より三億五〇〇〇万円増えた。雷蔵と勝のシリーズは頭打ちになっていたが、江波杏子の「女賭博師シリーズ」が好調で、さらに批判は受けたが、セックス・シリーズも観客を集めたおかげだった。しかし累積赤字は二三億七六〇〇万円と依然として多く、横浜、五反田などの直営館を売却して当座の危機をしのいだ。

三位・大映を『黒部の太陽』を配給した日活が僅差の三五億二九七五万円で追いかけ、松竹は最下位が指定席となっている。しかし松竹はボーリング場経営に手を伸ばし、この時点では成功し、配当できるまでに復調した。喜劇映画にもヒット作が出ていた。

日活は劇映画としては最高のヒット作となった『黒部の太陽』で最終的に八億一〇〇〇万円の配給収入をあげながらも、五億八〇〇〇万円を三船プロ・石原プロに支払ったため、実質的な利益は少なく、危機的状況は変わらない。

第五章　スタープロ全盛――1969

一九六九年の映画人口はついに三億人を割って二億八三九八万人、映画館は三六〇二館に減った。映画人口は一九五八年の四分の一、映画館の数は約半分になっていた。

高度経済成長期にありながら、こんなにもマイナス成長となった業界は、珍しい。一方、NHK受信契約数は二一八八万だった。カラーテレビが登場し、一二七万がカラー契約だった。

四分の三の顧客を喪いながらも五社と映画館の経営が成り立っていたのは、インフレに乗じて映画料金も上がり続けたためだった。一一億二七四五万人が映画館へ来た一九五八年の洋画をあわせた総配給収入は三九四億円、二億八三九八万人の六九年の配給収入は三三四億円と、減ってはいるものの下落率はさほどではない。しかも五八年は新東宝も入れての数字だ。

大映は七月決算で二億八九二七万円の赤字で、累積赤字は二六億円に達し、新潟、三条の直営映画館の売却でしのいだ。

日活も七月決算で六九億八〇八三万円の赤字となった。
五社で配当できたのは、東宝・東映の二社のみだった。

日活の切り売り

一九六九年が明けると、石原裕次郎は日活が契約違反をしていたことを知った。『黒部の太陽』は日活の邦画館で公開された時は短編の文化映画と二本立てだったので、配給収入の分配から三割が引かれていた。しかし実際には二本立てではなかったと判明したのだ。これをもって裕次郎は日活との契約を白紙とし、実質的にフリーとなり、十二月に封切られる『嵐の勇者たち』(舛田利雄監督)一作しか出演しない。

『黒部の太陽』は巨額の配給収入を日活にもたらしたが、大半は三船プロと石原プロへ支払われたので、堀が思ったほど利益は出なかった。

三月四日、日活が調布市の撮影所を電気通信共済会に売却すると発表された。報知新聞がスクープしたため、それを認めたという形だった。この時点では撮影所の移転先がまだ見つかっていなかったので、映画製作を中止するのではないかとの憶測が乱れ飛んだ。

撮影所の明け渡しは一九七一年一月末ということだった。それまでに移転先を見つけなければならない。五月に、八王子市に第一石産運輸が持つ四万七二〇〇平方メートルの土地を入手したと発表されたが、進展はなかった。結局、電気通信共済会への売却も立ち消えになる。

しかし、累積赤字が三〇億円に達しており、撮影所売却が発表されると、契約館のなかで東映に乗り換える映画館が続出した。

日活は一九六三年六月に千本木日活と名古屋日活の直営館を売却したのに始まり、六四年には都心の旗艦劇場のはずだった丸の内日活も売却した。六七年には両国日活、六八年には郡山日活と神田日活も売っていた。六九年は撮影所だけでなく、博多日活ホテルを四億六九八五万円、立川日活を二億六〇〇〇万円、藤沢日活を一億七六〇〇万円、芝の日活アパートを五億七二〇〇万円で売却している。

これらの価格は、市場価格よりかなり安く買い叩かれており、金融資本の食い物にされていた。元日活取締役の松本平著『日活昭和青春記』には、日活労働組合が支援集会で出した文書が掲載されている。

〈撮影所売却に関する事実は、日活がフィルム購入代金と現像費を支払えないために、フィルム業者長瀬産業と東洋現像所（長瀬の子会社）にそれぞれ三億五百万円もの金を、撮影所を担保に入れて借りた。その後、社長が発言したように、三井不動産やら竹中工務店やら、まるで〝娘一人に婿八人〟といったありさまで撮影所の買手が殺到した。

そこへ強引に某証券会社の子会社が、あの博多日活ホテル売却の時と同じ二月半ば、丁度日活が一番資金繰りの苦しい時に、二億円を貸し付けるという形（抵当権も設定している）でわりこんで来て、売却の権利を獲得し、そして電電公社の子会社といってもよい電気通信共済会が、すでに発表した通り十億円そこそこの安い代金で購入するということになった。これらの事実を時間的経過で追ってみるならば、誰にでも明らかになるように長瀬・東洋の債権でおどしつけつつ、その担保を梅田目活につけかえてやるとだまし、一方、のどから手の出るほど欲しい金を餌に売買のあっせん権を獲得し、旧財閥系の大資本が安く買いたたいたことは一目瞭然だ。〉

この方法で、日活の不動産資産は買い叩かれ、切り売りされていく。そこには自民党の政治家の姿も見え隠れしていた。

三船敏郎の降板と舌禍事件

三船敏郎はフジテレビが製作する仲代達矢主演、五社英雄監督の『御用金』に出演することになり、一月に極寒の北海道へロケに行った。だが撮影後の宴席で三船が仲代と口論になり、怒って東京へ帰ってしまう事件が起きた。すでに三船の出演シーンの半分を取り終えていた。しかし三船は戻らず、「健康上の理由」で正式に降板した。代役は中村錦之助が引き受けた。錦之助は五社英雄とは六六年の東映『丹下左膳　飛燕居合斬り』を撮っているし、仲代達矢とは東宝の『地獄変』で共演していた。

三船は実際、疲労が蓄積しており、赤坂の山王病院に入院した。そこへ、二〇世紀フォックスから『トラ・トラ・トラ！』（以下、この表記とする）に山本五十六の役で出てくれないかとのオファーがあった。

黒澤明の降板が正式に決まり、同時に黒澤が選んだ素人俳優たちも外された。もともと二〇世紀フォックスは、「黒澤と三船」を考えていたようだ。だが黒澤の希望で、素人を使うことになった。その黒澤が降りたので素人俳優は不要となり、ぜひともスターが必要だった。

三船は山本五十六を引き受ける条件として、黒澤と二〇世紀フォックスとの円満な解決、日本でのシーンは三船プロが製作するという条件を提示した。

その交渉が進むなか、三船は一月二十三日に記者会見をし、舌禍事件を起こした。

「傷心の黒澤氏に追い討ちをかけるようで不本意だが、『トラ・トラ・トラ！』の配役にシロウトばかりのキャストを組まれたのは、日本の全職業俳優へ挑戦状を叩きつけたも同然だ。すくなくともプライドある俳優ならば、将来黒澤氏が何かをつくる機会があったとしても、誰ひとり協力する者はいないでしょう」と言ってしまったのだ。

三船から黒澤への絶縁状ではないかと大騒ぎになり、あわてて、三船は「これからも黒澤映画に出ます」というコメントを出した。

『トラ・トラ・トラ！』はすでに東映京都撮影所にセットも組み、衣装も揃えているので、それを東京へ移動し三船プロで製作するのは困難だった。そうした事情も汲んで、三船は出演を辞退した。

黒澤に代わる監督は深作欣二と舛田利雄に、山本五十六には山村聰が決まった。

降板が正式に決まった後の三月、黒澤の誕生日を祝うパーティーが開かれ、三船の姿もあった。二人の間にわだかまりはなさそうだった。

三船プロダクションの社内には、「黒澤プロダクション」のための部屋があり、いつでも黒澤が来て使えるようになっていた。しかし、黒澤がそこに陣取り、映画を作ることはなかった。ソ連で作った『デルス・ウザーラ』（一九七五年）のときは三船自身が出たがっていたが、黒澤映画に出るとなると半年から一年は拘束され、数百人の社員を抱える三船には、そんなに長期間、日本を留守にすることはできないので、諦めた。

市川雷蔵死す

大映の看板スター、市川雷蔵が七月十七日午前八時二十分に亡くなった。三十七歳と十一か月だった。前年に倒れた時、開腹したが直腸がんで、すでに手の施しようがなかったという。

雷蔵は前年六月に入院したが秋に復帰し、『眠狂四郎　悪女狩り』（池広一夫監督）を年内に撮り終えていた。同作は眠狂四郎シリーズ第十二作で、一月十三日に封切られた。次の作品、『博徒一代　血祭り不動』（安田公義監督）の撮影に入り、一月中に撮り終えたが、二月に再入院し、帰らぬひととなった。

雷蔵の妻は、永田がある証券会社の社長に頼まれて面倒を見ていた花柳界の女性の娘である。永田の養女になった上で、雷蔵と結婚した。雷蔵は永田の親戚とも言えるのだ。もし雷蔵が元気で、大映も健在だったら、いずれは大映を継いだ可能性もゼロではない。

市川雷蔵の死で、大映時代劇は終焉を迎えたと言っていい。この後の一年半はその残り火に過ぎない。

四大スターの一九六九年

『黒部の太陽』は五社協定を有名無実化した。

永田雅一に力があった間は、誰も逆らえず、何人もの俳優が涙を呑んだが、大映に昔日の栄光はなく、永田に同調していた日活・堀久作は前売り券一〇〇万枚に眼が眩《くら》み、三船敏郎と石原裕次郎の協定破りを黙認した。

これによって、専属契約をしていた俳優も監督も、映画会社間にあった壁をやすやすと乗り越えていく。

一九六九年から七一年にかけての三年間、四つのスタープロダクションは、精力的に大作に挑んだ。三船敏郎・石原裕次郎・勝新太郎・中村錦之助らは、自分のプロダクションの作品で主演し、他の三人のプロダクションの作品に客演していった。そのため、東宝・日活・大映の作品への出演は激減した。

四人が何を作り、どう協力し合ったかを記していこう。撮影順と公開順は必ずしも一致しないと思われるが、当時は撮影終了から数週間で完成・公開となっていたので、数か月もずれることはないはずなので、公開順に記していく。


一九六九年の大映の正月映画となった『座頭市喧嘩太鼓』（三隅研次監督）は配給収入一億六九六〇万円で、六八年度の第八位になった。

二月は四人の出演作はなく、三月一日に三船プロの『風林火山』が公開された。

『風林火山』には石原裕次郎も上杉謙信の役で出たが、二つのシーンに出ただけで、台詞は一言もなかった。この映画には勝新太郎は出なかったが、福島県のロケ現場に陣中見舞に行き、三船と錦之助と三人で酒を酌み交わした（裕次郎はそのロケには参加していない）。

『風林火山』は配給収入七億二〇〇〇万円と『黒部の太陽』に匹敵する大ヒットとなった。三月の封切りなので六八年度のランキングで一位となる。

四月五日、勝新太郎の大映への出演作『手錠無用』(田中徳三監督)が、封切られた。勝は大泥棒を演じた。続いて五月一日封切りの、安田道代(大楠道代)の「関東おんな」シリーズ第二作の『関東おんな悪名』に数シーンだけ出て、五月三十一日封切りの谷崎潤一郎原作『鬼の棲む館』(三隅研次監督)で主演した。勝には珍しい文藝作品で、勝のファンの好みと合わなかったのか興行成績は期待ほどではなかった。

五月一日には東宝配給の、フジテレビと東京映画(東宝の子会社)の提携作品『御用金』が封切られた。前述したように三船が出る予定だったが撮影中に降板し、中村錦之助が代役を勤めた作品だ。仲代達矢主演で、司葉子、浅丘ルリ子、丹波哲郎らが出演した。フジテレビが自社のドラマの劇場版ではなく、オリジナルの劇場用映画を製作するのはこれが初めてで、同社の五社英雄が監督した。

七月十五日には石原プロの『栄光への5000キロ』(蔵原惟繕監督)が封切られた。前年から長期ロケをしていた三時間を超える大作で、石原裕次郎と浅丘ルリ子が主演、三船敏郎が客演した。裕次郎が最も気に入っていた映画とされている。

北原三枝が結婚で引退した後、日活映画で石原裕次郎の相手役となっていた浅丘ルリ子は、一九六六年に日活との専属契約を解消し、石原プロモーションの専属となっていた(七二年まで)。

石原プロは、日産の活躍を描く映画なので、『黒部の太陽』の時の関電のように、日産が協力してくれるだろうと甘く見ていた。しかし、日産の宣伝部にタイアップを求めたが、いい返事はなく、時間だけが過ぎていった。裕次郎は兄の慎太郎に「会社の上のほうの理解を得たほうが話が早そうだ」と相談した。

当時の日産社長、川又克二は一橋大学の卒業生で、慎太郎の先輩にあたる。同窓会で面識はあったので、慎太郎は飛び込みで日産を訪ねて、川又に直談判し、映画への全面協力を取り付けた――と、慎太郎の『弟』には記されている。だが、石原プロの社史を含め、他の資料にはこのエピソードは出て来ない。『弟』には、〈あの時弟に頼まれて私が動かなかったら実現しなかったということを弟だけは知っていた〉〈他に知っていた者もいたろうが、彼等は自分の沽券のためにそれを口にしたくはなかったろうし、私にすれば弟にいわれてやったたことの成功を弟だけが黙って知っていればそれで十分だった〉とある。

後に石原プロモーションが『西部警察』を製作する時も日産は車両を提供するが、これも慎太郎が川又に頼んだという。

『栄光への5000キロ』は配給収入六億五〇〇〇万円で六九年度の第一位になった。これで石原プロと三船プロは六七年度の『黒部の太陽』、六八年度の『風林火山』に続いて三年連続して首位になった。

八月一日、三船敏郎が出演した東宝の『日本海大海戦』（丸山誠治監督）が封切られた。例年は太平洋戦争を描く戦争映画が作られていたが、この年は日露戦争となり、三船は東郷平八郎大将を演じ、配給収入三億六〇〇〇万円で第二位となる。

八月九日、勝プロとフジテレビの提携、大映配給の『人斬り』(五社英雄監督)が封切られた。司馬遼太郎の短篇小説『人斬り以蔵』をベースに橋本忍がシナリオを書いた、幕末を舞台にした時代劇で、勝は土佐藩の下級武士出身の剣士、「人斬り以蔵」こと岡田以蔵を演じ、土佐勤皇党の武市半平太を俳優座の仲代達矢、坂本龍馬に石原裕次郎が客演、薩摩藩の剣士・田中新兵衛に三島由紀夫という異色の配役だった。配給収入三億五〇〇〇万円で、六九年度のランキングの第四位になった。

『人斬り』の撮影中、市川雷蔵は病床にあり、公開された時は亡くなっていた。雷蔵主演で企画されていた司馬遼太郎原作『尻啖え孫市』(三隅研次監督)の主演は、永田雅一が自ら中村錦之助に依頼した。錦之助は親友の代役ならと快諾し、弟・中村賀津雄(嘉葎雄)と共に大映に初出演し、戦国時代の英雄のひとり、雑賀孫市を演じた。勝新太郎が織田信長で、思わぬ形での錦之助・勝新の夢の共演となった。中村賀津雄が木下藤吉郎、俳優座の栗原小巻がヒロインを演じ、封切りは九月十三日だ。

九月二十日封切りの東宝『地獄変』(豊田四郎監督)は中村錦之助と仲代達矢が主演した。芥川龍之介の原作で、音楽は芥川也寸志が担当した。

十月・十二月は三船プロの大作が続いた。まず十月十日に明治維新の新政府軍の一部隊、赤報隊を描く『赤毛』（岡本喜八監督）、続いて十二月五日に『新選組』（沢島忠監督）が封切られた。この二作は三船敏郎が「製作」としてクレジットされている。

『赤毛』は一九六八年が「明治百年」にあたることからの企画で、維新戦争の時に新政府の東山道鎮撫総督指揮下にあった一部隊・赤報隊を描く。タイトルの「赤毛」は隊長がかぶる赤熊のことだ。赤報隊の隊長・相楽総三を田村高廣、三船は百姓上がりの隊士で、その恋人だった女性を岩下志麻が演じた。

『新選組』で三船敏郎は近藤勇を演じた。小林桂樹が土方歳三、北大路欣也が沖田総司、三國連太郎が芹沢鴨という配役で、近藤を連行する薩摩藩士の役で中村錦之助も出演した。配給収入一億二〇〇〇万円で、ヒットと言えるのだが、東宝の目論見の半分だったという。


一九七〇年の正月映画として、大映は二十七日に勝新太郎の『悪名一番勝負』を封切った。田宮二郎が大映を出たため、『悪名』シリーズは六八年一月封切りの『悪名十八番』を最後に撮られなくなっていたので、ほぼ二年ぶりの登場だ。東映のマキノ雅弘を招聘し、時代背景を戦前に戻し、主人公「朝吉」の性格も変え、田宮が演じたモートルの貞も出てこず、新たな相棒として田村高廣が抜擢された。

三十一日には日活のスクリーンに久しぶりに石原裕次郎が登場した。『嵐の勇者たち』（舛田利雄監督）で、久しぶりのアクションものだった。

東映を辞めていた中村錦之助以外の三人は、それぞれ東宝・日活・大映との関係がまだあったので、自分のプロダクションの作品以外に、古巣の作品にも出ていたのである。

『風林火山』『栄光への5000キロ』『人斬り』『新選組』の四作の配給収入は合計して一八億四〇〇〇万円で、松竹が五一本を配給して得た二二億二八〇〇万円に近い。四人が出た他の作品を合わせれば松竹どころか、大映・日活も超えていたかもしれない。

大スターたちの共演のみならず、いずれもスケールの大きな物語だったので、映画館での大きなスクリーンで見たいと、多くの観客が映画館へやってきた。これこそが映画の魅力のはずだった。五社の経営陣は俳優や監督を抱え込み、守りの姿勢に入り、映画界の斜陽を加速させた。スターたちのほうが観客が何を望んでいるか分かっていた。

とはいえ、大手五社は系列の映画館のために毎週新作を製作しなければならない。年に数本の大作で勝負するスタープロダクションとは事情が異なる。大作はたまにあるから価値がある。「夢の共演」も初めてなので集客力があるが、それだけでは客は呼べなくなる。大作にするに値し、そしてそれぞれのスターにふさわしい役があり、集客も見込める企画を続けて出せるのか。

好調なスタープロダクションだったが、その前途は必ずしも明るくはない。スタッフや俳優を抱えていけば、数十人・数百人の生活のために映画を作らなければならなくなり、それでは五社と同じになってしまう。

1969年　会社別配給収入　興行ランキング（69年4月〜70年3月）
◯は順位、単位：万円

松竹	22億2780⑤	①栄光への5000キロ（石原）◎6億5000
東宝	42億9666②	②日本海大海戦（宝）◎3億6000
大映	29億8636③	②超高層のあけぼの（東）◎3億6000
東映	60億8417①	④人斬り（勝・フジ）◎3億5000
日活	28億5092④	⑤千夜一夜物語（虫プロ）◎2億9000
		⑥御用金（フジ）◎2億5000
		⑦新網走番外地 流人岬の決闘（東）◎1億8000
		⑦日本侠客伝 花と竜（東）◎1億8000
		⑨日本暗殺秘録（東）◎1億6000
		⑨コント55号 人類の大逆転（宝）◎1億6000

会社別配給収入では、東映の一位は変わらない。以下、東宝・大映・日活・松竹の順だった。前年比では大映と日活が大きく減らし、金額では最下位だが松竹が前年比プラスになり、復調の兆しが見えている。

東映はボーリング場を全国十九か所、四一八レーンに増やし、多角経営に拍車をかけていたが、本業の映画でも、利益を出していた。映画では直営館七九館の興行が三四億円を稼ぎ、製作配給の三六億円に迫る。テレビ映画製作も二一億円を稼いでいた。

ランキング三位の『超高層のあけぼの』（関川秀雄監督）は、霞が関ビルの建設を描いたもので、『黒部の太陽』の成功に触発された鹿島建設が全額出資して東映の撮影所で製作され、東映が配給した。鹿島建設は前売り券も一五〇万枚売り、ヒットさせた。

五位の『千夜一夜物語』は手塚治虫の虫プロダクションが大人向きに作ったアニメ映画で、「アニメラマ」と称された。ヒットしたが製作費が嵩み、虫プロとしては赤字だった。

東宝は興行がより強く、売上の比率では全体の三二・八パーセントが興行で、製作配給の二九・六パーセントを上回っている。演劇が一九パーセントを占め、テレビ映画製作が八・九パーセントと続く。映画の製作本数を絞り、一番組あたりの上映日数も長くすることで、配給収入が高くなり、他社製作の『風林火山』『御用金』が成功した。その一方、期待された『日本海大海戦』『地獄変』『赤毛』の大作は伸び悩み、加山雄三の「若大将シリーズ」、クレージー・キャッツ、森繁久彌などの喜劇シリーズも飽きられてきた。

松竹は前期の約三三〇〇万円の繰越欠損を消し、一四〇〇万円の利益を計上できるまでに復調した。好調の要因は喜劇路線の成功だった。大ヒットはないが、一本あたりの製作費もかからず、着実に利益を出すようになっていた。喜劇映画は、東宝がふるわない分、松竹へ客が流れた。

その復調のなか、十二月二十七日、松竹創業者・大谷竹次郎が九十二歳で亡くなった。一九五五年には文化勲章を、六七年には勲一等瑞宝章も受賞しており、興行師としてこれほどの栄誉に包まれた人はいない。六月には大谷の実弟でもある白井信太郎も七十二歳で亡くなっていた。これで松竹は創業世代がいなくなった。

城戸四郎はこの年七十五歳だが元気で、東南アジアの市場視察で、香港、バンコク、シンガポール、クアラルンプール、マニラ、台北を歴訪した。城戸による喜劇路線は順調で、自信を取り戻していたようだ。

第六章

崩壊への序曲――1970

一九七〇年の映画人口は二億五四八〇万人で、前年の八九・七パーセントとなった。このままのペースでは、二年後には二億人も割るだろう。いったいどこが底なのか、映画人には分からなかった。業界全体が底なし沼に浸かりながら、それでも映画は作られていく。

ＮＨＫ受信契約数は二二六六万となった。カラー契約も三〇〇万を越えている。世帯数は約二七〇〇万なので、その八四パーセントとなる。テレビを持っていても受信料を払わない世帯もあるので、ほぼ全ての家にまで普及していたと言っていい。

瀕死の日活と大映

一九七〇年元日の「報知新聞」は、「日活、三月で製作中止」と報じた。これが波乱の幕開けだった。日活の負債は資本金と同額の五〇億円に達しており、このままでは経営続行が不可能だった。

日比谷にある本社ビル（日活国際会館ビル）を七〇億円で売却することで急場をしのぐしかなかった。調布の撮影所売却の話も進まない。それでも「三月で製作中止」は免れた。

本社ビルの売り値は七〇億円だったが、テナントの権利金三〇億円を買い手の三菱地所が差し引いたため、実際の収入は四〇億円でしかなく、高利の借入金の返済で消えてしまった。そのため売却する調布撮影所に替わる八王子に予定していた新しい撮影所は着工できなくなった。

日活会館以外にも、七〇年は直営館二館が売られた。池袋日活は五億五〇〇〇万円、鶴見日活が九〇〇〇万円である。

大映も似たようなものだった。永田雅一は年初の記者会見でこう述べた。

「五〇億や六〇億の借金があっても、大映は捨て値でも一一〇億か一二〇億になる」。

問題は年間六億にもなる金利だった。そのため遊休資産や土地を売却すると明らかにした。一月期で繰越欠損は三八・三億円と四〇億円の資本金に近くなっていた。

永田が決断したのは京橋の本社ビルの売却で、竹中工務店が買った。さらに東京と京都の撮影所の敷地の一部も売却し、東京・池袋と大阪・梅田の直営館も手放して売却益一六・二億円を計上し、八月期は四・一億円の利益を出した。しかし、依然として累積赤字は三四億円あまり残っていた。

永田はさらにプロ野球のオリオンズも手放すことになる。

この状況では、日活、大映とも、年間四十から五十本を製作するのは困難になっていた。そこで「弱者連合」がなされた。六月に大映と日活がそれぞれ出資して「ダイニチ映配株式会社」を設立したのだ。三〇〇〇万円の資本金は二社が折半し、それぞれ配給部門の社員を新会社に出向させた。

社長には大映の松山英夫専務、副社長には日活の壷田十三常務が就任した。

スタープロダクションの苦戦

『黒部の太陽』『風林火山』の成功で、「これからはスタープロの時代だ」と騒がれたものの、スタープロが映画興行を活性化させたのは一九六八年と六九年だけで、七〇年になると勢いは衰えた。四人のうちの二人か三人の共演だけでは集客できなくなっていた。

スタープロダクションではないが、三船プロや石原プロと同時期に発足した円谷プロダクションも苦境に立たされていた。

円谷プロは自ら劇場用映画の製作はしなかったが、テレビ映画へ進出した。毎週新しい怪獣が登場する『ウルトラQ』（六六年一月から七月）がヒットし、次の『ウルトラマン』（六六年七月から六七年四月）で「怪獣ブーム」が到来した。だが視聴率は『ウルトラセブン』（六七年十月から六八年九月）の後半から下落、六八年四月からの大人をターゲットとしたSFスパイアクション『マイティジャック』は初回から低視聴率で、途中から子供向きへ変えなければならなくなった。

円谷英二も黒澤に負けず劣らぬ凝り性なので、作れば作るほど赤字となり、円谷プロは経営危機に瀕した。経営者、事業家としては円谷も失敗した。円谷プロは三人の息子に託される。

円谷の東宝の特技監督としての最後の仕事は一九六九年の『日本海海戦』で、その後、万国博覧会の三菱未来館の映像に携わっていた。

しかし万博の開幕を前にして、一月二十五日、円谷英二は六十八歳で亡くなった。

一九七〇年一月十五日、大映配給で勝プロ製作の『座頭市と用心棒』（岡本喜八監督）が封切られた。「座頭市シリーズ」第二十作で、三船敏郎が客演し、三船と親しい東宝の岡本喜八が大映京都撮影所に乗り込んで撮った。この映画で三船が演じる「用心棒」は、誰が見ても黒澤映画のキャラクターと同じだった。三船は共演を承諾した時点では、ここまで似ているとは思わなかったので、戸惑った。黒澤には挨拶をしているが、これを知った東宝の映画館主たちが怒った。

そういう事情も知っているので、勝は三船に気を遣い、座頭市と用心棒の勝負がつかないラストとなった。東宝がアメリカRKO社からキング・コングを借りて製作した『キングコング対ゴジラ』（一九六二年、本多猪四郎監督）と同じだ。それでも話題になったので、二億八〇〇〇万円の配給収入で大ヒットした。

二月十四日には、中村プロダクション製作の『幕末』（伊藤大輔監督）が封切られた。司馬遼太郎の『竜馬がゆく』を「原案」として、錦之助は坂本龍馬を演じた。三船敏郎が後藤象二郎で付き合い、仲代達矢が中岡慎太郎、小林桂樹が西郷吉之助、日活の吉永小百合がお良で出演した。これで三船は『風林火山』への出演と、『御用金』の代役の借りを返したことになる。

二月二十一日、勝新太郎主演、大映の『玄海遊侠伝・破れかぶれ』（マキノ雅弘監督）が封切られた。大映も時代劇から任侠ものへ主軸を移しつつあった。『悪名一番勝負』に続いて、東映のマキノ雅弘が監督した。

二十八日には石原プロ製作の『富士山頂』（村野鉄太郎監督）が日活の配給で封切られた。『人斬り』

に裕次郎が出てくれたお返しで、勝新太郎が客演した。富士山頂に気象レーダーを建設した苦難の実話の映画化で、裕次郎が三菱電機の技術部員、勝は資材を山頂まで運ぶ現地の馬方「朝吉」を演じた。『悪名』の主人公と同名でキャラクターも似ていた。これは日活の配給なので日活のスクリーンへの勝の初登場となった。

『富士山頂』は新田次郎が気象庁の職員だった時の実話に基づいているが、あくまで小説なので、企業名は三菱電機が「摂津電機」とされるなど変えられていた。だが、映画では「三菱電機」と実名で登場する。

石原プロとしては、『黒部の太陽』で関西電力が、『栄光への５０００キロ』では日産自動車が、大量の前売り券を購入し、資金面でも協力してくれたので、今作でも三菱電機とのタイアップを想定していた。しかし、製作前にしっかりと詰めていなかったようで、機材などの協力はしてくれたが、タイアップが取れず、自己資金で製作しなければならなかった。

石原慎太郎はこの件について、『弟』にこう書いている。〈この企画はM電機の財政的な協力が完全に取りつけられなければお蔵にしようと言ったのに、N（中井景のことか）はこちらの要求が半分もかなえられなかったのに自分だけの一存で作品をクランクインさせた。〉

『富士山頂』はそれでも二億八〇〇〇万円の興行収入を挙げているので、赤字にはならなかった。だが、石原プロの成功もここまでだった。

五大スター夢の共演

三月二十一日、三船プロ製作『待ち伏せ』（稲垣浩監督）が封切られた。大阪で開催された日本万国博覧会の開会が同月十五日なので、その直後となる。日本中が万博を話題にしていたので、それに一矢報いようという思いから、あえて封切りをこの日にしたという。

製作は三船プロダクションで東宝が配給、三船敏郎が主演、東宝の名匠である稲垣浩が監督した。それだけではない。石原裕次郎・勝新太郎・中村錦之助・浅丘ルリ子という、三船を含めた五人の大スターが共演したのだ。それも、特別出演的に数シーンだけ出るのではない。それぞれが三船と四つに組んだ。

前半は舞台劇のように、ひとつの茶屋を舞台に、五人のスターが入れ代わり立ち代わり登場する。一種のグランドホテル形式で、それぞれが何の目的で茶屋へ来たのかを探り合う。後半は外へ出ての活劇となる。『風林火山』のような著名な人物の歴史劇でもなく、『黒部の太陽』のような大自然を背景にしたスケールの大きな話でもない。さらに、五人のスターに均等に見せ場を作らなければならない制約もあり、期待したほどの面白さはなかった。

『待ち伏せ』の配給収入は約一億二〇〇〇万円と、配給の東宝が見込んでいた金額の半分もいかなかった。それでも、この年の東宝の配給作品のなかでは上位の成績なのだが、期待が大きかったために、「失敗」のイメージとなってしまった。

三船プロに続いて、石原プロモーションも失敗する。

世界進出を目指して、ハリウッドからシナリオライターと監督と俳優を招聘して撮った『ある兵士の賭け』が六月六日に封切られたが、惨敗した。そのうえ、製作費の管理がずさんで、裕次郎が把握した時にはもう遅く、結果として五億八〇〇〇万円の負債を抱えた。

日本駐留のアメリカ兵が日本の戦争孤児のために東京から九州まで歩くという「美談」で、主役はフランク・シナトラの息子が演じる。裕次郎は、この美談に懐疑的な報道カメラマンという、いわば敵役だった。この失敗作について石原プロの社史は詳しくは語っていない。そこでまた石原慎太郎の『弟』を開いてみよう。企画会議で慎太郎は、「この手の美談は興行的に強くない、まして主役が裕次郎ではなく、日本では無名のアメリカのテレビ俳優なら、なおさらだ」と強く反対したという。だが、ハリウッドのメジャーが配給することになっていると言われ、押し切られた。しかし、その話はウソだった。

同時期、石原プロではドキュメンタリー『エベレスト大滑降』を製作していた。スキーヤーの三浦雄一郎がエベレストの標高七九八五メートルからスキーで滑降する計画を撮った映画だ。この探検隊のメンバーのひとりが石原慎太郎だった。

石原裕次郎は『ある兵士の賭け』に力を入れていたので、『エベレスト大滑降』にはノータッチだった。三浦のスキーでの滑降そのものは世界中で称賛を浴び、その映像も評価されたが、配給の松竹配映に断りなしに、クライマックスシーンをテレビの宣伝番組で放映したことで、「契約違反」とクレームがついて、上映中止になってしまった。

二作が続いて失敗したことで、プロデューサーの中井景は石原プロモーションを退社した。

『黒部の太陽』『栄光への5000キロ』で得た資金は、この二作の失敗で消えてしまった。興行は水ものとは言え、あまりにもあっけない。

石原裕次郎は『口伝　我が人生の辞』で、『黒部の太陽』を〈成功の甘い香り〉、『ある兵士の賭け』を〈苦労の苦汁〉と振り返っている。

ダイニチ

六月から、大映と日活が製作した映画はダイニチが配給して、大映と日活の系列映画館で上演することになった。二本立て・十日間興行で、大映・日活は毎月三本の新作をダイニチに提供する。配給収入の見込みは一か月四億五〇〇〇万円——そういう事業計画だった。

月間四億五〇〇〇万円を一年に換算すれば五四億円となる。一九六九年の大映の配給収入が二九億八六〇〇万円、日活が二八億五〇九二万円だったので、単純合計すれば五八億三六九二万円だから、実現可能に思われた。

しかし、六月から十二月までの七か月で計画通り四十二本を配給したものの、三一億五〇〇〇万円の見込みに対して二一億円しか達成できず、早くも一年目で暗雲が立ち込めた。

大映は八月には京都撮影所の土地の約半分を売却した。十五あった直営館のうちすでに七館を売っていたが、さらに売らなければならない状態だった。

ダイニチの目玉となるのが、勝新太郎主演作と石原裕次郎主演作の二本立てだった。

八月十二日、ダイニチは勝プロと大映の提携作品『座頭市あばれ火祭り』（三隅研次監督）と、石原裕次郎主演『スパルタ教育　くたばれ親父』（舛田利雄監督）の組み合わせで番組を編成して封切った。

　日活からダイニチ配給で勝プロとの二本立てで何か作ってくれないかと打診された裕次郎は、製作は日活だが、企画からスタッフ編成、配役は裕次郎が決めるという条件で引き受けた。製作費は日活が出すので、リスクはない。

　石原プロが企画したのは、石原慎太郎が書いた異色の子育てエッセイ『スパルタ教育』を原作としたホーム・コメディだった。慎太郎の『スパルタ教育』はエッセイなので、そのままでは映画にはならない。裕次郎の役はプロ野球の審判で、妻と五人の子がいるという設定でオリジナルのストーリーが練られた。

　ダイニチで『座頭市あばれ火祭り』と『スパルタ教育　くたばれ父親』が公開されている時、日活の超大作『戦争と人間　第一部　運命の序曲』（山本薩夫監督）が洋画ロードショー館で公開された。一九三一年の満洲事変から三九年のノモンハン事件までを背景にした歴史ドラマで、日活が持てる総力を挙げ、オールスターキャストで製作した三部作の第一部だった。

『戦争と人間』には日活スター全員が出るので裕次郎にも出演依頼が来て、断るつもりで「三〇〇〇万円なら出る」と言ったら、その条件が通ったので出演した。裕次郎の撮影は半日で終わった。裕次郎の出演料は一九五六年の『狂った果実』の二万円が六〇〇倍になっていたのだ。

『戦争と人間』は、配給収入五億九〇〇〇万円で、七〇年度の第一位となった。裕次郎に三〇〇〇万円払っても、利益が出た。翌七一年に第二部、七三年に第三部が作られるが、裕次郎は第一部にしか出ていない。

黒澤明の再起

九月二十三日、黒澤明が監督するはずだった二〇世紀フォックスの『トラ・トラ・トラ！』が日本で封切られた。日本ではヒットしたが、アメリカでは負けた話でもあったので、見込んでいたほどのヒットにはならなかった。黒澤明の名は、この映画ではどこにもクレジットされていない。黒澤は一度も見なかったと伝えられている。

十月三十一日、一九六五年の『赤ひげ』以来、五年ぶりの黒澤映画『どですかでん』が公開された。

製作は前年七月に結成された「四騎の会」で、その第一作である。四騎の会は、黒澤明・木下惠介・市川崑・小林正樹の四人の監督が「日本映画低迷の時代に力を合わせてこれを打開しよう」との意図で結成された。

当初、山本周五郎の小説『町奉行日記』を原作にした『どら平太』が第一作で、四人で共同脚本・監督すると発表された。しかし、個性の強い大監督四人で共作などできるはずがなかった。四人は湯河原の旅館に合宿して、物語を四つのパートに分けて、それぞれが分担して書くことにしたが、暗礁に乗り上げた。次に、山本周五郎の『季節のない街』をオムニバスで作ろうとしたが、木下と市川が反対し、結局、まず黒澤が単独で『どですかでん』を作ることになった。

製作は「四騎の会」だが、黒澤の自己資金で作るしかない。一九七〇年が明けて、黒澤はこれまでに共同で脚本を書いてきた小国英雄と橋本忍を連れて伊豆韮山に籠もり、『どですかでん』の脚本を書きあげた。現代の貧しい地域を舞台にした群像劇だ。製作資金捻出のため、黒澤は自宅を担保にして借り入れた。東宝と提携していた時は、最終的には黒澤も負担するとしても、東宝が全て立て替えて、後で精算していたが、今作は一〇〇パーセント、自腹を切っての製作だった。個人で捻出しているので、低予算映画にならざるをえない。大スターも出なければ、貧しい地域での物語なのでセットも簡素だ。

『どですかでん』は三月三十一日から製作準備が始まり、四月二十三日に撮影開始、二十八日間で撮りあげた。頓挫した『虎　虎　虎』を除けば黒澤にとって初めてのカラー作品だが、異例の短期間で撮ったのだ。

低予算で撮れたものの、『どですかでん』は興行収入も低く、結果として黒澤は莫大な負債を抱えることになった。「キネ旬ベストテン」では第三位なので、評価は低くはない。しかし題材が地味で、スケールの大きな活劇を期待していたファンには見向きもされなかった。

四騎の会は有名無実化した。第二作を作る者はなかった。はるか後の二〇〇〇年、『どら平太』が、四人で書いた脚本をもとにしつつも大幅に改作され、市川崑が監督して製作・公開される。

三船敏郎も石原裕次郎も中村錦之助も、そして黒澤明も挫折した。勝新太郎は遅咲きだった分、まだ元気だった。しかし勝のいる大映は破滅へと向かっていた。

永田雅一、オリオンズを手放す

永田雅一は大映を守るために、愛していたプロ野球球団オリオンズを手放すことにした。

大手五社のうち、大映、東映、松竹はプロ野球に参画し、松竹は三年で撤退したが、大映と東映は七〇年代まで持ち続けた。東宝は直接は球団を持たないが、阪急はプロ野球の最初期から加わり、ブレーブスを持っていた。映画五社のうち日活を除く四社がプロ野球と関係が深かったのだ。

一九五七年オフに永田雅一の大映ユニオンズは毎日オリオンズと合併し「大毎オリオンズ」となり、一九六〇年に初優勝した（「毎日」としては五〇年に優勝）。永田雅一にとって初めての優勝だった。

一九六二年は大川博が優勝の美酒に酔った。東映フライヤーズが初優勝した。

一九六八年、永田は球団を持ち続けることに限界を感じていた。その永田雅一の苦境を知った正力松太郎が手を貸そうと言ってきた。しかし永田は断った。読売新聞はすでに巨人と日本テレビを持っているので、オリオンズまで正力の手に委ねると、プロ野球の全てを支配されてしまうではないか。正力に悪意はないとしても、その助けは借りたくなかった。永田なりの矜持であった。

永田を助けようと手を差し伸べたのが、元内閣総理大臣の岸信介だった。革新官僚と呼ばれ、満洲に理想の国家を作ろうとし、戦後はA級戦犯容疑で逮捕されながらも起訴されず復権して、内閣総理大臣にまで上り詰め、しかし安保条約成立と引き換えに退陣、以後も政財界に隠然たる影響力を保持し「昭和の妖怪」と称された。

永田は映画・野球という娯楽産業に携わっていたが、彼自身にとっての最大の娯楽が政治だった。河野一郎を総理にしようと映画で得たカネを河野に献金し、さらに自民党の多くの政治家にも献金していた。そのひとりが岸信介だった。一九六〇年に岸が退陣し、後継の自民党総裁を決める際、永田は大野伴睦を総裁にする条件で岸に莫大な政治献金をしたが、その約束は反故にされ、公選で池田勇人に決まった。永田は「政治には愛想がつきた」と政界との絶縁を宣言したが、そうはいかなかった。

大映の危機において、永田は政治人脈も駆使して乗り切ろうとするが、結果としては、政治とそこにつながる政商たちに大映の資産は食いつぶされていった面も否めない。

政界への献金は、映画の入場税を引き下げることにつながるなど、それなりに本業の映画の役にも立ったが、大映として収支が合ったとは思えない。

岸は永田に、ロッテの重光武雄を紹介した。永田はこの時、球団売却までは考えていない。「オリオンズの累積赤字が一二億円あるので、球団名を「ロッテオリオンズ」とするから、六億円を出資し、さらに年間一億円を宣伝費として出してくれないか」と重光に頼んだ（金額は異説もある）。いまでいうネーミングライツである。

岸が重光に「オリオンズの面倒をみてくれ」と頭を下げると、「持ち帰って検討させてください」と引き取った。ロッテが当時、テレビの三〇分番組のスポンサーとして払っていたのは、年間で五億から六億円だったので、永田の言う「年に一億円」はロッテとしては高くはなかった。

一九六九年一月一八日、東京オリオンズはロッテと業務提携し、「ロッテオリオンズ」となることが発表された。記者会見には永田と重光の間に岸が立ち、三人が握手をした。この時点でこの提携に元内閣総理大臣岸信介が関係していることが示された。これをきっかけに「昭和の妖怪」は球界にそれなりの影響力を持つことになる。

一九七〇年、パ・リーグはロッテオリオンズが優勝した。まだオーナーは永田だった。選手たちも永田が球団のために悪戦苦闘しているのをよく知っていたので、永田は胴上げされた。球場に詰めかけたファンも「永田さん、おめでとう」と合唱した。永田は号泣して宙を舞った。こんなにも愛されたオーナーは他にいない。報知新聞は「最高殊勲選手は永田オーナー」という見出しで報じた。永田にはこれが自分にとって最後の優勝だと分かっていたのだろう。

一九七〇年の大映の当期の経常損失は二九億六九〇〇万円、負債総額は五〇億八七〇〇万円となった。過去一〇年間に不動産、有価証券など六一億円を処分した。それでもなお五〇億円の負債が残っていたのだ。売るものは東西の撮影所と本社ビルくらいだった。撮影所の売却は、映画製作の停止を意味するので、それはできない。

一九七〇年の日本シリーズは巨人が勝ち、オリオンズの日本一は達成できなかった。しかし、もはやこれまでだ。永田はオリオンズを完全に手放すことにした。

一九七一年一月二二日、永田はオリオンズの経営権をロッテに移譲した。

会社別配給収入では、東映が五九億円でトップ、東宝が三四億円、松竹が二五億円の順だ。大映と日活は六月から配給を統合してダイニチとなった。五月までの大映は一一億円、日活は一一億円、六月からのダイニチは二一億円なので、ダイニチを等分して乗せると、大映が二一・五億円、日活が二一・五億円なので、松竹は最下位を脱している。松竹復活の兆しは、喜劇映画の健闘にあった。

一九七〇年度の興行ランキングは、各社の高稼働作品のみが発表された。それを整理すると、一

1970年　会社別配給収入　　興行ランキング（70年4月〜71年3月）
○は順位、単位：万円

松竹	24億6041③	①戦争と人間（日）◎5億9000
東宝	33億8661②	②激動の昭和史　軍閥（宝）◎3億5000
大映	11億1889⑥	③富士山頂（石原）◎2億8000
東映	58億5829①	③座頭市と用心棒（勝）◎2億8000
日活	11億4450⑤	⑤新網走番外地 大森林の決斗（東）◎2億5500
ダイニチ	20億9733④	⑥新網走番外地さいはての流れ者（東）◎2億0000
		⑥渡世人列列伝（東）◎2億0000
		⑥昭和残侠伝 死んで貰います（東）◎2億0000
		⑨チンチン55号ぶっ飛ばせ!! 出発進行（松）◎1億5000
		⑩新選組（三船）◎1億2000
		⑩待ち伏せ（三船）◎1億2000
		⑩幕末（中村）◎1億2000
		⑩ブラボー！若大将（宝）◎1億2000

大映、日活は5月までで自社配給をやめ、6月からダイニチが配給した。

位は日活の超大作『戦争と人間』になる。東映の任侠映画は、高倉健の二つのシリーズが成績がいい。

東宝は「8・15」シリーズの『軍閥』、「若大将」シリーズがヒットした。三船プロの『新選組』『待ち伏せ』、中村プロの『幕末』も東宝が配給した。石原プロの『富士山頂』も数字だけみれば大ヒットだが、利益率は低かったようだ。勝プロもようやく大ヒット作が出た。

クレージーキャッツの全盛期は終わり、テレビではコント55号が席巻しており、松竹が獲得した。

第七章

カタストロフィ――1971

一九七一年――映画人口はかろうじて二億を維持して二億一六七五万人、映画館は二九七四館と三〇〇〇を割った。NHK受信契約数は二三二八万である。

大映、日活のカタストロフィが近づいていたが、四大スタープロダクションにとっても、試練の年となった。

「日本経済新聞」は一月二十三日、「松竹、映画製作からの撤退」「大映、製作配給全面中止」と報じた。松竹は直ちに「事実無根」と発表した。松竹は喜劇路線と文藝サスペンスものが順調で、まったくの誤報だった。

三船敏郎、唯一の大石内蔵助

この年、三船プロが製作した劇場用映画は四月封切りの青春もの『二人だけの朝』（松森健監督）だけで、三船敏郎は「製作」としてクレジットされているものの、出演はしていない。

だが三船プロは、テレビ映画においていまだこれ以上のスケールのものはないとされる『大忠臣蔵』を一年かけて製作・放映した。NETの火曜午後九時の一時間枠で、全五十二回という、NHKの大河ドラマに匹敵する時間をかけて、忠臣蔵の物語を描いた。

映画、歌舞伎、新劇と、ジャンルを超えたキャスティングで、三船敏郎はもちろん大石内蔵助を演じた。劇場用映画では一度も大石を演じなかったので、これが唯一の三船の大石となった。浅野内匠頭は尾上菊五郎、吉良上野介は市川中車（八代目、亡くなったので四十七回以降は市川小太夫）で、勝新太郎が俵星玄蕃、中村錦之助が脇坂淡路守で出演した。

『大忠臣蔵』は三船プロのこれまでの劇場用映画よりもスケールが大きい作品だった。三船は社長としても主演俳優としても一年間にわたり、『大忠臣蔵』にかかりっきりとなる。

東映・岡田茂、労務担当に

東映では、常務取締役で映画本部長だった岡田茂が一月にテレビ本部長も兼務し、さらに労務担当にもなった。東映の労使関係は、大川博社長が長男・毅を専務にしたことから悪化した。平の取締役に降格しても、〈のっぴきならない状況〉（岡田茂『悔いなきわが映画人生』）に来ていた。大川は組合対策のため、「労務屋」の異名を取り、報知新聞のストライキを解決したことで知られる竹井博友（後に地産グループを作る）に打診した。竹井は東映をよく調べると、「立ち入ったらとんでもないことになる」と辞退した。

竹井に逃げられると、大川が労務担当を頼めるのは岡田しかいなかった。岡田は「半年限りです。その間に片付けますが、すべてを私に任せてください」と言って引き受けた。

岡田の人脈に、「夕刊京都」の労働組合で活躍した長田大全がいた。争議が勃発すると、夕刊京都の経営側はロックアウトに出て、組合は負けた。その経験を生かして、長田は「労務屋」となっていたので、東映に呼んだのだ。労働組合対策は労働運動経験者に任せたほうが成功する。敵の手の内を知り尽くしているからだ。

長田は身分を隠して東映社内に入り、情報を集めた。その結果、岡田に「本社のホワイトカラーの部課長連合が、大川社長に叛旗を掲げている。こんな話は聞いたことがない。体制側に問題がある」と報告した。岡田が大川のもとへ長田を連れていくと、「社長にも悪いところが多々ありますね。息子さんの毅専務への批判は火を消せないほど燃え広がっていますよ。ジュニア問題は、たとえ力で押さえつけるのに成功しても、再燃することは間違いないでしょう」と言い切った。大川が雇おうとした竹井も似たようなことを言ったのだろう。

東映の労使関係がこじれているのは大川父子に問題があるのだ。大川が毅を切らない限りは、根本的な解決にならない。しかし、大川にその気はない。

岡田と長田は作戦を考えなければならない。

一月十三日、勝プロ製作の『新座頭市　破れ!唐人剣』（安田公義監督）がダイニチの配給で封切られた。シリーズ二十二作目だ。香港のゴールデン・ハーベストとの合作で、香港のカンフー映画のスター、ジミー・ウォングと共演した。

ダイニチの十三日封切りのもう一本は、石原プロと日活の提携、石原裕次郎主演『男の世界』（長谷部安春監督）だった。前年秋から撮っていたもので裕次郎にとって六九年十二月三十一日封切りの『嵐の勇者たち』以来、一年ぶりのアクションものだ。

ダイニチ配給による勝プロ作品と石原プロ作品の二本立ては、これが最後となる。同時に、大映系映画館のスクリーンにかかる『座頭市』も、日活系映画館にかかる裕次郎映画も、これが最後になるのだが、この時点ではまだ誰もそのことを知らない。

石原裕次郎、倒れる

石原プロは前年秋から『男の世界』と並行して、単独での製作による大作『甦える大地』（中村登監督）も撮っており、力を入れていたのはこちらだった。

『甦る大地』は茨城県の鹿島臨海工業地帯の成立に従事した官僚の苦闘を描くもので、実話に基づいている。原作は『黒部の太陽』を書いた木本正次の『砂の十字架〜鹿島人工港ノート』で、石原プロ作品では『黒部の太陽』『富士山頂』に続く巨大工事ものだ。松竹の子会社で洋画を配給していた松竹映配が配給し、監督は松竹の中村登、東宝の司葉子、岡田英次、三國連太郎、劇団民藝の滝沢修、奈良岡朋子らが出た。

この映画についても石原慎太郎は、日本企業の画期的な活動の記録を劇映画で描くという〈馬鹿の一つ覚えに近い企画〉と手厳しい。また、この頃の石原プロモーションについても、〈弟の会社の製作作品に関する企画の杜撰さは目を覆いたくなるようになり、なんの見栄でか次々に不発の作品の製作を重ねていった〉と批判する。

〈弟の次の椅子に座っている、小さいながらも会社の幹部の連中にすれば定期的に作品を手掛け世の中に出す以外に彼等の沽券の示しようがなかったのだろうが、それを主演俳優としてこなし、さらに財政的にも負担するというのは、事が一種の自転車操業みたいになってきてからは弟にとってはまさに地獄だったろう。

あんなことなら娯楽性の強い何かの思いつきを加えた一種のプログラム・ピクチュアでも定期的に作っていた方が少しは息がつけたと思う。現に私はそう促したのだがなぜか弟は肯んじなかった。彼には彼で日活に対する意地のようなものがあったのだろう。〉

その「意地」が現れているのが、劇場で販売されるプログラムに石原裕次郎がプロデューサーとして書いた文章だ。

〈日本映画はますます多難なときを迎えている。／大手映画会社の作品系列を見てみよう。そこにあるのは、混迷からくる頽廃、焦燥からくる拙劣さだけが目立ち、人間を、人間性を、そしてこの世の中の光を追求しようなどという気配はミジンもない。／同じ映画人として、全くくやしいことである。／だから、私はますます決意が高揚し、固まってくるのだ。／「いい映画を作らねばならぬ」／まことに簡単なことである。作ればいいのである。というより、作らねばならないのである。〉

そして、これまでの石原プロの映画では、裕次郎自身はエネルギーを主演俳優としての仕事に費やし、製作における細かいことはプロデューサーに任せていたが、この作品は〈オール石原裕次郎のプロデュース作品なのである〉と書く。おそらく、七〇年の『ある兵士の賭け』と『エベレスト大滑降』で、他人に任せたために巨額の負債を抱えることになった反省からだろう。そして、「独立プロであるから、資金繰りは苦しい。連日のように金集めに頭を悩ましもした」と明かしている。

さらに、どんなにいい映画を作っても観客が入らなければ、苦労も水の泡となる興行の難しさも、漏らす。〈映画は〝作らねばならぬ〟。しかし、その次にくるものは絶対に〝ヒットさせねばならぬ〟。〉〈独立プロ経営のむずかしさは、小資本だから金繰りが大変だとか、大手会社からの圧迫による苦しさなどといったものではない。一プロデューサーとして考えた場合、一番のむずかしさは、やはり、独立プロであるというメリットを生かした企画を、どうひねり出していくかにある。〉

〈独立プロの意義、そしてプライドを生かすとすれば、映画の持つ本質的な芸術性を、世の流れに惑わされず、巨視的に見通した作品を作らねばならないのだ。〉

〈私は人間を信じているし、古い意味も含めてヒューマニズムを信奉している。人間礼賛の映画こそ、私の創るべき芸術分野であるはずだ。〉

石原裕次郎の独立プロダクション代表者としての信念が分かる文章だ。しかし、こう書いた人がプロダクションを維持するために『西部警察』を作り続けることになる。

『甦える大地』は興行が振るわず赤字となり、石原プロの債務がさらに増えたと語られることが多い。この映画を最後に石原プロが大作を製作しなくなったから、そう思われるのだろう。

正確な収支は分からないが、石原裕次郎は一九八一年に「週刊プレイボーイ」に連載した「体験的人生問答」の副題を持つ『太陽の神話』のなかで、〈興行的に当たってないことはないんであの映画は、ずいぶんと儲かった〉と語っている。さらに「製作費に二億円はかかったでしょう」と言われたが、実際の製作費は一億二〇〇〇万か三〇〇〇万円で、〈製作費の心配はいらないし、配給収入もある。／つまり石原プロとしては初めから安心して、儲かった作品〉だと言う。配給する松竹が製作費を負担したということだろうか。

〈物語の舞台は鹿島臨海工業地帯で、そこの膨大な土地を買い占めた会社が全面バックアップをしてくれてね〉とも語っており、これは映画の冒頭のタイトルに「協力」とある鶴屋商事・鶴屋産業のことだ。

儲かったとしても、『ある兵士の賭け』『エベレスト大滑降』での負債を埋めるほどではなかったのだろう。

石原プロにとって痛手だったのは、石原裕次郎が『甦える大地』のキャンペーン中に倒れ、入院したことだ。封切りは二月二十六日で、プロデューサーで主演俳優である裕次郎は全国各地を宣伝のために回っていたが、三月二十四日に秋田に着くとホテルで倒れた。駆けつけた医師は「急性肺炎」と診断した。

裕次郎は二十七日に東京へ帰り、そのまま慶應病院へ入院し、検査の結果、「肺結核」と診断された。四月八日には国立熱海病院へ転地療養となり、十一月八日まで入院する。裕次郎にとってこんなにも長い闘病は、一九六一年のスキーでの事故以来だった。六一年の入院中に独立プロダクションの設立を考え、この二度目の長い入院では倒産の危機を迎えた。

『石原プロ社史』によると、〈会社を存続させるために、外部から経営再建すべく乗り込んで来た再建派は、スタッフの人員整理をして、映画製作に必要な撮影機材までも借金返済のための売却を提案した〉。入院中の裕次郎は、会社の解散もやむなしと考えていたが、専務の小林正彦とキャメラマンの金宇萬司（後、常務）が来て、「残っている十数人のスタッフで、テレビ番組を製作する会社を設立し、その利益を石原プロの借金返済にあてたい」と提案した。会社解散に傾いていた裕次郎は小林たちの案を了承した。

四月二十六日、「石原プロ・フェニックス」の頭文字から命名した、ＩＰＦが設立された。同社は千歳烏山の倉庫をオフィスとし、東宝映画の下請けやテレビコマーシャルの製作請け負いを中心に、あらゆる映像関係の仕事を受注して、初年度だけで六〇〇〇万円の売上となった。

しかし、石原プロの負債は一〇億円前後にまで膨れ上がっていた。

三月になると、大映は京橋にあった本社ビルも売却し、東京駅前のビルに移転した。さらに二五〇名の希望退職者を募集した。

東映のロックアウト

東映の株主総会は四月二十九日に予定されていた。

大川社長にとって、この総会を乗り切れるかが正念場だった。というのも、労働組合が一株運動を展開し、約百五十名の組合員が東映の株主になっていたのだ。組合は株主総会へ乗り込むつもりだった。岡田茂はこれを阻止しなければならない。この時の東映では、労組対策は総会対策でもあった。

岡田と労務屋・長田は、ロックアウトしかないとの結論に達していた。極秘裏に作戦を立て、本社の三人を実行部隊として選び、忠誠を誓わせた。

四月十七日明け方、東映は本社をロックアウトし、組合員は社に入れなくなった。撮影所はそのまま撮影を続け、経理や総務、企画本部など業務を継続しなければならない部署の幹部は、社外に設けた仮事務所で仕事をすることにした。

翌朝、岡田は全社員を五反田東映に集め、ロックアウトを宣言した。その文書は長田が練り上げたもので、組合側の弁護士も感心するほどの完璧なものだった。

組合との団体交渉はすぐには行なわず、数日後に、池袋の興行会社の事務所を借りて、行なった。これも岡田の作戦である。組合側は「こんなヤクザな会社の事務所ではできない」と抵抗したが、岡田が「東映系の館主にわざわざ頭を下げて借りたんだ。会いたくなければ会わない」と一喝すると、しぶしぶ交渉に入った。

交渉では岡田が主導権を握り、会社側から、一株運動に加わらないことなどの要求を組合に行ない、その条件を呑まないならロックアウトを解除しないと押し切った。

組合は要求を呑んだ。二十九日の株主総会は何事もなく終わった――以上は岡田の『悔いなきわが映画人生』に拠る。組合側からみればまた別の景色となるはずだ。

労組問題は解決した。しかし大川は心労がたたったのか体調を崩す。

堀久作、退任

六月一日、日活の堀久作社長は、体力と気力の衰えを理由に退任し、息子・雅彦を後任の社長とし、会長となった。ダイニチ社長になっていた壷田十三は日活の常務でもあったが、堀雅彦の新体制になると解任された。

どこまでが堀久作の意思で、どこからが雅彦の意思なのかは、判然としないが、不動産の叩き売りは続いていた。三月に鳥飼社宅が五二〇〇万円、横浜社宅が五三〇〇万円、五月に上野日活が京成電鉄に七億七四〇〇万円、七月に長崎日活が東映に一億九七〇〇万円、鹿児島日活と宮崎日活が各一億一六〇〇万円、八月に登別日活ホテルが徳間書店に五億四〇〇〇万円、京都日活が二億四五〇〇万円である。

新社長・堀雅彦は経営計画室立案の再建案に沿って、六月末に、いきなり三〇六名の希望退職を伴う機構改革案を組合に提出した。意図的なのか、何も考えていなかったのか、事前には何の根回しもなく、唐突な提案だったので、組合の根本委員長は、はねつけた。

『日活映画　興亡の80年』にはこうある。

〈そのとき根本委員長は血相を変え、「再建の青写真も示さずにこんなものをいきなり出すとは何ですか。何が起こっても知りませんよ」と言い捨てるなり書面を押し返し、新社長を睨みつけた。すっかり脅えきった社長は、敢えて再度書面を手渡すことが出来ず、この団交は打ち切りとなった。〉

六月十二日、前年八月に公開して大ヒットとなった、日活オールスターキャストの超大作『戦争と人間』（山本薩夫監督）の「第二部　愛と悲しみの山河」が封切られた。

半日の撮影で三〇〇〇万円のギャラを得た石原裕次郎は、第二部には出ていないが、滝沢修・芦田伸介・高橋悦史・浅丘ルリ子・高橋英樹・江原真二郎・三國連太郎・高橋幸治・加藤剛らは引き続き出て、さらに吉永小百合・北大路欣也・山本圭などが加わった。

まだダイニチがあったが、日活が自社で配給し、松竹の洋画系劇場で公開され、配給収入約三億円と大ヒットした。もっとも前作が五億九〇〇〇万円なので、その半分近くに減っている。

このヒットに自信を得た堀雅彦社長は、「ブロックブッキングを捨て、フリーブッキングの大作主義」で行くと発表した。

六月十二日、東映・大川博社長は発熱のため、東急病院に入院した。この時は二日で退院できたが、七月に狛江の慈恵医科大学第三病院に再入院する。

日活、ロマンポルノへ

日活の堀雅彦社長と組合との団体交渉は断続的に続いていた。組合の根本委員長は「希望退職は困る」と言い続けていたが、七月二十三日の団体交渉で、堀社長は「希望退職と機構改革はどうしても必要なので、実施したい」と、根本に書面を渡そうとした。

その場にいた誰もが、根本の雷が落ちると思ったが、この組合の闘士は穏やかに笑みを浮かべながら、こう言った。

「社長、こんなばかげたこと、止めましょう。誰に言われてやっているか知りませんがね。日活の周辺は敵だらけなんですよ。そんな相手ばかりを喜ばせることは止めて、どうやれば日活が立ち直れるか、お互いにじっくり話し合いませんか。組合も全面協力しますよ」

堀は、数秒の沈黙の後、緊張の糸が切れたかのように、小声で「では、そうしますか」と言ってしまった。会社側の労務担当は驚いたが、すでに社長が組合に同意すると言ってしまった以上は、希望退職と機構改革による再建案は、その瞬間に撤回されたことになる。

次の団体交渉は組合主導となり、

一、映像と経営の二つの委員会を設置し、調査期間終了後、会社側実務者と組合代表との協議を行ない、八月二十五日をリミットに、具体的な再建案を作成する。

二、この期間中、現在製作進行中の作品を除き、映画製作は一時中断する。

三、組合員はこの期間中に両委員会による再建案を自己の去就についての判断材料として検討する。

の三点が確認、決定された。

この時点で製作進行中だったのは、『八月の濡れた砂』（藤田敏八監督）と『不良少女・魔子』（蔵原惟二監督）の二作で、ダイニチ配給で八月二十五日に封切られる。

日活の経営再建のための映像委員会では、土屋幸雄営業担当役員から、ピンクマーケットや系列外劇場を再編し、供給可能な小品さえあれば、もう一系統の市場が成り立つとの報告がなされた。組合は「その商品とはポルノのことか」と確認し、土屋は「ずばり、そういうものです」と認めた。

新東宝社長の座を追われた大蔵貢は、一九六二年に大蔵映画を設立し、ポルノ映画の製作を始めて成功していた。黒澤映画のプロデューサーだった元木荘二郎もポルノ映画の監督になっている。

東映も岡田茂の指揮でポルノを作っており、「テレビでは見ることのできない映画」として売っていた。ポルノは市場として成り立っていた。

土屋は、日活がポルノを作れば質の高いものができるのは間違いなく、そうすれば、いまのピンク映画は席巻され、かなりの数の映画館が転向してくると見込まれるので、配給収入一億三〇〇〇万円は固いと言う。そこで製作部が、いまのピンク映画を調査分析した結果、徹底的な合理化により直接製作費七五〇万円でも、かなり質の高いポルノ映画の製作が可能という数字を出した。

その合理化とは、六五分から七〇分の映画で、小型キャメラを使用し、オールロケ（撮影所内にある使用済みのセットは使用可）、オールアフレコ、撮影日数は七日から八日、音楽は全て既存の曲から選曲などで、スタッフ編成も監督一、助監督二、撮影技師一、撮影助手二、照明技師一、照明助手三、美術一、装飾一、記録一、製作一といった少数で、スタッフの移動はマイクロバス一台。

組合から出席していた委員は、何でもいいから映画を撮りたいとの思いがあったので、この案に賛同した。日活だけが景気が悪いのであれば他社に移ればいいが、大映は倒産寸前で東宝は撮影所を本社から切り離そうとしており、東映、松竹も人員整理をしており、とても日活出身者が転職できる場は、映画界にはない。

経営委員会では、日活の資産が洗い直された。そして日活が保有する不動産は、会社再建のために有効に活用することで労使は一致した。

ところが、八月末になって、ゴルフ場とホテルの「天城日活」が昭和新興に売却されていたことが発覚した。組合は連夜の団体交渉で社長と経理担当役員を糾弾し、昭和振興とその資金源である平和相互銀行への抗議活動を展開した（翌年七月、新宿日活を売却した資金で天城日活を買い戻す）。

資産の売却は止まらず、十月には浅草日活が二億一六〇〇万円で売られた。

映像委員会では、日活のポルノ映画の名称が「ロマンポルノ」と決まった。

十一月一日、組合合意のもとで、会社は希望退職者を募り、二十日までに俳優を含め三〇〇名以上がこれに応じて、十二月一日に去っていく。ロマンポルノに反対の者が去り、肯定派が残ったので、いまさら路線転換に反対の声はない。

結果として、日活は労使協調でロマンポルノへの転換を平和裡に行なったのである。そして残っていた助監督たちは監督に昇進していく。

ロマンポルノの製作が始まるのは十一月で、早くも十一月二十日に『色暦大奥秘話』（林功監督）と『団地妻 昼下りの情事』（西村昭五郎監督）が封切られる。

大川博死去

大川博は七月上旬に慈恵医科大学第三病院に入院していたが、病室にも経理資料を持ち込むなど復帰に意欲を見せていた。

しかし八月十七日に亡くなった。七十四歳だった。肝硬変ということだったが、癌だった。

大川は後継の社長の指名をせずに亡くなった。個人として大量の株を持っており、その相続人である長男・毅が有力候補だが、社内で人望はなく、また経営センスがあるようにも見えなかった。毅が社長になれば、岡田茂は東映を辞めて、東急の五島昇のもとへ行くだろうというのが衆目の一致するところだった。そうなれば、誰が映画製作を指揮できるのか。

「ジュニア」と呼ばれ、「大川社長の息子であるという以外には何もない」ように言われる大川毅だが、父の急死を受けて唯一にして最大の貢献をした。「毅君が社長になるべきだ」と岡田が言っても、「自信がありません。岡田さんがやってください」と辞退したのだ。

以下は、岡田の回想録に拠る。

大川が亡くなって数日後に、岡田のもとに映画関係者から電話があり、大川毅と岡田の三人で会いたいと言う。新橋のある料亭へ行くと、その人物は「この場で東映の次期社長を決めよう」と言い出した。岡田が「毅君がやるべきだ」と言うと、毅は「社長になる意思はありません。岡田さんがやってください。自信がありません」と言う。大川毅はこの年、三十八歳である。岡田は四十七歳だ。

その場では決められず、岡田は帰った。自宅へその映画関係者から電話があり、「君しかいない」と言われた。岡田は専務の坪井与の意見を聞いて、「皆が推すのであれば、男として断れない」と、決意した。

八月二十四日に、青山葬儀所で大川の社葬が執り行われた。葬儀委員長は永田雅一が引き受けた。

その翌日の臨時取締役会で、岡田茂が東映の第二代社長に就任した。

岡田の社長就任は五島昇がお膳立てをしたとの説もあるが、岡田は否定している。

こうして、東映城の城主は交代した。新社長の前には、赤字構造から脱せない東映動画や、大川父子が手を広げていった、ホテル、タクシー、ボーリング場、そしてプロ野球の東映フライヤーズなどをどう整理するかという問題が山積していた。

勝新太郎、初監督

九月になると日活はダイニチからの離脱を通告した。これでダイニチの存在理由がなくなり、残された大映は新たに「大映配給株式会社」（大映配）を設立した。

ダイニチ最後の配給作品は十代の性を描いた二作、『遊び』（増村保造監督、関根恵子主演）と『夜の診察室』（帯盛迪彦監督、松坂慶子主演）だった。関根と松坂がスターになっていくのはこの後のことだ。

ダイニチが揺れ動いている頃、勝新太郎は初の監督作品に挑んでいた。勝プロ単独製作で、ダイニチ配給で八月十二日封切りの『顔役』だ。勝は主演の他、製作、脚本、監督のひとり四役だった。同時上映はマカロニ・ウエスタン『荒野の復讐鬼』（マウリツィオ・プラドー監督）の吹替版だった。大映は製作体制が揺らぎ、併映作を用意できなくなっていた。

『顔役』で勝が演じるのは大阪府警の暴力団担当刑事だ。一応は犯罪捜査ものなのだが、ストーリーはあってないような前衛的作品となった。リアリズムを追求して、賭場のシーンではやくざをエキストラに使い、手持ちカメラで撮ってあえて不安定にし、クローズアップを多用、説明的な人物配置をしないなど、従来の映画の撮り方を破壊した。一九六八年の『燃えつきた地図』での勅使河原宏の影響が出ている。

大衆時代劇映画の人気スターによる前衛的作風は、観客を戸惑わせた。観客だけではなく、評論家もどう扱っていいのか分からない。『顔役』は後のテレビ映画『警視－K』の原点とも言える。

勝新太郎は単純明快な大衆時代劇に出ていた反動なのか、自分が作る映画は「わかりやすさ」を放棄する。その前衛性が評価されるのは没後のことだった。時代劇の真の黄金時代には遅れてきた俳優だった勝新太郎は、映画作家としては「早過ぎた天才」だった。いや、一九六八年という前衛と破壊の時代に間に合わなかった「遅れてきた天才」なのかもしれない。常に時代とずれてしまったことが、この映画人の悲劇だった。勝新太郎は晩年には「時代とのずれ」が笑いの対象となり、それで人気が出るという皮肉が待ち受ける。

ダイニチが解体したので、大映が設立した大映配の第一回配給作品は十月二日封切りの『若き日の講道館』（森一生監督）と、勝プロ製作の『片足のエース』（池広一夫監督）だった。『片足のエース』は小児麻痺で右足が不自由な少年が高校野球の県予選で活躍した実話の映画化で、勝は「製作」のみで出演はしていない。

勝は翌一九七二年の正月映画のために奔走していた。大映の正月第二弾は勝プロ作品の二本立てで、勝自身の『座頭市』と、兄・若山富三郎主演の『子連れ狼』と決まったのだ。

東宝、製作部門分離

映画館の数は三〇〇〇を割り二九七四館となった。そのうち、邦画専門館は一五九五、洋画専門館は七六六、邦画・洋画の混映館が六一三で、邦画だけを上映する映画館が少なくなってきており、配給収入においても邦画一五六億円に対し洋画一四八億円と肉薄していた。洋画が邦画を抜くのは時間の問題だった。

直営の洋画専門館を多く持つ東宝は興行部門の業績はよかった。演劇興行、テレビ映画製作、不動産事業も順調だった。大映や日活が資金繰りが悪化し、一等地にある直営館を売却し、その結果、集客力のある映画館を喪い、ますます配給収入が減少する悪循環に陥っていたのとは逆だった。

その東宝にとって最大の問題が、本来ならば稼ぎ頭であるべき映画の製作・配給部門の低迷だった。

東宝の映画製作の責任者はプロデューサーでもある藤本真澄だ。ヒットメーカーだった藤本自身がプロデュースする「若大将シリーズ」「社長シリーズ」「クレージーキャッツ作品」も、一九六〇年代半ばをすぎると低迷していた。田中友幸の特撮映画、戦争映画も、勢いを失くす。だが次世代のプロデューサーや監督が育っていなかった。藤本もまた経営者には向いていなかった。会社として後進を育てることを怠っていた。また、永田雅一とも似ており、「いい映画を作れば、客は来る」と信じ、いい映画を作ることしか考えなかった。

だが、もはやいいも悪いも映画を製作すること自体が難しくなっていた。

東宝に限らないが、大手五社と独立プロとのコスト面での最大の違いが「間接費」の有無にある。スター俳優、脚本家、監督などへのギャラ、ロケの費用、大道具・小道具などの製作費、そしてフィルム代などが直接製作費で、映画の規模や内容によって金額は異なる。いわば、節約しようと思えばいくらでもできるのがこの部分で、独立プロが利益を上げられるかどうかも、ここにかかっている。だが、大手五社は、その他に、撮影所の機材・設備の諸経費や人件費もかかる。本社や営業所も経費がかかる。その総額がたとえば月に一億円で、その月に四本作るとしたら、一本あたり二五〇〇万円を間接費として上乗せしていた。独立プロとの提携でもめるのが、この間接費をどちらが負担するのかという点だ。

東宝経営陣は間接費を製作費から除外するために、撮影所を別会社とする合理化案を打ち出した。この協議の過程で藤本と並ぶ副社長の森岩雄が九月二十日に提出した「当社の製作機構改革の基本的考え方」という文書がある（『プロデューサー人生』に収録）。

森はまず、〈今日の日本映画不振の原因はテレビやレジャー産業の発達から来る影響であると言われています。しかし我々は必ずしもそれだけではないと反省しています。現に優秀な外国映画には大衆は行列をして観劇に来ているのを見てもそのことを窺えます。つまり我々として当然なさねばならなかったことをせずに今日に至ったのではないか〉と反省する。

具体的には、〈映画全盛期に最も適合したシステムであった撮影所を中心とした大量生産方式と配給システムとをその後、逐次手直しをして来たとはいえ、おおむね昔の型通り行って今日に及びました。大衆がわが国の経済成長の中で、ＴＶやレジャーへの趣向の移動を始めた結果、映画の需給のアンバランスが生ずることは十分察知できたにもかかわらず、つまり映画市場は漸次狭隘化することは、ほぼ自然であったにもかかわらず、また大衆の映画に求める質と内容も大きく変化を示したにもかかわらず、市場をある程度独占しておれば事足りるがごとく思い、その上にあぐらをかいて、この間、製作上の改革を行わないまま今日に至りました〉と分析する。

〈一方、このようなことでは日本映画は衰退するであろうことを憂え、かつ自覚した多くの優秀な映画作家や芸術家や技術者は、いわゆるメイジャー会社を去って独立しましたが、残念ながらこれらの人々は資金の面で、製作手段の面で、また配給、興行の面で何らの力を持っていないために、才能はありながらも結局は映画界に大きな貢献と成功を収めないまま今日に及んでおります。〉〈その結果、日本映画はますます質の低下を来たし、市場は荒廃に帰し、映画会社の製作配給収支は悪化の一途をたどり、この経営上の悪循環はかつての巨大な製作機構を残したままその空洞化をさらす結果となりました。〉

置かれている状況はハリウッドも同じだが、どう対応したか。〈黄金時代を誇った撮影所中心の大量生産方式は全く崩壊に帰し、有能なる製作者によるユニット・プロ方式で映画は息を吹き返しつつある〉と森は紹介し、〈先進国のたどった道をよく検討し、これを我が国の現状にも当てはめて十分吟味しなければなりません〉とする。

森は名指しはしないが、東映や日活を念頭に、〈日本映画の先細りに力を落として、いわゆる「脱映画」を目論み、映画製作より脱出して一日も早くレジャー企業として活路を開こうという傾向が強くあらわれています。もちろん、多角経営、総合経営もこの際、当然考えられねばならないと思いますが、さればと言って映画会社が自らの手で映画の息の根を止めることは、その社会的責任から言っても許されることではありません〉と釘を刺す。

森は、「バラエティに富んだ質的にも高い作品を適正価格で製作するにはどうしたらいいか」「映画復興を志す映画作家たちとどう手を結び合うか」「配給、興行のあり方はどうあるべきか」の三点を考えなければけならないとまとめる。

藤本が書いたものは残っていないが、議事録での発言が、『プロデューサー人生』に載っている。

〈撮影所は完全な貸しスタジオにし、プロデューサーがそこを使って映画をつくるシステムにすべきだ。〉

〈現在の機構、人員配置のまま、製作部門だけ切り離して独立させても意味がない。〉

〈PCLからの歴史に照らしても、製作、配給、興行を一体運営するのが最も経営上効果のあることは明らかで、分離独立した製作会社というものは常に生存し得ない立場にあると考える。〉

そうした議論があったうえで、映画製作のための別会社・東宝映画株式会社の設立、砧撮影所を完全な貸しスタジオとして一般に開放、配給は東宝映画の作品以外にも独立プロダクションとの提携作品や買い取り作品で番組編成を行なうという基本方針となった。

十月四日、東宝経営陣は組合に対し、映画製作配給機構の改革方針を提示した、撮影所製作部を分離独立させ、新たに「株式会社東宝映画」を設立し、藤本真澄が東宝専務を兼ねて、社長に就任する。撮影所勤務の社員約八〇名が東宝映画に出向し、年間十三本を製作、東宝撮影所は「東宝スタジオ」と改称して貸しスタジオとして運営する――などが基本的な改革だった。

組合への説明と協議が進み、十一月八日に株式会社東宝映画が設立され、十八日に新職制に基づく出向や配置転換が発令され、大きな争議に発展することなく、東宝の製作部門は本社から切り離された（一部の契約社員は雇用関係存在確認の訴えを起こした）。

「東宝映画」は一九三七年にPCLとJOスタヂオ、東宝映画配給などが合併したときに出来た会社の名称だが、戦中の一九四三年に東京宝塚劇場と東宝映画が合併して「東宝株式会社」となった時に、「東宝映画」という社名はなくなっていたので、二十八年ぶりの復活である。

東宝は、東宝映画の他に、一九五二年から東宝の子会社として映画製作をしていた東京映画、四月一日に設立されていた東宝映像、翌年五月二十六日設立の芸苑社、翌年十月九日設立の青灯社（社長は堀場伸世）の五社を製作の中核とし、その他、外部の製作会社の作品を買い付けて、番組を編成することになった。松岡社長を委員長とし、営業・外国・宣伝の各部門と、東宝映画、東京映画の代表者九人を委員とする「映画委員会」を設置する。この委員会で、企画を検討し、東宝映画、東京映画、外部製作会社へ発注するという仕組みだ。

「中核五社」とされたが、青灯社は一作も製作しなかった。芸苑社も一九七二年に『恍惚の人』（有吉佐和子原作、豊田四郎監督）などのヒット作を作ったが、長くは続かない。東宝映画、東宝映像、東京映画の三社が製作を担っていく。

東宝映画の社長には、藤本真澄が東宝専務と兼任して就任し、東宝映像の社長には田中友幸が就任した。藤本は東宝副社長にまで出世するが、田中は東宝の役員にはならない。

藤本真澄は一九七一年には「若大将シリーズ」「社長シリーズ」など七作を製作したが、七二年は一作で、以後も年に数作しかプロデュースできなくなる。東宝専務、東宝映画社長として多忙となり、映画のプロデュースの時間がなくなっていったからでもあり、東宝映画が製作する本数も減っていくからだ。

永田雅一退場

大映は一九七一年になっても業績は改善されず、むしろ悪化の一途を辿っていく。

十月一日には一億円の手形を決済しなければならなかったが、資金の目処が立っていなかった。役員たちはみな倒産を覚悟したが、永田雅一が奔走し、どうにか一億円を作った。これができてしまうのが永田の恐ろしいところだった。しかし、それは高利で借りた金なので、その場はしのげても根本的な解決にはならない。こんなことを繰り返してきたから金利が嵩み、雪だるま式に負債が増えていったとも言える。

大映は永田雅一がいなければだめだが、永田雅一がいるからだめだった。

倒産へと向かうなか、十月十五日に大映テレビ室は、大映出資の「大映テレビ株式会社」として独立した。大映はなくなっても「大映テレビ」は残り、山口百恵の「赤いシリーズ」など、荒唐無稽、前時代的と批判されながらも高視聴率を取る独特の作風のテレビ映画を製作していく。

十八日の役員会では、いよいよ会社解散が議題となり、役員の意見は二分した。しかし、解散を決めるのなら、もうタイムリミットだった。役員たちは何時間も議論し、疲労困憊していた。最初は解散派と存続派は互角だったが、解散派になびく者が出ていた。

誰もが永田雅一の顔色を窺っていた。ところが、ある役員が、「この決定は社長を除く、我々で決めたい」と言った。つまり、永田は出て行けという意味だ。どよめきが起こったが、永田は冷静だった。「わかった」と言い、役員室を出て行った。

永田は追放されたのか、逃亡したのか、判断は難しい。

その四日後の二十二日、永田を除く八人の役員で、「解散」の基本方針が決定した。しかしまだ極秘である。資産を処分して会社を整理すると決めたが、その手順を詰めていかなければならない。この方針が漏れれば組合は反発するのは必至だし、資産を売るとしても買い叩かれる。

十一月になると、永田雅一は高血圧と自立神経失調症を理由に姿を消した。

永田雅一にはもうラッパを吹く体力も気力もなかった。

石原裕次郎、復帰

石原プロの苦境を知った宝酒造の大宮隆社長（当時、後に会長、相談役）は、同社のテレビコマーシャルに石原裕次郎を破格の出演料で起用した。こうして、「松竹梅」のコマーシャルが始まった。

このように、裕次郎には支援者が何人もいた。しかし石原プロの経営再建を担うはずの再建派は、結局、資産の切り売りしか提案できない。小林専務は何もしない再建派に退陣を求めた。

十月八日、石原裕次郎はまだ熱海病院に入院中だったが、外出は許されており、東京プリンスホテルで「石原裕次郎全快祝賀パーティー」を開き、元気な姿を見せた。三船敏郎、勝新太郎、高峰三枝子ら錚々たる顔ぶれが裕次郎の復帰を祝った。このパーティーの様子は、東京12チャンネル（現・テレビ東京）の『スクープ!!』の「男・裕次郎再起す」で生中継された。「裕次郎再起」の瞬間を日本中が見ることになった。

石原プロモーションは翌一九七二年から東宝と提携して映画を製作する。

大映倒産

ダイニチの解消後に設立された大映配は、四番目の番組として、十一月二十日に『悪名尼』（田中重雄監督）と『蜘蛛の湯女』（太田昭和監督）を封切った。これが、大映製作の映画の最後だった。大映配は合計して八本を配給してその使命を終えた。

十一月二十九日、大映副社長・永田秀雅は全従業員に解雇通告をし、業務の全面停止を発表した。従業員組合はとうてい容認できない。長い労働争議の始まりだった。

大映の正月映画二本を撮影中だった勝プロは、大映の業務全面禁止で連鎖倒産の危機を迎えた。二本は勝主演『座頭市御用旅』（森一生監督）と、兄・若山富三郎主演『子連れ狼・子を貸し腕貸しつかまつる』（三隅研次監督）だ。

『座頭市御用旅』はシリーズ二十三作目で、森繁久彌・大谷直子・三國連太郎・高橋悦史らが共演した。『子連れ狼』は小池一夫原作・小島剛夕作画の劇画が原作だ。

『子連れ狼』は若山が劇画を読んで映画化を希望し、小池と交渉して映画化権を得た。その話を聞いて、勝は「勝プロで作ろう」と言い、兄弟でタッグを組むことになった。問題は若山が東映と契約していることだった。岡田茂は若山の「他社出演」に難色を示したが、他の大手の映画に出るわけではなく、若山が勝プロの役員でもあることから、「自主製作映画」と解釈して、出演を認めた。

二作とも大映京都撮影所で撮る予定だったが、『座頭市』が間に合いそうもなく、近くにある松竹系の京都映画撮影所を借りて撮っていた（松竹は一九六五年に京都撮影所を合理化のため閉鎖したが、六八年に再開していた)。

大映経営陣は勝に対しても業務停止のことを何も知らせていなかったので、寝耳に水だった。勝がその報を聞いたのは『座頭市御用旅』の京都・南禅寺のロケから撮影所に帰った時で、記者から業務の全面停止と聞いて、「なんやて」と発した。

大映京都撮影所の美術監督・西岡善信は、東京の勝プロの事務所にいた。大映の社員だったが、勝プロの相談役も引き受けていたのだ。事務所に勝から電話があり、「いっそ、撮影所を買おうかと思う」と相談された。「たいした金額でない。どうせ映画を撮らなければならないんだから買ってしまおう」と勝は言う。大映が裁判所に提出する資産目録では京都撮影所の価値は二〇億円となっていたが、破産などの法的手続きに入る前なら数億円で買い叩けた可能性はある。

だが勝に手持ちの億単位の資金があるわけではない。西岡は勝がその筋から資金を借りようとしていると察し、止めた。勝が借金して買い取っても返済できるとも思えず、結局はその筋に差し押さえられてしまうだろう。

大映京都撮影所が業務停止で使えなくなると、勝プロは『子連れ狼』の撮影はどこでするか、さらには『座頭市』と合わせた二本をどう公開するかという、二つの問題に直面した。

大映と勝プロとの契約では、二本合計の製作費一億三〇〇〇万円の半金を完成後に大映が支払うことになっていた。それと引き換えに勝プロは完成したフィルムを渡す。だが大映は勝プロに支払う前に業務停止となった。支払われる見込みはないし、配給できるかどうかも分からない。

勝は『座頭市と用心棒』で三船敏郎と岡本喜八を東宝から借りる形になった際に、東宝の藤本真澄と懇意になり、いつか一緒にやろうということになっていた。東宝もヒットがなく困っており、勝プロに提携しないかとの打診があったのを思い出した。

東宝はヒット作はなくても、会社全体としては配給する外国映画が好調なので、大映のように危機的ではない。大映と異なり全国の繁華街の一等地に直営の映画館を多数持っていた。大映は赤字を埋めるため、高く売れる一等地にある直営館を売り飛ばしたため、観客動員が見込める都市部の映画館を失っていた。そのため大映系で封切っても、多くの観客を見込める映画館が少ない。結果としてますます配給収入が減るという悪循環に陥っていた。

その点、東宝は経営状態が悪くても映画館を売ることはしなかった。その逆に製作部門を切り離した。バックに阪急という大資本があるのも大映との大きな違いではあったが、経営陣が合理的に考えられた点も大きい。

勝プロからの『座頭市』『子連れ狼』を配給しないかとの話に、東宝は飛び乗った。それだけではなく、一年間に三番組・六本を勝プロが製作し東宝が配給する契約へと話は進んだ。しかもその製作費を撮影前に無利子で東宝が提供するという好条件だった。勝プロは公開後に得る収入から返済すればいい。東宝系で公開すれば、大都市の好立地にある映画館なので、大映で公開するよりもはるかに多くの観客動員が見込めた。

こうして二作の東宝での配給が決まった。

一方、勝プロは大映京都撮影所を引き続き使えることになった。撮影所は労働組合が労働債権（未払いの賃金や退職金等）を確保するために抵当権を設定し、現実の撮影所も占拠していた。

大映京都撮影所では、勝プロの『子連れ狼』だけでなく、市川崑が監督・監修するテレビ映画『木枯し紋次郎』も受注していた。市川崑は大映京都のスタッフの技術力を高く評価していたので、ここで撮ろうと打診したが、京都撮影所のスタッフたちはテレビ映画を蔑視していたので最初は断った。しかし背に腹は代えられなかった。『木枯し紋次郎』を受注し九月から撮影し、何本か撮り終えたところでの業務停止だった。

『子連れ狼』同様に、『木枯し紋次郎』も京都撮影所での製作続行が決まる。『木枯し紋次郎』は一九七二年一月一日に第一回が放映されると、じわじわと人気が出て、大ブームになる。

勝プロで業務停止の第一報を聞いた美術監督の西岡善信は京都へ戻ると、善後策に奔走した。撮影所の技術スタッフたちがバラバラになるのはあまりにも惜しいので、新たに技能集団の会社「映像京都」を設立することになった。映像京都に参画したのは、監督では森一生、安田公義、池広一夫。黒田義之、三隅研次、名カメラマンの宮川一夫、その他、総勢二十名ほどで代表取締役には西岡善信が就任した。

この映画技能集団は、以後、映画・テレビ映画を受注し、大映の伝統も守り、継承していく。

十二月十四日、三船プロ製作の『大忠臣蔵』の、第五十回「討入り その一」が、討ち入りの日当日に放映され、視聴率三二・八パーセントを記録した。

十二月二十一日、大映は一八八六万円の不渡手形を出し、同日、東京地方裁判所に対し、自己破産を申請した。負債総額五五億六九〇〇万円、資産約三三億円。三日後の二十三日午後三時、異例とも言える速さで、東京地裁は破産宣告をした。

一九四一年の設立からちょうど三十年で、大映はいったんその歴史を閉じた。一九五一年には立派な『十年史』を製作・刊行したが、二十年史も三十年史も作ることはできなかった。

大映倒産の二十一日、松竹では重役会が開かれ、社長の城戸四郎が大谷竹次郎の死で空席となっていた会長となり、副社長だった大谷隆三が社長に就任した。しかし映画については城戸が実権を握り続ける。

松竹社長の座は大谷竹次郎からその女婿である城戸四郎・大谷博を経て、実子の大谷隆三へと交代したのだ。この会社はあくまで大谷家のものだった。

東宝も、小林一三の次男・松岡辰郎が一九六六年九月から社長となっており、この二社は世襲で続いていく。

永田雅一・堀久作・大川博は、大谷や小林にならって息子に社業を継がせようとしたが、失敗した。

黒澤明自殺未遂

大映にヴェネツィア国際映画祭・金獅子賞、アメリカ・アカデミー賞名誉賞をもたらした黒澤明が自殺未遂事件を起こしたのは、大映倒産の翌日、二十二日早朝のことだった。自宅風呂場で、首と手首を切って搬送されたが、命に別状はなかった。

一九六五年の『赤ひげ』を最後に東宝から完全に独立した後、黒澤は失敗が続いた。アメリカでの『暴走機関車』は製作中止となり、『トラ・トラ・トラ！』は降板、七〇年に作った『どですかでん』は興行的に失敗した。

一方、一九六九年に結成した四騎の会の仲間である木下恵介・小林正樹・市川崑は、それぞれの方法でテレビ映画を製作し成功していた。

木下恵介は黒澤が東宝から離れる一年前の一九六四年に松竹との関係が悪化し「木下恵介プロダクション」を設立すると、劇場用映画ではなく、TBSで「木下恵介アワー」を始め、テレビドラマの製作へ移行していた。小林正樹も七二年一月放映の井上靖原作『化石』を監督しており（七五年に劇場用映画に再編集）、市川崑は早くからテレビの仕事もしていた。

そこで黒澤も一九七一年になると、いよいよテレビに取り組む。八月に日本テレビのドキュメンタリー『馬の詩』を監修したのが最初で、同局で『夏目漱石シリーズ』『山本周五郎シリーズ』を監修する計画もあった。

外からは、黒澤も新分野に挑戦し、前向きであるように見えていた。だが、その内面では葛藤があったようだ。

黒澤明研究で知られる西村雄一郎の『輝け！キネマ』には、事件翌年の一九七二年十一月に偶然、黒澤と会った時に、黒澤がこう説明したとある。

〈あれ（自殺未遂事件）はね、自己嫌悪だったんだよ。テレビとか、そういうもののなかに行こうと

した自分が急に嫌になったんだ〉

テレビで思うような仕事ができなかったことが自己嫌悪なのではなく、テレビの仕事をしたことが、自己嫌悪だったというわけだ。

結局、黒澤明はテレビコマーシャルに出演したり、自作のメイキング番組を作らせるなどでテレビとも関わるが、自らテレビ用の作品を監督することはない。

黒澤はテレビへは行けない。しかし莫大な予算となる黒澤映画に資金を出す映画会社は日本にはない。

東映のジュニアは父を喪い、社長になろうと思えばなれたが、岡田茂に譲った。

日活のジュニアは組合と共にロマンポルノへの転向を決めた。

大映のジュニアは全員解雇・製作中止・破産の道を選んだ。

東宝のジュニアは製作部門の分離に成功し、危機を乗り越えていく。

松竹のジュニアは社長に就任したばかりである。

日本映画界に莫大な興行収益と国際的栄誉をもたらした黒澤明は失意のどん底にあり、死まで考えた。この巨匠に救いの手を差し伸べるのはソビエト社会主義共和国連邦の映画会社だ。

資金繰りに疲れ果てた石原裕次郎は倒れたが、再起を決意した。この大スターを待っているのは、空前の成功となる刑事もののテレビ映画だ。

三船敏郎は劇場用映画に見切りをつけ、テレビ映画に本格的に取り組み、プロダクションは所属俳優も増えて拡大していく。

中村錦之助は舞台に活路を見出し、やがてテレビ映画でも成功する。

勝新太郎はもう少し劇場用映画に取り組むが、やがてテレビ映画へ向かう。


洋画で一九七一年の興行ランキング一位になったのは、アメリカ映画『ある愛の詩』（アーサー・ヒラー監督）で、三億二七九二万円の配給収入だった。主題歌のレコードも洋楽としては大ヒットとなった。角川書店が出した原作の小説（エリック・シーガル著）も、無名の新人の作品だったがベストセラーとなり、映画と音楽と活字の三位一体のメディアミックスの成功例となった。

角川書店で『ある愛の詩』の版権を買い、ベストセラーにした担当者は、角川春樹という。映画界はまだその名を知らない。

1971年　会社別配給収入 ○は順位、単位：万円		興行ランキング（71年4月～72年3月）
松竹	22億8391③	①戦争と人間 第二部（日）◎3億0000
東宝	30億7009②	男はつらいよ 奮闘篇（松）◎
大映	1億4051⑤	男はつらいよ 純情篇（松）◎
東映	59億3683①	誰かさんと誰かさんが全員集合!!（松）◎
日活	1億0905⑥	ゴジラ対ヘドラ（宝）◎
ダイニチ	15億4037④	怪獣大戦争 キングギドラ対ゴジラ（宝）◎
		日本一のワルノリ男（宝）◎
日活は8月でダイニチから離脱、大映も10月から大映配給を設立して配給した。		激動の昭和史 沖縄決戦（宝）◎
		どうぶつ宝島（東）◎
		新網走番外地 吹雪のはぐれ狼（東）◎
		日本やくざ伝 総長への道（東）◎
		緋牡丹博徒 お命戴きます（東）◎
		日本侠客伝 刃（東）◎
		傷だらけの人生（東）◎
		昭和残侠伝 吼えろ唐獅子（東）◎
		ランキングは発表されず、各社が1億円前後の作品のタイトルを公表した。正確な数字は発表されていない。

長い後日譚

日活・東映・大映のその後

日活の資産売却は続き、一九七二年には新宿日活が丸井に二七億八五〇〇万円で、浜松日活が九億八五〇〇万円で、七三年には仙台日活がジャスコに七億円で、布施日活が東映に三億二〇〇〇万円で、そして大阪の梅田日活が三五億二一〇〇万円で日本信販に売られた。日活労組の集計によると、一九六三年からの十年で、二四七億七〇七五万円の資産が買い叩かれていった(『日活労組20年史』)。

堀一族の手を離れた後、日活は一九七八年に債務超過に陥るが、これを第三者割当増資で乗り切り、九月には調布の撮影所も買い戻して「株式会社にっかつ」と商号変更した。しかし九七年に「日活株式会社」に戻し、その後、経営母体は何度も変わっているが、企業としては一九一二年の創業からの歴史が続いている。

堀久作は一九七四年十一月に七十四歳で亡くなった。雅彦は社長を辞めたがったが、組合が辞めさせなかった。在任中に自宅を喪い、ようやく父の死後、七五年四月に辞任でき、堀王朝は二代で終わった。堀雅彦は一九八八年に五十七歳で亡くなった。

堀久作が手掛けていた江ノ島水族館は、雅彦の妻・由紀子が継いだ。由紀子は新日鐵副社長で自民党の参議院議員でもあった藤井丙午の娘である。江ノ島水族館を再生させた手腕を見ると、彼女が日活の社長になっていたほうが良かったかもしれない。

東映の大川王朝は世襲できずに終わり、東映城の城主は交代した。大川毅は東映の取締役には留まった。また東映フライヤーズのオーナーの座は世襲できたかに見えたが、翌七二年のシーズンオフに、岡田茂は五島昇の同意も得て、フライヤーズを日拓ホームへ売却した。

岡田は映画事業に関係のないものは整理していき、本業回帰して東映を再生させた。

本業の映画は任侠映画があたってはいたが、それもいつまで続くか分からない。実際、稼ぎ頭の藤純子は翌七二年に歌舞伎役者・尾上菊五郎と結婚するため引退し（後、復帰し「富司純子」と改名）、任侠映画は終わる。

大映は永田一族の手を離れた。

管財人と組合が交渉し再建のための協議が始まり、一九七四年九月に、徳間書店グループ総帥・徳間康快《やすよし》（一九二一～二〇〇〇）を社長とする新会社「大映映画株式会社」が設立される。

永田雅一は全てを喪ったかに見えたが、映画への意欲は喪わなかった。一九七六年、永田プロダクションを設立すると、西村寿行原作、高倉健主演の『君よ憤怒《ふんど》の河を渉れ』を大映で製作した。大映のかつての社員たちは、半ば呆れながらも、この男の映画への情熱は信じたのである。

その後も永田雅一は三本の映画を製作し、一九八五年に七十九歳で亡くなった。

徳間グループ傘下に入った大映は、二〇〇〇年の徳間康快没後は、角川歴彦が引き取り角川グループ内にある。

東宝映画の社長になった藤本真澄は、七四年には東宝本社の副社長にもなり、映画全般を指揮することになった。しかし東宝映画が製作する作品は赤字ばかりで、藤本が自らプロデュースしたものも範を示すことはできなかった。ようやく、七五年二月公開の五木寛之原作『青春の門』（浦山桐郎監督）が、東宝映画として初の黒字となった。この機会に藤本は東宝映画社長を辞めて田中友幸に譲ったが、東宝副社長には留まっていた。

一プロデューサーに戻った藤本が意欲を燃やしていたのが、ノンフィクション作家・児玉隆也の生涯を描くものだった。児玉は七四年秋に「文藝春秋」誌の「田中角栄研究―その金脈と人脈」特集に、『淋しき越山会の女王』を書いた直後に、肺がんで入院し、七五年三月に亡くなった。この企画は今井正が監督することになり、脚本もできていたが、自民党田中派の大物政治家から東宝に圧力がかかり中止になった。藤本はこれを暴露し、七五年九月に副社長を辞任して取締役に降格した。

一九七八年十二月公開の『燃える秋』（五木寛之原作、小林正樹監督）が藤本の最後のプロデュース作品となり、七九年五月に亡くなった。藤本は八〇年公開の黒澤明の五年ぶり、日本国内では十年ぶりの新作『影武者』にも関わり、勝新太郎と黒澤との間を取り持っていた。勝の降板事件は藤本が存命なら起きなかったかもしれない。

長谷川一夫、宝塚を再興

スタープロダクション社長としては、三船敏郎たちの先輩にあたる長谷川一夫は、一九六二年に映画を引退した後は、舞台が基本だった。五五年に東宝歌舞伎を創設し、新歌舞伎座、さらに東京の歌舞伎座でも座長公演を続けていた。

小林一三が作った宝塚歌劇は一九七〇年代に入ると低迷し、危機を迎えていた。しかし小林一三は「どんなことがあっても宝塚とブレーブスは手放すな」と阪急の後継者たちに語り、「社訓」となっていたので、廃止することができないでいた。それもいよいよ限界かと思われていたとき、起死回生の大ヒット作となったのが一九七四年の『ベルサイユのばら』だった。

少女マンガを原作として、フランス革命を舞台にしたこの新作に、演出家として招聘されたのは、長谷川一夫だった。その演出と演技指導は宝塚に革命をもたらした。

宝塚は完全復活した。長谷川は小林一三への恩返しができた。

一九八四年三月二十五日、長谷川一夫は七十六歳で亡くなった。その前年まで東宝歌舞伎の舞台に立っていた。

スタープロ映画の終焉

俳優や監督を苦しめた「五社協定」は、五社のうち二社が実質的に経営破綻したため、何の効力も持たなくなった。

だが勝利したはずの四人の大スターのプロダクションも、その栄華は短い。一九六三年の『五十万人の遺産』と『太平洋ひとりぼっち』に始まったスタープロの時代は十年で終焉を迎えた。
「三船敏郎主演の三船プロダクション作品」は、一九七一年三月の『待ち伏せ』が最後となった。以後も何作かは製作するが、三船は主演しない。

中村錦之助の中村プロダクションは、『祇園祭』（厳密には中村プロ作品ではない）と七〇年二月公開の『幕末』の二本しか、劇場用映画は製作しなかった。

石原プロモーションは、創業期から石原裕次郎の右腕とされていた元日活の中井景が辞めた後は、やはり日活から来た小林正彦が専務になり、経営面を担った。一九七一年から東宝と提携して劇場用映画を製作していたが、七三年二月の『反逆の報酬』が最後の裕次郎主演映画で、同年十二月の渡哲也主演『ザ・ゴキブリ』で劇場用映画から撤退した。

一方、前年（一九七二）に石原プロが東宝と提携した『影狩り』公開直後の七月二十一日、日本テレビ系列で裕次郎主演のテレビ映画『太陽にほえろ！』が始まっていた。製作は東宝だった。

この成功を受けて、石原プロは『大都会』シリーズを制作し、次は、『西部警察』シリーズが当たり、経営危機は脱した。裕次郎は毎年のように「来年こそは映画を作る」と語っていたが、ついに劇場用映画が製作されることはなかった。

勝プロダクションは一九七四年になっても東宝との提携で映画を製作していたが、十月九日封切りの『無宿《やどなし》』（齋藤耕一監督）とドキュメンタリー映画『モハメッド・アリ　黒い魂　STAND UP LIKE A MAN』が勝プロと東宝との最後の提携となった。

『無宿』は勝と高倉健との共演なので期待されたが、興行的に惨敗し、作品も酷評された。脚本を練らずに撮影を開始し、美しい映像は撮れたが、それだけの映画だった。

「二大スター共演」だけでは客は呼べない時代になっていた。三船プロ、石原プロに続いて、勝プロも劇場用映画からの撤退を迫られ、テレビへ転じた。

映画スターたちがテレビに転じたのは、自分が主演したいからではない。たとえば同世代の高倉健は製作プロダクションを作らなかったので、自分のことだけを考えて、出たい映画を厳選して出る道を選んだが、勝や裕次郎、三船たちはプロダクション社長として数十人の社員を雇い、その生活の責任を負う立場でもあった。

彼らは社員に仕事を与えるために映画を製作していたが、それが困難になったのでテレビ映画の製作を受注する。受注するには、大スターである彼らの主演が条件となるので、主演した。みな、作りたい映画を作りたくてプロダクションを作ったはずだったが、いつしか資金繰りに追われる中小企業の社長となっていた。

テレビ映画へ

三船敏郎は「用心棒」、勝新太郎は「座頭市」と、映画での当り役をテレビでも演じた。中村錦之助は一九七二年に萬屋錦之介に改名し、歌舞伎座での「萬屋錦之介特別公演」を続け、テレビでは「子連れ狼」「鬼平犯科帳」などで当てる。石原裕次郎は前述したように刑事ものが当たり、それぞれテレビ映画でも成功した。

彼らは大物過ぎたので、映画では、「大物」の役として特別出演的に出るものが多くなった。とくに三船は海外でも日本を代表するスターとして出演し、一九七六年七月三日公開のユニバーサル映画の超大作『ミッドウエイ』（ジャック・スマイト監督）では、またも山本五十六を演じた。

日本映画に三船が帰ってきたのは、一九七七年十月八日公開の角川映画『人間の証明』（佐藤純彌監督）だった。

「角川映画」は角川書店の二代目社長・角川春樹が設立した角川春樹事務所製作の映画のことを言う。七一年の『ある愛の詩』の映画と原作小説の大ヒットで、角川は自社の文庫を映画化することを思いつき、七六年に横溝正史原作『犬神家の一族』（市川崑監督）を製作すると大ヒットし、原作もミリオンセラーになった。続く第二作が森村誠一原作の『人間の証明』だった。

角川書店は映画公開と合わせて横溝や森村の文庫のキャンペーンも展開し、テレビ映画シリーズも企画し、毎日放送（TBS系列）で、「横溝正史シリーズ」「森村誠一シリーズ」「高木彬光シリーズ」が作られた。三船プロは横溝シリーズの『女王蜂』『迷路荘の惨劇』（一九七八年）、森村シリーズの『暗黒流砂』『青春の証明』（一九七八年）、高木シリーズの『検事霧島三郎』（一九七九年）を製作した。これらには三船は出ていないが、一九七九年七月十四日封切りの角川映画『金田一耕助の冒険』（大林宣彦監督）にカメオ出演した。この映画は三船プロのスタジオで製作されたものだった。

三船は『人間の証明』で日本映画に復帰すると、大作への出演が相次いだ。角川映画が起爆剤となって大作時代が到来すると、三船というスケールの大きな俳優を必要とする企画が生まれるようになっていたのだ。三船自身の集客力はなくなっていたが、三船が出ると映画の格が上がるし、たしかに三船は登場するだけで大物感を醸し出していた。

しかしこれらのなかで三船が主演したと言えるのは『日本の首領』の二作だけで、後は出演シーンの少ない、「存在感を示す」だけの役だった。

三船プロダクションの七年ぶりの劇場用映画となったのが一九七八年四月一日封切りの『犬笛』（中島貞夫監督）だった。西村寿行原作のハード・ロマンで、菅原文太、北大路欣也、原田芳雄、竹下景子らが出た。三船も特別出演的に出て、三船プロ創立十五周年記念と銘打たれたが、大ヒットはしなかった。

一九七九年、三船はスティーブン・スピルバーグ監督の『１９４１』（アメリカでは同年十二月、日本では八〇年三月八日に公開）撮影のため、アメリカに渡った。

八月末、三船プロダクションで、社長・三船の右腕と称されていた専務の田中寿一が、所属俳優の大半と、社員数名を引き連れて独立し、田中は十月に「田中プロモーション」を設立した。

三船プロは成城に本社と撮影所があり、俳優のマネージメントをする芸能部とＣＭ制作部は銀座に事務所を構え、田中は芸能部とＣＭ制作部、そして企画部を担当していたので、銀座の事務所に常駐していた。そのため、銀座事務所は田中の独立王国化していた。

この独立劇は、田中の造反・クーデターとして語られるが、田中に言わせると、自分は突然解雇を通告され、「俳優を引き連れていいから出て行ってくれ」と言われたのだという。その場には三船はいなかったようで、他の役員から言い渡されたらしい。

三船プロはテレビ映画の製作部門は利益を上げられず、芸能部の俳優マネージメント収入やCM制作部が利益を上げ、会社全体の経営を安定化させる構造になっていた。三船もほんの数日の拘束で多額の出演料を得ることのできる俳優であり、そのために多くの映画に出ていたわけだが、三船としてはこの構造に満足していなかった。

作りたい映画を作るためのプロダクションが、いつしか、それを維持するためにテレビ局のいわば下請けとなっていた。芸能部という口入れ稼業のほうが儲かり、田中の発言力が増していくことにも、忸怩たる思いがあったのかもしれない。そんなとき、社内の反・田中勢力の誰かが三船に、田中の増長ぶりをご注進して、解雇したほうがいいと進言したのかもしれない。

また三船が愛人としていた女優・喜多川（北川）美佳も、別の意味で社内で発言力を持つようになり、彼女が創価学会員だったことで社内の雰囲気がおかしくなり、それが遠因だとの指摘もある。以上は松田美智子著『サムライ　評伝三船敏郎』に記されているものだが、ひとつの決定的な事件があったというよりは、さまざまな要因が絡み合い、臨界点に達したのだろう。

真相は藪の中だが、田中と俳優たちの離反によって、三船プロは経営的にも大きな打撃となった。三船は経営のためにも、国外を含む他社の映画に出て、出演料を稼がなければならない。

勝プロ倒産

勝新太郎はテレビでも『座頭市』が当たり、四シリーズ製作された。勝は監督としても何作か撮ったが、それ以外の作品でも全権を握り、製作費を無視して自分の作りたいものを撮った。そのため、勝プロとしては赤字となる。

一九七九年に黒澤明の『影武者』への出演が決まるが、八〇年になり、撮影が始まると、その初日に降板させられた。以後、勝プロで製作した刑事ものテレビ映画『警視－K』が視聴率の低迷で打ち切られるなど、歯車が狂い出す。

一九八一年、フジテレビは二時間枠の「時代劇スペシャル」を始め、東映、松竹、三船プロ、中村プロ、勝プロなどが製作を受注した。三船プロは、三船主演の『素浪人罷り通る』、国広富之主演『新吾十番勝負』（三船も出演した）、中村プロは錦之介主演の『日本犯科帳・隠密奉行』、勝プロは若山富三郎主演『怪盗鼠小僧といれずみ判官』などを製作した。

勝プロの作品には勝新太郎は出演しなかった。出れば監督もしたくなるが、監督しないのが条件だったのだ。勝が監督すると予算を無視して贅沢に作り、プロダクションとして赤字になってしまう。だが勝が監督しなくても、勝プロは贅沢な作り方をしたため、作るたびに赤字となった。

一方、勝は何軒もの飲食店のオーナーになっていた。勝に経営ができるわけがなく、どの店も赤字を抱えていた。勝が客を連れて飲みに来ても、すべておごりなので、店にはお金が入らない。資金繰りが逼迫して高利の金を借りたため、雪だるま式に負債はふくれ、勝プロ名義の手形が乱発されていた。倒産は時間の問題だった。

勝プロは「時代劇スペシャル」を続けても、途中で倒産したらフジテレビをはじめ多くの企業と人に迷惑がかかると判断し、五本作ったところで降板した。たとえ最終的には赤字でも、テレビ映画の製作を続けていれば資金は回転できる。自転車操業ではあるが、継続は可能だ。しかし唯一の資金源であるテレビ映画から撤退せざるを得なくなったのだ。

一九八一年九月二十四日、勝プロダクションは二回目の不渡手形を出し、銀行取引停止となって、事実上、倒産した。負債総額は一二億円と発表されたが、実際はその倍はあったらしい。

テレビ映画の製作も困難となり、勝は当面は歌手としてディナーショーをして稼ぐしかなかった。だがこれも照明に凝ったり、演奏家に高いギャラを払うので、あまり利益は出ない。

翌年、中村玉緒を社長とする新会社・勝プロモーションが設立された。勝新太郎は「社長」の座を失い、ひとりの俳優として残りの生涯を生きていく。

錦之介、第二の全盛期

一九七八年一月、萬屋錦之介は六六年五月以来、十二年ぶりに東映のスクリーンに帰ってきた。角川映画の成功で、日本映画は大作志向が強まり、東映は時代劇復興として大作『柳生一族の陰謀』(深作欣二監督)を製作し、錦之介が主演し、柳生但馬守宗矩役を演じた。その歌舞伎的な大げさな演技は他の俳優たちのいまふうの演技のなかでは浮いていたが、異様な迫力があり、若い観客には新鮮だった。配給収入一六億五〇〇〇万円と、同年の興行ランキング第三位という大ヒットをもたらした。

次に錦之介が招かれたのは永田雅一の永田プロダクション製作の『日蓮』(中村登監督)で、主演した。日蓮宗を信仰していた永田は大映時代にも『日蓮と蒙古大襲来』を製作したが、日蓮の生涯を描く夢が最後に実現し、一九七九年三月十日に封切られた。

テレビ映画でも『鬼平犯科帳』が当たり、錦之介の全盛期が到来していた。

ところが、その全盛期は唐突に終わる。一九八二年二月、中村プロダクションは一五億円の負債を抱えて倒産したのだ。もとより錦之介に「経理」が分かるはずがなかった。さらに歌舞伎界で御曹司として育ったので、基本的に人がよく、すぐに信じてしまう。有馬稲子との結婚生活でも、毎晩、何人もの一族郎党を連れて大宴会をしていたというから、浪費も多い。映画で殿様を演じていたが、まさに中村プロダクションは殿様商売だったようだ。錦之介は自宅も別荘も全て手放した。

倒産しても錦之介は舞台に出る。そうやって稼ぐしかなかった。四月は大阪の新歌舞伎座、六月は東京の歌舞伎座で公演があった。ところが、歌舞伎座公演の最中、体調不良で降板した。首の筋肉が麻痺する重症筋無力症と診断されて入院し、八月には呼吸困難に陥り、胸腺腫摘出手術をした。退院は十一月だった。

一九八二年――経済的にも身体的にも、錦之介はボロボロになっていた。

それぞれの挫折

一九六〇年代末に、「スター・プロの時代」ともてはやされた四人のプロダクションは、映画での失敗を経てテレビに転進して成功した。
しかし――一九七九年に三船プロは分裂し、八一年に勝プロは倒産し、八二年に中村プロも倒産し錦之介は倒れた。

唯一、石原プロモーションは安泰だったが、一九八一年四月、石原裕次郎は解離性大動脈瘤で倒れた。生還率三パーセントという難手術を受け、奇跡の生還を果たしたが、この俳優の身体はかなり傷ついていた。もともと日活時代から怪我や病気が多い人だった。

一九八〇年前後、偶然にも四人と、彼らの会社はみな何らかの危機を迎えたのだ。

太陽、没す

石原裕次郎は奇跡の生還を果たし、『太陽にほえろ!』と『西部警察』に復帰した。

しかし、劇場用映画への出演は一九七六年の『凍河』（斎藤耕一監督）に数シーンだけ出演したのが最後で、八二年のアニメ『わが青春のアルカディア』に声の出演をし、八四年の『零戦燃ゆ』（舛田利雄監督）の主題曲を歌ったのが、最後の映画との関わりとなった。

裕次郎は体調が思わしくなく、限界に近づいていた。

『西部警察』はＰＡＲＴⅢが一九八四年十月十二日に最終回となり、裕次郎が主演していた『太陽にほえろ!』も八六年十一月十四日が最終回となった。その最終回を見届けると、裕次郎は八六年暮れにハワイへ静養へ出かけた。最後の仕事となるレコーディングをして、八七年四月十六日に帰国した。

四月二十日、石原裕次郎は慶應大学病院に検査入院し、五月二日に仮退院したものの、五日に再入院し、七月十七日、五十二歳で亡くなった。偶然にも市川雷蔵の命日と同じだった。

石原プロモーションが『大都会』『西部警察』を製作していたのは、映画製作の資金を貯めるためだったはずで、その資金は十分にあった。倉本聰に脚本を依頼するなど、新作映画の具体的な企画もあったが、ついに実現しなかった。

裕次郎がスクリーンから去った後、角川春樹や西崎義展など独立系プロデューサーが活躍するようになり、石原プロモーションが新作を作れば上映できる環境は整っていたはずだ。資金もあっただろう。裕次郎自身の健康問題があったとしても、二本のテレビシリーズに出ていたのだから、一本の劇場用映画に出る体力はあったはずだ。

裕次郎の夢だった「映画」を阻む、何らかの力が石原プロモーション内部にあったとしか考えられない。

座頭市の復活

勝新太郎は俳優として復活したが、「大物」になっていたので、『迷走地図』での政界の大物、大河ドラマ『独眼竜政宗』での豊臣秀吉、『帝都物語』での渋澤栄一など、大物の役しかまわってこない。短いシーンで存在感は示せるが、勝としてはもっと暴れたい。だが、そういう役は来ない。となれば、自分で作るしかない。そこにスポンサーが現われた。都内にディスコやカフェバーといった流行の最先端の店や焼肉屋を展開していた「三倶《みつとも》」という企業から、座頭市を撮らないかという話が来た。勝は決定版を作る意欲で、製作・脚本・監督・主演のひとり四役を担う。製作は勝プロモーションだ。

『座頭市』は撮影中にスタッフが亡くなる事故が起き、公開が危ぶまれたが、一九八九年二月四日に封切られると、「座頭市」シリーズで最大の観客動員と配給収入となった。

勝は『座頭市』で復活したかに見えた。松竹は第二弾をオファーした。

しかし一九九〇年、勝は静養に出かけたハワイの空港の税関で、マリファナとコカインをパンツの中に隠し持っていたとして、麻薬密輸入の容疑で逮捕された。

勝が出演していた『浪人街』は二月公開予定だったが、配給する松竹は延期を決めた（八月十八日に公開）。『孔雀王アシュラ伝説』は配給の東宝東和がポスターやテレビのスポットから勝を消して、二月三日に封切る。松竹は『座頭市』第二弾から手を引いた。

勝新太郎が摑みかけた栄光は露と消えた。勝はアメリカ移民帰化局ホノルル支部に身柄を拘束され、三月十二日に強制退去処分が言い渡されたが上訴し、そのまま一年以上ハワイに居続けた。

一年後の一九九一年五月十二日、勝は帰国した。その機内にテレビのワイドショーのカメラが入り、大騒動となった。二十一日に警視庁に逮捕され、六月十二日に麻薬取締法違反などで起訴された。裁判は七月二十三日に始まった。判決が出たのは九二年三月二十七日で、懲役二年六か月、執行猶予四年だった。勝も検察も控訴しなかったので、刑は確定した。

勝新太郎の俳優としての再起は舞台となった。一九九四年五月十日から、映画での出世作『不知火検校』を銀座セゾン劇場で上演した。勝は主演だけでなく、脚本・演出も手掛けた。

人生最後の交差

萬屋錦之介は一九八二年に中村プロダクション倒産直後に重症筋無力症となったが、病を克服し、八四年三月にフジテレビの「時代劇スペシャル」の枠で放映された単発の『子連れ狼』で復帰した。以後もテレビ映画に出演しているが、主演はこれが最後となった。

映画には一九八五年十一月十六日封切りの松方弘樹主演『最後の博徒』（山下耕作監督）に出演して復帰した。八九年十月七日封切りの『千利休 本覺坊遺文』（熊井啓監督）で織田有楽斎を演じたのが最後の映画で、これには三船敏郎が千利休で出ていた。

歌舞伎座で続けていた錦之介公演は一九九四年六月の「四代目中村時蔵三十三回忌追善」が最後となり、その後、同年九月・十月は全国巡業をして、十一月に大阪の新歌舞伎座で『鬼と人と―信長と光秀』で光秀を演じたのが、最後の舞台だった。

一九九六年のＮＨＫ大河ドラマ『毛利元就』に、錦之介は尼子経久役で出る予定だったが、咽頭癌を発症し降板した。

勝新太郎はコカイン事件の裁判後、一九九四年五月に舞台『不知火検校』で俳優業に復帰したが、仕事が続くわけではなかった。映画からもテレビからも声がかからない。

一方、妻の中村玉緒はバラエティ番組に出て、独特のキャラクターで人気が出ていた。そこで玉緒と舞台で共演することになった。一九九六年五月一日から二十六日まで、勝と玉緒は大阪新歌舞伎座で『夫婦善哉東男京女』に出演した後、九州から東北まで数日ずつ巡業したが、旅のあいだ喉に痛みを感じていた。

八月五日、勝は千葉県柏市の国立がんセンター東病院に入院した。十一月に退院し、その記者会見で咽頭がんだと自ら公表した。

十一月二十五日、国立劇場での長唄の「杵屋勝雄の会」に、勝は長唄三味線の「杵屋勝丸」として出演し三味線を弾いた。藤村志保が「黒髪」を舞った。

これが、勝新太郎が公衆の前に出た最後だった。

一九九七年一月七日、勝新太郎は再び柏市の国立がんセンター東病院に入院した。

そこには萬屋錦之介も入院していた。

人生のさまざまなシーンで交差した二人は、同じ病院に同じ病いで入っていた。しかし、同じ病院にいても二人が談笑する機会はなかった。

ラスト・サムライ

四人のなかで最初にデビューした三船敏郎が、最後まで映画に出演していた。

一九七九年に右腕と思っていた田中寿一が俳優たちを引き連れて出ていった後も、三船プロは残った俳優のマネージメントと、撮影所でのテレビ映画やコマーシャルの製作をしていたが、劇場用映画は一九八四年の『海燕ジョーの奇跡』(藤田敏八監督)が最後となった。三船も特別出演している。

一九八〇年以降の俳優としての三船の大きな仕事としては、アメリカ・パラマウントテレビの超大作『将軍』への出演があった。

特別出演的な役ばかりだが、三船の映画出演は続いた。数日の拘束で多額の出演料収入となり、それにより三船プロの経営は、どうにか持ちこたえられていた。

この状況を打破すべく、三船は一九八一年に俳優や映画スタッフの養成学校「三船芸術学院」を設立した。そこで人材を養成してデビューさせ、田中が引き連れていった俳優たちの穴を埋めようとしたが、そう簡単にはいかない。学校のために建物を新築し、人も雇ったので、その維持費が嵩み、かえって三船プロ全体の収支が悪化し、八億円の負債を抱えるまでになった。

一九八四年、三船プロは撮影所を閉鎖して敷地の約半分の一一〇〇坪を売却し、芸術学院も閉鎖した。残った土地はマンションとなり、その一角が三船プロのオフィスとなった。

一方、出て行った田中は田中プロモーションを設立し、高倉健主演『駅 STATION』『海峡』『居酒屋兆治』などを製作し、一九八二年には年商一四億円と豪語していた。しかしその翌年に田中とともに三船プロから出て、田中の右腕とされていた阿智波《あちは》信介が十五名の俳優を連れて独立し、竜雷太と「アクターズプロモーション」を設立した。歴史は繰り返したのである。

映画は水物である。一九九一年、田中プロモーションは七億円の負債を抱えて倒産した。阿智波のアクターズプロモーションも、二〇〇四年に四億円の負債を抱えて倒産した。田中は鳥丸せつこと、阿知波は多岐川裕美と結婚していたが、二組とも離婚した。阿知波は二〇〇七年に自殺した。

三船プロダクションは事業縮小を余儀なくされたが、倒産はしなかった。

三船の映画への出演も途切れることはなかった。映画界が大作主義になっていたので、必要とされたのだ。

しかし、主演作は一九八二年十月三十日封切りの東映の『制覇』（中島貞夫監督）が最後だった。最後の出演作は熊井啓が撮る遠藤周作原作『深い河』で、一九九五年六月二十四日に公開された。

撮影時、すでに認知症となっていたという。出演シーンは二つだが、まさにそこには生きた人間がいた。撮影の合間に熊井とは、『黒部の太陽』の思い出話をしていた。

その後、三船は自宅で療養していた。


一九九七年、三人の大スターが亡くなった。

三月十日、萬屋錦之介、六十四歳。出演した映画は一四四本。

六月二十日、勝新太郎、六十五歳。出演した映画は一九二本。

十二月二十四日、三船敏郎、七十七歳。出演した映画は一四〇本。

そして、一九九八年九月六日、黒澤明が八十八歳で亡くなった。監督作品は三十本、うち十六本に三船敏郎が主演した。

エンドロール

二〇二二年現在、東宝、松竹、東映は健在である。

東宝は、小林一三の二男・松岡辰郎が一九六六年に社長になり、七四年八月に在職のまま六十九歳で亡くなった。その長男・功（一九三四〜）は東宝の常務になっていたが、すぐには社長にはならず、小林冨佐雄の急死を受けて社長になった清水雅が再登板し、つなぎ役を果たして、七七年に功が社長となる。清水は大政奉還を二回したことになる。

松岡功は七四年に副社長、七七年に社長となり、九五年まで務めて会長になる。

その後は松岡家とも小林家とも関係のない、新卒で東宝に入社した石田敏彦、高井英幸、島谷能成が社長となっていたが、二〇二二年五月、松岡功の長男・宏泰（一九六六〜）が社長となった。その弟がテニス・プレイヤーの松岡修造（一九六七〜）だ。

東宝は松岡家が世襲していきそうだが、阪急電鉄はあまりに大きくなっていることもあり、小林家の世襲は難しそうだ。

城戸四郎は松竹の会長在任のまま、一九七七年四月十八日に亡くなった。娘・君枝は本州製紙で専務まで務める迫本省一と結婚し、一九五三年に長男・淳一が生まれていた。城戸の孫である淳一は、慶應義塾大学経済学部を七六年に卒業し、同法学部に入り直し七八年に卒業した。松竹映画劇場に入社したが、九三年に弁護士登録をして、法律事務所に入った。

一九七一年に社長になった大谷隆三（大谷竹次郎の二男）は、八四年二月に自宅に放火するという事件を起こし（この火事で住み込みの手伝いの女性が亡くなった）、放火容疑で逮捕された。裁判で弁護士はアルコール依存症で正常な精神状態ではなかったと主張し、懲役三年・執行猶予五年の判決を受けた。

隆三には息子が二人、信義（一九四五〜）と二郎（一九五四〜）がいて、ふたりとも松竹に入っていた。信義は中学から慶應義塾で、大学の法学部を卒業後、六八年に松竹に入った。祖父の竹次郎が亡くなる前年である。八〇年に取締役、八二年に常務になっていた。

社長が放火事件で逮捕されるという前代未聞の出来事を受けて、次の社長になったのは大谷一族ではない、社員から昇格して副社長になっていた永山武臣（一九二五〜二〇〇六）だった。永山は、大谷隆三から辞表を預かっており、同じく副社長となっていた奥山融と相談し、入社年次が早い永山が社長になると決めた。

永山は一九九一年まで社長を務め、奥山融（一九二四〜二〇〇九）に譲ると会長となった。

永山・奥山と二代続けて大谷家以外からの社長が続き、松竹は世襲から脱したかと思われたが、奥山が長男・和由を重用し、新たな世襲になりかけた。

奥山和由（一九五四〜）は多くの話題作をプロデュースし、映画界の若きリーダーとして注目されていたが、九八年一月、大谷隆三の息子で専務になっていた信義（創業者・竹次郎の孫）が、取締役会で奥山父子解任の緊急動議を出すと可決され、二人は松竹から追放された。表向きの理由は業績不振ということになっている。

かくして、一九八四年に放火事件によって松竹経営者の座を喪った大谷家は十四年ぶりに復権した。大政奉還という穏便なものではなく、創業家によるクーデターだった。

大谷信義は二〇〇四年まで社長を務めると退任し、城戸四郎の女系の孫にあたる迫本淳一が次の社長になった。広義の大谷一族の一員だ。

二〇二二年現在の松竹は、大谷信義会長、迫本淳一社長という世襲体制である。

大映画会社で創業家が世襲に成功し、企業としても続いているのは、東宝と松竹だけだ。東映は大川家の世襲には失敗したが会社としては生き残り、第二王朝が生まれた。

一九七一年に社長になった岡田茂は二十二年にわたりその座にいて、「映画界のドン」とまで呼ばれた。一九九三年に退任して会長となり、後任には高岩淡《たん》（一九三〇〜二〇二二）が就任した。

高岩の次、二〇〇二年に社長に就任したのは、岡田の長男・岡田裕介（一九四九〜二〇二〇）だった。今度は岡田家の世襲企業となった。

岡田裕介は慶應義塾大学商学部在学中から、テレビドラマや東宝の映画に俳優として出演していたが、八八年に東映に入り、九〇年に東京撮影所長となり、取締役、常務となっていた。二〇〇二年に社長に就任すると一四年まで務めた。岡田茂は九三年に会長となり、〇二年に高岩が会長になると相談役に退いたが、高岩が〇六年に相談役に退くと、名誉会長として復帰し、父子によるツートップ体制となっていたが、一一年に八十七歳で亡くなった。息子に譲ったものの死ぬまで現役だったタイプの経営者だ。

岡田裕介は二〇一四年に会長となっても、映画企画の主導権を持ち続けていたが、二〇二〇年十一月に七十一歳で在職のまま急逝した。独身だったので子はいない。

岡田の後任の社長は多田憲之《のりゆき》（一九四九〜）で二〇一四年から二〇年まで務め、二〇年からは手塚治（一九六〇〜、マンガ家の手塚治虫とは関係ない）が務めている。二人とも新卒で東映に入り、昇格した。

石原プロモーションは石原裕次郎亡き後、渡哲也が社長となり、テレビ映画を製作し、渡や舘ひろし、神田正輝ら俳優のマネージメントも続けていた。しかし劇場用映画はついに製作しなかった。

二〇二〇年七月十七日（裕次郎の命日）、石原プロは、「二〇二一年一月十六日（設立日）をもって株式会社石原プロモーションの商号を石原裕次郎の仏前に返還する」と発表した。そして八月十日、渡哲也が七十九歳で亡くなった。

発表通り、二〇二一年一月十六日に石原プロモーションは解散式を行ない、残務整理の後、三月三十一日にホームページも閉鎖、四月三十日に株主総会で解散が決議され、六月二十三日に法人格が消滅し、五十八年の歴史が終わった。

石原裕次郎と石原プロモーションの映像や音楽の版権は、新たに設立された「一般社団法人ISHIHARA」に移管された。また石原音楽出版社は存続している。

中村プロダクションは倒産後、再建されることはなかった。

勝プロダクション倒産後、勝プロモーションが設立され、中村玉緒が社長となった。同社は映画製作はしていないが、企業としては存続している。勝プロダクションが製作した映画などの権利は、引き継いでいない。

三船プロダクションは企業として存続しており、三船敏郎の肖像権や版権の管理会社となっている。

祇園精舎の鐘の声、諸行無常の響きあり。
娑羅双樹の花の色、盛者必衰の理をあらはす。
おごれる人も久しからず、ただ春の夜の夢のごとし。
猛き者もつひには滅びぬ、ひとへに風の前の塵に同じ。

『平家物語』より

あとがき

二四六ページの表にあるように、映画人口はカタストロフィの翌年、一九七二年に二億人を割り込んだが、その後は一億人を割ることはなかった。表にはないが、一九九六年の一億一九五八万で底を打った。映画館の数も一九九三年の一七三四が最も少なく、以後はシネコンが増えていくので、スクリーン数は多くなっていく。

映画人口は二〇一九年に一億九四九一万人にまで回復し、翌年は二億を突破するのではと期待された。しかしコロナ禍に襲われた。二〇年・二一年は激減したものの、一億は維持できた。

テレビの受信契約数は二〇二〇年で四一三五万になっている。単身世帯も増えているので、こちらは七〇年代からもずっと増え続けた。しかしかつて映画を斜陽化させたテレビは、ネットという新しいメディアの脅威にさらされ、従来のビジネスモデルは通用しなくなった。

テレビのみならず、新聞・出版・レコードといったメディアも、ネット時代を迎えると売上高は下がり続けた。もちろん、映画と映画館がなくならなかったように、紙の本や新聞もゼロにはならないだろうが、もはや、ネット前の時代には戻らない。

そのネットも、いずれまた新しい何かに脅かされる日が来るだろう。

本書は当初「四大スターと五社協定」というテーマで書き始め、途中で「一九七一年の映画崩壊」に仮タイトルを変えた。

だが、一九七一年の崩壊を描くためにはその前の黄金時代も書かなければ、その落差が描けないので、一九五五年あたりから書き起こした。その過程で、映画各社や登場人物の前歴を調べて書き加えるうちに、とうとう映画伝来まで遡ってしまった。

その上で改めて、時系列を整えて書き直した——そういう経緯でできた本である。

つまり、第四部が先にあり、第三部、第二部、第一部の順に書いたわけで、リヒャルト・ワーグナーの『ニーベルングの指環』四部作のような成り立ちをしている。

ワーグナーの楽劇のような大作になったため宙に浮いてしまったが、日本実業出版社の松本幹太氏に相談すると快諾していただき、ようやく世に出すことができた。

一冊の本にすべてを書くことなど不可能なので、五〇〇ページをこえても、あえて、外したことは多い。そのうちのいくつかはこれまでに書いた本のなかにあるので、最後に、紹介する。

永田雅一、大川博、大谷竹次郎、小林一三、五島慶太らはプロ野球にも進出していた。彼らの野球との関わりについては、『プロ野球「経営」全史』（日本実業出版社）にまとめた。

松竹と東宝の創業から勃興までは、『松竹と東宝』（光文社新書）として書いた。もっともこの本は、映画よりも演劇に主体を置き、カバーした時代も戦争までとなる。

本書に登場する四大スターのうち、勝新太郎と中村錦之助については『市川雷蔵と勝新太郎』（KADOKAWA）に詳しく書いた。この本では永田雅一が重要な脇役として登場している。

本書第四部、最後の行の続編にあたるのが『角川映画　1976-1986』（角川文庫）となる。

東映動画をはじめとするアニメーション映画の歴史については、『アニメ大国建国紀　1963-1973』（イースト・プレス）に詳しい。

また、ある一年を詳細に描く本も書いており、『文化復興１９４５年』（朝日新書）には敗戦時の映画界を、『１９６８年』（朝日新書）にも表題の年の映画について記してある。

『世襲　政治・企業・歌舞伎』（幻冬舎新書）には、阪急・東宝の小林一三とその一族、東急の五島慶太とその一族についての章もある。

資料　五社協定

我が国映画産業の建全なる発達と、その質的向上を計るために日本映画連合会規約第二章第三条の主旨に則って、松竹株式会社、東宝株式会社 大映株式会社、株式会社新東宝、東映株式会社（以下五社と総称する）は相互に左のとおり協定する。

第一章　協定内容

第一条　この協定は五社とそれぞれその所属芸術家、技術家との間の契約を五社が相互に尊重し公正、不法な競争をしないことを約することをもって目的とする。

第二条　契約の種類を次のごとく定める。

（イ）専属契約、（ロ）本数契約、（ハ）臨時契約

第三条　五社は相互に新人（養成所その他これに類する施設において養成中の者および養成施設における養成を終え、またはこれを終えずして初めて出演の契約を締結した日から満三年を経過しない者で、管理委員会が新人として登録を認めたものをいう）の養成に関する他社の立場を尊重し、当然他社の承諾なくして、それらの芸術家、技術家と出演の契約、または雇用契約を締結するなど、当該他社をして不利益を蒙らしめる一切の行為をしないことを約する。

第四条　契約期間の満了した芸術家、技術家と契約することは自由であって、以前契約していた会社の確認や了解を得る必要はない。

第二章　方法

第五条　五社は各自夫々一名宛の委員を選出し、これをもってこの協定の実施に当る管理委員会を構成する。管理委員会の議事は多数決によるものとし、その運営に関しては、管理委員会がこれを定める。

第六条　五社は新たに芸術家、技術家と契約をした場合は直ちにその契約内容を開示して管理委員会に登録する。

第七条　管理委員会に登録なき契約に関して紛争を生じた場合は他社に対抗することが出来ない。
第八条　この協定に関し、違反の事実の有無につき当該会社間に争いの生じた時は、五社は管理委員会の決定に従うことにする。

第三章　責任と罰則

第九条　五社は五社以外の映画製作者が第一章所定に反する行為によって雇入又は出演契約をした芸術家又は技術家を出演せしめて製作した映画を配給し、その他如何なる方法を以てするかを問わず、第一章の逸脱その他不公正、不法な競争をしないことを約する。
第十条　この協定に違反した会社は違約罰として金一千万円也の違約金を管理委員会に拠出しなければならない。
この違約金の管理及び使途については五社代表者会議に於てこれを決定する。

第四章　相互援助

第十一条　五社は芸術家、技術家の交流を互に行う。
第十二条　五社は他社より自社契約の芸術家、技術家の出演交渉を受けた場合は自社の製作に支障がなく当該芸術家、技術家が希望した場合は好意を以て善処する。
第十三条　前条により出演した芸術家、技術家に対する出演料は当該会社に於て一切を決済するものとする。

第五章　附　則

第十四条　この協定は成立の日から満二ヵ年間有効とし、さらに必要なる場合は五社が協議の上、これを延長することが出来る。
第十五条　この協定は協定五社の全員一致の意見によってこれを変更し又は解約しうるものとする。

一九五三年九月十日

参考文献（副題などは略したものもある）

■日活関連

『日活四十年史』日活、一九五二年

『日活五十年史』日活、一九六二年

『日活映画　興亡の80年』板持隆著、日本映画テレビプロデューサー協会、一九九九年

『日活1954-1971　映像を創造する侍たち』野沢一馬（編）著、ワイズ出版、二〇〇〇年

『日活　昭和青春記』松本平著、WAVE出版、二〇一二年

『日活』現代企業研究会、一九六二年

『根岸寛一』岩崎昶（編）著、根岸寛一伝刊行会、一九六九年

『活動屋児井英生　俺が最後の〈プロデューサー〉だ！』永井健児著、フィルムアート社、一九九四年

『俺は最後の活動屋』江守清樹郎著、江守画廊、一九九一年

『タアキイ　水の江瀧子伝』中山千夏著、新潮社、一九九三年

『ターキー放談　笑った、泣いた　芸能界とっておきの話』水の江瀧子著、文園社、一九八四年

『水族館へようこそ』堀由紀子著、神奈川新聞社、二〇〇八年

■松竹関連

『松竹百年史』松竹、一九九六年

『歌舞伎座百年史』松竹、一九九五年

『私の履歴書　2　大谷竹次郎』日本経済新聞社（編）、日本経済新聞社、一九五七年

『大谷竹次郎（新版）』田中純一郎著、時事通信社、一九九五年

『大谷竹次郎演劇六十年』城戸四郎編、脇屋光伸著、講談社、一九五一年

『百人が語る巨人象　大谷竹次郎』「百人が語る巨人象　大谷竹次郎」刊行会、一九七一年

『白井松次郎傳』日比繁治郎著、白井信太郎（私家版）、一九五一年

『日本映画傳　映画製作者の記録』城戸四郎著、文藝春秋新社、一九五六年

『わが映画論』城戸四郎、山田洋次（編）、松竹、一九七八年

『日本映画を創った男　城戸四郎伝』小林久三著、新人物往来社、一九九九年

『松竹青春物語　忘れ得ぬ戦後松竹黄金期』荒井富雄著、大空出版、二〇一三年

『人は大切なことも忘れてしまうから　松竹大船撮影所物語』山田太一他著、マガジンハウス、一九九五年

『人物・松竹映画史　蒲田の時代』升本喜年著、平凡社、一九八七年

『小津も絹代も寅さんも　城戸四郎のキネマの天地』升本喜

年著、新潮社、二〇一三年

■東宝関連

『東宝十年史』東京宝塚劇場、一九四三年
『東宝三十年史』東宝、一九六三年
『東宝五十年史』東宝、一九八二年
『東宝75年のあゆみ　1932-2007』東宝、二〇一〇年
『文化と闘争　東宝争議　1946-1948』井上雅雄著、新曜社、二〇〇七年
『私の藝界遍歴』森岩雄著、青蛙書房、一九七五年
『プロデューサー人生　藤本真澄映画に賭ける』尾崎秀樹（編）、東宝、一九八一年
『神を放った男　映画製作者田中友幸とその時代』田中文雄著、キネマ旬報社、一九九三年
『東宝行進曲　私の撮影所宣伝部五〇年』斎藤忠夫著、平凡社、一九八七年
『75年のあゆみ』阪急電鉄、一九八二年
『宝塚歌劇五十年史』宝塚歌劇団、一九六四年
『帝劇の五十年』東宝、一九六六年
『東宝映画１００発１００中！　映画監督福田純』福田純、染谷勝樹著、ワイズ出版、二〇〇一年
『東宝砧撮影所物語　三船敏郎の時代』高瀬昌弘著、東宝、二〇〇三年

■小林一三関連

『わが小林一三　清く正しく美しく』阪田寛夫著、河出書房新社、河出文庫、一九九一年
『小林一三全集 全七巻』小林一三著、ダイヤモンド社、一九六一－一九六二年
『小林一三日記 全三巻』小林一三著、阪急電鉄、一九九一年
『小林一三の昭和演劇史』大原由紀夫著、演劇出版社、一九八七年
『逸翁自叙伝－阪急創業者・小林一三の回想』小林一三著、講談社、講談社学術文庫、二〇一六年
『小林一三　日本が生んだ偉大なる経営イノベーター』鹿島茂著、中央公論新社、二〇一八年
『小林一三の知的冒険　宝塚歌劇を生み出した男』伊井春樹著、本阿弥書店、二〇一五年
『小林一三は宝塚少女歌劇にどのような夢を託したのか』伊井春樹著、ミネルヴァ書房、二〇一七年
『小林一三翁の追想』阪急電鉄株式会社編著、阪急電鉄株式会社、一九八〇年
『小林一三　都市型第三次産業の先駆的創造者』老川慶喜著、PHP経営叢書、二〇一七年

■大映関連

『大映十年史』大映、一九五一年
『映画道まっしぐら』永田雅一著、駿河台書房、一九五三年
『映画自我経』永田雅一著、平凡出版、一九五七年
『ラッパと呼ばれた男　映画プロデューサー永田雅一』鈴木

晰也著、キネマ旬報社、一九九〇年
『永田雅一』田中純一郎著、時事通信社、一九六二年
『腕一本　すね一本・五島慶太・永田雅一・山崎種二・松下幸之助』飛車金八著、鶴書房、一九五六年
『私の履歴書　昭和の経営者群像3　永田雅一』日本経済新聞社著、日本経済新聞社、一九九二年
『大いなる終焉　永田雅一の華麗なる興亡』山下重定著、日芸出版、一九七二年
『ふたたび不死鳥は翔ぶ　経営再建・映画復興への挑戦』映連総連・大映労働組合（編）著、労働旬報社、一九七九年
『昭和思い出の記　大映テレビ独立の記録』安倍道典著、講談社出版サービスセンター、二〇〇五年
『菊池寛と大映』菊地夏樹著、白水社、二〇一一年
『大映京都撮影所　カツドウヤ繁昌記』星川清司著、日本経済新聞社、一九九七年

■東映関連

『東映十年史』東映、一九六二年
『クロニクル東映　1947-1991』東映、一九九二年
『東映の軌跡　1951-2012』東映、二〇一六年
『この一番』大川博著、東京書房、一九五九年
『偉大なる青雲　大川博伝』岸松雄著、鏡浦書房、一九六五年
『ディズニーを目指した男　大川博　忘れられた創業者』津堅信之著、日本評論社、二〇一六年
『東映王国を築いた　大川博半生記』大路真哉著、政経日報社、一九五八年
『波乱万丈の映画人生』岡田茂著、角川書店、二〇〇四年
『映画界のドン　岡田茂の活動屋人生』文化通信社（編）、文化通信社、二〇一二年
『悔いなきわが映画人生』岡田茂著、財界研究所、二〇〇一年
『マキノ光雄』北川鉄夫著、京都汐文社、一九五八年
『任侠映画伝』俊藤浩滋、山根貞男著、講談社、一九九九年
『五島慶太伝』重光睦夫（文）、五島育英会、二〇一四年
『私の履歴書　1（五島慶太）』日本経済新聞社（編）著、日本経済新聞社、一九五七年
『テレビ朝日社史』全国朝日放送、一九八四年

■新東宝関連

『新東宝1947-1961　創造と冒険の一五年間』ダーティ工藤（編）、ワイズ出版、二〇一九年
『銀幕の至宝　新東宝の軌跡』著、コアラブックス、二〇〇九年
『わが芸と金と恋』大蔵貢著、大空社、一九九八年
『活狂エイガ学校』川部修詩著、静雅堂、一九八七年

■長谷川一夫関連

『芸道三十年』長谷川一夫著、萬里閣新社、一九五七年
『舞台・銀幕六十年』長谷川一夫著、日本経済新聞社、一九七三年
『花の春秋　長谷川一夫の歩んだ道』旗一兵著、文陽社、一

九五七年
『二枚目の疵　長谷川一夫の春夏秋冬』矢野誠一著、文藝春秋、二〇〇四年
『小説 長谷川一夫』山村美紗著、文春文庫、一九八九年

■黒澤明関連
『全集　黒澤明　全六巻』黒澤明著、岩波書店、一九八八年
『大系　黒澤明　全五巻』黒澤明著、浜野保樹（編）、講談社、二〇〇九〜二〇一〇年
『蝦蟇の油：自伝のようなもの』黒澤明著、岩波現代文庫、二〇〇一年
『黒澤明と『用心棒』ドキュメント・風と椿と三十郎』都筑政昭著、朝日ソノラマ、二〇〇五年
『黒澤明と『七人の侍』』都筑政昭著、朝日文庫、二〇〇六年
『黒澤明と『赤ひげ』ドキュメント・人間愛の集大成』都筑政昭著、朝日ソノラマ、二〇〇〇年
『黒澤明　全作品と全生涯』都筑政昭著、東京書籍、二〇一〇年
『黒澤明VS.ハリウッド　『トラ・トラ・トラ！』その謎のすべて』田草川弘著、文藝春秋、二〇〇六年
『「世界のクロサワ」をプロデュースした男 本木荘二郎』鈴木義昭著、山川出版社、二〇一六年
『黒澤明VS.本木荘二郎—それは春の日の花と輝く』藤川黎一著、論創社、二〇一二年
『キネマ旬報セレクション 黒澤　明』著、キネマ旬報社、二〇一〇年

■三船敏郎関連
『三船敏郎の映画史』小林淳著、アルファベータブックス、二〇一九年
『サムライ　評伝三船敏郎』松田美智子著、文藝春秋、二〇一四年
『三船敏郎全映画』石熊勝己、映画秘宝編集部（編）著、洋泉社、二〇一八年
『黒澤明と三船敏郎』スチュアート・ガルブレイス四世著、櫻井英里子（訳）、亜紀書房、二〇一五年

■石原裕次郎関連
『人生の意味』石原裕次郎著、青志社、二〇二〇年
『太陽の神話　体験的人生問答』石原裕次郎著、集英社、一九八二年
『我が人生の辞』石原裕次郎著、主婦と生活社、二〇〇三年
『わが青春物語』石原裕次郎著、マガジンハウス、一九八九年
『弟』石原慎太郎著、幻冬舎文庫、一九九九年
『「私」という男の生涯』石原慎太郎著、幻冬舎文庫、二〇二二年
『石原プロ社史』石原まき子（監修）著、青志社、二〇二一年
『裕さん、抱きしめたい』石原まき子（監修）著、主婦と生活社、一九八八年
『石原裕次郎、栄光の軌跡』読売新聞社、二〇一九年
『石原裕次郎物語』鈴木義昭著、近代映画社、一九八九年

『みんな裕ちゃんが好きだった』水の江瀧子、阿部和江（聞き書き）、文園社、一九九一年
『石原裕次郎　そしてその仲間』舛田利雄（総監修）、植草伸和（責任編集）、芳賀書店、一九八三年
『生きているあいつ　裕次郎』ナイロビ会（編）著、芸文社、一九八八年
『石原裕次郎　昭和太陽伝』佐藤利明著、アルファベータブックス、二〇一九年
『映画「黒部の太陽」全記録』熊井啓著、新潮文庫、二〇〇五年
『素顔の石原裕次郎　ここだけの話』川野泰彦著、講談社＋α文庫、二〇〇二年
『石原裕次郎　男の世界』川野泰彦著、フットワーク出版、一九九九年
『我が、石原裕次郎』川野泰彦著、報知新聞社、一九九九年
『石原慎太郎と日本の青春』文春ムック著、文藝春秋、二〇二二年

■中村錦之助（萬屋錦之介）関連

『萬屋錦之介』中村プロダクション監修、白龍社、一九七八年
『萬屋錦之介　芸道六十年回顧写真集』東京新聞出版局、一九九七年
『芸能生活五十年を語る』萬屋錦之介著、光芸、一九八九年
『わが人生悔いなくおごりなく』萬屋錦之介著、東京新聞出版局、一九九五年
『初代中村錦之助伝　上巻』藤井秀夫著、エコール・セザム、二〇一三年
『中村錦之助　東映チャンバラ黄金時代』錦之助映画研究会（編）、ワイズ出版、一九九七年
『一心　錦之助　オマージュ　中村錦之助・萬屋錦之介』藤井秀夫・高橋かおる・円尾敏郎（編）著、エコール・セザム、二〇〇九年

■勝新太郎関連

『別冊太陽　勝新太郎　一周忌追悼記念』平凡社、一九九八年
『俺、勝新太郎』勝新太郎・吉田豪著、廣済堂文庫、二〇〇八年
『座頭市　勝新太郎全体論』平岡正明著、河出書房新社、一九九八年
『勝新　役者バカ一代』比留間正明著、音羽出版、一九九七年
『天才　勝新太郎』春日太一著、文書新書、二〇一〇年
『偶然完全勝新太郎伝』田崎健太著、講談社＋α文庫、二〇一五年

■にんじんくらぶ関連

『スターと日本映画界』若槻繁著、三一書房、一九六八年
『「にんじんくらぶ」三大女優の軌跡』藤井秀夫（編）、エコール・セザム、二〇一〇年
『岸惠子自伝』岸惠子著、岩波書店、二〇二一年
『女優岸惠子』岸惠子（監修）、キネマ旬報社、二〇一四年

『私の人生ア・ラ・カルト』岸惠子著、講談社、二〇〇五年
『有馬稲子　わが愛と残酷の映画史』有馬稲子、樋口尚文著、筑摩書房、二〇一八年
『のど元過ぎれば』有馬稲子著、日本経済新聞出版社、二〇一二年

■監督、俳優関連

『夢は大空を駆けめぐる　恩師・円谷英二伝』うしおそうじ著、角川書店、二〇〇一年
『大空への夢　特撮の神様　円谷英二伝』鈴木和幸著、大月書店、二〇一九年
『ぶれない男　熊井啓』西村雄一郎著、新潮社、二〇一〇年
『文藝別冊「五社英雄」』春日太一責任編集、河出書房新社、二〇一四年
『岡本喜八の全映画』小林淳著、アルファベータブックス、二〇一五年
『いのち燃やして』山本富士子著、小学館スクウェア、二〇〇二年
『鞍馬天狗のおじさんは　聞書・嵐寛寿郎一代』嵐寛寿郎、竹中労著、ちくま文庫、一九九二年
『三國連太郎　彷徨う魂へ』宇都宮直子著、文藝春秋、二〇一〇年
『田宮二郎、壮絶！』升本喜年著、清流出版、二〇〇七年
『田宮二郎の真相』石田伸也著、青志社、二〇一八年

■映画史全般

『日本映画発達史　全五巻』田中純一郎著、中公文庫、一九七六、一九七七年
『［講座］日本映画　全七巻』岩波書店、一九八五、八六年
『世界の映画作家31「日本映画史」』キネマ旬報社、一九七六年
『戦後日本映画史　企業経営史からたどる』井上雅雄著、新曜社、二〇二二年
『映画産業の転換点　経営・継承・メディア戦略』谷川健司（編）、森話社、二〇二〇年
『映像の仕掛け人たち』キネマ旬報社（編）、キネマ旬報社、一九八六年
『伝・日本映画の黄金時代』児井英生著、文藝春秋、一九八九年
『新興キネマ　戦前娯楽映画の王国』佐藤忠男・登川直樹・丸尾定（編）、山路ふみ子文化財団、一九九三年
『テレビはなぜつまらなくなったのか　スターで綴るメディア興亡史』金田伸一郎著、日経BP社、二〇〇六年
『日本映画裏返史』二階堂卓也著、彩流社、二〇二〇年
『千本組始末記　アナキストやくざ笹井末三郎の映画渡世』柏木隆法著、平凡社、二〇一三年
『同族の悲劇』三鬼陽之助著、光文社、一九七三年
『輝け！キネマ』西村雄一郎著、ちくま文庫、二〇二二年

中川右介（なかがわ　ゆうすけ）
1960年東京生まれ。作家、編集者。早稲田大学第二文学部卒業。出版社勤務の後、出版社アルファベータを設立、2014年まで代表取締役編集長。現在はフリーで編集に携わるかたわら、さまざまなジャンルの本を執筆。
著書：『プロ野球「経営」全史』（日本実業出版社）、『市川雷蔵と勝新太郎』（KADOKAWA）、『阪神タイガース1985－2003』『ロマン派の音楽家たち』（以上、ちくま新書）、『歌舞伎一年生』（ちくまプリマー新書）、『阪神タイガース1965－1978』『サブカル勃興史』（以上、角川新書）、『1968年』（朝日新書）、『松竹と東宝』（光文社新書）、『角川映画 1976－1986〔増補版〕』（角川文庫）など多数

社長《しゃちょう》たちの映画史《えいがし》　映画《えいが》に賭《か》けた経営者《けいえいしゃ》の攻防《こうぼう》と興亡《こうぼう》

2023年１月20日　初 版 発 行
2023年３月20日　第３刷発行

発行者　杉本淳一

発行所　株式会社日本実業出版社　東京都新宿区市谷本村町３−29 〒162-0845

編集部　☎03-3268-5651
営業部　☎03-3268-5161　振　替　00170−1−25349
https://www.njg.co.jp/

印 刷／壮 光 舎　　製 本／若林製本

ISBN 978-4-534-05978-9　Printed in JAPAN